ESSENER BEITRÄGE
Beiträge zur Geschichte von Stadt und Stift Essen

135. Band 2022

Historischer Verein
für Stadt und Stift Essen e. V.
gegründet 1880

Herausgeber: Historischer Verein für Stadt und Stift Essen
Schriftleitung: Thomas Dupke, Robert Welzel
Für die einzelnen Beiträge sind die Verfasser und Verfasserinnen verantwortlich.

www.hv-essen.de

1. Auflage April 2023

© 2023 Aschendorff Verlag GmbH & Co. KG, Münster
www.aschendorff-buchverlag.de

Printed in Germany
Gedruckt auf säurefreiem, alterungsbeständigem Papier

ISSN 1432-6531
ISBN 978-3-402-27400-2
ISBN 978-3-402-27401-9 (E-Book PDF)

INHALTSVERZEICHNIS

Rheinisch-Westfälisches Kohlensyndikat am Standort des späteren Ruhrkohlehauses, Essen, um 1910 (Fotoarchiv Ruhr Museum)

BERICHTE ZU ARCHÄOLOGISCHEN BEOBACHTUNGEN

1. Fossilien im Regenauffangbecken

DETLEF HOPP

Am Freitag, dem 19. März 2021, meldeten die Essener Stadtwerke der Stadtarchäologie Essen eine größere Baumaßnahme im Stadtteil Leithe. Bei der Straße Füllenkamp seien, so die Nachricht, beim Bau eines Regenauffangbeckens „archäologische Funde während des Baugrubenaushubs" gefunden worden.

Da im Vorfeld angenommen worden war, dass bei der Baumaßnahme nicht unmittelbar archäologische Belange betroffen wären, kam diese Meldung etwas überraschend. Aus historischen Karten war lediglich ersichtlich, dass sich im weiteren Umfeld zu Beginn des 19. Jahrhunderts die Höfe und Kotten Schäper, Hangohr und Cöllmann befunden hatten (Abb. 1). Daher konnte nicht ausgeschlossen werden, dass Gegenstände, die beispielsweise mit dem Mist von den

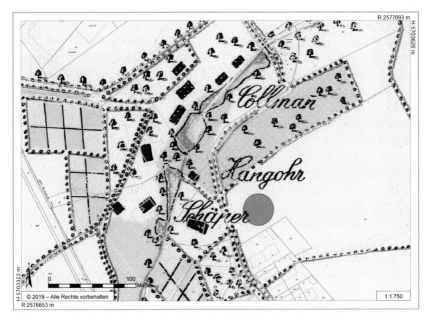

Abb. 1: Lage der Fundstelle (roter Kreis). Im Umfeld befanden sich im frühen 19. Jahrhundert die Höfe oder Kotten Schäper, Hangohr und Cöllmann (sog. Honigmann'sche Karte von 1803/06)

Abb. 2: Blick in die Baugrube

Höfen auf die Äcker gelangt waren – Archäologen sprechen hier von dem sog. „Mistschleier" –, gefunden werden könnten, so dass vorsorglich bei Bearbeitung des Bauantrags auf die §§ 15 und 16 Denkmalschutzgesetz NRW hingewiesen wurde. Diese besagen, dass beim Auftauchen von archäologischen Relikten die zuständigen Behörden zu informieren seien. Der Informationspflicht war man in diesem Fall also nachgekommen.

Da der Nachricht freundlicherweise Fotos beigefügt waren, konnten die Objekte sehr schnell als Fossilien identifiziert werden. Archäologische Belange wurden im herkömmlichen Sinne also nicht berührt und dennoch waren bei der Durchführung der Baumaßnahmen Aufgaben der praktischen Bodendenkmalpflege, genauer gesagt Belange der paläontologischen Bodendenkmalpflege, betroffen. Paläontologische Objekte – also fossile Überreste von Pflanzen und Tieren aus erdgeschichtlichen Epochen – genießen in Nordrhein-Westfalen, genau wie archäologische Relikte, gesetzlichen Schutz.

Aus diesem Grunde wurden unmittelbar das LVR-Amt für Bodendenkmalpflege im Rheinland und das Ruhr Museum, hier die zuständigen Geologen Dr. Achim Reisdorf und Dr. Hans Martin Weber, über die Funde informiert. Dank des Entgegenkommens der Stadtwerke Essen und der bauausführenden Firma Echterhoff gelang es, die Arbeiten in den betroffenen Bereichen zu unterbrechen, damit die Fundsituation und damit die geologischen Schichten, aus denen die Fossilien stammen, nicht weiter zerstört wurden (Abb. 2).

Abb. 3: Fossilien aus der Baugrube

Da die Stadtarchäologie in der Vergangenheit mit dem Ruhr Museum in ähnlichen Situationen eng miteinander kooperierte,[1] war die Grundsituation schon vor der ersten Ortsbesichtigung schnell klar. Den Stadtwerken wurde übermittelt, dass es sich bei den Funden um Fossilien (Abb. 3) handelte, die mit einiger Wahrscheinlichkeit aus den Essener Grünsanden stammen, deren Alter mit etwa 100 Millionen Jahren angenommen werden dürfte.[2] Im weiteren Verlauf der Beobachtungen konnte diese erste Einschätzung gestützt werden. Ein Ortstermin am gleichen Nachmittag bestätigte die Situation, zeigte allerdings auch, dass die Grünsande großflächiger als angenommen angeschnitten wurden.[3]

Dem Ruhr Museum gelang es sehr schnell, eine Begleitung der Baumaßnahmen durch ehrenamtliche Mitarbeiter zu organisieren. Gleichzeitig wurde es durch Absprachen möglich, die Aktivitäten während der Baumaßnahmen so zu bündeln, dass die Stillstandzeiten gering und kurzzeitig blieben. Dass sich außerdem doch auch Hinweise auf Überreste von hölzernen Konstruktionen, vielleicht Überreste eines vor längerer Zeit abgerissenen Schuppens, fanden, sei nur am Rande erwähnt.

---

[1]   Beispielsweise: Detlef Hopp/Udo Scheer, Meeresrauschen, in: Detlef Hopp (Hrsg.), Ans Tageslicht gebracht. Archäologie in der Essener City. Essen 2008, S. 17 f.; Detlef Hopp (Hrsg.), Jahresbericht der Stadtarchäologie 2020. Berichte aus der Essener Denkmalpflege 23. Essen 2021, S. 24 f., 35; Detlef Hopp/Udo Scheer/Ulrike Stottrop, 2. Mooreichen-Funde in Essen-Heisingen. Berichte zu archäologischen Beobachtungen, in: EB 116, 2004, S. 32–34; Detlef Hopp/Udo Scheer, Mooreichen-Funde in Essen-Heisingen, in: Archäologie im Rheinland 2003 (2004) S. 49 f.; Detlef Hopp, Untersuchungen an den Essener Stadtteichen, in: Archäologie im Rheinland 1997 (1998), S. 108 f.

[2]   Hopp/Scheer, Meeresrauschen (wie Anm. 1).

[3]   Die Nautiliden gehören zu den sog. Kopffüßern (Cephalopoden) und erscheinen zum Ende des Kambriums (vor gut 500 Millionen Jahren).

2. Noch viel zu wenig bekannt: Die *Strata Coloniensis*

DETLEF HOPP

Erst in den letzten Jahren gelang es bei Ausgrabungen in Essen, Spuren vor- und frühgeschichtlicher, mittelalterlicher und neuzeitlicher Wege zu dokumentieren. Anders als im Rechtsrheinischen, wo beispielsweise Römerstraßen systematisch erforscht werden, wird Wegeforschung im Ruhrgebiet noch viel zu wenig betrieben.

Schon der steinzeitliche Mensch folgte den Spuren seiner Jagdbeute auf Wegen, die vom Nahrungsangebot in den wechselnden Jahreszeiten abhängig waren. Die Kenntnis von Wasserstellen, Nahrungs- und Rohstoffquellen war für ihn überlebenswichtig. Steingeräte aus importiertem Feuerstein, Objekte aus Bronze in den Metallzeiten oder auch römische Münzen belegen den regen Austausch in der Vor- und Frühgeschichte für das Essener Stadtgebiet. Überreste eines vermutlich bronzezeitlichen Weges wurden zwischen 2006 und 2008 beim Bau des Einkaufszentrums Limbecker Platz entdeckt.[1]

Die Erforschung alter Straßen und Wege, beispielsweise des *Hellweges* und der *strata coloniensis* oder des schwerer fassbaren *Jakobsweges*, einer Pilgerstraße, hat durchaus Tradition in der Geschichtsforschung, doch ist es erstaunlich, wie wenig über deren exakten Verlauf oder ihren Aufbau überliefert ist (Abb. 4).

Im Laufe der letzten 30 Jahre wurden in Essen immer wieder Überreste mittelalterlicher und neuzeitlicher Straßen und Wege bei Baumaßnahmen dokumentiert, doch ist über eine der wichtigsten Handelsstraßen, die *strata coloniensis* und ihren Verlauf im heutigen Stadtgebiet von Essen, bisher kaum etwas – zumindest aus archäologischer Sicht – bekannt. Grund genug, auf diese Forschungslücke aufmerksam zu machen und das Wenige zusammenzutragen:

Auslöser für neuerliche Untersuchungen zur *strata coloniensis* war eine Baustelle, die im März 2020 durch Andreas Göbel angezeigt wurde. Diese befand sich in der Straße Klemensborn in Werden, unweit der Ruine der Clemenskirche (auch Clemenskapelle oder Klemenskirche oder Kapelle St. Klemens). Wahrscheinlich wurden bei dieser Baumaßnahme Überreste eines älteren Kanals aus Bruchsteinen (ca. 17. Jahrhundert und jünger) angeschnitten. Der Kanal führte zur Zeit seines Bestehens auch das vom Bornbach (Klemensborn) und das von den Quellen in der Clemenskirche kommende Wasser, das in jüngerer Zeit in

---

[1] Detlef Hopp, 9. Bronzezeit unter dem Einkaufszentrum „Limbecker Platz". Berichte zu archäologischen Beobachtungen, in: EB 129, 2016, S. 56–64. Leider war der rekonstruierte Weg durch Baggerarbeiten weitgehend zerstört, so dass sich nur noch wenige in situ liegende und eingeschlagene Hölzer fanden, während sich an anderer Stelle noch im Profil „parallel zueinander liegende [...] Rundhölzer fanden." (ders. S. 62). Letztere waren aber verlagert.

Abb. 4: Sehr stark ver-
einfachter Verlauf der
strata coloniensis *(blau)*
und des Hellweges *(rot)*
auf Grundlage der sog.
Honigmann'schen Karte
von 1803/06

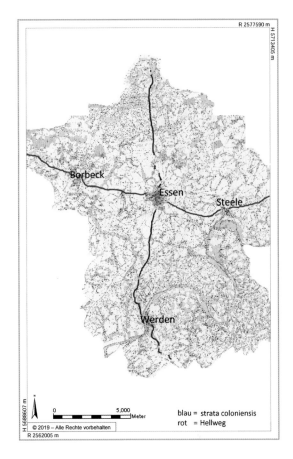

einem Tonrohr in den Kanal eingeleitet wurde, nach Werden ab. Die Fundstelle liegt einige hundert Meter südlich der Abtei Werden, wo die heutige Straße Klemensborn in einer Schlucht als östliche Begrenzung des Pastoratsberges verläuft. Hier fließt der Bornbach nach Werden und verläuft nach Süden parallel auf einem kurzen Stück entlang der *strata coloniensis* (Abb. 5). Weiter hangaufwärts läuft diese alte Straße an dem ehemaligen Kornhof der Abtei, dem Barkhof, vorbei, wo noch vor wenigen Jahren archäologische Ausgrabungen stattfanden.[2]

Die Straße Klemensborn ist selbst schon alt: Sie wird in einer Urkunde aus der Mitte des 13. Jahrhunderts mit „*Bornestrate*" (Born = Quelle) bezeichnet.

Als ältestes schriftliches Zeugnis für die Existenz der *strata coloniensis* gilt eine Schenkungsurkunde aus dem Jahr 1065. Darin wird erwähnt, dass Heinrich IV.

---

2   Zuletzt: Detlef Hopp, Auch auf dem Barkhof suchte man nach Steinkohle, in: Geschichten aus der Werdener Geschichte 17. Essen 2018, S. 122–133. Die Grabungsfirma Archbau forschte hier zuvor zwischen 2012 und 2013 intensiv.

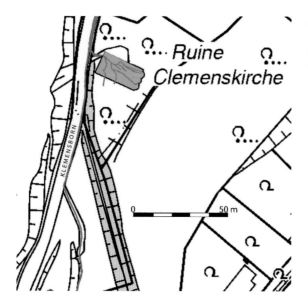

Abb. 5: Clemenskirche und strata coloniensis *in ihrer heutigen Umgebung (hellbraun)*

dem Erzbischof Adalbert von Bremen den Bannwald[3] *wenaswald* zwischen Ruhr im Norden, Rhein im Westen und Düssel im Süden überlässt.[4] Die östliche Grenze dieses Waldes bildete ein Weg, der von der Werdener Brücke bis nach Köln führte: die *strata coloniensis*.

Deren Verlauf durch das Essener Gebiet beschreiben neben der Honigmann'schen Karte (1803/06) auch die Karte von Le Coq (1805), das Urkataster von 1823 sowie weitere historische Kartenwerke.

Wie weit die Anfänge der Straße tatsächlich zurückreichen, ist noch nicht erforscht. Da die Werdener Abtei schon 796 gegründet und 877 zur Reichsabtei wurde, spielte dieser Weg sicher früh eine bedeutende Rolle, denn viele der Höfe, die in Abhängigkeit von der Benediktinerabtei standen, lagen an ihm. Im Mittelalter war er in der Regel nicht oder kaum befestigt.

Es handelte sich überwiegend um einen Hohlweg, oder besser ein Bündel von Hohlwegen mit Ausweichstrecken – wie es auch für den *Hellweg* und andere frühe Wegverbindungen gilt.

3   Als Bannforst oder Bannwald gilt im Mittelalter ein Wald, in dem das Recht seiner Nutzung beim Landesherrn lag.

4   Theodor Joseph Lacomblet (Verf.)/Wolf-Rüdiger Schleidgen (Bearb.), Urkundenbuch für die Geschichte des Niederrheins. Nachweis der Überlieferung. Veröffentlichungen der staatlichen Archive des Landes Nordrhein-Westfalen, C Bd. 10. Siegburg 1981, S. 133, Nr. 205. Vgl. auch: Hanna Eggerath, Die Strata Colonensis von Werden bis Hilden, in: Jahrbuch Kreis Mettmann 1992/93, S. 22 ff.

Abb. 6: Beispiel für einen neuzeitlichen, befestigten Weg in Bochold

Abb. 7: Tief schneidet die ehemalige Straße in das Gelände unweit der Kapelle ein, verliert sich aber weiter hangaufwärts

Nur in Stadtnähe, so auch unweit der Abtei Werden, dürfte die *strata coloniensis* befestigt gewesen sein (vergleichbar vielleicht Abb. 6). Für den Hellweg sind in Stadtnähe ausgebaute Teilstücke durch jüngere archäologische Ausgrabungen, beispielsweise außerhalb des Limbecker Tores in Essen, aber auch in Dortmund, Paderborn oder im Bereich der Wüstung Balhorn (Westfalen), nachgewiesen.

Im Gegensatz zum in west-östlicher Richtung durch das Essener Stadtgebiet verlaufenden Hellweg[5] gibt es für die in nord-südlicher Richtung verlaufende *strata coloniensis* (auch Kölner Straße) in Essen noch kaum gesicherte, ergrabene Nachweise.[6] Die Straße verläuft in Werden bei der Clemenskirche ein Stück parallel zur späteren Barkhovenallee Richtung Süden über die Hochfläche

<hr>

5   So am Limbecker Platz.

6   Bei Untersuchungen der Stadtarchäologie konnten in der Straße Klemensborn immerhin die Überreste einer älteren Packlage aus Ruhrsandsteinen nachgewiesen werden, die aber nur für die Befestigung des Weges im 18. (?) Jahrhundert und in jüngerer Zeit spricht.

Abb. 8: Mögliche Überreste der Straße auf dem Gelände der Grünen Harfe

Richtung Köln. Als tiefer Geländeeinschnitt ist sie noch oberhalb der Kapelle erkennbar (Abb. 7).

Obwohl bei den archäologischen Ausgrabungen im Bereich des *Barkhofes* (Neubaugebiet Grüne Harfe)[7] gezielt nach ihr gesucht wurde, konnten keine sicheren Überreste dieser alten Straße gefunden werden. Nach Ausweis der Grabungsdokumentation der zuständigen Grabungsfirma sollen sich aber nicht tief unter der Geländeoberkante noch einige Fahrspuren erhalten haben (Abb. 8).[8]

Wie solche Hohlwege im archäologischen Befund aussehen können, zeigte sich in Essen an mehreren Orten, die in den letzten Jahren von der Stadtarchäologie untersucht wurden. So beispielsweise an der Aktienstraße, wo 2018 die Überreste eines alten, nicht befestigten Weges, so wie er auch oberhalb der Kapelle vermutet werden könnte, freigelegt wurden (Abb. 9).[9] Die dokumentierten Spuren dieses eher unbedeutenden Weges waren dort beispielsweise noch auf mehr als sieben Meter Breite erhalten und reichten noch etwa einen Meter tief in den Boden hinein. Die Relikte des Hohlweges hatten sich durch die lange Nutzung mit Fuhrwerken und Vieh tief in den Boden eingegraben.

[7]   Vgl. Anm. 2.
[8]   Das Foto (Abb. 8) zeigt ein durchaus „bewegtes" Profil, das aber nicht alle Fragen löst.
[9]   In der Fläche waren diese Spuren nicht mehr zu verfolgen, da entweder die Bodeneingriffe nicht weit genug in den Untergrund hingereicht haben oder – wie ganz im Süden des Areals – die Fläche bereits zu tief durch Bodeneingriffe gestört worden war.

Abb. 9: So sieht ein unbefestigter Hohlweg im Profil aus (hier in der Aktienstraße)

Aus heutiger Sicht sind angesichts der großen Bedeutung dieses Weges für die Abtei Werden und auch für die Stadt und das Stift Essen im Mittelalter diese wenigen Erkenntnisse vollkommen unzureichend.

3. Vorbericht:
Überraschung am künstlichen Wasserlauf auf dem Burgplatz

DETLEF HOPP

Im Mai 2021 wurden auf dem Burgplatz, am Ostende des kurz nach der Jahrtausendwende angelegten künstlichen Wasserlaufs, erneut Bodeneingriffe nötig (Abb. 10), da überraschend Versorgungsleitungen instandgesetzt werden mussten.

Die seit dem 19. Jahrhundert, besonders aber in der jüngeren Vergangenheit angesichts der Umgestaltung des Burgplatzes und des Baus der Volkshochschule erfolgten Erdarbeiten ließen vermuten, dass große Teile der Baugrube bereits gestört und deshalb archäologisch relevante Befunde – Gräber oder Siedlungsspuren – weitgehend zerstört worden waren.

Dieses Bild bestätigte sich praktisch in der gesamten, etwa 3,00 × 10,00 m messenden Baugrube, in der die Entwässerung und zahlreiche Versorgungsleitungen unterschiedlicher Art z. T. über 2 m tief in den Untergrund eingegraben waren. Zunächst fanden sich nur ganz auf der Südseite der Baugrube einige umgelagerte Überreste von Siedlungsmaterial in Gestalt von Beton-, Stein-, Holz- und Tierknochenfunden. Auch einige sehr kleine, verbrannte Knochenreste waren unter den Funden.

Erst beim weiteren Zurücklegen des Profils stellte sich heraus, dass es sich bei den Strukturen im Süden der Fläche um die untersten und gestörten Lagen beispielsweise eines sehr schlecht erhaltenen Ofens handeln könnte. Verschlackter

Sandstein (!) zeugt von sehr großen Temperaturen, denen das Material einmal ausgesetzt gewesen sein muss. Aus der reichlich vorhandenen Holzkohle, zwischen der aber auch vereinzelt Tierknochen lagen, wurden Proben an das AMS-^{14}C Labor des Leibniz-Labors für Altersbestimmung und Isotopenforschung der Christian-Albrechts-Universität nach Kiel gesandt, zumal die bei der weiteren Untersuchung gemachten Keramikfunde nahelegen, dass das „Brandereignis"[1] auch durchaus vor dem Jahr 1000 n. Chr. erfolgt sein kann (Abb. 14).

Nicht überraschend war, dass sich in dem darüber befindlichen, in die Baugrube eingelagerten Material vereinzelt auch menschliche Skelettreste fanden. So wurden noch Teile eines Oberkiefers und einer Schädelkalotte gefunden, die auf vor längerer Zeit zerstörte Gräber schließen ließen.[2]

---

[1]   Aber auch Zusammenhänge mit den großen Bränden im Mittelalter, so beispielsweise dem Brand von 946, bei dem das Münster schwer beschädigt wurde, lassen sich nicht ausschließen.

[2]   Die Frage, wie weit in den Platz hinein und zu welchem Zeitpunkt Bestattungen auf dem Areal des heutigen Burgplatzes erfolgten, kann beim heutigen Stand der Forschungen noch nicht beantwortet werden.

Bei den weiteren Arbeiten, die der Erweiterung der Arbeitsgrube dienten, wurden in der nördlichen Hälfte der Baugrube erneut archäologische Befunde angetroffen. Unterhalb der modernen Pflasterung und Aufschüttungen des 20. Jahrhunderts, die auch mit der Verlegung von Versorgungsleitungen in Zusammenhang stehen, zeichneten sich im westlichen und im östlichen Baugrubenprofil die z. T. nur noch sehr schlecht erhaltenen Überreste von fünf Gräbern ab. Zunächst war im Westprofil deutlich eine Grabgrube (Grab 2) zu erkennen. Spuren von vergangenem Holz bestätigten, dass hier ein etwa 0,50 m breiter Sarg, dessen Sohle sich etwa 1,30 m unter der modernen Geländeoberfläche befand, gelegen hatte. Da die Baugrube das Grab im rechten Winkel schnitt, wurde die West-Ost-orientierte Bestattung nur mit ihrer Schmalseite, wie alle anderen Bestattungen auch, erfasst. Von dem Sarg hatten sich noch die unteren Abschnitte der ehemals senkrechten Seitenteile und Teile des Sargbodens als Verfärbungen erhalten, die sich deutlich als humoses Band von dem umgebenen Erdreich abgrenzten. Der obere Teil des Sarges fehlte, weil spätere Bodeneingriffe – neu angelegte Gräber – hier tief in den Untergrund eingriffen. Aus dem Baugrubenprofil ragten noch einige menschliche Gebeine heraus, darunter Überreste von Langknochen (Elle und Speiche), Phalangen-[3] und weitere, aber nicht mehr zu identifizierende, weil sehr stark vergangene Knochen.[4] Knochenmaterial aus diesem Grab (Grab 2) wurde zur Datierung ebenfalls an das Leibniz-Labor nach Kiel geschickt.

Die insgesamt ziemlich unglücklichen Beobachtungsbedingungen – es wurden ja nur Anschnitte dieses und der anderen Gräber freigelegt – erlauben bisher keine genauere Datierung. Da aber aus der Grabgrube Scherben sog. Essener Ware – früher auch Ruhrmündungsware genannt –, darunter eine kleine Bodenscherbe eines Topfes,[5] die etwa in das 9./10. Jahrhundert datiert werden kann, stammt, spricht dieses wohl für eine Datierung des Grabes in das Mittelalter.[6] Zudem fanden sich am Nordwestrand des Baugrubenprofils noch weitere Knochenreste als

---

3   Phalangen: Finger- oder Zehenknochen. Hier wohl Überreste von Fingerknochen.

4   Da eine Bergung der größeren, West-Ost-orientierten Langknochen nur mit großem Aufwand (Unterhöhlung der Baugrubenprofile) möglich gewesen wäre, unterblieb deren Freilegung. Es wurde nur etwas Probematerial zur Altersbestimmung entnommen.

5   Zusammenfassend: Detlef Hopp (Hrsg.), Archäologisches vom Gelände der Volkshochschule in der Essener Innenstadt. Berichte aus der Essener Denkmalpflege 16 (Essen, 2017, mit weiterführender Literatur).

6   Weiterhin lagen in der Auffüllung zwei Gefäßreste, deren Oberfläche kammstrichartig verziert ist. Diese Zierweise ist bei vergleichbar reduzierend gebrannter Ware äußerst selten! Deshalb muss an dieser Stelle ausdrücklich darauf hingewiesen werden, dass vergleichbare Funde in der Vergangenheit durchaus auch zu falschen Datierungen geführt haben können. Eine erneute Sichtung „vorgeschichtlich" datierter Keramikfragmente, die bei den Untersuchungen in der Kettwiger Straße in den 1990er Jahren gefunden wurden, wäre sicherlich sinnvoll.

Hinweise auf (mindestens) eine weitere – evtl. sogar sarglose – Bestattung (Grab 1), die durch jüngere Bodeneingriffe zerstört war. In direktem Zusammenhang mit den Knochen konnte eine kleine Wandungsscherbe Badorfer Art (?) geborgen werden, ein Gefäßrest, dessen Oberfläche durch Rollstempelabdrücke verziert ist.

Die Gräber 1 und 2 waren in ein Schichtpaket eingegraben worden, in dem sich zerkleinerte menschliche Überreste – Überbleibsel noch älterer Bestattungen –, Keramik, Tierknochen und auffällig viel Sandsteinbruchstücke fanden. Dies lässt den Verdacht aufkommen, dass hier evtl. sogar Gräber mit Steinsetzungen zerstört wurden[7] oder älteres Siedlungsareal für Grablegen genutzt worden war. Zu den ältesten datierbaren Funden dieser Schichten gehört das Fragment eines hellrötlich-grauen Henkeltopfes, wahrscheinlich das einer Röhrenkanne (Abb. 13, oben), deren Oberfläche ebenfalls durch Rollstempel verziert wurde und dessen Datierungszeitraum hier mit dem 9. Jahrhundert angenommen werden kann. Bei diesem oxidierend gebrannten Gefäß, für das bisher in der Essener Innenstadt noch kein Vergleichsstück entdeckt werden konnte,[8] dürfte es sich, wie bei der grau-schwarzen, evtl. mit Rollstempelabdrücken verzierten Scherbe (Abb. 11, links unten), um eine lokale Produktion handeln.

Wahrscheinlich lagen die Gräber in diesem Bereich des Burgplatzes recht dicht beieinander, wie auch Stelle 4, eine ebenfalls im Westprofil angetroffene, 0,60 m breite Grube mit waagerechter, bei ca. 1,40 m gelegener Unterkante andeutet. Auch hierbei könnte es sich um den Überrest eines Grabes handeln (Grab 3). Allerdings griffen hier moderne Stromleitungen viel zu tief in den Untergrund ein, als dass eine sichere Ansprache gelingen könnte.

Auch im Ostprofil wurden noch Reste von Gräbern gefunden. Hierzu gehört Grab 4, in dem noch Teile eines sehr stark beschädigten Schädels in etwa 1,20 m Tiefe lagen. Waren auch die Spuren eines hölzernen Sarges fast vollständig vergangen, so zeugt anscheinend auch ein Eisennagel von diesem. Knochenfragmente, die sich über dem Schädel fanden, zeigen, dass auch diese Bestattung durch spätere Grablegen gestört wurde. Zertrümmerte Schädelreste belegen hier eine Bestattung (Grab 5), die später als Grab 4 in den Boden eingebracht wurde und dieses zum Teil zerstörte.

Die 2021 entdeckten Gräber und mit ihnen wohl auch die in das Frühmittelalter zu datierenden Keramikfunde belegen die Existenz von sehr alten Gräbern in diesem Abschnitt des Burgplatzes (vgl. Abb. 13, gekennzeichneter Bereich).

Bei den neu entdeckten Grabfunden handelt es sich um die ältesten und gleichzeitig auch besonders weit in den Süden des heutigen Burgplatzes hineinreichenden früh- bis hochmittelalterlichen (?) Gräber, die bisher gefunden wurden (Abb. 13).

---

[7] Zu einem weiteren Fund: s. Anm. 1.
[8] Unter Sauerstoffzufuhr.

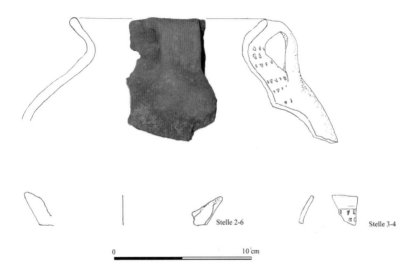

Abb. 11: Reste von Gefäßen aus Ton, die geborgen werden konnten

Abb. 12: Kleines, handgemachtes frühmittelalterliches Töpfchen einheimischer Ware. Reduzierend gebrannt

Die im Westprofil angetroffenen Gräber 1 und 2 belegen das Vorhandensein sehr alter Gräber, die möglicherweise in die Zeit zurückreichen, bevor das Stift Mitte des 9. Jahrhunderts entstand.[9]

---

[9] Zusammenfassend. Detlef Hopp, Archäologische Spuren im frühen Essener Stift. Berichte aus der Essener Denkmalpflege 11. Essen 2015, S. 7–10.

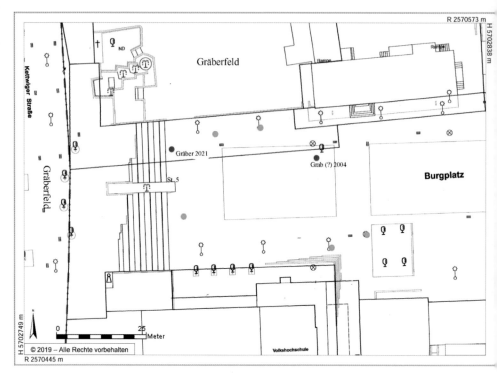

Abb. 13: Auf dem Burgplatz wurden umgelagerte (grün) menschliche Gebeine und Überres-
te von Gräbern gefunden (rot). Seit längerem bekannt sind dagegen Gräber in der Kettwiger
Straße und auf dem Domplatz

Obwohl auch in der jüngeren Vergangenheit, beispielsweise bei der Neugestaltung des Burgplatzes im ersten Jahrzehnt des neuen Jahrtausends, Hinweise
auf Gräber gefunden wurden, so sind dies die ersten sicheren Bestattungen vom
Areal des heutigen Platzes, die zugleich aus der Frühphase des Essener Stifts
stammen. Alle anderen zuvor bei Bodeneingriffen beobachteten menschlichen
Gebeine waren umgelagert.[10]

Sehr alte Gräber wurden vor wenigen Jahren in der Kettwiger Straße und
sowohl im Nahbereich als auch in der Hohen Domkirche selbst gefunden.[11]

Die kurz vorgestellten Gräber zeigen, dass bei Bodeneingriffen im 20. Jahrhundert Teile eines dicht belegten Gräberfeldes unbeobachtet zerstört wurden.
Gleichzeitig machen die neu entdeckten Befunde aber Hoffnung, dass sich bei

---

10   Allerdings gibt es Hinweise dafür, dass schon vor dem Zweiten Weltkrieg bei Bodeneingrif-
     fen auf dem Burgplatz auch menschliche Gebeine gefunden wurden.
11   S. auch: Cordula Brand/Detlef Hopp, Gräber, Gräber, Gräber. In: Detlef. Hopp (Hrsg.), Ans
     Tageslicht gebracht. Archäologie in der Essener City. Essen 2008, S. 62–68.

Abb. 14: Ofenreste (Stelle 5)? Brandspuren fanden sich im Süden der Baugrube: Wie, warum und wann es zu dem Brandereignis kam, muss noch genauer erforscht werden.[12]

kontinuierlicher archäologischer Arbeit auch in der Zukunft noch viele Wissenslücken schließen lassen.

4. Spärliche Überreste des kaum bekannten und aus dem Mittelalter stammenden Hofes Graffweg an der Twentmannstraße

DETLEF HOPP

Seine erste urkundliche Nennung findet der Essener Ortsteil *Stoppenberg* (auch: *Kapitelberg*) im Jahr 1073, als die Essener Äbtissin *Suanhild*[1] (auch *Swanhild*, *Svanhild* oder *Schwanhild*, geboren wahrscheinlich vor 1028, gestorben am 30. Juli 1085, Äbtissin im Frauenstift Essen[2] von 1058 bis zu ihrem Tode) mit dem Bau der Kapelle *Maria in der Not* auf dem namengebenden Hügel begann.

---

[12] Proben wurden an das Leibniz-AMS-^{14}C Labor der Christian-Albrechts-Universität Labor nach Kiel gesandt.

[1] Zu Svanhild z. B.: Rainer Kahsnitz, Die Essener Äbtissin Svanhild und ihr Evangeliar in Manchester, in: EB 85, 1970, S. 13–80.

[2] Die Gründung des Stifts, einer religiösen Gemeinschaft, wird um 850 sächsischen Adeligen, darunter die erste Äbtissin Gerswid, möglicherweise Schwester oder Verwandte von Altfrid, Bischof von Hildesheim, zugeschrieben.

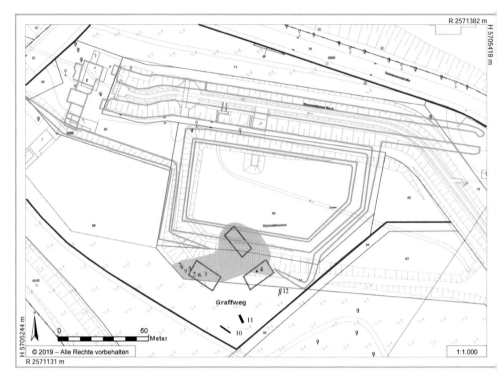

Abb. 15: Übersichtsplan, rot: Gebäudebestand des Hofes Graffweg nach Honigmann (1803/06), grün: Becken um 1957, grau unterlegt: Bereich mit Befunden und Eintrag der Fundstellen, blau: Arealbegrenzung

Die ältesten von der Stadtarchäologie Essen rund um den Stoppenberg, im Bereich der *Essener Straße* geborgenen Funde reichen in die Vorgeschichte zurück, ohne dass diese bisher genauer zu datieren wären.[3] Mittelalterliche Besiedlungsspuren wurden beispielsweise im Jahr 2000 an der Twentmannstraße gefunden.[4]

Im April und Mai 2021 konnten trotz erschwerender Coronabedingungen Bodeneingriffe durch die Stadtarchäologie dokumentiert werden.[5] Die Beglei-

---

[3] Vgl. hierzu: Bonner Jahrbücher 210/211, 2010/2011, S. 524. Archäologische Ausgrabungen und kleine Beobachtungen fanden nur am Rande des Hügels statt: Vgl. hierzu Aktionsnummern E-1993-73; E-1993-77; E-1993-84; E-1996-44; E-1996-137; E-1998-142; E-1998-151; E-1999-179; E-2000-260; E-2006-43; E-2011-43.

[4] Aktionsnummern E-2000-244 und 259. Vgl. hierzu: Bonner Jahrbücher 202/203, 2002/2003, S. 495 f. und Detlef Hopp/Bianca Khil, Ausgrabung an der Twentmannstraße. in: Stoppenberger Kalender, Monatsblatt April 2002.

[5] Aktionsnummer E-2021-25, sowie: Scherben aus Stoppenberg 800 Jahre alt. Älteste Funde im Stadtteil, in: Westdeutsche Allgemeine Zeitung v. 27.7.2000. Generell bleibt für die Jahre 2020/2021 festzuhalten, dass für viele beobachtete Baustellen besondere Vorsichtsmaßnah-

tung der Baumaßnahmen wurde auch dadurch ermöglicht, dass der Bauherr, die Emschergenossenschaft, sich hier ausgesprochen kooperativ zeigte und den Archäologen jederzeit ein Betreten der Baustelle ermöglichte.[6]

Durch den Bau des Rückhaltebeckens waren Bodenschichten bereits in den 1930er und den 1950er Jahren tiefgreifend gestört worden. Dennoch wurden auf der Südseite des betroffenen Areals, im Bereich der alten Beckeneinfassung (Abb. 15), unter modernen, z. T. über einen Meter mächtigen Auffüllungen, Anhäufungen dislozierter Backsteine, Sandstein und andere Materialien festgestellt. Ein Vergleich mit historischen Kartenwerken z. B. mit Honigmann (1803/06) zeigte, dass u. a. ein Bereich betroffen war, in dem Bebauung des Hofes Graffweg eingetragen war (Abb. 15, rot gekennzeichnet). Überreste eines durch Baumaßnahmen weitgehend zerstörten Gewölbes (Stelle 2) aus vorindustriellen Backsteinen konnten beispielsweise beobachtet werden. Von einem weiteren Gebäude fanden sich weiter östlich noch, wahrscheinlich aber durch die Bodeneingriffe in den 1930er oder 1950er Jahren verlagert, ein Treppenstein mit angemauerten Backsteinresten und, damit verbunden, Reste Mauerwerks (Stelle 4). Drei kleinere Siedlungsgruben (Stellen 7, 8 und 9) enthielten einige Wandungsscherben Irdenware und einige Metallreste, die etwa in das 17. bis 19. Jahrhundert datiert werden können. Als ältester Fund in diesem Bereich können eine Wandungsscherbe des 16./17. Jahrhunderts (Stelle 1–16) und eine Musketenkugel (Stelle 1–25) angesehen werden.

In der weiteren Fläche wurden u. a. Ruhrsandstein, Backsteine sowie Bodenfliesen von Villeroy und Boch, die aus der Zeit um 1890 stammen, und Kriegsschutt gefunden (Stelle 6 und Abb. 17).

Wie sich die Bebauung im Detail veränderte, muss noch genauer untersucht werden.

Auf der Südseite des Bauareals, außerhalb der Gebäudereste des 19. Jahrhunderts, wurden noch Überreste eines etwa zwei Meter breiten, zum Teil mit Hölzern ausgelegten Weges (Stelle 11), vielleicht des 18./19. Jahrhunderts, und im Süden Überreste eines Holzzaunes gleichen Alters, beobachtet.[7] Einige Karrenspuren (Achsbreite ca. 1,00 m), die Nordost-Südwest ausgerichtet waren, konnten zudem auf der Ostseite des ehemaligen Hofareals beobachtet werden.

Auf einem Luftbild von 1926 ist noch das Hofgelände erkennbar (Abb. 16). Große Teile davon wurden schon wenig später durch ein Pumpwerk der Em-

men galten, da beispielsweise die Coronaregeln nicht eingehalten werden konnten (oder wurden). Für den 65-jährigen Stadtarchäologen eine zusätzliche Herausforderung.

6   Auch an anderen Orten wurden Archäologen beim Umbau von Bachsystemen aktiv. Hier sei kurz auf stark zusammenfassende Berichte verwiesen, z. B. Detlef Hopp (Hrsg.), Jahresbericht der Stadtarchäologie 2020, in: Berichte aus der Essener Denkmalpflege 23, 2021.

7   Herrn Rüdiger Oer sei an dieser Stelle herzlich für die Unterstützung der Arbeiten gedankt. Ein weiterer Dank geht an die Emschergenossenschaft und die Sonntag-Bau.

Abb. 16: Luftbild von 1926 mit dem Hofgelände

schergenossenschaft eingenommen, das 1933/34 an der Twentmannstraße entstand. Schon damals wurden Teile der im Boden liegenden Überreste des Hofes (s. o.) zerstört. Im Zweiten Weltkrieg wurden die Kanäle und Rohre sowie das Werk selbst durch Bomben stark beschädigt. Teile der nahe gelegenen Kapitelwiese wurden daraufhin bei heftigen Niederschlägen überschwemmt und erst nach Jahren konnten die Schäden beseitigt werden (vgl. hierzu auch Abb. 15: Grün unterlegt wird das Pumpwerk in seinem Zustand von 1957 dargestellt).

Urkundlich reichen die Anfänge des Hofes *Graffweg* – auch *Mansus ten Grafweghe* oder *Hof zum Grabenweg* und *Grafwegshof* – bis in das Mittelalter zurück. Er wird bereits im sog. Kettenbuch des Stiftes Essen aus dem 14. Jahrhundert genannt. Aber auch in der Regaliensteuerliste der Äbtissin Katharina von Tecklenburg (1551–1560) und weiteren schriftlichen Quellen wird er erwähnt.

Überreste des Hofes (s. hierzu auch Abb. 16) bestanden bis in das 20. Jahrhundert hinein, er war in seinen Anfängen aber zumindest spätmittelalterlich. Er lag nordwestlich der Siedlung *Esteren* (urkundlich bereits um 1170) und war ein Unterhof des Viehofes, des im Norden der historischen Innenstadt gelegenen Fronhofes des Essener Frauenstiftes.[8]

---

[8] Hier verwendete Literatur: Franz Arens, Das Heberegister des Stiftes Essen, nach dem Kettenbuch im Essener Münsterarchiv 1332, in: EB 34, 1912, S. 1–111; J. Herten (für das Kul-

Abb. 17: Kriegsschutt, darunter ein verschmolzenes Tintengefäß aus Glas (oben, Bildmitte)

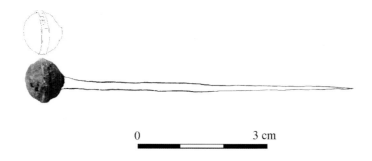

0   3 cm

Abb. 18: Kopf einer Nadel mit verzierter Rippe (Stelle 5–4)

Insofern konnten auch mittelalterliche Befunde und Funde nicht ausge-schlossen werden. Sicher aus dem Mittelalter stammende Spuren wurden aber, bis auf eine gut datierbare hochmittelalterliche Wandungsscherbe Pingsdorfer

turamt der Stadt Essen), Historische Rundgänge durch den Essener Norden. Stoppenberg (unveröffentl. Manuskript 1995) S. 27, 32 f., 35.

Art (ca. 11./12. Jahrhundert), die im Umfeld einer nicht genauer datierbaren Grube (Stelle 5) gefunden wurde, nicht entdeckt. Bemerkenswert ist ein weiterer, singulärer Fund aus deren Umfeld: Es handelt sich wohl um den exakt ausgeformten, allerdings stark korrodierten, massiven Kopf einer Nadel aus Buntmetall (Abb. 18), der eine aufgelegte, mit Kerben verzierte Rippe besitzt.[9] Vergleichbare Schmuck-, Haar- oder Gewandnadeln kommen durchaus im Hochmittelalter vor. Ob sich diese Einschätzung aber halten lässt, wird sich erst nach der Restaurierung zeigen.

5. Anmerkungen zur Erfassung von Luftschutzanlagen

DETLEF HOPP

Das Denkmalschutzgesetz in NRW grenzt keine zeitliche Epoche aus: Auch Objekte der jüngeren und jüngsten Vergangenheit können demnach Denkmäler sein. So ist es kein Wunder, dass über 80 Jahre nach Beginn des Zweiten Weltkrieges die Hinterlassenschaften dieser Zeit häufiger in das Blickfeld der Archäologie rücken.[1] In Essen wurden schon seit der Jahrtausendwende nicht nur Relikte der Schwerindustrie im Boden, sondern auch solche des Zweiten

---

9   Der Nadelkopf konnte nur im unrestaurierten Zustand beschrieben werden. Obwohl es wegen der Bruchstelle weniger wahrscheinlich erscheint, soll nicht ausgeschlossen werden, dass statt des Nadelschaftes auch eine mitgegossene Ringöse ergänzt werden kann, so dass wir einen kleinen Anhänger vor uns hätten.

1   Z.B.: Helmuth Albrecht, Nordrhein-Westfalens Industriekultur im Kontext. In: Industriekultur 2020. Positionen und Visionen für Nordrhein-Westfalen. Hrsg. vom Land Nordrhein-Westfalen. Essen 2014, S. 31–47; B. Arndt/U. Halle/U. Ickerodt/B. Jungklaus/N. Mehler/U. Müller/M. Nawroth/H.-W. Peine/C. Theune/M. Wemhoff, Leitlinien zu einer Archäologie der Moderne. Blickpunkt Archäologie 4, 2017, 236–245; Detlef Hopp, Dokumentation industriearchäologischer Relikte auf dem Gelände der ehemaligen Kruppschen Gussstahlfabrik in Essen, in: Otto Dickau/Christoph Eger (Hrsg.), Emscher. Beiträge zur Archäologie einer Flusslandschaft im Ruhrgebiet. Münster 2014, S. 211–216; weiterhin zahlreiche Berichte in den Essener Beiträgen; Julia Obladen-Kauder, Geächtet und geachtet: Industrie vor der Haustüre. Archäologie in Deutschland 3, 2008, S. 18–19; Claudia Theune, Unsichtbarkeiten: Aufgedeckte Spuren und Relikte. Archäologie im ehemaligen Konzentrationslager Mauthausen. In: Daniela Allmeier/Imge Manka/Peter Mörtenböck/ Rudolf Scheuvens (Hrsg.), Erinnerungsorte in Bewegung. Zur Neugestaltung des Gedenkens an Orten nationalistischer Verbrechen. Bielefeld 2016, S. 19–28; Claudia Theune, A shadow of war. Archaeological approaches to uncovering the darker sides of conflict from the 20th century. Leiden 2018 und Fritz Jürgens/Ullrich Müller (Hrsg.), Archäologie der Moderne. Standpunkte und Perspektiven. Bonn 2020.

Weltkrieges beobachtet und in den Essener Beiträgen und anderen Publikationsorganen vorgestellt.[2]

Generell ist bei solch jungen Relikten anzumerken, dass erst in jüngerer Zeit der Erhalt von im Boden entdeckten Zeugnissen des 19. und 20. Jahrhunderts möglich wird. Seit wenigen Jahren werden diese Spuren im Boden, die beispielsweise Orte der Produktion, des Lebens, der Kriege u. v. a. m. betreffen, von der „Archäologie der Moderne" zunehmend systematischer erfasst.[3]

Zu Beginn des neuen Jahrtausends wurde deutlich, welch besondere Herausforderungen die Dokumentation und die Sicherung solcher Objekte mit sich brachten, ohne dass beispielsweise zu diesem Zeitpunkt schon die erforderlichen technischen Instrumente wie Drohnen oder Laserscanner im Bedarfsfalle zur Verfügung standen. Heute ist vieles leichter geworden.

Obwohl 2001 in der archäologischen Denkmalpflege längst nicht in dem Maß wie heute verfügbar, wurden in Essen schon früh in Zusammenarbeit mit der Hochschule Bochum 3-D-Laserscans, Photogrammmetrie und Luftbilder zur Dokumentation eingesetzt.[4] Die Grundlagen dafür waren in Zusammenarbeit mit dem Fachbereich Vermessungswesen der Hochschule Bochum, dem Institut für Raumbezogene Informations- und Messtechnik (i3Mainz) und dem LVR-Amt für Bodendenkmalpflege im Rheinland entwickelt worden. Essens Stadtarchäologie war eine der ersten in Deutschland, die sich überhaupt mit den Relikten der jüngeren Vergangenheit befasste. Wissenschaftliche Kolloquien, in Essen durchgeführt, legten 2003 und 2008 einen Schwerpunkt auch auf die Erfassung ganz „junger" Hinterlassenschaften im Boden.[5]

Anfang des 21. Jahrhunderts war vieles noch in der Erprobungsphase, heute sind manche der Techniken Standard geworden, so dass die Probleme, die damals

---

2   Stark zusammenfassend z. B.: Detlef Hopp, 4. Zeugnisse des Zweiten Weltkrieges im Essener Stadtgebiet – Eine Betrachtung aus archäologischer Sicht. Berichte zu archäologischen Beobachtungen, in: EB 128, 2015, S. 20–46. Auch die Notwendigkeit einer besseren Zusammenarbeit der zuständigen Organe und eines leichteren Informationsaustausches wurden in Publikationen immer wieder betont: so z. B. das., 45 f.

3   Vgl. Jürgens/Müller, Archäologie der Moderne (wie Anm. 1). Zu den archäologischen Beobachtungen der Archäologie der Moderne, die Essen betreffen, hielt der Autor im Haus der Essener Geschichte im Februar 2022 einen zusammenfassenden Vortrag.

4   Hierzu z. B.: Detlef Hopp (Hrsg.), Denkmäler 3D. Erfassung – Verwaltung – Analyse – Präsentation. VDV-Schriftenreihe Bd. 23, 2004; ders. (Hrsg.), Industrie. Archäologie. Essen. Industriearchäologie in Essen. Essen 2011; ders. (Hrsg.), Dokumentation von zwei wiederentdeckten Luftschutzanlagen auf dem Gelände der ehemaligen Krupp-Gussstahlfabrik. Berichte aus der Essener Denkmalpflege 7. Essen 2012; Detlef Hopp/Martin Vollmer-König, Archäologie der Schwerindustrie. Archäologie in Deutschland 3, 2018, S. 8–13. Die umfangreichen Daten wurden in der Hochschule „konserviert", da anfangs weder entsprechende Hard- noch Software zur Verfügung standen.

5   Vgl. hierzu Anm. 3.

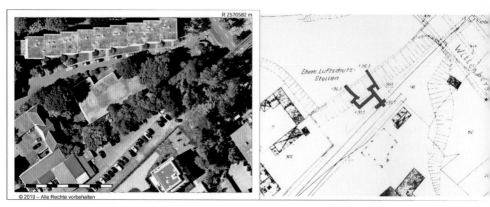

Abb. 19: Luftbild und alter Vermessungsplan mit der eingepassten, u-förmig gestalteten Anlage am Rommenhöller Gleis

bei der Dokumentation von Befunden entstanden,[6] jüngeren Archäologen oft fremd erscheinen.

Abrisse und Sicherungsmaßnahmen

In Essen und anderen Städten kam es in der Vergangenheit auf dem Gelände ehemaliger Zechen oder auf Industriebrachen, die aufgrund der Bestimmungen des Denkmalschutzgesetzes NRW durchaus in die Zuständigkeit einer Bodendenkmalpflege fallen können, immer wieder, beispielsweise aufgrund Baumaßnahmen, von Standunsicherheiten u. a., durch Verfall, Zerstörungen durch Wasser oder Nachsacken von Verfüllungsmaterial, zum Abriss oder zur Durchführung von Sicherungsmaßnahmen. Letztere erfolgten und erfolgen vielfach aus ganz aktuellen Anlässen (Tagesbrüche) oder aufgrund sorgfältiger Untersuchungen zur Standsicherheit von Schachtbauwerken oder von Bunkeranlagen. Sollte z. B. die Standsicherheit von Bauwerken nicht gewährleistet sein, so bedeutet das vielfach die Verfüllung der technischen Anlagen oder der Schutzanlagen.

Bis vor kurzem entzogen sich viele Sicherungsmaßnahmen der Archäologie. Will man künftig nicht riskieren, dass wertvolle archäologische Quellen verloren gehen, müssen auf der Grundlage der jeweiligen Denkmalschutzgesetze nicht nur abgestimmte Regelungen mit den Rechtsnachfolgern und den Eigentümern dieser Anlagen, beispielsweise alter Bergwerke, sondern auch einfachere Wege des Wissensaustausches gefunden werden.

---

6   Frank Boochs/Hans-Jürgen Przybilla, Aspekte eines räumlichen Informationssystems für Industriearchäologie. Schriftenreihe Informations- und Messtechnik 8. Aachen 2011.

Bunker

Da schon bald nach dem Zweiten Weltkrieg dessen Spuren beseitigt wurden, existieren im Essener Stadtbild kaum noch sichtbare Zeugnisse aus dieser Zeit. Sogar Bunkeranlagen, eigentlich besonders dauerhafte Zeitzeugen, sind in den letzten Jahrzehnten immer wieder Bauvorhaben zum Opfer gefallen, ohne dass die Frage des Erhalts oder einer gründlichen Dokumentation überhaupt gestellt werden konnte: Der Blick der Archäologen ist auch zu Beginn des 21. Jahrhunderts immer noch auf die weiter zurückliegende Vergangenheit gerichtet.[7]

Insofern ist es erfreulich, dass es 2021 in Essen erstmals gelang, eine Luftschutzanlage der Firma Krupp vor dem bevorstehenden Abriss zu bewahren und diese als eingetragenes Denkmal dauerhaft zu erhalten. In den Essener Beiträgen 2021 wurde diese Anlage, die am neuen Berthold-Beitz-Boulevard liegt, in einem sehr kurzen Vorbericht vorgestellt.[8]

Mit weiteren Luftschutzanlagen hat sich die Stadtarchäologie in der Vergangenheit befasst, weil viele davon, gut 80 Jahre nach Fertigstellung, standunsicherer geworden sind oder schlicht neuen Bauvorhaben im Wege stehen.

Erwähnt werden sollen nur, als einige Beispiele von vielen, die in den letzten Jahren die Aufmerksamkeit der Archäologie forderten, die beiden im Walzwerk 2 der Firma Krupp beobachteten Anlagen und weitere Schutzanlagen auf dem ehemaligen Krupp-Areal.[9] Aber auch Luftschutzanlagen in der Straße Schwarze Horn,[10] an der Oberstraße in Rellinghausen, bei der es sich um z. T. ungenutzte Bergbaustollen handelt, oder am Gervinusplatz in Frohnhausen sowie die Schutzanlage am Rommenhöller Gleis, die in Rüttenscheid, westlich der Wittenbergstraße, noch unter einem dreigeschossigen Parkhaus liegt (Abb. 19), können als Beispiele erwähnt werden. Einige davon sind bereits in der Vergangenheit, u. a. aus Gründen der Gefahrenabwehr, verfüllt worden.

Verglichen mit den heute zur Verfügung stehenden technischen Möglichkeiten sind die bei den frühen Notmaßnahmen entstandenen Dokumentationen unbefriedigend, doch stellen sie erste Versuche dar, sich überhaupt – und damals eher unüblich – den Relikten der jüngeren Vergangenheit als Archäologe zu nähern.[11]

---

[7] Das ist sicherlich auch eine Frage der universitären Ausbildung. Archäologie der Moderne wird in Deutschland noch nicht als selbstständiges Fach gelehrt.

[8] Detlef Hopp, Eine gar nicht so unbekannte Bunkeranlage am neuen Berthold-Beitz-Boulevard (III. Bauabschnitt), in: EB 134, 2021, S. 67–72. Inzwischen wurden sie in den Berichten aus der Essener Denkmalpflege 25 durch Johannes Müller-Kissing ausführlich beschrieben.

[9] Ders., Archäologische Beobachtungen auf dem Areal des Walzwerks 2 der ehemaligen Friedrich-Krupp-Gussstahlfabrik – Vorbericht. In: EB 132, 2019, S. 5. Vgl. hierzu z. B. auch die Berichte aus der Essener Denkmalpflege, Heft 7 (2013).

[10] Vgl. hierzu auch Anm. 2, S. 41–45.

[11] So wurden auch erst vor wenigen Jahren (2019) beispielsweise sog. Splitterschutzzellen (auch: Einmannbunker) grob erfasst, s. Berichte aus der Essener Denkmalpflege, Heft

Abb. 20: Der Bunker aus der Luft, unten im Bild die Frohnhauser Straße. Hier mündet der dritte Bauabschnitt des Berthold-Beitz-Boulevards. Zustand am 23.1.2022

Seit 2021 bestehen beim Amt für Geoinformation, Vermessung und Kataster die technischen Möglichkeiten, solche Anlagen selbst zu erfassen, da neue Geräte, so ein Georadar, angeschafft wurden: Im Falle der oben genannten Anlage am Berthold-Beitz-Boulevard (Abb. 20) konnten Ende 2020 und im Frühjahr 2021 erste reguläre Befahrungen der bis dahin nicht zugänglichen Anlage durchgeführt geworden. Die Möglichkeiten, die Befunde aber genauer zu erfassen, waren vorerst noch begrenzt. Zunächst sollte 2020 der Bunker noch der Erweiterung des Berthold-Beitz-Boulevards (III. Bauabschnitt) weichen. Glücklicherweise gelang es durch das gute Zusammenwirken aller Beteiligten, den Bunker im Oktober 2021 unter Denkmalschutz zu stellen, so dass heute dessen Erhalt gesichert ist.

Nur der erste, recht grobe Bearbeitungsstand für die Zeit vor der Unterschutzstellung wurde von dem Autor, der Ende 2021 in den Ruhestand ging, in den EB 134 als Vorbericht wiedergegeben:[12] Aufgrund der 2020 und 2021 rechtlich zunächst noch unsicheren Situation konnte bis Oktober 2021 nur eine sehr grobe Dokumentation erfolgen, doch wurde auch schon die Ersterfassung der Anlage mittels Georadar und Scans veranlasst (s. o.) und durchgeführt.

---

19. Auch diese Zusammenstellung erfolgte noch zu einer Zeit, als es eher unüblich war, als Archäologe solche Relikte zu betreuen.

12   S. Anm. 8.

Möglich wurde so nur ein allererster Einblick in die Geschichte der Anlage auch aufgrund der angefertigten Messungen, die so erstmals 2021 vom Amt für Geoinformation, Vermessung und Kataster, dank der o.g. neuen Technik und neuen Personals – Marten Stübs, B.A. – durchgeführt wurden. Nach der Unterschutzstellung bestand die Möglichkeit, die Bunkeranlage genauer zu beschreiben, was jüngst mit den Berichten aus der Essener Denkmalpflege, Band 25, geschehen ist.

6. Noch am Anfang der Forschung

DETLEF HOPP

In Frillendorf, im Bereich der Straße Auf der Litten 136,[1] konnte die Stadtarchäologie von November 2019 bis April 2020 eine Baumaßnahme begleiten.

Waren die Arbeitsbedingungen – zunächst witterungs- und personalbedingt, zuletzt wegen der Corona-Epidemie – auch ungünstig, so ließen sich bei den gelegentlichen Ortsterminen doch einige interessante Befunde feststellen, die den ehemaligen Hof Terboven betreffen.

Ende des Jahres 2019 war noch teilweise eine Begehung eines aus Bruchsteinen errichteten Kellers des später abgerissenen Bestandsgebäudes (Abb. 21 Stelle 4) möglich. Dabei wurde festgestellt, dass sich zumindest im Zugangsbereich mit einiger Wahrscheinlichkeit Teile einer älteren Bebauung erhalten hatten, die vielleicht bis ins 19. Jahrhundert zurückreichen können. Da das Gebäude zum Zeitpunkt der Begehung bereits größtenteils abgerissen war, musste eine detaillierte Aufnahme des Kellers aufgrund der Einsturzgefahr ausbleiben. Hier sollten noch Recherchen in den Archiven folgen, will man mehr über die eigentliche Baugeschichte des abgerissenen Gebäudes erfahren.

Die Abrissarbeiten vor Ort wurden von der Baufirma mit schwerem Abrissgerät durchgeführt, so dass für genauere Untersuchungen kaum Zeit blieb. Viele der erkannten Befunde, vor allem die großflächigen Aufschüttungen, stammen aus dem 20. Jahrhundert und belegen eine weitgehende Nivellierung durch Aufschüttung bzw. Abtragung des Areals, so dass die archäologische Spurensuche außerordentlich schwierig war. Zahlreiche beobachtete Gruben – darunter auch Abfall- und „Bau"-gruben – stammen aus dem ausgehenden 19. Jahrhundert und vor allem aus dem 20. Jahrhundert.

---

[1] Aktionsnummer E-2020-6.

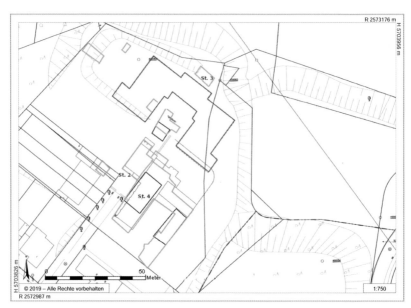

Abb. 21: Plan des Untersuchungsgebietes: blau: Bebauung zu Beginn des 19. Jahrhunderts, grün: Bebauung in der 2. Hälfte des 20. Jahrhunderts, rot: geplante Bebauung

Außerhalb des abgerissenen Bestandsgebäudes (Abb. 21, Stelle 4) wurde eine Schüttung aus Backsteinresten beobachtet (Abb. 21, Stelle 2 und Abb. 22), bei der es sich um dislozierte Überreste eines Feldbrandofens (ca. 19. Jahrhundert und älter) handeln könnte. Der Befund selbst wurde von mehreren jüngeren Gruben gestört. Die Maße der ungleichmäßig geformten, handgemachten Backsteine lagen über dem ab 1872 in Deutschland per Gesetz geltenden „Reichsformat" für Ziegel (heute „altes Reichsformat") von 25 cm × 12 cm × 6,5 cm. Damit dürften diese entdeckten Überreste aus der Zeit vor 1872 stammen.

Bei den archäologischen Beobachtungen wurden keine Objekte gefunden, die aus der Zeit vor dem 19. Jahrhundert stammen. Dieser Umstand mag mit den großen, oben angesprochenen Erdbewegungen, aber auch mit der Durchführung der jüngsten Bauarbeiten mit schwerem Gerät in Zusammenhang stehen, wirft aber angesichts der Geschichte des Hofes Terboven doch einige Fragen auf: Ein völliges Fehlen älterer Relikte ist archäologisch immer schwer zu erklären, finden sich doch meist Spuren aus älterer Zeit – auch wenn es nur kleine Fundstücke sein mögen. Im Falle des untersuchten Areals fehlen sie jedoch.

Ist auch historischen Quellen zu entnehmen, dass der Hof Terboven bis in die frühe Neuzeit, evtl. sogar bis ins Mittelalter zurückreicht, so kann dies für den untersuchten Ort durch die Archäologie nicht bestätigt werden.

Abb. 22: Grabungsprofil mit Backsteinbruch

Deshalb sei auf einen besonderen Umstand verwiesen, dem es noch nachzugehen gilt: In Essen existierten mehrere Terboven-Höfe unter anderem in Frillendorf (s. o.), in Dellwig und in Haarzopf. Ein weiterer bestand in Wattenscheid. Bei dem Terboven-Hof in Frillendorf handelt es sich angeblich um den erstgenannten der Essener Terboven-Höfe,[2] dessen früheste bekannte Nennungen bis in die Mitte des 16. Jahrhunderts zurückreichen sollen.[3]

7. Aufklärungsarbeit

DETLEF HOPP

1999 wurden bei Bodeneingriffen an der Norbertstraße anlässlich des Neubaus von Messehallen, im Bereich des Hirschgeheges der Gruga, menschliche Überreste entdeckt. Erst im Nachhinein stellte sich heraus, dass es sich dabei um erste Hinweise auf ein Massengrab aus den letzten Tagen des Zweiten Weltkriegs handeln könnte. Noch in den späten Märztagen des Jahres 1945 war es am sog. „Montagsloch" zu Erschießungen von 35 Zwangsarbeitern aus Osteuropa durch Angehörige der Geheimen Staatspolizei und der Kriminalpolizei gekommen.

---

2   http://www.wandruszka-genealogie.eu/Literatur/Genannt%20Terboven%20in%20Westfalen.pdf; Landesarchiv NRW Abtlg. Rheinland: Essen, Stift, Akten Nr. 2270 (a.1730-a.1801).

3   Hans Braun, Darboven, aus dem Erleben einer niedersächsischen Sippe (zur Tagung der Gesellschaft Deutscher Naturforscher und Ärzte Hannover, den 16. bis 20. September 1934), 1934, S. 33–34.

Diese Hinrichtungen fanden demnach nur kurz vor der Einnahme Essens am 11. April des Jahres durch amerikanische Truppen statt.

Die Funde und die daraus resultierenden Fragen brachten den Essener Stadthistoriker Dr. Ernst Schmidt[1] im Jahr 2000 dazu, die Ereignisse von damals erneut zu untersuchen. Es zeigte sich, dass am 12. März 1945 und einem darauffolgenden Tag im Bereich des sog. „Montagsloches" Hinrichtungen durchgeführt wurden.[2] Vermutet wurde, dass die Erschießungen an zwei dort befindlichen Bombentrichtern stattfanden, wobei die Erschossenen zunächst mit Erde überdeckt wurden.[3] Im April 1945 wurden auf Betreiben amerikanischer Armeeangehöriger die Toten durch Essener Bürger und städtische Angestellte ausgegraben und in 35 vor Ort angelegten Gräbern bestattet. Kurze Zeit später, 1949, erfolgte dann ihre Umbettung auf den Südwestfriedhof in Fulerum, wo sich auch weitere Opfer der beiden Weltkriege befinden.

Bei Bauarbeiten in den 1960er Jahren, bei denen der Bach im Bereich des „Montagsloches" verlegt wurde, traten erneut menschliche Gebeine, darunter acht Skelette, zu Tage, die ebenfalls auf dem Südwestfriedhof beigesetzt wurden.[4] Noch in den 2000er Jahren erfolgte die Aufstellung eines Gedenksteins für die Hingerichteten, doch wurden Schlussfolgerungen nicht gezogen und die Greueltat(en) schienen wieder in Vergessenheit zu geraten.

Erst 2021, aufgrund neuerer Recherchen der Kriminalpolizei in bekannten und zum Teil neu aufgetauchten Protokollen aus den 1960er Jahren, wurden Fragen aufgeworfen, die vor allem die Einstellung der polizeilichen Ermittlungen in dieser Zeit betrafen. Denn, wie schon Ernst Schmidt und der Autor schrieben,[5] lag aufgrund der zu unterschiedlichen Zeiten, aber vor allem in den 1960er Jahren entdeckten „überzähligen" Leichenteile der Verdacht nahe, dass es im Bereich des „Montagsloches" mehrfach zu Hinrichtungen gekommen war.

Angeregt durch neuere Veröffentlichungen zu dem Thema wurden deshalb durch Kriminalhauptkommissar Mark-Steffen Daun im Winter 2020/21 kriminologische Untersuchungen aufgenommen, wobei sehr früh die Stadtarchäologie mit einbezogen wurde.

Bei Ortsbesichtigungen in enger Abstimmung zwischen Kriminalpolizei, städtischen Behörden, den Archiven, dem LVR-Amt für Bodendenkmalpflege

---

[1] Ernst Schmidt (12.10.1924–16.12.2009) baute ein privates Archiv zur Essener Geschichte im 19. und 20. Jahrhundert mit zahlreichen Dokumenten, Fotografien und wissenschaftlichen Publikationen zum Thema Essener Arbeiterbewegung und Zeit des Nationalsozialismus auf, heute Ernst-Schmidt-Archiv im Stadtarchiv.

[2] Ernst Schmidt, Die Bluttat im Montagsloch, in: EB 112, 2000, S. 203–218, bes. S. 206.

[3] Ebd., S. 206.

[4] Ebd. und Detlef Hopp, 4. Zeugnisse des Zweiten Weltkrieges im Essener Stadtgebiet – eine Betrachtung aus archäologischer Sicht. Berichte zu archäologischen Beobachtungen, in: EB 128, 2015, S. 20–41.

[5] S. Anm. 4.

Abb. 23: Gedenkstein am Montagsloch mit Blick über die Fläche

im Rheinland und der Kampfmittelbeseitigung konnten u. a. mehrere Bombentrichter lokalisiert werden, von denen zwei 1945 die Leichen zunächst enthalten haben könnten.

Untersuchungen des Areals mit einem für diese Zwecke besonders ausgebildeten Leichenspürhund, dem Archaeo-Dog Flint (Abb. 24), waren der nächste Schritt. Dieser kam auf Wunsch der Kriminalpolizei zum Einsatz. Gründer und Leiter der beauftragten Archaeo-Dogs Bayern ist Prof. h.c. Dietmar-H. Kroepel,[6] dessen Verein die archäologische Prospektion mit speziell ausgebildeten Hunden durchführt. In diesem Fall diente sie gezielt der Suche nach Opfern von Gewaltverbrechen. Die Arbeit an mehreren Tagen war erfolgreich und erbrachte Hinweise auf mögliche Konzentrationen von Menschenknochen (s. Abb. 25). Diese lagen z. T. außerhalb der bekannten Bombentrichter und des Gräberfeldes, von dem aus die Umbettungen zum Südwestfriedhof erfolgten. Bemerkenswert war in diesem Zusammenhang, dass eine der 1999 entdeckten Fundstellen in diesem neuen Fundgebiet lag.

Zur Absicherung der Ergebnisse wurde der städtische Fachbereich 62 (Amt für Geoinformation, Vermessung Kataster) für weitere Nachuntersuchungen

---

6   Hierzu https://www.archaeodogs.de/das-tun-wir.html. Die Archaeo-Dogs Bayern sind Mitglied im Bundesverband der Archaeo-Dogs.

Abb. 24: Archaeo-Dog „Flint" und Prof. h.c. Dietmar-H. Kroepel wurden im April 2021 von der Kriminalpolizei beauftragt. Die Ergebnisse waren überzeugend.

Abb. 25: Markierte Stellen, an denen der Archäo-Dog anschlug. Einige dieser Punkte lagen auf einer Linie und in gleichem Abstand. Detaillierte Untersuchungen werden folgen.

Abb. 26: Messungen mit dem Georadar führten im April zu einer Präzisierung der Ergebnisse

mittels Georadar kontaktiert. Im April 2021 konnten tatsächlich an den durch den Archaeo-Dog festgestellten Orten Auffälligkeiten in der Bodenstruktur, in einem Falle sogar eine sehr wahrscheinlich rechteckige „Eingrabung" nachgewiesen werden (Abb. 26).

Daraus kann geschlossen werden, dass die neu entdeckten menschlichen Gebeine nichts mit den im April 1945 aus den Bombenkratern ausgebetteten hingerichteten Ostarbeitern zu tun haben können. Es muss vor allem davon ausgegangen werden, dass 1945 wegen des kurzen Zeitraums zwischen Hinrichtung Ende März und Umbettung im April die Körper, trotz der fortgeschrittenen Verwesung, noch weitgehend erhalten waren.[7] Das 1945 angelegte, bekannte Gräberfeld hatte vermutlich eine Größe von 8,80 × 9,60 m oder 7,70 × 12,00 m. Bei der Umbettung der Gebeine auf den Südwestfriedhof 1949 konnten die menschlichen Überreste wahrscheinlich auch noch in ihrem Körperzusammenhang geborgen werden.

Schon aufgrund dieser Überlegungen konnten die im Dezember 1962 an anderer Stelle aufgefundenen Gebeine kaum etwas mit den im Gräberfeld Bestatteten am „Montagsloch" zu tun gehabt haben.[8] Bei Baggerarbeiten für die Erweiterung der Gruga waren damals „zwei Skelette und die Gebeinreste von etwa acht Menschen freigelegt" worden, denen die Köpfe fehlten.[9] Dennoch wurden staatsanwaltschaftliche Ermittlungen 1963 eingestellt.

---

7 Schmidt, Bluttat (wie Anm. 2), S. 207.
8 Ebd., S. 211 ff.
9 Ebd., S. 211.

Weitere räumlich eng begrenzte Nachforschungen, im Rahmen einer polizeilichen Ermittlung, fanden am 16. Juni 2021 statt. Die Stadtarchäologie durfte diese Ermittlungen begleiten. Es wurde ein ca. 1 m breiter, gut 12 m langer, etwa 1,50 m tiefer und Nord-Süd-orientierter Suchgraben durch die vom Georadar gemessenen und von Archäo-Dog angezeigten Befunde angelegt. Angetroffen wurden in ca. 0,50 m Tiefe, unter einer modernen, flächigen Auffüllung aus der zweiten Hälfte des 20 Jahrhunderts, an den drei vorher festgestellten Orten noch etwa bis zu 0,30 m tiefe, West-Ost-orientierte, grubenähnliche Befunde. Menschliche Gebeine wurden hier aber nicht angetroffen, obwohl sie hier aber zunächst erwartet wurden.

Das Anschlagen des Archäo-Dog kennzeichnet aber auch das Verweilen von menschlichen Gebeinen im Boden – und ist nicht zwingend mit der Entdeckung von Knochen in Zusammenhang zu bringen.

Die festgestellten, umfangreichen Erdarbeiten (s. o.) legen nahe, dass sie in den 1960er Jahren, im Umfeld des neu angelegten, nördlich befindlichen Margarethensees stattfanden. Aufgrund der durchgeführten Untersuchungen erscheint es möglich, in den entdeckten Gruben möglicherweise Grabreste zu sehen, die erst in den 1960er Jahren bei den Arbeiten zum Anlegen des Sees entdeckt wurden: Im Verlauf der Arbeiten wurden die weniger als 20 Jahre in dem Boden liegenden Gebeine wohl vollständig entnommen, die Spuren des Auffindungsortes danach durch Erdüberdeckung unkenntlich gemacht. Im Dezember 1962 wurden die Überreste von zwei Skeletten – die aber wohl deutlich weiter im Süden und auch außerhalb der 1945 angelegten Gräberreihen zum Vorschein kamen – und etwa acht Personen bei Baggerarbeiten gefunden und „[…] dabei [Anm. zu Beginn] nicht sehr sorgfältig gearbeitet und die Skelettreste ohne Rücksicht auf die Fundstellen in Säcken geborgen".[10]

Vermutet werden kann, dass es sich bei den neu entdeckten Befunden um den bisher unbekannten Entdeckungsort der acht Personen handelt, denen allerdings die Köpfe fehlten. Diese 1962 entdeckten Gräber waren nicht mit den bekannten, o. g. Grabstätten in Einklang zu bringen.

Es spricht sehr viel dafür, dass der in Teilen bei den polizeilichen Ermittlungen untersuchte Ort ein Platz ist, an dem zuvor die an anderer Stelle (z. B. Polizeipräsidium) Hingerichteten, weil enthauptet (?), verbracht worden sind.

---

[10]   Ebd., S. 207 und Hopp, Zeugnisse des Zweiten Weltkrieges (wie Anm. 4), S. 32, bes. Anm. 32.

HANNES MEYER BEI GEORG METZENDORF
UND IM KRUPPSCHEN BAUBÜRO

RAINER METZENDORF[1]

Von 1916 bis 1918, mitten im Ersten Weltkrieg und im Umbruch imperialistischer Zeiten in einen gesellschaftspolitischen und kulturellen Neustart in Europa, arbeitete der junge Hannes Meyer zuerst im Architekturbüro von Georg Metzendorf und anschließend im Baubüro der Firma Fried. Krupp in Essen. Es war eine ihn prägende Zeit.

Anlässlich des 100. Geburtstages von Hannes Meyer fand in Dortmund vom 15.–18. November 1989 ein viertägiges internationales Symposion statt, bei dem in zwei Referaten die Tätigkeit von Meyer bei Metzendorf und Krupp nach damaligem Kenntnisstand vorgestellt wurde. Im gleichen Jahr erschien die Veröffentlichung von Prof. Klaus-Jürgen Winkler, Hochschule Weimar, die das Lebenswerk von Hannes Meyer zusammenfasste. Es folgten im direkten Anschluss Ausstellungen im Bauhaus, Berlin und im Deutschen Architekturmuseum, Frankfurt am Main. Danach gab es, schwerpunktmäßig zum 100-jährigen Jubiläum des Bauhauses 2019, zahlreiche Publikationen über Hannes Meyer, die sich ausnahmslos mit seiner Tätigkeit ab 1919 beschäftigen. Eine fortschreibende Untersuchung des Frühwerkes von Hannes Meyer mit neuen, vertiefenden Erkenntnissen erfolgte nicht – eine Lücke nicht nur in der Baugeschichte von Essen, die hiermit geschlossen werden soll.

Hannes Meyer[2]
Der Schweizer Hannes Meyer (eigentlich Hans Emil Meyer, Basel 18. November 1889–19. Juli 1954 Crocifisso di Savaso) (Abb. 27), Urbanist, Stadtplaner, Architekt, Designer, Hochschullehrer, zweiter Leiter des Bauhauses in Dessau, Publizist, Fotograf und als Propagandist auf künstlerischem sowie politischem Gebiet tätig, gilt als einer der bedeutenden Vertreter des Neuen Bauens in der ersten Hälfte des 20. Jahrhunderts. So wie Peter Behrens, Le Corbusier, Ludwig Mies van der Rohe und andere Größen der neuzeitlichen Architektur hatte Hannes Meyer keine akademische Ausbildung an einer Hochschule erfahren. Als Spross einer

1 Bei dem Autor, Architekt und Stadtplaner in Mainz, handelt es sich um den Enkel und Biografen von Georg Metzendorf.
2 Zu den biografischen Angaben von Hannes Meyer siehe: Hannes Meyer – Bauen und Gesellschaft – Schriften, Briefe, Projekte, hrsg. v. Lena Meyer Bergner. Dresden 1980. Klaus Jürgen Winkler, Der Architekt Hannes Meyer – Anschauungen und Werk. Berlin 1989. Hannes Meyer, Curriculum Vitae zum Bewerbungsschreiben für die Anstellung bei Georg Metzendorf, München 1915, Deutsches Architekturmuseum Frankfurt, Nachlass Hannes Meyer.

Abb. 27: Hannes Meyer, 1928

traditionellen, altbaslerischen Archi-
tektenfamilie von 1905 bis 1908 zum
Maurer und Bauzeichner ausgebildet,
arbeitete er ab 1909 bei dem Schweizer
Architekten Albert Froelich in Charlottenburg (Wettbewerbsentwürfe). 1911
wechselte er in das Berliner Atelier
von Emil Schaudt (Arbeitersiedlung
Bohnsdorf) und begab sich 1913 auf
eine ausgedehnte Studienreise nach
England, um dort Beispiele der Gartenstadtbewegung kennen zu lernen.
Danach folgte eine kurze Phase als
freischaffender Architekt in Berlin und
Basel, die er später als unbefriedigend
beurteilte. Im Ersten Weltkrieg diente
Meyer wegen fehlender Aufträge vor-
übergehend in der Schweizerischen Armee, fand 1916 jedoch eine Anstellung
im Münchner Atelier von Georg Metzendorf (Siedlung Margarethenhöhe) und
wechselte von dort in die Bauverwaltung der Firma Krupp in Essen (Siedlung
Kiel-Gaarden). Nach Friedensschluss kehrte er in die Schweiz zurück und erlangte
als selbstständiger Architekt mit der Genossenschaftssiedlung „Freidorf" auf dem
Schänzli in Muttenz bei Basel (1919–1923) erste internationale Bekanntheit. Es
folgten, gemeinsam mit Hans Wittwer (1894–1952), konstruktivistische und
funktionalistische, nicht realisierte Planungsexperimente (Völkerbundpalast in
Genf). 1927 leitete Hannes Meyer die neu gegründete Architekturabteilung im
Dessauer Bauhaus. Ein Jahr später übernahm er als Nachfolger von Walter Gro-
pius die Direktorenstelle. Meyers Parole „Volksbedarf statt Luxusbedarf" sorgte
für eine neue Auslegung der dortigen Lehre (ADGB-Bundesschule in Bernau).
Nach seiner 1930 politisch motivierten Entlassung durch die Stadt Dessau erhielt
Meyer eine Professur an der Architekturhochschule WASI in Moskau und erstellte
ab 1934, als Leiter des Kabinetts für Wohnungswesen, u. a. Entwicklungspläne
für „Groß-Moskau". Im Zuge der stalinistischen Säuberungen kehrte er 1936 in
die Schweiz zurück (Kinderheim Mümliswil). 1938 berief ihn der mexikanische
Staat als Direktor des neu gegründeten Institutes für Stadtbau und Planung in
Mexiko-City. Mit 60 Jahren kehrte Hannes Meyer 1949 in die Schweizer Heimat
zurück und widmete sich bis zu seinem Tod der Herausgabe architekturwissen-
schaftlicher Literatur.

Georg Metzendorf[3]

Georg Metzendorf (Heppenheim/Bergstraße 25. September 1874–3. August 1934 Essen), Stadtplaner, Architekt und Designer, stammte aus einer traditionsreichen Handwerker- und Baumeisterfamilie aus dem Odenwald. Geprägt von der Darmstädter Reformbewegung um 1900 wechselte er 1909 von der Bergstraße in die dynamisch wachsende Industriemetropole Essen und nahm in den folgenden fünf Jahren bis zum Ausbruch des Ersten Weltkrieges an einer umwälzenden Entwicklung teil, die man später als „Westdeutscher Impuls" bezeichnete. Sein Tätigkeitsfeld war weit gespannt: vom Geschäftshaus A. Eick & Söhne (1911–1915) am Eingang zur Essener Innenstadt bis hin zu einem neuzeitlichen Schauraum für das Kaiser-Friedrich-Museum in Magdeburg (1913). Im Auftrage der Reichsregierung erstellte Metzendorf für die Weltausstellung 1910 in Brüssel zwei „Deutsche Arbeiterhäuser" in Fertigbauweise[4] und bei der epochalen Werkbundausstellung 1914 in Köln konzipierte er das „Neue Niederrheinische Dorf". Der Schwerpunkt seiner Tätigkeit lag in seinen Reformplanungen für einen sozialhumanen Städtebau. Ab 1909 realisierte er die Stiftungssiedlung „Margarethenhöhe" bei Essen, die genossenschaftliche Gartenstadt „Hüttenau" bei Hattingen und war auch an der Planung und Ausführung der Werkssiedlung „Hellerau" bei Dresden beteiligt. Arbeiten, die einer ganzen Fachgeneration als Maßstab und Vorbild dienten.

Hannes Meyer bei Georg Metzendorf[5]

In einem Zeugnis für Hannes Meyer schrieb Georg Metzendorf:

„Herr Architekt, Hannes Meyer von Basel, z. Zt. Essen – Ruhr, Göttingerstraße 23, war auf meinem Atelier vom 1. Mai bis 1. Dezember 1916 als Bürochef in leitender Stellung in München tätig. Während dieser Zeit war ich militärisch einberufen und konnte mich den Arbeiten auf meinem Atelier täglich nur wenige Stunden widmen. Dem Herrn Meyer oblag die selbständige Führung aller Arbeiten; er lieferte künstlerisch reife Entwürfe in städtebaulicher Hinsicht und im Siedlungsbau. Unter seiner Leitung entstanden die folgenden Entwürfe:
1.) Gartenstadt Margarethenhöhe Essen – Ruhr, Entwurf der 8. Bauperiode mit ca. 130 Wohnungen, Skizzen für eine evangelische Kirche, für einen Schulplatz, für einen Innenhof nebst Bebauungsstudien.

3   Zu den biografischen Angaben von Georg Metzendorf siehe: Rainer Metzendorf, Georg Metzendorf – 1874–1934 – Siedlungen und Bauten. Darmstadt 1994.
4   Eine Ingenieurleistung, für die ihm 1911 von Großherzog Ernst Ludwig von Hessen der Professorentitel verliehen wurde.
5   Rainer Metzendorf, Von Hüttenau bis Freidorf – Hannes Meyer bei Georg Metzendorf, in: Hannes Meyer – Beiträge zum 100. Geburtstag, hrsg. v. Hannes-Meyer-Geburtstagskomitee. Dortmund 1989, S. 39–45.

2.) Gartenstadt Hüttenau, Skizzen und Bebauungsstudien.

3.) Arbeitersiedlung Breitenborn, Vorentwürfe.

4.) Umbau eines Landhauses für Herrn Kommerzienrat Offenheimer, Okriftl a/Main.

5.) Inneneinrichtung für Herrn Hauptmann Haubs, München.

6.) Verschiedene Möbel und kunstgewerbliche Arbeiten. –

Ich habe Herrn Meyer nur als ernsten, begabten Menschen kennengelernt. Seine Entwürfe sind reif zur Ausführung. Herr Meyer verfügt über viel praktisches Können und Erfahrung, auch kann jedes Vertrauen dem persönlichen Charakter des Herrn Meyer entgegengebracht werden. Metzendorf."[6]

Mitte 1916 schloss Metzendorf sein Architekturbüro in Essen und eröffnete in München, dort als Stabsoffizier bei General N. Hofmeier in der Maxburg seit Kriegsbeginn tätig, ein kleines Atelier mit drei bis vier Mitarbeitern. Der befreundete Architekt Peter Birkenholz (1876–1961)[7] stellte ihm seine Büroräume in der Gabelsbergerstraße, München/Schwabing, zur Verfügung. Birkenholz hatte in dieser Zeit einen Lehrauftrag in Basel angenommen und führte gleichzeitig in Zürich ein Zweigbüro.

Erster Mitarbeiter und späterer Leiter des Metzendorfschen Ateliers in München wurde Hannes Meyer. Nicht eindeutig geklärt sind die ersten Kontakte zwischen den beiden. Ernst Metzendorf, Sohn von Georg Metzendorf, schrieb in seinen Lebenserinnerungen, dass sich Hannes Meyer und sein Vater schon 1914 kannten.[8] Vorstellbar ist, dass ihn Peter Birkenholz, der in Basel, dem damaligen Wohnort von Meyer, an der Baugewerbeschule lehrte, vermittelte. Im August 1915 bewarb sich Hannes Meyer in einem ausführlichen Schreiben bei Georg Metzendorf und zeigte darin unverhohlen werbend seine Begeisterung für und seine Kenntnis über die Gartenstadtbewegung in England. Am 1. Mai 1916 begann er bei Metzendorf in München.[9] Für den 26-jährigen Meyer mit bis dahin wenig Berufserfahrung eine gebotene Chance. Er wohnte zur Untermiete bei Familie Hofmeister in der Erhardstraße 32,[10] einer attraktiven Adresse an der Isar mit unmittelbarer Nachbarschaft zum Deutschen Museum.

6   Deutsches Architekturmuseum Frankfurt, Bestand Hannes Meyer, Inventar Nr. 164-004-021.

7   Beide arbeiteten von 1898–1902 in dem Architekturbüro von Prof. Heinrich Metzendorf in Bensheim an der Bergstraße. Birkenholz realisierte 1928 das (erste) Kugelhaus in Dresden.

8   Ernst Metzendorf, Erinnerungen an meinen Vater, unveröffentlichtes Manuskript, 29 Seiten, ohne Datum, Archiv Metzendorf, Mainz.

9   Hannes Meyer hatte den Vorteil, dass er als Schweizer Bürger in Deutschland nicht militärpflichtig war.

10 Stadtarchiv München. AZ 5013/3231.0/2019.

Meyers Planungen im Büro Metzendorf

Der Aufgabenbereich von Meyer bei Metzendorf war weit gespannt und beinhaltete laut Zeugnis und eigenen Angaben alle Planungsbereiche: Kunstgewerbliche Arbeiten, Entwürfe für Möbel, Um- sowie Neubauten, Fassadengestaltungen und vor allem städtebauliche Studien – konkret im Zeugnis aufgeführt und hier näher vorgestellt:

Inneneinrichtung Haubs
Friedrich Haubs, Hauptmann und Adjutant im 1. Telegrafen-Bataillon hatte in seiner gemeinsamen Militärzeit mit Metzendorf diesen mit der Inneneinrichtung eines nicht näher bestimmbaren Landhauses in oder um München beauftragt.

Landhaus Offenheimer
Kommerzienrat Phillip Offenheimer (1861–1930), Frankfurter Unternehmer und Inhaber der Celullosefabrik in Hattersheim, hatte die historische „Bonnemühle" am Main in Okriftl, Bonnemühlenweg 1, erworben und ließ diese zu einer opulenten „Sommerresidenz" umbauen und erweitern (Abb. 28). Dazu gehörten ein Eckturm mit Kegeldach sowie ein markanter Gartenpavillon.[11]

Arbeitersiedlung „Breilsort"[12]
1916 starteten Planung und Ausführung für die Essener „Kolonie Breilsort"[13] am Osthang des Mühlenbachtales, eine Siedlung von 167 Wohnungen für ausschließlich kinderreiche Arbeiterfamilien.[14] Finanziert durch ein Darlehen der Firma Krupp und auf städtischem Erbpachtgelände errichtet, erfolgte die gemeinsame Umsetzung mit dem siebten Bauabschnitt der Margarethenhöhe durch den Münchner Generalunternehmer Karl Stöhr.[15] Die Mitte des ersten Bauabschnittes bilden ein dreigeschossiges Torbogenhaus mit Etagenwohnungen, zwei vorgelagerte Pavillons und ein gegenüberliegendes, symmetrisch korrespondierendes Gebäude. Entlang den topografischen Linien folgen freistehende Doppelhäuser, Reihenhäuser und Hausketten, zumeist mit Kleintierställen gekoppelt. Die Wohnungen basieren auf dem Typengrundriss der Margarethen-

---

11 Georg Metzendorf war von 1905 bis in die 1920er Jahre als Firmenarchitekt für P. Offenheim tätig.

12 Metzendorf nennt 1917 in dem Zeugnis für Meyer die Siedlung „Breitenborn". In seinem Lebenslauf vom 15. Februar 1927 anlässlich der Bewerbung zum Bauhaus in Dessau ergänzte Meyer „Breitenborn/Wächtersbach". Eine Siedlung, die nach Recherchen vor Ort weder als Planung noch als Ausführung feststellbar ist. Offensichtlich handelt es sich hier um eine Namensverwechslung mit der Essener Siedlung „Breilsort", einer Tochtersiedlung der Margarethe Krupp-Stiftung.

13 Marit Hoffmann, Die Siedlungen der Brüder Metzendorf. Darmstadt 1985, S. 163–166.

14 Der Durchschnitt lag bei sieben Kindern pro Familie, die Spitze bei elf.

15 Historisches Archiv Krupp [HAK], MKS 546_19160119 und MKS 546_19160321.

Abb. 28: Die Bonnemühle in Okriftl, 1937

Abb. 29: Siedlung Breilsort in Essen, Ansichten des 2. Bauabschnitts, 1919

höhe, sind jedoch sparsam in schmucklosen, kastenförmigen Baukörpern mit Walmdächern ausgeführt. Hannes Meyer fertigte Vorentwürfe für den zweiten Bauabschnitt im südlichen Anschluss, der dann von 1919 bis 1920 realisiert wurde (Abb. 29). 1923 übernahm die Stadt Essen den Besitz der Siedlung und veräußerte später die Anlage.

Gartenstadt „Hüttenau"[16]
Karl Thiel (1857–1942), engagierter Sozialreformer und Bürgermeister von Blankenstein bei Hattingen, hatte 1909 die Gartenstadt „Hüttenau" auf genossenschaftlicher Basis gegründet. Vorgesehen war eine Siedlung für insgesamt 10.000 bis 12.000 Einwohner, die vor allem den 3.500 Mitarbeitern der benachbarten „Henrichshütte" vom Werk „Henschel" unabhängiges Wohnen bieten wollte. Das rund 100 Hektar große Siedlungsgelände liegt auf einem topographisch bewegten Hügelplateau mit zum Ruhrtal abfallenden, bewaldeten Steilhängen. Die Siedlung

16   Rainer Metzendorf, Georg Metzendorf (wie Anm. 3), S. 134–149.

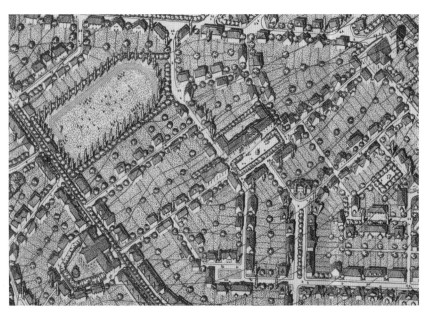

Abb. 30: Gartenstadt Hüttenau, Stadtachse mit Volkshaus, Turnhalle, Schule und Kirche, 1919

„Hüttenau" unterscheidet sich von mittelständischen Gartenstädten durch die ländliche Lage und Siedlungsstruktur sowie die teilweise Berücksichtigung von Ställen für Kleintierhaltung nach dem Muster von Kolonien für Bergarbeiter. Nach den Entwürfen von Georg Metzendorf entstanden von 1910 bis 1916 in vier Bauabschnitten 381 Häuser mit 389 Wohnungen und ein Gasthaus.[17] Die Planung des fünften Abschnittes erfolgte unter der Mitarbeit von Hannes Meyer. Zu entwerfen war das Zentrum der Siedlung auf dem ausgedehnten, schmalen Höhenrücken „Lange Horst" – eine gerade, 450 Meter lange Stadtachse mit den Gemeinschaftsbauten Volkshaus am Anfang, Schule mit vorgelagertem Platz in der Mitte und Evangelische Kirche am Ende.[18] Den dazwischen liegenden Straßenraum säumen freistehende Doppelhäuser mit den von Metzendorf entwickelten Typengrundrissen, doch gegenüber der Margarethenhöhe in karger Gestalt. Diesen Entwurf, wegen generellen Bauverbots ab 1917 nicht direkt umsetzbar, übernahm dann Metzendorf in seinem städtebaulichen Rahmenplan von 1919 (Abb. 30). Nach dem Krieg und marxistischem Übergewicht in Vorstand und Aufsichtsrat der „Genossenschaft Hüttenau" trennte man sich jedoch von Georg Metzendorf und schrieb für den fünften Abschnitt 1920

---

17 Die örtliche Bauleitung geschah in einem Zweigbüro vor Ort durch Carl Mink (1883–1939), Mitarbeiter bei Georg Metzendorf, ab 1921 dessen Kompagnon und von 1934–1939 dessen Nachfolger bei der Margarethe Krupp-Stiftung.

18 Die katholische Kirche kam an der Hauptverkehrsstraße zur Ausführung.

einen Architektenwettbewerb aus, den der Berliner Fritz Schopohl gewann. Unter Beibehaltung des städtebaulichen Konzeptes von 1916, aber mit anderen Haustypen, setzte er diesen 1922–23 um. Das Volkshaus und die evangelische Kirche kamen nicht zur Ausführung.[19]

Gartenstadt „Margarethenhöhe"
Die Siedlung „Margarethenhöhe" ist eine private Stiftung von Margarethe Krupp (1854–1931) für „Allgemeine Wohnungsfürsorge" und eine Durchführungsmaßnahme der Stadt Essen. 1906 gegründet, startete 1909 die Realisierung für ursprünglich vorgesehene 12.000 Bewohner auf einem rund 50 Hektar großen, topographisch bewegtem Gelände im Südwesten der Stadt Essen. In einem reichsweiten Ausleseverfahren hatte Georg Metzendorf 1908 den Planungsauftrag erhalten und bis zu seinem Tod im Jahre 1934 als sein bedeutendstes Lebenswerk umgesetzt. Die Reformsiedlungen „Margarethenhöhe" bei Essen und „Hellerau" bei Dresden galten und gelten wegen ihrer unorthodoxen Umsetzungsmethoden – beide waren durch Regierungserlass von bindenden Baugesetzen befreit – als maßgebende Pilotprojekte gartenstädtischer Siedlungen in Deutschland.

Als Meyer seine Tätigkeit bei Metzendorf in München im Mai 1916 begann, war die „Margarethenhöhe" bereits zu einem Drittel realisiert. Die siebte Bauperiode mit 108 Wohneinheiten, 1915 und Anfang 1916 noch in Essen geplant, befand sich in der Ausführung. Auf Empfehlung und Vermittlung von Georg Metzendorf hatte die Margarethe Krupp-Stiftung im Februar 1916 den Münchner Generalunternehmer Karl Stöhr mit der Durchführung beauftragt.[20] Offensichtlich war die Bauindustrie vor Ort in diesen Kriegsjahren nicht mehr in der Lage, Projekte dieser Größenordnung umzusetzen.

Für die achte Bauperiode mit rund 130 Wohnungen überarbeitete Meyer das 1912 erstellte Konzept der Platzanlagen auf dem Hochplateau mit ursprünglich „Großer Markt", Schulen und „Kirchplatz". Drei geometrisch regelmäßige Anlagen mit unterschiedlichen Freiräumen und prägendem Grünkonzept sollten als Orientierungspunkte im lebendig gegliederten Stadtgefüge dienen (Abb. 31). Überliefert von mindestens 17 Plänen sind sieben Federzeichnungen[21] mit räumlichen Darstellungen sowohl aus der Ebene der Fußgänger als auch aus der Vogelschau. Einer Technik, der Meyer in seinen späteren Entwürfen treu

---

19   Wegen Unzufriedenheit in der Abwicklung kehrte die Baugenossenschaft für den sechsten Bauabschnitt wieder zu Georg Metzendorf zurück.

20   HAK, MKS 546_19160119_Stöhr und MKS 546_19160321_Vertrag. Unterzeichnet ist der Ausführungsvertrag vom Vorstand der Margarethe Krupp-Stiftung durch Herrn Rath, von Georg Metzendorf als Architekt und seinem Mitarbeiter David Spahn, bis dahin und weiter örtlicher Bauleiter der Margarethenhöhe.

21   Die Perspektiven sind zwar von Metzendorf unterschrieben, aber durch das Signum HM Meyer zuzuordnen.

Abb. 31: Margarethenhöhe, Rahmenplan, 1916

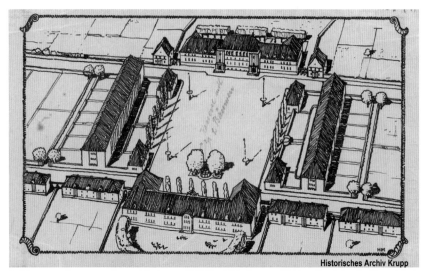

Historisches Archiv Krupp

Abb. 32: Margarethenhöhe, Großer Markt mit Schulgebäuden an den Stirnseiten, Zeichnung H. Meyer, 1916

blieb, „da es in allen teilen maßstäblich ist, zeigt es die räumliche anordnung der gesamtgruppe alle bauelemente in meßbaren dimensionen. es verrät mit unerbittlichkeit die denkfehler der gebäudegruppierung."[22]

Statt eines „Großen Marktplatzes" und zwei Schulgebäuden – das eine in der Mitte der Siedlung, das andere am Rande in den umgebenden Wald gestellt – sieht die Planung nun den über einem Rechteck angelegten „Schulplatz" mit jeweils konfessionell getrennten Schulgebäuden an den beiden Stirnseiten vor (Abb. 32). Dreigeschossige Kopfbauten mit dazwischen liegenden, zeilenförmigen Geschosswohnungen und jeweils zwei vorgezogene Pavillonbauten mit steilen Mansardwalmdächern geben dem Platz axiale Ausrichtungen nach beiden Seiten. Vier hohe Fahnenmasten im Quadrat, die Baumreihen zwischen den Pavillons sowie die eingebundenen Sitzbänke verleihen dem öffentlichen Platz einen besonderen Charakter. Den Kriegszeiten geschuldet sollte am Rande, bewusst nicht in der Mitte, ein Kriegsdenkmal in Form der Kruppschen Kanone „Dicke Bertha", flankiert von zwei Trauerweiden, errichtet werden (Abb. 33). Die Anzahl der verbauten Quadersteine im runden Sockel sollte der Zahl der gefallenen Soldaten entsprechen.[23]

An der ursprünglich vorgesehenen Stelle des zentralen Schulgebäudes sollte nun eine umbaute Hofanlage für besonders stille Wohngemeinschaften entste-

---

[22] Hannes Meyer, Bauen und (vgl. Anm. 2), S. 102.
[23] Hannes Meyer, Notizen zu seiner Autobiographie zwischen 1927 und 1930, Bauhausarchiv Berlin.

Abb. 33: Margarethenhöhe, Großer Markt mit Schulgebäude rechts, Pavillon und Kriegs-denkmal, Zeichnung H. Meyer, 1916

hen. Die Planung zeigt einen intimen, ruhigen Wohnhof in streng geometrischer Anlage mit dreigeschossigen Wohnblöcken an den Stirnseiten und zweigeschossigen Reihenhausgruppen an den Längsseiten (Abb. 34). Der Innenbereich ist in der Mitte mit einem Baumkranz aus vier hochwüchsigen Pappeln um einen Brunnen akzentuiert und durch eingeschossige Reihenhäuser in zwei gleiche Bereiche geteilt (Abb. 35). Die Staffelung der Gebäudehöhen und die symme-

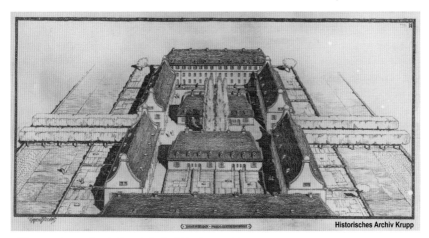

Abb. 34: Margarethenhöhe, Wohnhof, Zeichnung H. Meyer, 1916

Abb. 35: Margarethenhöhe, Innenblock des Wohnhofes, Zeichnung H. Meyer, 1916

trisch gleichen, doch wiederum unterschiedlichen Giebel vermeiden bewusst die Uniformität damals üblicher Anlagen.

Als Drittes fertigte Meyer städtebauliche und architektonische Skizzen für die Evangelische Kirche mit Gemeindezentrum und anschließenden Verwaltungsbauten, die sich um den mit einem Baumkranz eingefassten, rechteckigen Platz und mittiger Brunnenanlage legen (Abb. 36). Die zweiturmige Kirche sollte die stadtbildprägende Hauptachse „Steile Straße" vom Torbogenhaus über den „Kleinen Markt" perspektivisch abschließen.

Das generelle Bauverbot für nicht kriegsnotwendige Maßnahmen verhinderte zunächst die Umsetzung. Unter Beibehaltung des städtebaulichen Leitgedankens wurden diese drei Entwürfe in den Rahmenplan der Margarethenhöhe von 1919 übernommen (Abb. 37) und kamen später mit weiterentwickelten, archi-

Abb. 36: Margarethenhöhe, Evangelische Kirche mit Gemeindezentrum, Zeichnung H. Meyer, 1916

tektonischen Konzepten teilweise zur Ausführung. 1920 der Schulplatz – heute „Hauxplatz" – und 1927 der Wohnhof – heute „Robert-Schmohl-Platz" – ohne innere Bebauung. Der für die Evangelische Kirche vorgesehene Platz ist bis heute noch frei und die Anschlussplanung von 1916 veränderte sich 1924 mit dem „Gustav-Adolf-Haus".

Das persönliche Verhältnis zwischen Meyer und Metzendorf

In seinem „Entwurf für einen autobiografischen Roman"[24] schilderte Meyer in der ihm eigenen Sprache knapp und bemerkenswert treffend „das milieu prof. metzendorf: liberaler demokrat, plünderer, adj. de. bayr. pionierinspektion. – industrieprotegé. hesse. fürsten abschaffen." Er berichtete darin auch von seiner Antipathie zu München, seinem dortigen Alleinsein und dem Tod seiner Mutter. Näheres erfährt man in den Briefen, die Meyer 1916 an Nathalie Herkert (1889–1973), seine spätere Frau, schickte.[25] Nach sechs Wochen bei Metzendorf schrieb er ihr, dass er „nach ein paar Straßenzüge[n] voll Häuser" demnächst

---

24   Hannes Meyer, Entwurf autobiografischer Roman (1936–1939), Nachlass H. Meyer, Bauhausarchiv Berlin.

25   Veröffentlicht in: Martin Kieren, Hannes Meyer – Dokumente zur Frühzeit – Architektur- und Gestaltungsversuche 1919–1927. Heiden 1990, S. 28.

Abb. 37: Margarethenhöhe, Ausschnitt Rahmenplan, 1919

unabhängiger entwerfen könne, „weil ich dann schon besser im Zug bin" und
nach zweieinhalb Monaten: „Bei Professor geht es sehr gut; […] Er will mich
unter allen Umständen definitiv behalten […] ich soll jetzt alle die Plätze der

Margarethenhöhe ‚revidieren‘, das ist eine Heidenarbeit. Hast Du schon mal einen Chef gesehen, der täglich sagt: ‚Tun Sie ja recht langsam arbeiten, damit alles recht ausreift‘; [...]."

Metzendorf legte Wert darauf, dass Meyer zur Anregung bestimmte Bauten und Anlagen auch außerhalb von München in Augenschein nahm. Gemeinsam mit „Väterchen", so betitelte Meyer seinen 15 Jahre älteren Chef in diesen Briefen, besichtigte er unter anderem die „Pauluskirche" von Theodor Fischer in Ulm. Die Bezeichnung „Väterchen" lässt einen privaten Anschluss vermuten.[26] Den hatte Meyer auf jeden Fall in seiner Essener Zeit als Mitarbeiter im Kruppschen Baubüro, denn er war im Hause Metzendorf ein gern gesehener Gast, auch weil er in den kriegsbedingten Notzeiten stets Verpflegung von seiner Beamtenzulage der Firma Krupp mitbrachte. Nach dem Krieg schickte Meyer von der Schweiz aus Pakete mit Nahrungsmitteln an die Familie Metzendorf nach Essen.[27]

Ende November 1916 musste Metzendorf sein Atelier in München schließen, weil er, zum Kommandeur des Königlich-Bayerischen Pionierbataillons ernannt, nach Mühldorf am Inn wechseln musste. Er stellte Hannes Meyer ein auffallend gutes Zeugnis aus und vermittelte ihn an Robert Schmohl, Leiter des Kruppschen Baubüros in Essen.

Das Baubüro Krupp in Essen unter Robert Schmohl

Dr.-Ing. Robert Friedrich Schmohl (Isny/Allgäu 19. August 1855–18. August 1944 Bielefeld) begann 1891 seinen Dienst bei der Firma Friedrich Krupp A. G. als Ressortchef des Baubüros und leitete bis zu seiner Pensionierung 1925 die Planung und Ausführung für den Werks-, Verwaltungs- und Wohlfahrtsbau sowie den ausgedehnten Wohnungsbau der Firma.[28] Hermann Muthesius äußerte sich 1918 in seinem Standardwerk zum Wohnungs- und Siedlungsbau hierzu: „Das, was von ihr in den letzten 25 Jahren geleistet worden ist, kann als mustergültig hingestellt werden, ja, die seitdem entstandenen Kruppschen Siedlungen sind geradezu Marksteine in der deutschen Entwicklung der Arbeiterwohnung gewesen."[29] Im Ersten Weltkrieg von 1914–1918 wurde die Gussstahlfabrik Krupp in Essen mit ihren Außenwerken in Kiel und Rheinhausen zum größten Rüstungsschwerpunkt im Deutschen Reich ausgebaut. Gegenüber dem Vorkriegsstand verdreifachte sich die Beschäftigtenzahl auf 107.000. Die Aufgaben des Baubüros mit 126 Architekten und Technikern konzentrierten

---

26   Hannes Meyer hatte mit neun Jahren seinen Vater verloren und wuchs danach in einem Heim auf.

27   Ernst Metzendorf, Erinnerungen (wie Anm. 8).

28   Für seine Verdienste im Arbeiterwohnungsbau hatte die Technische Hochschule Aachen 1920 Robert Schmohl die Ehrendoktorwürde verliehen.

29   Hermann Muthesius, Kleinhaus und Kleinsiedlung. München 1918, S. 13.

sich auf Planung und Ausführung von Werkshallen, Barackenlager, Speisesälen, Wohnungsneubauten und Wohnungsversorgungseinrichtungen.

Meyer bei Krupp in Essen[30]

In dem Zeugnis der Fried. Krupp AG, das am 9. Mai 1919 ausgestellt wurde, heißt es über Meyers Zeit im Kruppschen Baubüro:

> *„Herr Architekt Hans Meyer aus Basel war vom 24.11.16 bis 20.11.18 bei unserer Bauverwaltung tätig.*
>
> *Er bearbeitete unter Leitung des Vorstandes des Baubüros den Entwurf einer Siedlung für Arbeiter unserer Germaniawerft in Kiel-Gaarden, (etwa 1400 Wohnungen), ferner Bebauungspläne für städt. Baublocks in Essen zur Errichtung von Beamtenwohnungen. Bei beiden Aufgaben, besonders bei der Gartenstadt in Kiel, waren bedeutungsvolle städtebauliche Probleme zu lösen. Hierbei sowohl wie bei der Bearbeitung der Haustypen bewies Herr Meyer ein volles techn. Können, gute praktische Erfahrungen und ein reiches künstlerisches Gestaltungsvermögen.*
>
> *Herr Meyer gab sich seinen Arbeiten mit vollem Eifer hin und verstand es für die wechselnden Anforderungen immer wieder neue Lösungen zu finden.*
>
> *Herr Meyer verließ seine hiesige Stellung auf eigenen Wunsch, um sich in seiner Heimat zu betätigen. Unsere besten Wünsche für sein ferneres Wohlergehen begleiten ihn."*[31]

In dem Curriculum vitae,[32] das Hannes Meyer 1927 im Zusammenhang mit seiner Bewerbung am Bauhaus erstellt hatte, ergänzte er seine Tätigkeit als Ressortchef bei der Kruppschen Bauverwaltung noch mit einem Beamtenwohnhausblock in Essen, einer Geschossdreherei und fügte abschließend hinzu: „beteiligte mich intensiv an den ersten arbeiten zur standardisierung und typisierung kruppscher siedlungen. studium des kruppschen großbetriebes und seiner kulturversuche wie: werkzeitung, konsumorganisation, aufklärungsdienst (kino), ausstellungs- und bibliothekswesen. studierte die einschlägige soziologische literatur." In einem Brief aus seiner Zeit in Essen schrieb er an Rita Meyer: „Ich bin ein richtiggehender Fabriker geworden, der tagsüber in Rauch und Qualm schwitzt und auf den Tag wartet, da ein Frieden auch alle wieder vereint, die

---

30 Manfred Walz, Frühe Siedlungsbeispiele – Hannes Meyer bei Krupp, in: Hannes Meyer – Beiträge zum 100. Geburtstag, hrsg. v. Hannes-Meyer-Geburtstagskomitee. Dortmund 1989, S. 46–52.

31 Hannes Meyer, Bestand (wie Anm. 6), Inventar Nr. 164-004–022. Meyer hatte über das Vertragsende hinaus bis zum April 1919 von der Firma Friedrich Krupp außergewöhnliche Gehaltszuwendungen erhalten. Siehe: Hannes Meyer, Bestand (wie Anm. 6), Inventar Nr. 164-005-007.

32 Hannes Meyer, Bauen und (wie Anm. 2), S. 11.

jetzt so weit voneinander leben müssen."[33] Seine Freizeit gestaltete er intensiv: „habe in dienstfreien Stunden sämtliche Grundrisse von Palladio auf dreißig Normenblättern im Formate 420/594 in einheitlichem Maßstab dargestellt."[34] Abwechslung und Entspannung suchte er im „geistigen Erholungsplatz", dem Museum Folkwang in Hagen.[35]

Während die Tätigkeit Meyers bei Metzendorf im Detail nachweisbar und mit signierten Originalzeichnungen dokumentiert ist, fehlen im Zeugnis von Krupp bis auf die Siedlung „Kiel-Gaarden" nähere Angaben zu seinen Projekten. Akten und Schriftgut des Kruppschen Baubüros sind nicht überliefert.[36] Hinzu kommt, dass maßgebende Mitarbeiter – damals grundsätzlich üblich – namentlich nicht genannt wurden.[37] Die Bauunterlagen tragen die Unterschrift von Robert Schmohl, dem Prokuristen und Betriebsdirektor, gelegentlich die von Hans Ludwig Scharschmidt, seinem Vertreter. Selten sind Zeichnungen von Mitarbeitern signiert, jedoch nicht die von Hannes Meyer.[38]

Meyers Planungen bei Krupp

Geschossdreherei
In den Kriegsjahren 1914 bis 1918 wurden in Essen mehrere Großhallen gebaut, die von der Lafettenfertigung und Kanonenwerkstatt bis zur Zünderproduktion der Rüstung dienten. Dabei konzipierte das Technische Büro von Krupp die Hallen und das Kruppsche Baubüro hatte dazu die Fassaden zu entwickeln. Bisherige Untersuchungen gehen davon aus, dass Hannes Meyer bei der Geschossdreherei VII in der Kruppstraße 82 bis 96, der heutigen Autobahn A 40 im Essener Stadtteil Holsterhausen, als Gestaltungsplaner beteiligt war.[39] Die im Dezember 1917 in Betrieb genommene Fabrikanlage mit direktem, rückwärtigem Gleisanschluss ermöglichte die monatliche Fertigung und Lieferung von 600.000 Feldgeschossen. Die rund 260 Meter lange Maschinenhalle zur Kruppstraße erhielt einen auch übereck gehenden, dreigeschossigen Vorbau in plastisch strukturiertem Sichtmauerwerk mit regelmäßigem Rhythmus unterteilender Risalite (Abb. 38). Unter Beibehaltung der Fassade zur Straße wurde die Halle nach Friedensschluss in ein Werkstättenhaus der Firma Krupp umgebaut und

---

33 Klaus-Jürgen Winkler, Der Architekt Hannes Meyer – Anschauungen und Werk. Berlin 1989, S. 28.
34 Hannes Meyer, Bauen und (wie Anm. 2), S. 103.
35 Hannes Meyer, Entwurf (wie Anm. 24).
36 Auskunft von Prof. Dr. Ralf Stremmel, HAK.
37 Die Frage der Autorenschaft bei Krupp bezeichnete Meyer in seinen biografischen Abhandlungen als Problem.
38 Manfred Walz, Hannes Meyer (wie Anm. 30), S. 46.
39 Ebd., S. 47.

nach mehrmaligen Änderungen des rückwärtigen Teils in den 1980er Jahren für die Ansiedlung des Gründerzentrums ETEC abgerissen (Abb. 39).[40]

Abb. 38: Geschossdreherei der Friedrich Krupp A. G. in der Kruppstraße 82–96, 1917

Abb. 39: Werkstätte in der Kruppstraße, 1964

---

40   Auskunft Achim Mikuscheit, Ruhr Museum, Essen.

Werkssiedlungen in Essen

Nach dem starken Anstieg der Kruppschen Belegschaft während des Ersten Weltkrieges erfolgte eine umfangreiche Wohnungsbautätigkeit in größeren Siedlungsprojekten am Rande der Essener Innenstadt. Nach dem Zeitpunkt ihrer Planung könnte Hannes Meyer an den Siedlungen Essen-Borbeck (geplant 832 Wohnungen, gebaut 210), Wickenburg in Essen-Frohnhausen (geplant 740 Wohnungen, gebaut 119), Bärendelle in Essen-Frohnhausen (243 Wohnungen) und Bergmühle (126 Wohnungen) als Stadtplaner und Architekt tätig gewesen sein. Stadtquartiere, ab 1916 geplant, mit Sondergenehmigung des Kriegsamtes zur gleichen Zeit begonnen und in den Nachkriegsjahren mit teilweise geänderten Konzepten weiter ausgebaut.[41] Beim dritten Abschnitt des Alfredhofes von 1914 bis 1918 kann man eine Beteiligung von Hannes Meyer ausschließen, denn hierfür ist Josef Rings (1878–1957), seit 1912 Architekt bei Krupp, als Planer überliefert. Da nicht zu klären ist, an welchen der vier Siedlungen Meyer beteiligt war, sollen diese zusammenfassend vorgestellt werden, zumal sie sich in ihren Konzepten ähneln. Sie liegen auf topografisch bewegtem Gelände, haben zwei- bis dreigeschossige Blockrandbebauungen, tor- und nischenartige Zugänge, Hauptachsen, zentrale Platzanlagen, ruhige Innenhöfe und das klassische Begleitprogramm des Kruppschen Systems von der Schule bis zur Konsumanstalt.

Gartenstadtsiedlung Kiel-Gaarden.

Für Stammarbeiter und Beamte der Germaniawerft in Kiel hatte die Firma Krupp schon vor dem Ersten Weltkrieg einen großen Wohnblock errichtet und 1916 mit dem Bau einer Gartenstadt für 332 Wohneinheiten an der Preetzer Chaussee begonnen.[42] Nachdem die westliche Seite mit 56 Einheiten bereits realisiert war, erfolgte im Jahre 1917 unter dem enormen Druck des erhöhten Wohnraumbedarfes eine neue Konzeption östlich der Preetzer Chaussee mit 1.400 Einheiten.[43] Diese von Hannes Meyer als Ressortchef der Abteilung Wohnungsfürsorge bearbeitete Großsiedlung nimmt im Kruppschen Werkswohnungsbau eine Sonderstellung ein.

Die schon beim zweiten Bauabschnitt „Friedrichshof" (1904–1906) gezeigte Tendenz zum Geschosswohnungsbau setzte sich beim dritten Bauabschnitt „Alfredhof" (1914–1918) mit dreigeschossiger, großstädtisch wirkender Blockbebauung fort und wurde auch bei „Borbeck" und „Wickenburg" ab 1916 beibehalten. Bei „Kiel-Gaarden" fand wieder ein Wechsel in das erprobte Modell „Kleinwohnungshaus" früherer Kruppscher Kolonien – allerdings mit

---

41 Chronik Krupp Wohnungsbau im Ruhrgebiet 1861–1999, hrsg. v. ThyssenKrupp Wohnimmobilien. Essen 2001, S. 17.

42 Manfred Walz, Hannes Meyer (wie Anm. 30), S. 51.

43 Das entspricht einer damaligen Größenordnung von 5.600 Einwohnern.

anderen Bedingungen und Voraussetzungen – statt.[44] Auffällig ist der Wandel
von einem romantisierenden Städtebau in eine straffe, strukturierte Gliederung
der Gesamtanlage (Abb. 40). Eine differenzierte, fünfstufige Platzfolge mit dem
Konsumgebäude im Zentrum des halbrunden Platzes bildet die Hauptachse.
Jeweils unterschiedlich gestaltete Stadteingänge gliedern die geschlossene, leicht
gebogene Randbebauung und vernetzen sich mit der anschließenden Umgebung:
der Anbindung zur Kieler Kleinbahn, dem Erholungspark mit dem Langsee,
einer kreisrunden Anlage mit Pachtgärten und dem städtebaulich wirksamen
Bauplatz für die Kirche an dem spitz zulaufenden Ende der Siedlung. In einem
sorgfältig geplanten Wechsel von freistehenden Ein- oder Zweifamilienhäusern
und kurzen Reihenhausgruppen sowie dem gestuften System von Vor-, Haus-,
und Mietergärten entstehen trotz der starren, axialen Rasterung erkennbar
unterschiedliche Bereiche. Ein städtebaulicher Entwurf, zugeschnitten auf die
konsequente Umsetzung mit typisierten Bauelementen.

Nach eigenen Angaben hat Meyer die Kruppsiedlung „Kiel-Gaarden" vom
städtebaulichen Entwurf bis zur Typisierung der Grundrisse und Standardisierung der Details vollständig durchgearbeitet. Nicht realisiert, bezeichnete er sie

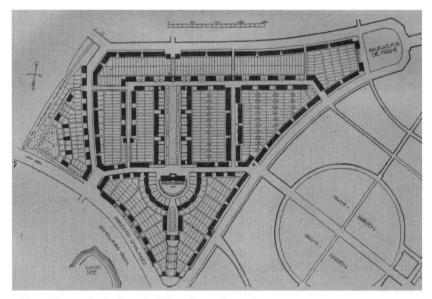

Abb. 40: Kruppsche Siedlung Kiel-Gaarden, Rahmenplan, 1917

---

[44]   Bei der Margarethenhöhe wehrte sich Robert Schmohl als Vorstandsmitglied der Stiftung
       1919 heftig (und vergebens) gegen den Wechsel vom Einfamilienhaus zum Geschosswoh-
       nungsbau.

später als ein „Fantasiegebilde",[45] obwohl sich hier bereits deutliche Ansätze zu seiner grundsätzlichen, späteren Entwicklung mit regelmäßigen Grundformen in Städtebau und Architektur erkennen lassen. Hermann Muthesius veröffentlichte in seinem Regelwerk „Kleinhaus und Kleinsiedlung" 1918 den Rahmenplan von Kiel-Gaarden[46] und vermerkte hierzu: „Den Gipfel der (neuen) Regelmäßigkeit stellt vielleicht [..] die neueste Kruppsche Siedlung in Kiel [dar]."[47] Sicher ein Vorreiter für eine neue Siedlungstechnik nach dem Ersten Weltkrieg und vielleicht ein Vorbild für die Stadtwaldsiedlung „Eyhof" in Essen, die Josef Rings 1920 für den „Allbau" plante und umsetzte.

Einordnung

In seiner siebenmonatigen Tätigkeit bei Metzendorf in München sah Hannes Meyer an der genossenschaftlichen Gartenstadt „Hüttenau" und besonders an der Stiftungssiedlung „Margarethenhöhe" die Zusammenhänge ganzheitlicher Planungen vom städtebaulichen Entwurf bis hin zur Gestaltung der Türklinke. Er nahm die dort bis zur Perfektion gereiften Vorteile von Type und Norm wahr. Ohne diese bei Metzendorf gesammelten Erfahrungen wären Meyers Planungen im Kruppschen Baubüro für die Siedlung „Kiel-Gaarden" 1917/18 und „Freidorf" in der Schweiz ab 1919 sicherlich nicht in ihrer Schlüssigkeit entstanden. Bei „Freidorf" (Abb. 41) setzte er sogar den Typengrundriss des Metzendorfschen Kleinwohnhauses im Original ein und übernahm die Idee des zentral liegenden Installationskerns mit der kombinierten Herdheizung „DRUNA"[48] im Detail. Auch das Zentrum der Siedlung mit dem Genossenschaftshaus ähnelt der Planung von „Hüttenau".

Auf seine Mitarbeit bei Georg Metzendorf in München ist Hannes Meyer später in seinen überlieferten Reden und Schriften nicht näher eingegangen, distanzierte sich aber mit Abstand von 20 Jahren in seinem Vortrag „Erfahrungen im Städtebau", den er am 4. Oktober 1938 an der Akademie San Carlos in Mexiko-Stadt gehalten hat, von seiner Tätigkeit im Kruppschen Baubüro in Essen:

> *„Diese Zustände (der Klassenunterschiede) kamen mir besonders zum Bewußtsein, als ich während des Weltkrieges im Kruppschen Wohlfahrtsamt in Essen arbeitete: Wir hatten sogenannte Menagen für Arbeiter durchzuführen für je 5.000 Arbeiter mit voller Verköstigung und Schlafsälen. Die Arbeitskraft wurde zur menschlichen Nummer standardisiert, typisiert und exploitiert. Sie erhielt täglich 2 Liter Essen à x Kalorien, schlief*

---

45 Hannes Meyer, Entwurf (wie Anm. 24).

46 Hermann Muthesius, Kleinhaus (wie Anm. 29), S. 159.

47 Ebd. S. 161.

48 Die von Georg Metzendorf 1908 in Darmstadt entwickelte kombinierte Heizungs- und Kochanlage kam bei der Margarethenhöhe und Hüttenau ab 1909 unter dem Namen DRU-NA serienmäßig zum Einsatz.

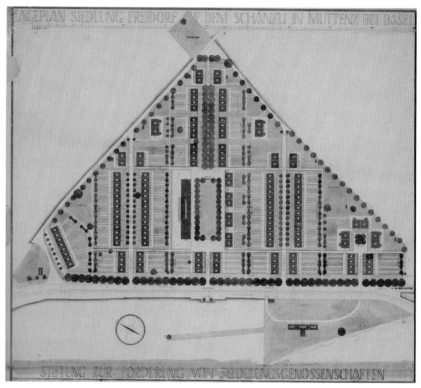

Abb. 41: Genossenschaftssiedlung Freidorf bei Basel, Lageplan, 1920

auf 2 Quadratmeter Schlaffläche und erholte sich auf einem Hofe von 2 Quadratmeter pro menschlicher Nummer. Anno 1918 beendeten wir den Bau einer gigantischen Menage für 27.000 Arbeiter, die täglich in 36 Dampfbatterien à 600 Liter 54.000 Essen abzugeben hatte, und mit allen zugehörigen Schlafbaracken. Hugenberg, der damalige Kruppsche Direktor, behauptete, mit solchen Einrichtungen könne das deutsche Volk den Weltkrieg zur ewigen Einrichtung machen.

Für die Kruppschen Beamten musste ich indessen Siedlungen im romantischen Stile hessischer Dörfer entwerfen, in denen das schiefe Dach, die krumme Straße, die bauchigen Erker das Mitglied der Kruppschen Beamtenkasinos darüber hinwegtäuschen sollte, dass er in etwas romantischer Art an das Haus Krupp von Bohlen und Halbach gekettet war. So entwarf ich eine Siedlung von 1.600 Beamtenwohnungen, war selbst der Baubeamte Meyer No.16824 und erhielt jeden Mittwoch eine kriegsmäßige Beamtenzulage von 2 m Pferdewurst.

Es ist verständlich, wenn ich unter dem Eindruck dieser unmenschlichen Erlebnisse am Schluss des Weltkrieges in meiner schweizerischen Heimat versuchte, zusammen mit zwei Pionieren des Genossenschaftswesen, Prof. J. F. Schaer und Dr. B. Jäggi, auf integral kooperativer Grundlage eine Mustersiedlung zu organisieren: die Siedlung Freidorf bei Basel. 150 Familien = 620 Menschen aller sozialen Volksschichten, gebunden durch eine straffe kooperative Ordnung aller ihrer Lebensbedürfnisse [...] auf der Grundlage der Pädagogik des großen Schweizer Genossenschafters Heinrich Pestalozzi."[49]

Resümee

Zweieinhalb Jahre, genau 31 Monate, Mitarbeit bei Georg Metzendorf in München und im Baubüro der Firma Krupp in Essen prägten Hannes Meyer und sein späteres Werk in doppelter Hinsicht. Die kriegsbedingten Spannungsfelder bei Krupp bestimmten seine spätere Einstellung zu Bauen und Gesellschaft. Was blieb von der Tätigkeit bei Metzendorf? Dr.-Ing. Gerhard Fehl, Professor für Theorie und Geschichte der Stadtplanung an der Rheinisch-Westfälischen-Hochschule in Aachen, urteilte 1988: „Der Wohnungsbau von Hannes Meyer ist ohne Georg Metzendorf nicht denkbar."[50] Professor Dr. Roland Günter fügte in seinem Standardwerk zum Deutschen Werkbund 2009 hinzu: „Metzendorf betreibt gebaute Soziologie –praktisch und anschaulich. Hannes Meyer übersetzt dies am Bauhaus in Theorie und Lehre."[51]

49   Hannes Meyer, Erfahrungen im Städtebau, in: Bauen und (wie Anm. 2) S. 216–217 und: Hannes Meyer, Experiencas de urbanismo, in: Arquitectura y Decoración. 2. 1938, Nr. 12, S. 252–257.

50   Hannes Meyer – Beiträge zum 100. Geburtstag, hrsg. v. Hannes-Meyer-Geburtstagskomitee. Dortmund 1989, S. 39.

51   Roland Günter, Der Deutsche Werkbund und seine Mitglieder 1907 bis 2007, Essen 2009, S. 92.

DAS RUHRKOHLEHAUS –
RÜCKBLICK UND WÜRDIGUNG 25 JAHRE NACH SEINEM ABRISS

HOLM ARNO LEONHARDT

Abb. 42: Das Ruhrkohlehaus 1996, überragt vom ersten Gebäude des Neubaukomplexes

Im Sommer 1997 wurde das „Haus der Ruhrkohle" im Südviertel der Stadt Essen abgebrochen und am 4. September seine Austragung aus der „Liste der denkmalwerten Gebäude" verfügt.[1] Die Baulücke füllten bis 2007 die modernen Bürohochhäuser des Rellinghaus-Komplexes, dessen Bau von den Konzernen Ruhrkohle AG (RAG) und Rheinisch-Westfälische Elektrizitätswerke (RWE) initiiert wurde.

Zum Thema existiert bereits Literatur: Anlässlich des bevorstehenden Abrisses erschienen 1996 zwei Publikationen: vom ehemaligen Chefredakteur der RAG-Betriebszeitung Günter Streich ein opulentes Heimatkundebuch, das – neben der Bedienung nostalgischer Interessen – eine Menge historischer Fakten zusammenträgt,[2] sowie von Matthias Kitschenberg, zuständiger Fallbearbeiter im Rheinischen Amt für Denkmalpflege (RhAD) in Brauweiler, ein Fachaufsatz über Baugeschichte, Denkmalwert und das Denkmalverfahren zum Ruhrkohlehaus.[3] Beide Autoren bedauerten seinerzeit den bevorstehenden Abriss. Streich nahm trotz gelegentlicher nostalgischer Anklänge den Gebäudeverlust fatalistisch hin. Kitschenberg hingegen bezweifelte die Angemessenheit der Entscheidung und ihres Zustandekommens. Demgegenüber zeichneten die Neubau-Befürworter – vor allem die Essener Kommunalverwaltung mit dem rührigen Oberstadtdirektor

---

[1] Streichungsvermerk v. 4. 9. 1997 des Ruhrkohlehauses aus der Liste der denkmalwerten Gebäude in Essen, in: Stadt Essen, Institut für Denkmalschutz, Aktenauszüge zum Denkmalschutzverfahren Ruhrkohlehaus 1985–1997. Dem Autor wurden von der Stadt Essen und dem Rheinischen Denkmalpflegeamt in Brauweiler einschlägige Dokumente zu Forschungszwecken überlassen.

[2] Günter Streich, Die Börse der schwarzen Diamanten. Ruhrkohle in Essen. Essen 1996.

[3] Matthias Kitschenberg, Essen: Haus der Ruhrkohle, in: Denkmalpflege im Rheinland 13, 1996, H. 3. 1996, S. 115–119.

Kurt Busch sowie die beteiligten Architekten und Bauplaner der Ruhrkohle AG und der Rheinisch-Westfälischen Elektrizitätswerke – ein ganz anderes Bild: Der heruntergekommene Essener Süden würde durch Einsatz dreistelliger Millionenbeträge saniert und durch die Errichtung eines „Dienstleistungszentrums" massiv aufgewertet werden. Hässliche Zweckgebäude würden auf diesem Wege verschwinden zugunsten attraktiver Neubauten. – 25 Jahre danach könnte es interessant sein, diese widerstreitenden Auffassungen mit zusätzlichen Erkenntnissen neu zu bewerten. Hierfür konnten die Denkmalschutzakten der Stadt Essen und des RhAD in Brauweiler genutzt werden.[4]

Das Gebäude bis 1997
Das Ruhrkohlehaus war in den Jahren 1949–52 als Bürogebäude für ca. 1.000 Beschäftigte erbaut worden. Verantwortlich für Entwurf und Bauplanung war der Essener Architekt Martin Anton Schoenmakers.[5] Dieser hatte in den 1930er Jahren bei Curt Wasse, Architektur-Dozent an der Folkwang-Hochschule Essen, studiert. Das neu errichtete Gebäude umfasste vier Flügel, einen Haupttrakt und drei Seitenflügel, die zusammen die Form eines „E" bildeten. Der rechte, östliche Flügel integrierte einen Teil des ansonsten zerstörten Gebäudes des Rheinisch-Westfälischen Kohlensyndikats (RWKS)[6] von 1893. Dessen Ostflügel (von 1905) hatte die alliierten Bombardements des Zweiten Weltkriegs mit 2/3 seiner Bausubstanz überstanden. Auftraggeber des Neu- und zugleich Ersatzbaus am Standort des untergegangenen Kohlensyndikats war der Deutsche Kohlenverkauf. Dieser war eine Tochtergesellschaft der Deutschen Kohlenbergbau-Leitung, einer von den Besatzungsmächten nach 1945 eingerichteten und kontrollierten Organisation.[7] Das Bestehen eines größeren Bauteils der RWKS-Zentrale im Gesamtkomplex des Ruhrkohlehauses gab diesem das Potenzial zu einem Doppeldenkmal. Während die Neubauanteile für die westdeutsche Nachkriegszeit standen, konnte der Syndikatstrakt an die Wirtschafts- und Sozialgeschichte gleich dreier Epochen erinnern, des Kaiserreichs, der Weimarer und der NS-Zeit. Dieser ältere Gebäudeflügel war auf Betreiben der denkmalinteressierten britischen Besatzungsmacht nicht abgerissen, sondern in den Bau des Ruhrkohlehauses 1949–52 integriert worden.[8]

---

4   Das NRW-Denkmalschutzgesetz unterscheidet zwischen den kommunalen Unteren Denkmalbehörden (UDB), den beiden fachlich unabhängigen Denkmalpflegeämtern für Rheinland und Westfalen und der Obersten Denkmalbehörde in Gestalt des zuständigen Ministeriums. Letzteres entscheidet abschließend über das Denkmalverfahren, wenn zwischen Denkmalpflegeamt und UDB keine Einigung erzielt werden konnte.

5   Borbeck-Lexikon, Martin Schoenmakers [2020], unter: https://www.borbeck.de/lexikon-details/schoenmakers-martin-anton.html (Zugriff 6.4.2022).

6   Dieses war eine Einrichtung für gemeinschaftlichen Verkauf, ein Kartell.

7   Streich, Diamanten (wie Anm. 2), S. 41–44.

8   Ebd., S. 49.

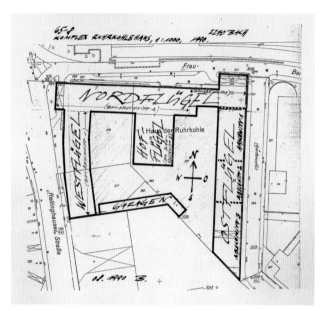

Abb. 43: Die E-Form des Ruhrkohlehauses, Lageplan mit Nachzeichnungen und Beschriftungen von Dr. Martin Bach

Im Ruhrkohlehaus wurden bestimmungsgemäß Steinkohle vermarktet und andere Gemeinschaftsinteressen des Kohlebergbaus verfolgt.[9] Die Organisationsformen und Bezeichnungen änderten sich dabei: Bis 1968 war der Steinkohlebergbau der Ruhr als ein staatlich kontrolliertes Kartell organisiert, das aber aus politischen Gründen nicht so genannt werden durfte. 1945 hieß es North German Coal Distribution, ab 1948 Deutscher Kohlenverkauf, seit 1953 Gemeinschaftsorganisation Ruhrkohle und ab 1956 Ruhrkohlekontor mit Ruhrkohlenberatung. Parallel dazu war ab 1953 eine wechselnde Anzahl von Verkaufsgesellschaften, unter klingenden (Flöz-) Namen wie z. B. Mausegatt, Finefrau oder Geitling, errichtet worden und stellten die gewünschte marktwirtschaftliche Fassade her.[10]

Ab Ende der 1950er Jahre geriet der Ruhrbergbau in eine langanhaltende, strukturelle Absatzkrise. Diese sogenannte „Kohlenkrise" entstand durch billigere Importkohle aus Ländern mit permanent niedrigeren Kosten. Der Ruhrkohlebergbau sollte jedoch auch nicht eingestellt werden, um Massenarbeitslosigkeit zu vermeiden und Versorgungssicherheit in Deutschland zu gewährleisten. Rationalisierung konnte ein Ausweg sein, und als Modell dafür wurde eine Auf-

---

9   Ebd., S. 92–94.
10   Ebd., S. 52 f., 56.

Abb. 44: Der Syndikatsflügel am Ruhrkohlehaus 1996

fanggesellschaft für den notleidenden Bergbau geplant. 1969 wurde in Ablösung des bisherigen Vermarktungs- und Planungssystems die Ruhrkohle AG gegründet, wodurch das Kartell zum Monopolkonzern weiterentwickelt wurde.[11] An der neuen RAG waren 24 Unternehmen mit Bergbaubetrieb beteiligt. Der 1968 geschlossene Hüttenvertrag sicherte staatliche Subventionen und Kontrolle. Der

---

[11] Siegmar Streckel, Die Ruhrkohle AG. Entstehungsgeschichte und Zulässigkeit. Frankfurt/ Main 1973.

nunmehr engere Zusammenschluss erleichterte Rationalisierungen, etwa die Stilllegung weniger rentabler Bergwerke zugunsten effektiverer.

Der Gebäudestandort heute

Die Nachfolgebebauung durch die „Rellinghäuser" begann 1996 auf dem östlichen Nachbargrundstück des Ruhrkohlehauses und griff nach 1997 auf dessen Fläche über. Dabei wurden die bisherigen Straßenzüge revidiert. Insbesondere die Frau-Bertha-Krupp-Straße wurde stark verkürzt und zu einer Auffahrt zu Parkplätzen und Innenhöfen abgeändert. Auch die Gebäude-Nummerierung wurde umgestellt von „Krupp-" auf „Rellinghauser Straße". Der frühere Standort des Ruhrkohlehauses ist für Uneingeweihte kaum zu erkennen, weil die historische Topologie gründlich abgeändert wurde. Eine erklärende Gedenktafel wäre nützlich, aber eine solche fehlt, und zwar sowohl auf dem Grundstück selbst als auch am öffentlichen Fußweg davor. Zur Orientierung: Das Ruhrkohlehaus

stand in etwa da, wo heute der Evonik-Konzern mit einigen Tochtergesellschaften seinen Sitz hat. Ein Überbleibsel des Ruhrkohlehauses, die Skulptur der heiligen Barbara mit Bergmann, ist immerhin in den neuen Gebäudekomplex integriert. Allerdings wurde sie an der Innenhof-Fassade des Evonik-Hauses angebracht, und ist damit eher gut versteckt als hervorgehoben und öffentlich zugänglich.

Die „Rellinghäuser", die von den Architektenbüros Chapman, Taylor und Brune entworfen wurden, erscheinen ästhetisch durchaus gelungen, ein Ensemble aus langen pastellblauen Bürohausfronten mit begrenzenden Hochhäusern. Ob sie innerhalb der Masse von Hochhäusern, die rund um den Globus bestehen, hervorstechen können, ist sicherlich eine Frage der persönlichen Ansicht.

Der Denkmalwert des Ruhrkohlehauses

Was also haben die Einwohner von Essen, NRW oder Deutschland mit dem Ruhrkohlehaus verloren? – Eine Antwort hierauf wäre zu differenzieren nach den gegebenen Interessen und Aspekten eines historischen Erinnerns, Lernens und Dokumentierens. Herauszuarbeiten wären Merkmale der Besonderheit oder gar einer Alleinstellung,

Abb. 45: Heilige Barbara mit Bergmann am Evonik-Haus

Abb. 47: Postkarte Ruhrkohlehaus, ca. 1953

Abb. 46: Sitz des Evonik-Konzerns in Essen

also Kriterien für eine Schutzwürdigkeit bis hin zur Unverzichtbarkeit. Für ein großes Gebäude in zentraler Lage träte neben diese absoluten Gesichtspunkte die ästhetische Wirkung im städtischen Umfeld hinzu. Zur Zeit seiner Existenz war das Ruhrkohlehaus für die kulturinteressierte Öffentlichkeit keine unbekannte Größe. In den 1950er Jahren wurde es auf Postkarten als Sehenswürdigkeit präsentiert. Desgleichen fand es Eingang in allgemeine Reiseführer oder Architekturbücher zum Ruhrgebiet.[12]

Der ästhetische Denkmalwert
Der heutige moderne Denkmalschutz hat seinen Ursprung in der Kunstästhetik. Schönes von bleibendem Wert sollte seinerzeit geschützt werden. Diese Auffassung gilt seit längerem als überwunden, weil zu eng: Auch eine hässliche Architektur kann schützenswert sein, wenn sie darin markant ist. Das Ruhrkohlehaus und auch das teilweise erhalten gebliebene Syndikatshaus waren tatsächlich eher nüchterne Geschäftshäuser ohne offenen Prunk. Ihr ästhetischer Wert war zwischen Schutz- und Abrissbefürwortern umstritten: Man konnte sie durchaus als hässliche Backsteinkästen und vorrangige Zweckgebäude auffassen. Die Modernisierungs-Fraktion in Essen nutzte diesen Mangel an offensichtlicher Attraktivität und beschwor eine bleibende Verschandelung der Essener Südstadt. „Das ist für uns kein Denkmal", befand der Planungsdezernent der Stadt Essen Schulte im April 1992 gegenüber den Argumenten der Erhaltungs-Befürworter.[13]

---

[12] Z.B.: Thomas Parent, Das Ruhrgebiet. Kultur und Geschichte im „Revier" zwischen Ruhr und Lippe. Reiseführer. Köln 1989, S. 131.

[13] Störfeuer vom Denkmalschutz. Ruhrkohle-Haus: Minister Kniola entscheidet, in: Neue Ruhr Zeitung v. 3.4.1992.

Abb. 48: Ruhrkohlehaus, Essen, um 1955

Abb. 49: Ruhrschnellweg mit angrenzendem Ruhrkohlehaus, Essen 1970

Abb. 50: Helbingbrücken mit Ruhrkohlehaus und RWE-Hochhaus, Essen 1982

Diese Auffassung fand unter Denkmalexperten jedoch kaum Zustimmung. Sie wiesen auf das imposante Erscheinungsbild des Großgebäudes hin, das auf seiner Nordseite einen wuchtigen Turm mit einer langen Fassade verknüpfte, die in einem ebenfalls turmartigen Vorsprung endete.[14] Jener Nordwestkopf trug außerdem zwei Bergbausymbole (in Gestalt der bereits erwähnten Barbara plus Hauer). Allerdings war die massive Akzentsetzung für das Essener Stadtbild, die für die 1950er Jahre noch voll intakt war, nicht mehr zutreffend. Verschiedene Baumaßnahmen, so für den Ruhrschnellweg seit Ende der 1960er Jahre, hatten die optische Wirkung des Ruhrkohlehauses immer mehr beschränkt und es im subjektiven Empfinden hässlich gemacht.

---

14 Matthias Kitschenberg, Schreiben v. 10.7.1991 an UDB Essen, in: Stadt Essen, Institut für Denkmalschutz, Aktenauszüge zum Denkmalschutzverfahren Ruhrkohlehaus 1985–1997.

Ansonsten wiesen die Fachleute der Denkmalämter auf den eher versteckten Charme der Kohle-Verkaufshäuser hin, der in dezenten Verzierungen und gediegenen Baustoffen die jeweils zeitgenössische Baukunst repräsentiere. Referent Martin Bach von der unteren Denkmalbehörde (UDB) in Essen hatte bereits am 4. November 1985 ein internes Memorandum verfasst. Darin führte er zum „1905 entstandenen Bauteil" des Kohlensyndikats aus: Dieser Überrest zeige „in seiner viergeschossigen roten Backsteinfassade noch relativ anschaulich die typische neugotische Ausformung seiner Entstehungszeit mit großen, spitzbogig überfangenen Fensteröffnungen, akzentuiert durch ocker-sandsteinfarbene Flächen, in den Obergeschossen."[15] Allerdings „handelt es sich nicht um eine baukünstlerisch herausragende Leistung [...]." Bach faxte am 22. August und 19. Oktober 1990 umfangreiche Materialien inklusive seiner Ausführungen über den Syndikatsflügel an seinen Kollegen Matthias Kitschenberg vom Rheinischen Amt für Denkmalpflege (RhAD).[16] Dieser verwendete in seinem Schreiben an den Essener Oberstadtdirektor vom 10. Juli 1991 manche von Bachs Aussagen fast wörtlich.

Bach hatte sich in seiner Stellungnahme vom 4. November 1985 besonders von den inneren Qualitäten des Syndikatsflügels beeindruckt gezeigt: „Im Inneren ist die Raumdisposition als zweibündiges System [= Flure mittig im Gebäude], typisch für die Funktion als Geschäftshaus bzw. Verwaltungsgebäude, erhalten. Hervorzuheben sind die beiden Treppenhäuser mit Jugendstil-Geländern. Das südliche erschloss den nicht erhaltenen Sitzungssaal und enthält repräsentativ-aufwendigen schwarzen Natursteinbelag und braunrote Sockelfliesen mit Blumenfries. Von besonderer Bedeutung für die Identität des Gebäudes ist jedoch ein Kreuzrippengewölbe-Joch nahe dem Haupttreppenhaus: auf gedrungenen Pfeilern sitzen vegetabil dekorierte Kapitelle mit figürlichen Reliefs, die auf den Bergbau Bezug nehmen; sie haben kulturgeschichtlichen Wert."[17] Diese Passage oder Gedanken übernahm Kitschenberg nicht in seiner Denkmalbeschreibung an die Stadt Essen vom 10. Juli 1991.[18] So fußte der Schutzantrag des Rheinischen Amts für Denkmalpflege an die Stadt Essen nur auf der Außenarchitektur des Ruhrkohlehauses.

---

15   Martin Bach, Schreiben v. 4.11.1985 an die Herren Drygalla, Vetter, Spree (UDB oder Bauamt Essen), in: Stadt Essen, Institut für Denkmalschutz, Aktenauszüge zum Denkmalschutzverfahren Ruhrkohlehaus 1985–1997, hier S. 3.

16   Martin Bach, Kurzmitteilungen v. 22.8.1990 und 19.10.1990 an Kitschenberg-RhAD mit umfangreichen Anlagen., in: Stadt Essen, Institut für Denkmalschutz, Aktenauszüge zum Denkmalschutzverfahren Ruhrkohlehaus 1985–1997.

17   Bach, Schreiben (wie Anm. 14), S. 4.

18   Matthias Kitschenberg, Schreiben v. 10.7.1991 an UDB Essen, in: Rheinisches Amt für Denkmalpflege, Auszüge aus Akte Essen-Ruhrkohlehaus 1991–1992 (Akte 29.000).

Geschäftsgebäude des Rheinisch-Westfälischen Kohlen-Syndikats.
Building of the Rheinisch-Westfälisches Kohlen-Syndikat.
Bureaux du Rheinisch-Westfälisches Kohlen-Syndikat.

Vorraum zum Sitzungssaal.
Anteroom to conference-hall.
Entrée de la salle des conférences.

Abb. 51: Rheinisch-Westfälisches Kohlensyndikat: Vorraum und Treppenhaus zum Sitzungssaal

Dabei hatte auch der neuere Hauptteil des Ruhrkohlehauses von 1949/1952 seine Sehenswürdigkeiten, etwa die originellen Treppenhäuser oder das Foyer des Großen Saals (genutzt für Ausstellungen und Theater). Auf diese wurde aber in den Denkmalsbeschreibungen der UDB Essen und des RhAD nicht hingewiesen. Bedauern über den bevorstehenden Verlust kam erst 1996 auf im zitierten Buch von Günter Streich und 1997 in Presseberichten über die Demontage des Ruhrkohlehauses.[19] Im Außenbereich war der Schmuck durch die Heilige Barbara von 1953 weiter ergänzt worden. 1989 kam das Außendenkmal „Steile Lagerung" hinzu.

Der geschichtliche Denkmalwert

Beim geschichtlichen Denkmalwert geht es darum, für welche historischen Ereignisse oder Zusammenhänge ein Objekt steht. Aussagekraft oder Sym-

---

[19] Mit dem Ruhrkohle-Haus verschwindet eine im Stadt-Gesicht vertraute „Falte", in: Neue Ruhr Zeitung v. 22.1.1997; Martin Kuhna, Wo Schiller sich verirrte. Vor dem Abriß: Ein Gang durch das alte Ruhrkohle-Haus, in: WAZ v. 11.1.1997.

Abb. 52: Die „Steile Lagerung" von Max Kratz

bolcharakter können sich auch auf Aspekte beziehen, für deren Beurteilung spezialisierte Fachhistoriker zuständig sind. Moralische Kriterien sollten für die Schutzwürdigkeit keine Rolle spielen. Auch der politische Zeitgeist könnte den Blick für das übergreifende Wesentliche trüben: Heutige Vorbehalte gegen vergangene nichtliberale Wirtschaftsformen sollten deshalb keinesfalls eine mögliche Denkmaleigenschaft ausschließen.

Einschlägig für die historische Beurteilung von Wirtschaftsorganisationen, wie hier einer monopolistischen Verkaufsstelle von Kohle, sind als wissenschaftliche Disziplinen die Wirtschaftsgeschichte, ergänzt durch die Politische Geschichte. Auch hierbei war die Matroschka-Struktur des Ruhrkohlehauses als doppeltes Denkmal zu berücksichtigen: Ein immer noch ansehnlicher Bauteil stand für das Verwaltungsgebäude des Rheinisch-Westfälischen Kohlensyndikats von 1893. Dessen erhaltener Ostflügel war nur zwölf Jahre jünger als das Hauptgebäude, aber ein organischer Zuwachs und ähnlich repräsentativ (vgl. Abb. S. 6). Dieser Bauteil war auf Betreiben der britischen Besatzungsmacht nicht abgerissen, sondern in den Bau des Ruhrkohlehauses 1949–52 integriert worden.[20] Nach Auffassung von Günter Streich hatte damit eine denkmalinteressierte ausländische Instanz frühzeitig schon die Erhaltenswürdigkeit des Rests der RWKS-Zentrale bestätigt.

Die historische Bedeutung des Rheinisch-Westfälischen Kohlensyndikats ist vor dem Hintergrund der seinerzeit herrschenden Wirtschaftsordnung zu verstehen: Seit den 1870er Jahren bis Mitte des 20. Jh. bestand in den meisten Ländern der Welt eine besondere Art von Marktwirtschaft. Es gab Kartelle, die in unternehmerischer Selbstbestimmung (oder Anmaßung) die Märkte regulierten, vor allem die Preise festsetzten.[21] Diese Organisationsmethode fand bis in die 1940er Jahre hinein immer weitere Verbreitung und elaboriertere Anwendungen. Diese Phase des Kartellkapitalismus mit seinen Eigentümlichkeiten wurde erst durch die amerikanische Entflechtungs- und Liberalisierungspolitik der Nachkriegszeit überwunden.[22] Durch diese Zäsur sind alle Gebäude historischer Kartelle potenziell zu Denkmälern, zu Erinnerungsstücken an eine vergangene Epoche der Wirtschaftsgeschichte geworden.

Das Kartellwesen des deutschsprachigen Raums galt als methodisch weltweit führend, da es das Problem von Betrug und Intransparenz im Kartell durch Kontrollverfahren einigermaßen gelöst hatte. Das RWKS bildete zusammen mit dem Stahlwerksverband zu Düsseldorf und dem Kalisyndikat zu Staßfurt respektive Berlin die Spitzengruppe der deutschen Großkartelle.[23] Auch diese residierten in repräsentativen Gebäuden, die bis heute erhalten sind (wenn auch mancher Fassadenschmuck dabei auf der Strecke blieb). Als Beispiele seien der Stahlhof in Düsseldorf (Sitz des Stahlwerksverbandes) ab 1908, das Gebäude des Deutschen Kalisyndikats in Staßfurt/Sachsen-Anhalt bis 1910 und sein Nachfolgegebäude in Berlin/Anhalter Bahnhof ab 1910 bildlich dargestellt.

Das Essener Kohlensyndikat war von überragender nationaler Bedeutung als Hauptenergielieferant des Deutschen Reiches, wozu noch begehrte Exporte in einige Nachbarländer traten, etwa Kokskohle für die Schwerindustrie Ost-

---

20 Streich, Diamanten (wie Anm. 2), 1996, S. 49.
21 Holm Arno Leonhardt, Kartelltheorie und Internationale Beziehungen. Hildesheim 2013, S. 69–250.
22 Ebd., S. 251–291.
23 Holm Arno Leonhardt, Die Entwicklung der Kartelltheorie+ zwischen 1883 und den 1930er Jahren. Von internationaler Vielfalt zu Konvergenz. Hildesheim 2016, S. 4, 26, 47.

Abb. 53: Stahlhof Düsseldorf (Sitz des Stahlwerksverbands ab 1908)

frankreichs.[24] Gleichzeitig galt es als organisatorisches Vorbild, auf das weltweit, national und international, des Öfteren hingewiesen wurde:

- Das RWKS sei „das größte Industriekartell aller Zeiten", so dessen Mitbegründer Emil Kirdorf im Jahr 1893.[25]
- „Que sont nos [françaises] syndicats miniers à côté du colossal cartel des mines de Westphalie […]?"[26] „[…] le plus parfait [est …] le cartel des houilleres […]: la Rheinisch-Westfälisches Kohlen Syndikat […]"[27] (1903, 1908).
- „The Westphalian Coal Syndicate is almost omnipotent"[28] or is „very successful"[29] (1906, 1913).

24 John Gillingham, Zur Vorgeschichte der Montan-Union. Westeuropas Kohle und Stahl in Depression und Krieg, in: Vierteljahreshefte für Zeitgeschichte 34, 1986, S. 381–405, hier S. 387.

25 Zitiert nach: Streich, Diamanten (wie Anm. 2), S. 19.

26 Jules Méline, Preface, in: Les cartels et syndicats en Allemagne. Essai documentaire. De l'accaparement. Bd. 2. Paris 1903, S. I–XXI, hier XIII.

27 P. Obrin, Le Comptoir métallurgique de Longwy. Paris 1908, S. 13 f.

28 David H. MacGregor, Industrial combination. London 1906, S. 119.

29 George R. Carter, The tendency towards industrial combination. A study of the modern movement towards industrial combination in some spheres of British industry. London 1913, S. 381.

- Das RWKS „kann [in 1906 …] für alle ähnlichen Kartelle vorbildlich genannt werden".[30] Und erneut in 1925: „für alle [Unternehmer-] Verbände vorbildlich."[31]
- „Die Geschichte des R[heinischen] K[ohlensyndikats] ist charakteristisch für die Kartellwirtschaft überhaupt, […] die Kartellbewegung [hat daraus …] starken Antrieb erhalten"[32] (1928).
- Das RWKS sei das „Idealkartell' der Welt"[33] (1939).

Das kartellorganisatorische Renommee des RWKS hing mit dessen wirtschaftlicher Leistungskraft zusammen. Diese war immer auch ein Politikum und ließ diese Einrichtung des Öfteren zum Gegenstand von Kritik werden. Unter anderem wurde dem Syndikat die „Kohlenot" des Jahres 1900/01, die aus einer Verteuerung und Verknappung bestand, zur Last gelegt.[34] Nach dem verlorenen Ersten Weltkrieg hatte das Reich Reparationen zu erbringen. So wurde Anfang der 1920er Jahre das RWKS ein Hauptlieferant deutscher Sachleistungen an die westlichen Siegermächte. Da aber die angeordnete Kohlezufuhr für 1922 nicht erreicht wurde, besetzten Franzosen und Belgier im Januar 1923 das Ruhrgebiet und gezielt dann auch das Gebäude des RWKS, dessen Geschäfte nunmehr kontrolliert werden sollten.[35] Nach Gründung der Weimarer Republik im Jahr 1918 war das Ruhrkohlensyndikat 1919 in eine öffentliche Körperschaft mit Gemeinwohlverpflichtung umgewandelt worden.[36] Im Dritten Reich wurde der Staatseinfluss nochmals größer: Das RWKS wurde dem Wirtschaftsministerium in Berlin unterstellt und durch geographische Erweiterungen zur Steuerungszentrale der Energieversorgung des Reiches ausgebaut: 1934 wurden die Zechen des Aachener Bergbaureviers und 1935 die des Saarlandes angeschlossen.[37] Im Zweiten Weltkrieg erhielt das RWKS die Zuständigkeit für alle in Westeuropa besetzten Kohlereviere und die dort zu versorgenden Absatzgebiete.

30   Richard Calwer, Kartelle und Trusts. Berlin 1906, S. 25.
31   Wilhelm Jutzi, Fünfzig Jahre Verbandsbestrebungen in der deutschen Messingindustrie. Ein Stück Verbands- und Kartellgeschichte. Köln 1925, S. 104.
32   Rheinisch-Westfälisches Kohlensyndikat, in: Der Große Brockhaus 1928–35 Bd. 15 (1933), S. 683.
33   Kurt Wiedenfeld, Die Raumbeziehungen im Wirtschaften der Welt. Die Grundformen des Wirtschaftslebens in der Gegenwart. Berlin 1939, S. 123.
34   Klaus W. Richter, Die Wirkungsgeschichte des deutschen Kartellrechts vor 1914. Eine rechtshistorisch-analytische Untersuchung. Tübingen 2007, S. 192.
35   Streich, Diamanten (wie Anm. 2), S. 26.
36   Christian Böse, Kartellpolitik im Kaiserreich. Das Kohlensyndikat und die Absatzorganisation im Ruhrbergbau 1893–1919. München 2018, S. 292 f.
37   Hans Spethmann, Bausteine zur Geschichte des Rheinisch-Westfälischen Kohlen-Syndikats. Berlin 1943, S. 11.

Auch das Gros des Ruhrkohlehauses, der Neubauteil, hatte einen übergrei-
fenden Erinnerungs- und Dokumentationswert. 1945 bis 1969 waren die Zechen
noch unternehmerisch separat, danach in der Ruhrkohle AG fusioniert. Ob nun
als Kartellverband oder als daraus entstehendem Konzern: das Ruhrkohlehaus
war mehrfach Schauplatz bundesrepublikanischer Politik:

-   Bundeswirtschaftsminister Ludwig Erhard suchte am 2. Oktober 1957 in
    einer „mehr als dreistündiger Redeschlacht" die Vorstände der Zechenge-
    sellschaften von einer Preiserhöhung abzubringen. Erfolglos bleibend, drohte
    er „die ganze Kohlepolitik neu zu überprüfen".[38]
-   Politische Prominenz aus Bonn, so Bundeswirtschaftsminister Karl Schiller
    und Staatssekretär Grund vom Bundesfinanzministerium, erschien erneut
    am 27. November 1968 zur Unterzeichnung des RAG-Gründungsvertrages.[39]
-   Der „Jahrhundertvertrag" zur Kohleverstromung wurde am 23. April 1980
    im Ruhrkohlehaus zwischen der RAG und der Vereinigung Industrielle
    Kraftwirtschaft unterzeichnet.[40]

Die Durchsetzungsfähigkeit der Zechenbesitzer beim Kohlepreis im Jahr 1957
bestätigt den intakten Charakter des Ruhrkohleverbandes als ein Kartell. Die
Vorbehalte der Europäischen Gemeinschaft für Kohle und Stahl, 1952 gegründet,
gegen diesen Zusammenschluss waren nicht grundlos. Die Regierung Adenauer
hatte vorher – 1950 – eigens eine Sprachregelung für die Schumanplan-Verhand-
lungen erlassen, um das anstößige Wort ‚Kartell' zu vermeiden.[41] Auch die spätere
Fusion der Ruhrkohle zu einem Gesamtkonzern, einem „Trust", entspricht der
kartelltheoretischen Logik, dass der Zusammenschluss aller erfolgt, wenn nur
so wichtige Rationalisierungsschritte das Überleben oder die Expansion der
Gruppierung sichern können.[42]

Fazit: Das Doppeldenkmal Ruhrkohlehaus/RWKS-Flügel hatte wichtige bis
überragende Bezüge zur deutschen und internationalen Kartellgeschichte sowie zur europäischen Wirtschaftsgeschichte. Die in ihm tätigen Einrichtungen
standen außerdem in Beziehung zur nationalen und internationalen Politik. Das

---

38 Werner Abelshauser, Kohle und Marktwirtschaft. Ludwig Erhards Konflikt mit dem Un-
    ternehmensverband Ruhrbergbau am Vorabend der Kohlenkrise, in: Vierteljahrshefte für
    Zeitgeschichte 33, 1985, S. 489–546.
39 Streich, Diamanten (wie Anm. 2), S. 59.
40 Ebd., S. 659.
41 John Gillingham, Coal, Steel, and the Rebirth of Europe, 1945 – 1955. The Germans and
    French from Ruhr Conflict to Economic Community. Cambridge 1991, S. 242.
42 Leonhardt, Kartelltheorie (wie Anm. 20), S. 137f.

Abb. 54: Deutsches Kalisyndikat, Staßfurt, bis 1910

Abb. 55: Deutsches Kalisyndikat, Berlin, ab 1910

Gebäude hätte deshalb – nach Meinung des Verfassers – die Voraussetzungen für ein Weltkulturerbe erfüllen können.[43]

Inwieweit hatten die in 1990/92 beauftragten Denkmalexperten die obigen Zusammenhänge berücksichtigt? – Sachverständige im Denkmalschutz sind traditionell Kunsthistoriker, die sich erforderliches Zusatzwissen bedarfsweise aneignen. Für den Fall des Ruhrkohlehauses misslang dieses Verfahren, was aus der inkonsistenten Abfolge von Denkmalbeschreibungen ersichtlich wird. Lediglich der Essener UDB-Referent Martin Bach erkannte annähernd die überragende Bedeutung der RWKS-Tradition: In seinem ersten Papier von 1985 hatte er sogar den Denkmalcharakter des Ruhrkohlehaus-Neubaus ignoriert und sich nur mit dem Syndikatsflügel beschäftigt: Dessen historische Bedeutung schätzte er im Übrigen wesentlich höher ein als die architektonische:

> *„Das Geschäftsgebäude-Fragment ist als Sitz des Rheinisch-Westfälischen Kohlensyndikats mit einem wirtschaftsgeschichtlichen Sachverhalt von überregionalen-Stellenwert verbunden. Letzteres wird durch die Behandlung des Kohlensyndikats in der einschlägigen Literatur […] deutlich. Das Kohlensyndikat wurde von 98 (!) Gewerkschaften 1893 gegründet und diente der zentralen Organisation des Kohlenabsatzes; insofern war es in der Entwicklungsgeschichte des Ruhrbergbaus von ganz entschiedenem Einfluß und markiert die Tendenz zur Konzentration im späten 19. Jh. – Die geschichtliche Bedeutung wird für eine mögliche Begründung der Denkmaleigenschaft ausschlaggebend sein und voraussichtlich die Anforderungen gem. § 2 DSchG erfüllen."*[44]

Bach betrachtete das RWKS, nichtvollzutreffend, als eine rein nationale Erscheinung. Tatsächlich war die internationale Reputation des Ruhrkohlensyndikats nach dem Zweiten Weltkrieg in Vergessenheit geraten und erst 2016 neu untersucht worden.[45] Diese Befunde lagen Anfang der 1990er Jahre für eine Beurteilung des Doppeldenkmals Ruhrkohlehaus und RWKS-Zentrale also noch nicht griffbereit vor, so dass Bachs Auffassung plausibel bleibt.

Mit Schreiben vom 22. August 1990 sandte Bach-UDB Essen 64 Blatt Material an den nun übernehmenden RhAD-Referenten Kitschenberg.[46] Des Weiteren faxte Bach am 19. Oktober eine „Geschichtliche Kurzdarstellung zum Gebäudekomplex".[47] Der Text wurde von Bach wie folgt beschrieben: „Wie mit

---

43   Holm Arno Leonhardt, Regionalwirtschaftliche Organisationskunst. Vorschlag zur Ergänzung des NRW-Antrags zum UNESCO-Welterbe, in: Forum Geschichtskultur Ruhr 2013. 2013, S. 41–42.

44   Bach, Schreiben (wie Anm. 14), S. 2 f.

45   Leonhardt, Regionalwirtschaftliche (wie Anm. 22), S. 43–46.

46   Martin Bach, Kurzmitteilung v. 22.8.1990 an Kitschenberg-RhAD mit umfangreichen Anlagen, in: Stadt Essen, Institut für Denkmalschutz, Aktenauszüge zum Denkmalschutzverfahren Ruhrkohlehaus 1985–1997.

47   Bach, Kurzmitteilung v. 19.10.1990.

[…] Ihnen besprochen, werden […] ein Teilabschnitt des Ostflügels (1905) des Rhein.-Westf. Kohlensyndikats (1893) […] in meine Bearbeitung einbezogen." Dieser zweite Denkmaltext der UDB bezog sich also auf das Ruhrkohlehaus insgesamt, mit Syndikatsflügel.

Kitschenberg-RhAD faxte am 30. Oktober 1990 eine „Stellungnahme des Rheinischen Amtes für Denkmalpflege zum Ruhrkohle-Haus in Essen hinsichtlich des Denkmalwertes" zurück an die UDB Essen. Diese nunmehr dritte Denkmalbeschreibung bezog sich ebenfalls auf das Gesamtgebäude, erwähnte das RWKS aber nur zur Lokalisierung des Standorts und limitierte den historischen Wert auf die Nachkriegszeit:

„Das Ruhrkohle-Haus ist bedeutend […] als […] Dokument der […] Wiederaufbauphase nach dem II. Weltkrieg […] Das Gebäude ist bedeutend für die Geschichte der Stadt Essen als […] Bestandteil der Stadtentwicklung nach der […] des Industrie-, Wirtschafts- und Verwaltungszentrums als Beleg des Wiederaufbauwillens […]. Für die Erhaltung […] des Ruhrkohle-Hauses liegen vor allem auch wirtschaftsgeschichtliche Gründe vor, die über das Gebiet der Stadt Essen hinausgreifen auf das gesamte Ruhrgebiet und darüber hinaus den bergbaulich bestimmten Wirtschaftssektor der damaligen Bundesrepublik."[48]

In obiger Darstellung war die rückwärtige Traditionslinie von der Nachkriegs-Kohleverwaltung zum RWKS-Syndikatskartell ausgelassen worden. Damit waren auch die Bezüge zur internationalen Wirtschafts- und Politischen Geschichte entfallen. Aus einer international wichtigen Organisation wurde eine Einrichtung mit besonderem Bezug zu Essen, dann erst zum Ruhrgebiet und schließlich für die Bundesrepublik. – Der historische Denkmalwert wurde somit nur teilweise herausgearbeitet und wichtigster Bestandteile beraubt.

Dieser Text wurde weitgehend wortgleich für die Stellungnahme des RhAD vom 10. Juli 1991 zur Benehmensherstellung verwendet.[49] Der darauffolgende Denkmalantrag vom 7. April 1992 (= vierte Denkmalbeschreibung) enthielt das ausgefertigte (dreiseitige) „Denkmalkarteiblatt" für das Ruhrkohlehaus. Geschützt waren nur noch der Nord- und der Westflügel, d. h. Teile des Nachkriegsbaus.[50] Der wesentlich ältere Ost- oder Syndikatsflügel hingegen war zusammen mit dem kurzen Mittelflügel abrissfähig. Dies war das Ergebnis eines Benehmensgesprächs

48 Matthias Kitschenberg, Schreiben v. 30.10.1990 an UDB Essen, in: Stadt Essen, Institut für Denkmalschutz, Aktenauszüge zum Denkmalschutzverfahren Ruhrkohlehaus 1985–1997, hier 5 f.

49 Kitschenberg, Schreiben v. 10.7.1991.

50 Matthias Kitschenberg, Schreiben v. 7.4.1992 an UDB Essen mit „Denkmalkarteiblatt", in: Stadt Essen, Institut für Denkmalschutz, Aktenauszüge zum Denkmalschutzverfahren Ruhrkohlehaus 1985–1997, hier S. 3–4.

vom 16. Dezember 1991.[51] Mit dem zweiten Denkmalantrag vom 4. Juni 1992
durch Landeskonservator Mainzer persönlich wurde eine fünfte Textversion erreicht.[52] Deren Einleitung bestätigte zunächst das gemachte Zugeständnis an die
Gegenseite, die Stadt und die RAG: „Der von Ihnen zur Begründung des nicht
vorhandenen Denkmalwertes der Gesamtanlage herangeführte sog. Ostflügel
(erbaut 1905) ist […] nicht mehr Gegenstand des Verfahrens", wodurch der
RWKS-Bauteil dem Abriss überlassen wurde.[53] Auch auf den Fortbestand des
Westflügels wurde nun verzichtet, indem das RhAD nur noch den „Antrag auf
Unterschutzstellung des Nordflügels des Ruhrkohlehauses" stellte.[54] Durch den
Verzicht auf das Gros der Gebäudesubstanz waren etliche Innenräume, die für
eine künftige wissenschaftliche Forschung wichtig sein konnten, der Vernichtung
anheimgestellt. Im Gegensatz zur gezeigten Abrissbereitschaft stand eine geradezu
preisende Würdigung des historischen Denkmalwerts des Ruhrkohlehauses:

> „So resultiert die außerordentliche stadt-, regional- und wirtschaftsgeschichtliche
> Bedeutung des Ruhrkohlehauses aus dem Gewicht des Steinkohlenbergbaus für das
> Ruhrkohlerevier und die besondere Stellung der Stadt Essen als Sitz der Zentralorga-
> nisation vor und nach dem II. Weltkrieg. Diese zentrale Stellung, vor der Jahrhundert-
> wende gegeben durch die Gründung des ‚Rheinisch-Westfälischen Kohlensyndikats'
> 1892 [richtig: 1893], konnte Essen auch in der unmittelbaren Nachkriegszeit […]
> bewahren. Das Ruhrkohlehaus ist der […] unverzichtbare Beleg dieser […] den ge-
> samten westdeutschen und Berliner Bereich umfassenden wirtschaftsgeschichtlichen
> Geschehenszusammenhänge […]."[55]

Diese Argumentation war in sich unlogisch: Wenn die RSWK-Tradition wichtig
war, warum wurde dann der Denkmalwert des Syndikatsflügels ignoriert?

Für alle fünf Denkmalbeschreibungen waren bei Weitem nicht alle verfüg-
baren Quellen zur Ermittlung des Denkmalwertes genutzt worden. Auf Seiten
des RhAD war man schnell in eine lokalpatriotische Rhetorik abgeglitten.
Kitschenberg pries der Stadt Essen das Denkmal Ruhrkohlehaus regelrecht an:
Der „Wiederaufbauwille" nach dem Krieg und die Darstellung Essens als *die*
Kohlezentrale des Ruhrgebiets sollten offenbar schmeicheln.[56] Sein Chef Mainzer
äußerte sich mit ähnlicher Tonlage, wobei er sich sogar auf das frühere Kohlen-

---

51 Udo Mainzer, Schreiben v. 4.6.1992 an Kurt Busch, OStD Essen. Bezug: Schreiben v.
    9.4.1992 vom OStD Essen, in: Stadt Essen, Institut für Denkmalschutz, Aktenauszüge zum
    Denkmalschutzverfahren Ruhrkohlehaus 1985–1997.
52 Ebd., S. 2.
53 Ebd.
54 Ebd., S. 4.
55 Ebd., S. 3.
56 Kitschenberg, Schreiben v. 10.7.1991, S. 3.

Abb. 56: Fresko mit Zementarbeitern und Zementhütten am Eingang der früheren Central-Verkaufsstelle der Schlesischen Portland-Cementfabriken in Oppeln (jetzt Polen)

Abb. 57: Gebäude des Syndikats der polnischen Eisenhütten von 1932 in Katovice

syndikat bezog. Dennoch bot er den Verzicht auf das historisch Wertvollste an, auf den ältesten Gebäudeteil und zugleich Überrest des berühmtesten Kartells der Welt. – Was die Denkmalargumente anging, zeigte sich gut fundiert Bach von der UDB Essen 1985 und 1990. Als einseitig, weil nur an der Nachkriegszeit und deren Architektur orientiert, erwies sich Kitschenberg 1990–92; und in sich widersprüchlich war Mainzer 1992. Fatal war wohl auch, dass von den Fachwissenschaften, der Politischen und Wirtschaftsgeschichte, die im Ruhrgebiet durchaus vertreten waren, keinerlei Interventionen kamen. Die Fachgelehrten interessierten sich offenkundig nicht für historisch wichtige Schauplätze, selbst wenn eigene spätere Studien davon betroffen sein konnten.

Zu Baustil und historischem Ausdruck des Ruhrkohlehauses gab es 1996, also nach den Denkmalbeschreibungen der Fachleute, eine abweichende Meinung. RAG-Redakteur Günter Streich 1996 bestritt für das Gebäude den angeblichen Nachkriegscharakter. „Es gehört in die Ära der Speer-Architektur",[57] also des nationalsozialistischen Bauens. Denn es wurden ja – kaum abgeändert – Baupläne von 1936 umgesetzt.– Man könnte Streich in diesem Punkt recht geben – allerdings mit gewissen Einschränkungen und Differenzierungen. Das Ruhrkohlehaus trug keine Kennzeichen einer ideologischen Festlegung, etwa auf Soldatentum oder Germanentum. Andere Gebäude aus der Zeit waren im Extrem mit Runen oder nordischen Recken verziert. Eine Abkehr vom ‚Neuen Bauen' vor 1933 ist allerdings erkennbar in der Verwendung eines Walmdachs anstelle des als ‚undeutsch' erachteten Flachdachs. Auch die Fensterrahmungen aus Stein und die hohen Fensterformate sind zeittypisch. Wegen der Kontinuität vieler architektonischer Gestaltungsweisen vom ‚Neuen Bauen' über die NS-Zeit und dann in die Nachkriegszeit ist Streichs Befund aber nicht allzu spektakulär.

Ein neuerer Forschungsansatz über Kartellgebäude zeigt einen weiteren Aspekt.[58] Große Syndikatsgebäude, die nach dem Ersten Weltkrieg in Europa neu gebaut wurden, tragen typischerweise Außenverzierungen, welche die Branche symbolisieren. Dazu zählen das Eisenhütten-Syndikat (Syndykat Polskich Hut Żelaznych) in Katowice (1926–32), das britische Steelhouse in London (1937) und die Central-Verkaufsstelle der Schlesischen Portland-Cementfabriken in Oppeln (heute Polen), die in den 1920er Jahren erbaut wurde. Das alte RWKS-Gebäude von 1893 und 1905 hatte solche Branchen-Symbole nur in einigen Innenräumen, während das Ruhrkohlehaus bzw. neue RSWK-Haus solchen bildhaften Schmuck auch an der Außenfassade trug bzw. getragen hätte.

---

57 Streich, Diamanten (wie Anm. 2), 1996, S. 49.
58 Kartellsitz (Denkmal), https://de.wikipedia.org/wiki/Kartellsitz_(Denkmal)#Deutschland (Zugriff 29.10.2021).

Abb. 58: Steelhouse von 1938 in London

Abb. 59: Walzstahlhaus in Düsseldorf von 1940

Was bedeuteten solche Hinweise auf den Wirtschaftszweig? Ein großes, eigens errichtetes Gebäude hieß: Wir sind gekommen, um zu bleiben … Und das Branchen-Symbol sagte: Für diesen Bereich sind wir zuständig … Gebäude dieses Typs drücken einen wirtschaftspatriarchalen, monopolkapitalistischen Anspruch aus. Ein solcher Auftritt setzte Rechtsicherheit und staatliche Förderung von Kartellen voraus. Beides war im hochregulierten Kapitalismus der Zwischenkriegszeit in einigen Ländern Europas gegeben.[59] Ein so selbstgewisser Auftritt wäre in heutiger Zeit kaum denkbar, da Kartelle weit kritischer gesehen werden. Selbst im Nationalsozialismus wäre ein so ausdrucksstarker Neubau wegen des Vormachtanspruchs von Politik und Staat fraglich gewesen.[60]

Ein vergleichbares Neu-Gebäude für ein Kartell im Dritten Reich ist dann auch nur in Gestalt des Walzstahlhauses in Düsseldorf (1938–40) nachweisbar. Dieses wies seinen Zweck durch eine großformatige Beschriftung und zwei Stahlwerker-Skulpturen auf seiner Fassade aus. Allerdings war dieses Gebäude auch Teil des Internationalen Stahlkartells (darin: Export-Kontor für Walzstahl) und insofern etwas Besonderes. Es stand nicht nur für die inländische Produktion, sondern auch für die deutsche Wirtschaftsgeltung nach außen. Ansonsten blieb im Dritten Reich die kostspielige Repräsentation durch Architektur regelmäßig der Politik vorbehalten. Neue Kartelle und Lenkungsorgane wurden typischerweise ohne besondere Hervorhebung in Zweckbauten oder Bestandsgebäuden untergebracht. Dies passte zur allgemeinen Kartellpolitik unter dem Hakenkreuz: In jener Zeit sollten die Kartelle kurzgehalten werden durch Abbau überhöhter Preise und Drosselung der vormaligen Überinvestition.[61]

Das Entscheidungsverfahren über den Schutz des Ruhrkohlehauses
Wie die Akten zeigen, war nicht nur die Abrissfraktion, sondern auch das Lager der Verteidiger des Ruhrkohlehauses in der Stadt Essen stark vertreten. Verborgen durch die institutionellen Hierarchien war der entschiedenste Gegenpol zu Oberstadtdirektor Busch nicht etwa das Denkmalpflegeamt in Brauweiler. Es war mit seiner fundierten Denkmalauffassung der eigene städtische Fachreferent Martin Bach, der aber durch seine untergeordnete Position und Loyalitätspflichten nicht in die Öffentlichkeit hineinwirken konnte. Von Unterschieden in der Denkmalauffassung abgesehen, arbeiteten die Denkmalschützer der UDB Essen und des RhAD auf der Referentenebene eng zusammen. Relevante Informationen wurden gefaxt, wie etwa Presseartikel, oder telefonisch mitgeteilt, so neue Sachstände. Die Mitarbeiterinnen und Mitarbeiter der UDB Essen bedauerten ebenso wie ihr RhAD-Kollege Kitschenberg den drohenden Abriss. Bis Frühjahr

59   Tony Allan Freyer, Antitrust and Global Capitalism, 1930–2004. Cambridge 2006, S. 60–101.
60   Timothy W. Mason, Nazism, fascism and the working class, hrsg. v. Jane Caplan. Cambridge 1995, S. 53–76.
61   Leonhardt, Kartelltheorie (wie Anm. 20), S. 215–217.

1992 war schließlich doch in die Öffentlichkeit durchgesickert, dass die Essener Denkmalbehörde in Gestalt ihrer Leiterin Beckers, also Bachs unmittelbarer Vorgesetzten, gegen den Abriss eingestellt war. Busch, darauf angesprochen, beschied bündig: „Das ist unerheblich. Die Entscheidung treffe ich."[62] Die Essener Behördenatmosphäre war dabei noch vergleichsweise liberal: „Es war und ist [...] in vielen Kommunen sehr üblich, dass Vorgesetzte ihre städtischen Denkmalpfleger anweisen, eine bestimmte Meinung zu vertreten oder bestimmte Infos an die Landesdenkmalämter zu unterlassen."[63]

Auf der Basis, dass das Ruhrkohlehaus kein anerkanntes Denkmal war, stellte die RAG 1995 den Antrag auf Abriss. Dieser wurde 1996 positiv von der Stadt Essen beschieden. Die Rechtslage war seit Mitte 1992 klar: Landeskurator Mainzer hatte die Einspruchsfrist zum gültigen ersten Denkmalantrag vom April 1992 verstreichen lassen. Die Stadt Essen hatte diesen umgehend abgelehnt, womit die Einspruchsfrist des RhAD bei der Obersten Denkmalbehörde lief.[64] Im Juni 1992 musste UDB-Leiterin Beckers gegen ihre Überzeugung den Bescheid an Brauweiler verfassen, durch den das Denkmalverfahren beendet war. Innerhalb der Frist hätte das RhAD die Möglichkeit gehabt, den Widerspruch der Stadt durch eine positive Ministeranrufung aufzuheben. Obwohl der Landeskurator von seinen eigenen Mitarbeitern vor rechtlichen Gefahren gewarnt worden war, hatte er, anstatt den Minister einzuschalten, im Juni 1992 einen zweiten (rechtsungültigen) Denkmalantrag vorgelegt. Über diese peinliche Sachlage blieb die Öffentlichkeit jedoch im Unklaren. In einem Zeitungsartikel vom 26. August 1992 tat Mainzer so, als hätte er unverändert noch die Möglichkeit, eine Ministererlaubnis zu beantragen.[65] Er werde dies aber „mangels Erfolgsaussichten" unterlassen. Er suggerierte damit, dass die Entscheidung gegen das Ruhrkohlehaus, unbeeinflussbar von ihm selbst, durch eine Allianz von Minister, Stadt und Investoren getroffen worden sei.

Die genauen Umstände des verunglückten Denkmalverfahrens zum Ruhrkohlehaus können wohl nicht vollständig geklärt werden. Wichtige Akteure sind inzwischen verstorben. Andere, die im Ruhestand befindlich noch leben, mochten nicht über die Aktenlage hinaus Stellung nehmen. Immerhin lassen die Akten des RhAD das Entsetzen erahnen, das den zuständigen Sachbearbeiter erfasste, als sein Chef keinen Plan B zum Szenario des verstrichenen Termins

62 Busch rechnet fest mit Abriß der Ruhrkohle. Eintragung in die Denkmalliste abgelehnt, in: WAZ v. 4.4.1992.

63 Hans H. Hanke, E-Mail v. 19.6.2016 zu „Umstände des Denkmalschutzverfahrens für das Ruhrkohlehaus" 2016.

64 Petra Beckers, Schreiben v. 6.7.1992 an RhAD: Das Recht der Ministeranrufung sei verfallen, in: Rheinisches Amt für Denkmalpflege, Auszüge aus Akte Essen-Ruhrkohlehaus 1991–1992 (Akte 29.000).

65 Ruhrkohlehaus: Abriß scheint jetzt besiegelt. Landeskonservator verzichtet auf Minister-Anrufung, in: Neue Ruhr Zeitung v. 26.8.1992.

vorweisen konnte. Ein handschriftliches Blatt mit auffallend groß geschriebenen Eintragungen von zuerst Kitschenberg und dann Mainzer gibt darüber Zeugnis:[66]

> *"Wie ich erfahren habe, hat die Stadt Essen […] zunächst ihr Rechtsamt mit der rechtlichen Prüfung des Schreibens beauftragt, gleichzeitig aber sich auch noch fernmündlich im MSV [= Ministerium, beim zuständigen Sachbearbeiter] […] abgesichert.*
> *Fazit: Keine neuen Erkenntnisse = nicht als neuer Antrag bzw. neues Verfahren zu werten = Frist abgelaufen!*
> *Was tun? Ki 14/7/92"*
> *"NICHTS! aber das hatten wir doch schon längst besprochen! 22.7.92 zurück an Ki__ "*
> *"22.7.92 R u. MZ. Nichts weiter unternehmen Ki 23/7/92"*

Das soziale Umfeld der Entscheidung: Presse, Interessenten und Bevölkerung

Für die Presse war das Schicksal des Ruhrkohlehauses nur im Sommerhalbjahr 1992 ein Thema. Erst 1997 wurde es mit dem bevorstehenden oder auch vollzogenen Abriss dann noch einmal aufgenommen. Deutschlandweite Zeitungen ignorierten den Fall ganz. Nur die Regionalzeitungen Westdeutsche Allgemeine Zeitung (WAZ) und vor allem Neue Ruhr Zeitung (NRZ) waren beteiligt. Dies taten sie mit wechselndem Engagement, mal mit Sympathien für die Modernisierungs- und Abriss-Argumente der Stadtregierung, mal aufgeschlossen für die Gesichtspunkte der Erhaltung und des Denkmalschutzes. Die Haltung der Bevölkerung soll sehr gemischt gewesen sein.[67] Immerhin hatten sich viele Experten mit der Neugestaltung des Essener Südviertels beschäftigt, was den Änderungswünschen eine gewisse Legitimität verlieh. 1991 hatte es einen „Städtebaulichen Ideenwettbewerb zur städtebaulichen Neuordnung" des Südviertels gegeben. Die Stadt Essen und die beiden Investoren RAG und RWE kommunizierten das Projekt der Umgestaltung eines ganzen Stadtteils wie eine Verheißung. Ein WAZ-Artikel sprach von einem „städtebaulichen Glanzpunkt", der die „Innenstadt aufwerten" werde.[68] „Auf fünf Hektar entstehen 130.000 Quadratmeter Geschoßfläche. […] Rund eine halbe Milliarde Mark investieren RWE und RAG in dieses Projekt." Der Denkmalantrag des RhAD wurde demgegenüber als unsinnig und verantwortungslos dargestellt. Die Bedenkenträger in Sachen Ruhrkohlehaus würden ein viel besseres Projekt blockieren, was nicht hingenommen werden könne. Insoweit die Pro-Bau-Fraktion mit der Stadtent-

---

66 Handschriftliches Kommentarblatt zu Schreiben v. 6.7.1992 Petra Beckers (UDB Essen) an RhAD, in: Rheinisches Amt für Denkmalpflege, Auszüge aus Akte Essen-Ruhrkohlehaus 1991–1992 (Akte 29.000).

67 Deutsches Architekturforum, https://www.deutsches-architekturforum.de/cms/search-result/52235/?highlight=Ruhrkohlehaus (Zugriff 29.10.2021).

68 WAZ, Busch (wie Anm. 61).

wicklung eine Sicherung des Wohlstands versprach, standen materielle Aspekte gegen weniger fassbare immaterielle Werte.

Am unmittelbarsten betroffen vom geplanten Abriss waren die Beschäftigten der RAG im Ruhrkohlehaus. Ihre Arbeitsplätze verlagerten sich aber nur räumlich. Von dieser Seite her kam deshalb kein Widerstand, nur ein gefasstes nostalgisches Bedauern, das das Buch von Günter Streich zum Abriss zwischen den Zeilen ausdrückte.[69] Insofern schieden die Beschäftigten und größere Teile der Essener Bevölkerung als kritisches Potenzial aus. Tatsächlich kamen Proteste oder Widerstände gegen den Abriss des Ruhrkohlehauses nur aus Kreisen der Kunsthistoriker und Denkmalschützer. Alle waren Staatsbedienstete: die ersteren an Hochschulen, die letzteren in Behörden. Der prominenteste Kritiker war Joachim Petsch, Professor am Institut für Kunstgeschichte der Ruhr-Universität Bochum. Von dessen Kollegen vom Lehrstuhl für Wirtschafts- und Unternehmensgeschichte unter Professor Dietmar Petzina ist keine Reaktion belegbar. Als Instanz für den Denkmalschutz von Wirtschaftsgebäuden wären gerade jene Fachhistoriker prädestiniert gewesen. Offenbar wurden sie weder konsultiert noch nahmen sie aus eigenem Antrieb Stellung.

Pikanterweise war Professor Petsch im Frühjahr 1991 vom Bauamt der Stadt Essen beauftragt worden, „den Bestand an Baudenkmälern aus den Fünfziger Jahren […] zu erfassen."[70] Es musste klar sein, dass dieser Experte zu einer anderen Auffassung gelangen konnte als der Oberstadtdirektor. Als Petsch am 21. November 1991 den „Zwischenstand des Denkmalberichts" mit einer Liste zur „vorläufigen Unterschutzstellung" übersandte, war darin auch das Gebäude der „Gemeinschaftsorganisation Ruhrkohle GmbH/RAG" enthalten. Nachdem sich die Neue Ruhrzeitung vom 7. April 1992 von diesem Faktum informiert gezeigt hatte, erhielt Petsch umgehend Post. In einem persönlichen Anschreiben fing er sich eine „grobe (!) Kritik der Stadt Essen ein […], in dem Sinn, als Gutachter habe er sich zurückzuhalten".[71]

Ein Nachspiel fand das Verfahren Ruhrkohlehaus noch durch eine höchstinstanzliche Beschwerde von Professor Petsch. Dieser wandte sich am 10. Februar 1993 an Städtebau-Minister Franz-Josef Kniola:[72]

---

69   Am klarsten vielleicht: Streich, Diamanten (wie Anm. 2), 1996, S. 75.
70   Joachim Petsch, Schreiben v. 21.11.1991 an Baudirektor Vetter (Hochbauamt Essen). Gutachten „Denkmallandschaft der Fünfziger Jahre", in: Stadt Essen, Institut für Denkmalschutz, Aktenauszüge zum Denkmalschutzverfahren Ruhrkohlehaus 1985–1997.
71   Hanke, E-Mail (wie Anm. 62).
72   Joachim Petsch, Schreiben v. 10.2.1993 an Minister für Stadtentwicklung und Verkehr des Landes Nordrhein-Westfalen Franz-Josef Kniola, in: Stadt Essen, Institut für Denkmalschutz, Aktenauszüge zum Denkmalschutzverfahren Ruhrkohlehaus 1985–1997.

„[…] im Frühjahr 1991 erhielt ich von der Stadt Essen den Auftrag, den Bestand an Baudenkmälern aus den Fünfziger Jahren in Essen zu erfassen. […] Zu meinem großen Erstaunen erfuhr ich im August 1992 aus der Zeitung, daß […] im Einvernehmen mit dem zuständigen Städtebauminister eine Abrißgenehmigung für das ‚Ruhrkohlehaus' in Essen erteilt worden sei. […] Ich möchte mein Befremden darüber ausdrücken, daß ich als für die Stadt Essen tätiger Gutachter über die Abrißpläne nicht informiert worden bin. […] Da es sich beim ‚Ruhrkohlehaus' aus architektonischen, städtebaulichen und historischen Gründen um ein bedeutendes Baudenkmal der Fünfziger Jahre handelt, habe ich es […] in meinem Gutachten als Baudenkmal ausgewiesen. Ein Abriß dieses Gebäudes wäre unverantwortlich und würde […] eine Mißachtung meiner Gutachtertätigkeit darstellen. Die Abrißpläne des ‚Ruhrkohlehauses' stoßen bei allen mit dem Ruhrgebiet befaßten Hochschullehrern unserer Universität auf großes Unverständnis."

Durch Missverstehen der rechtlichen Situation war Petschs Intervention wenig ertragreich. Das „große Unverständnis" seiner Professoren-Kollegen war wohl auf die Kunsthistoriker begrenzt. – Der Städtebauminister antwortete am 3. März 1993 wenig informativ und ohne den Verfahrensstand wirklich aufzuklären: Es sei „keine Abrißgenehmigung erteilt worden" und es gäbe „keine Veranlassung, Entscheidungen nach dem Denkmalschutzgesetz zu treffen".[73]

Zur Interpretation des gescheiterten Denkmalverfahrens

Die Behördenspitzen von Stadt, Ministerium und RhAD verhielten sich bis zuletzt diskret über den genauen Hergang des Denkmalverfahrens. Das Fristversäumnis Mainzers wurde kaum publik; die Öffentlichkeit erhielt keine wirkliche Transparenz. Zwar hatte die WAZ am 17. Juni 1992 richtig vermeldet, dass „das Ruhrkohlehaus nicht unter Denkmalschutz gerät".[74] Aber dieses Faktum war gleichzeitig wieder verdunkelt worden durch die Information, dass der Landeskonservator mit der RAG noch in engen Verhandlungen über den Schutz des Nordflügels stehe. Die Neue Ruhr-Zeitung vom 18. Juni 1992 kolportierte sogar in Reinform die Schimäre eines gültigen zweiten Antrags, der eine erneute Frist ausgelöst habe.[75] Spätestens als Mainzer im August 1992 den Selbstverzicht in der Sache erklärte, weil ein Einspruch ja „aussichtslos" sei, dürfte unter sachkundigen Beobachtern Verwunderung aufgekommen sein. Tatsächlich waren

---

73 Franz-Josef Kniola, Antwortschreiben v. 3.3.1993 an Joachim Petsch, in: Stadt Essen, Institut für Denkmalschutz, Aktenauszüge zum Denkmalschutzverfahren Ruhrkohlehaus 1985–1997.

74 Ruhrkohlehaus gerät nicht unter Denkmalschutz, in: WAZ v. 17.6.1992.

75 Ruhrkohlehaus: Denkmalschutz will Kompromiß – Landeskonservator wäre mit Teil-Erhalt zufrieden, in: Neue Ruhr Zeitung v. 18.6.1992.

ja durchaus einige Einspruchsfälle zugunsten des Denkmalschutzes entschieden worden.[76] Unter den Denkmal-Befürwortern kam in der Folge die Vermutung eines diskreten Zusammenspiels auf:[77] Die drei Chefs Busch, Kniola und Mainzer hätten sich so gut verstanden, dass sie einvernehmlich das Ruhrkohlehaus der Modernisierung Essens geopfert hätten. Die Akten und sonstigen Hintergrundinformationen geben eine solche Annahme aber nicht wirklich her. Mindestens genauso plausibel wäre ein simples menschliches Versagen beim Einlegen von Rechtsmitteln, gefolgt von einer behördensolidarischen Verschwiegenheit, um die Peinlichkeit des Lapsus zu verhüllen. Dass der Fehler eines Einzelnen eine so weit reichende Auswirkung haben konnte, dürfte auf einen Konstruktionsmangel im nordrhein-westfälischen Denkmalschutzgesetz hinweisen.[78]

Was bleibt für die Erinnerungskultur?
Das Ruhrkohlehaus ist unwiderruflich dahin, nur einige Versatzstücke haben es in Museen oder andere Schutzorte geschafft.[79] Wenn das Denkmal nicht mehr für sich selbst sprechen kann, bleiben nur die dokumentarischen Quellen. Hier ist zuallererst das Buch „Die Börse der schwarzen Diamanten: Ruhrkohle in Essen" von 1996 zu nennen. Auf der Basis des bevorstehenden Abrisses hatte RAG-Journalist Günter Streich das Haus und seine Geschichte sachkundig und mit vielen Abbildungen dargestellt. Besonders wertvoll erscheint die Beschreibung des sozialen Lebens. Diese kann bei Zeitgenossen nostalgische Erinnerungen auslösen, für die Kultur- und Sozialgeschichte ist sie Forschungsmaterial. Das Zustandekommen des Buches wurde seinerzeit großzügig von der RAG unterstützt und es wurde vielfach verschenkt.[80] Es hatte tatsächlich die Funktion eines Trostpflasters für die Betroffenen: Wir reißen zwar euer Gebäude ab, geben euch dafür aber dieses schöne Buch für eure Erinnerungen. Nicht so opulent, aber ebenfalls informativ über das soziale Leben im Ruhrkohlehaus war die Betriebszeitschrift „Das Ruhrkohle-Haus", die 1956–1962 von der Gemeinschaftsorganisation Ruhrkohle GmbH herausgegeben wurde.

---

76 Thomas Schürmann (MHKBG/NRW), E-Mail v. 8.4.2020 zu „Denkmalschutz: Ruhrkohlehaus und Ministeranrufungsverfahren generell", Düsseldorf.
77 So Äußerungen von Beteiligten im persönlichen Gespräch mit dem Autor.
78 Holm Arno Leonhardt, Das Ruhrkohlehaus und sein Abriss 1997 – zur Analyse eines Denkmalverfahrens, S. 10 f., unter: https://www.uni-hildesheim.de/media/fb1/geschichte/mitglieder/Leonhardt_Ruhrkohlehaus_Denkmalverfahren_1992_Abriss_1997_Stand_20220102.pdf (Zugriff 25.1.2023).
79 Günter Streich, E-Mail v. 20.5.2013 zu Ruhrkohlehaus-Denkmalschutz.
80 Günter Streich, E-Mail v. 18.5.2016 zu seinem Buch „Börse der schwarzen Diamanten".

Wenn ein wichtiges Denkmal abgerissen wird, steht üblicherweise an dieser Stelle bald eine Gedenktafel. Beim Ruhrkohlehaus ist dies nicht so. Dabei wäre selbst für Eingeweihte eine erklärende Gedenktafel nützlich, weil nicht nur abgerissen wurde, sondern auch die Straßenzüge geändert wurden. Der Vorschlag einer Gedenktafel liegt seit geraumer Zeit vor.[81]

81 E-Mails an und von UDB Essen zum Gedenkort Ruhrkohlehaus v. November 2014; Evonik-Pressestelle, Telefonat v. Mai 2018 über das Projekt Gedenktafel Ruhrkohlehaus.

HANS LUTHER UND DER BEGINN DES PASSIVEN WIDERSTANDS IN ESSEN WÄHREND DER RUHRBESETZUNG IM JANUAR 1923

INGO WUTTKE

Die Besetzung des Ruhrgebiets durch französische und belgische Truppen, die als „Nachspiel" des verlorenen Ersten Weltkriegs begriffen werden kann, jährte sich im Januar 2023 zum hundertsten Mal. Die Ruhrbesetzung markierte den Beginn eines turbulenten Krisenjahres in Deutschland, das von der völligen Zerrüttung der Staatsfinanzen während der Hyperinflation, Streiks und sozialen Protesten geprägt war und mit dem „Hitler-Putsch" im November 1923 endete.[1] Anlass genug, sich an den Beginn der Ereignisse in Essen zu erinnern, in deren Mittelpunkt der Essener Oberbürgermeister Hans Luther (1879–1962) stand, der zu diesem Zeitpunkt bereits ein Ministeramt in Berlin bekleidete. Als Reichsfinanzminister war Luther später in führender Funktion für die Konsolidierung der Währung in der Inflationszeit und die Einführung der Rentenmark verantwortlich; er sorgte dabei maßgeblich für die Etablierung der Reichsmark als stabile und weithin akzeptierte Währung. Von Anfang 1925 bis Mai 1926 war Hans Luther in zwei Kabinetten als Reichskanzler tätig; der ausgewiesene Finanzfachmann war von 1930 bis 1933 Reichsbankpräsident und anschließend, bis 1937, deutscher Botschafter in den USA.[2]

Weil das Deutsche Reich aus Sicht der alliierten Reparationskommission mit Sachlieferungen in Form von Holz und Kohle in Verzug geraten war, entschloss sich die französische Regierung unter dem Ministerpräsidenten und Außenminister Raymond Poincaré im Januar 1923 zur Besetzung des Ruhrgebiets. Mit dieser Politik der „produktiven Pfänder" sollte die fällige Reparationsschuld Deutschlands aufgrund der Bestimmungen des Versailler Vertrags eingetrieben werden. Auf französischer Seite sah man sich hierzu aufgrund der gewaltigen Zerstörungen infolge der Kampfhandlungen im Nordosten des Landes während des Ersten Weltkriegs sowohl juristisch als auch moralisch legitimiert. Mit der Besetzung des rheinisch-westfälischen Industriebezirks sollte überdies der Zugriff auf die dringend benötigte Kokskohle des Ruhrgebiets für die französische Stahlindustrie in Elsaß-Lothringen sichergestellt und darüber hinaus den Sicherheitsinteressen Frankreichs gegenüber dem aggressiven Nachbarn im Osten Rechnung getragen werden. Bereits zwei Jahre vor Beginn der Ruhrbesetzung waren die Franzosen aufgrund von verzögerten Reparationslieferungen in die entmilitarisierte Zone des Rheinlands eingerückt und hatten dort insbesondere die

---

[1] Vgl. Christian Bommarius, Im Rausch des Aufruhrs. Deutschland 1923. München 2022.

[2] Lebenslauf von Oberbürgermeister Dr. jur. Dr. med. h.c. Dr. Hans Luther, in: EB 73, 1958, S. 4.

Abb. 60: „Dr. Hans Luther, Reichskanzler u. ehem. Oberbürgermeister von Essen", 1925/26

strategisch wichtigen Städte Duisburg und Düsseldorf besetzt. Die Einnahme dieser Brückenköpfe diente nun als Ausgangspunkt für die militärische Besetzung des Ruhrgebiets, die am 11. Januar 1923 begann und sich bis zum 16. Januar in westöstlicher Richtung erstreckte.[3]

Wie bereits erwähnt, amtierte als Essener Oberbürgermeister während der Ruhrbesetzung der promovierte Jurist Hans Luther, der 1879 in Berlin geboren wurde. Luther hatte die Verwaltungslaufbahn eingeschlagen und war nach einer Beschäftigung als Stadtrat in Magdeburg von 1913 bis 1918 für den Deutschen Städtetag als dessen Hauptgeschäftsführer tätig;[4] da Luther als „nicht felddienstfähig"[5] galt, blieb ihm der Kriegsdienst an der Front erspart. Am 3. Mai 1918 wurde Luther von den Stadtverordneten der Stadt Essen zum Oberbürgermeister gewählt. In der Folgezeit war der Kommunalpolitiker vor allem damit beschäftigt, die Stadtverwaltung aus der monarchischen Zeit des Kaiserreichs in die turbulente Phase der Räterevolution und des darauffolgenden staatlichen Neubeginns der Republik mitsamt ihrer neuen Sozial- und Kulturpolitik zu überführen sowie die Verwerfungen und Probleme infolge des verlorenen Weltkriegs auf kommunaler

3   Zur Ruhrbesetzung vgl. Gerd Krumeich/ Joachim Schröder (Hrsg.), Der Schatten des Weltkriegs. Die Ruhrbesetzung 1923. Essen 2004 (= Düsseldorfer Schriften zur Neueren Landesgeschichte und zur Geschichte Nordrhein-Westfalens, Bd. 69); Klaus Schwabe (Hrsg.), Die Ruhrkrise 1923. Wendepunkt der internationalen Beziehungen nach dem Ersten Weltkrieg. Paderborn 1984; Karl-Peter Ellerbrock (Hrsg.), Erster Weltkrieg, Bürgerkrieg und Ruhrbesetzung. Dortmund 2010 (= Kleine Schriften, Bd. 33, hrsg. v. der Gesellschaft für Westfälische Wirtschaftsgeschichte e.V.); Hans Mommsen, Aufstieg und Untergang der Republik von Weimar 1918–1933. Berlin 2016, S. 169–191; Heinrich August Winkler, Geschichte des Westens. Die Zeit der Weltkriege 1914–1945. München 2011, S. 303–321.

4   Vgl. Hans Luther, Im Dienst des Städtetages. Erinnerungen aus den Jahren 1913 bis 1923. Stuttgart 1959 (= Schriftenreihe des Vereins zur Pflege Kommunalwissenschaftlicher Aufgaben Berlin e. V., Bd. 4), S. 13 ff. Zur Biographie Luthers vgl. Karl Erich Born, Hans Luther, in: Neue deutsche Biographie 15, 1987, S. 544–547 sowie „Luther, Hans" in Munzinger Online/Personen – Internationales Biographisches Archiv, URL: http://www.munzinger. de/document/00000002137 (Zugriff 30.4.2022).

5   Hans Luther, Politiker ohne Partei. Erinnerungen. Stuttgart 1960, S. 60.

Abb. 61: Gruppenfoto auf dem Messegelände: Direktor des Siedlungsverbandes Ruhrkoh-lenbezirk Robert Schmidt (links), Geschäftsführer des Verkehrsvereins Harry Johr, Ober-bürgermeister Hans Luther (vordere Reihe, zweiter v. l.), Professor Reißner, Bürgermeister Heinrich Schäfer, Essen 1922

Ebene zu managen.[6] Insofern war Oberbürgermeister Luther, der in seinen späteren Ämtern als Reichskanzler, Minister und Reichsbankpräsident zweifelsohne über mehr politische Macht verfügte, in seiner Essener Zeit als Oberhaupt der Stadtverwaltung in vielerlei Hinsicht besonders gefordert.[7]

Trotz aller Schwierigkeiten und Herausforderungen, die das Amt des Oberbürgermeisters während der Umbruchsphase der Republikwerdung mit sich brachte, reizte Luther die Tätigkeit in der „Krupp-Stadt" nicht zuletzt deshalb, weil er hier die Möglichkeit erhielt, „das Ganze seines Arbeitsgebietes bis in alle Verzweigungen zu überschauen."[8] Laut eigener Aussage lehnte Luther

6   Vgl. ebd., S. 64 f.
7   Vgl. Karl Georg Zinn, Hans Luther, in: Wilhelm von Sternburg (Hrsg.), Die deutschen Kanzler. Von Bismarck bis Merkel. Berlin 2006, S. 397–417, hier S. 401.
8   Luther, Politiker ohne Partei (wie Anm. 5), S. 67.

während seiner Amtszeit in Essen mehrere Rufe nach Berlin ab, was zu seinem großen Ansehen innerhalb der einheimischen Bürgerschaft beitrug. So wurde ihm nicht nur der Posten des Oberbürgermeisters seiner Geburtsstadt Berlin angetragen, sondern auch ein Ministerposten innerhalb der Reichsregierung sowie der preußischen Landesregierung. Luther blieb zunächst in Essen, da er sich in der Ruhrmetropole nicht nur eine ausgeprägte Eigenständigkeit und Machtfülle erarbeitet hatte, sondern auch über größere Einfluss- und Gestaltungsmöglichkeiten als in der Reichshauptstadt verfügte und überdies nicht in eine Kabinettsdisziplin eingebunden war. Zudem lebte der Politiker, in dessen Amtszeit die Gründung der Volkshochschule sowie die Übernahme des in Hagen gegründeten Folkwang-Museums fielen, gerne in Essen und fühlte sich der sich schnell wandelnden Wachstumsregion mit ihrer dynamischen Schwerindustrie sehr verbunden.[9]

Während der Weimarer Republik stellten die Oberbürgermeister der Großstädte ein vielversprechendes Führungsreservoir der zukünftigen Staatselite dar, die sich auf kommunaler Ebene für höhere Aufgaben im Reich zu empfehlen wusste. Zahlreiche Oberbürgermeister nutzen das Sprungbrett des Stadtoberhaupts für den nächsten Karriereschritt: So war der langjährige Reichswehrminister Otto Geßler zunächst als Oberbürgermeister von Nürnberg tätig; der Reichsinnenminister und Kandidat bei der Reichspräsidentenwahl 1925, Karl Jarres, amtierte beinahe 20 Jahre lang als Oberbürgermeister von Duisburg. Und auch Hermann Dietrich, bis 1919 Oberbürgermeister der Stadt Konstanz am Bodensee, bekleidete mehrere Ministerämter und war zuletzt Reichsfinanzminister unter Kanzler Heinrich Brüning. Die bekanntesten Beispiele dieser Reihe waren indes Konrad Adenauer und Robert Lehr, die – in der NS-Zeit aus ihren Ämtern gedrängt – nach 1949 ihre in der Kommunalpolitik in Köln bzw. Düsseldorf begonnenen Karrieren als Bundeskanzler und Bundesinnenminister krönten.[10] So war es nicht verwunderlich, dass auch der parteilose Hans Luther dem beharrlichen Werben der Berliner Politik am Ende nachgab und im Dezember 1922 als Reichsminister für Ernährung und Landwirtschaft in das Kabinett von Reichskanzler Wilhelm Cuno eintrat. Reichspräsident Ebert hatte sich von der Berufung des in der Wirtschaft gut vernetzten Cuno, der zuvor als Nachfolger Albert Ballins Direktor der HAPAG-Reederei gewesen war, eine

---

9   Ebd., S. 66 f. sowie vgl. Hans Luther, Zusammenbruch und Jahre nach dem ersten Krieg. Erinnerungen des Oberbürgermeisters Dr. jur. Dr. med. h. c. Hans Luther, in: EB 73, 1958, S. 4–130, hier S. 117 f.
10 Vgl. Hans Luther, Im Dienst des Städtetages (wie Anm. 4), S. 65. Die Liste ließe sich für Essen noch um Luthers Nachfolger im Amt des Oberbürgermeisters, Franz Bracht, ergänzen, der im Jahr 1932 unter Kanzler Papen zunächst Reichskommissar für Preußen und im Kabinett Kurt von Schleichers Reichsinnenminister wurde.

Lösung der Wirtschafts- und Finanzkrise sowie eine Überwindung der reparationspolitischen Schwierigkeiten erhofft.[11]

In Essen trat nach Luthers Ernennung zum Minister die Stadtverordnetenversammlung zu einer Sondersitzung zusammen, in der der Politiker die formale Beurlaubung vom Posten des Oberbürgermeisters für zunächst vier Monate beantragte. Bis dahin gedachte Luther, sein vorrangiges politisches Ziel im neuen Amt, die Aufhebung der öffentlichen Getreidebewirtschaftung, durchgesetzt zu haben und plante, anschließend ins Essener Rathaus zurückzukehren. Die Essener Ratsherren bedauerten zwar Luthers Weggang nach Berlin, genehmigten aber seine Beurlaubung; Hans Luther blieb indes formal Oberbürgermeister seiner Stadt.[12] Nachdem sich die Besetzung des Ruhrgebiets durch französische und belgische Truppen zu Anfang des Jahres 1923 abzeichnete, reiste Reichsminister Luther wenige Tage vor dem Einmarsch mit dem Zug von Berlin nach Essen; zuvor hatte er bei Cuno um seine Entlassung gebeten und sich vom Kanzler eine von Reichspräsident Ebert unterzeichnete Entlassungsurkunde aushändigen lassen, in der lediglich das Datum seiner Demission fehlte. Für den Fall, dass ihn die Franzosen verhaften sollten, wollte Luther durch das Eintragen des Tagesdatums seine Entlassung vom Ministerposten wirksam machen, so dass den Besatzern kein amtierender Reichsminister in die Hände fallen würde. Über die Rückkehr in seine Wahlheimat im Angesicht der Ruhrkrise schrieb Luther rückblickend: „Ich hielt es für unmöglich, bei der für die Stadt Essen bevorstehenden schweren Prüfung nicht in Essen zu sein, da ich ja noch immer Oberbürgermeister war, wenn auch beurlaubt."[13]

Am Abend vor der sich abzeichnenden Besetzung Essens fand im großen Saal des städtischen Saalbaus eine patriotische Kundgebung statt, bei der Luther, „den die Not seiner Heimatstadt in ihre Mauern zurückführte",[14] wie die „Essener Allgemeine Zeitung" mit patriotischem Pathos berichtete, von den anwesenden Bürgern mit großem Beifall begrüßt wurde. Anschließend erfolgte eine „machtvolle Protestkundgebung der Essener Bürgerschaft"[15] gegen die bevorstehende Besetzung Essens, bei der u. a. der bekannte Zentrumspolitiker Johannes Bell eine flammende Rede hielt. Gegen Ende der Veranstaltung verlas der Vorsitzende der Deutschen Demokratischen Partei (DDP) in Essen, Dr. Keller, eine einstimmig angenommene Entschließung, in der „lauter Einspruch"[16] gegen „Rechtsbruch und Gewaltpolitik"[17] der Franzosen und die Besetzung der Re-

---

11 Vgl. Luther, Zusammenbruch und Jahre nach dem ersten Krieg (wie Anm. 9), S. 118.
12 Ebd., S. 119 f.
13 Ebd., S. 121.
14 Essener Allgemeine Zeitung, Nr. 9 v. 11.1.1923, S. 2.
15 Ebd. So auch der gleichlautende Artikel in der Essener Allgemeinen Zeitung.
16 Ebd.
17 Ebd.

vierstadt erhoben wurde. Die Bevölkerung wurde aufgefordert, beim Einmarsch der Truppen den Straßen fernzubleiben und die Läden und Vergnügungsstätten zu schließen. Schließlich wurde auch Luther vom Auditorium des Saalbaus zum Reden aufgefordert. In seiner kurzen Ansprache hob der Oberbürgermeister mit patriotischen Worten hervor, dass angesichts der nun bevorstehenden schweren Tage „erst das Vaterland und nochmals das Vaterland komme"[18], und beschloss seine Rede mit einem dreifachen „Glückauf" auf Essen und das Rheinland.[19]

Vom Saalbau ging Luther in das Hotel Kaiserhof, wo bereits zahlreiche ausländische Journalisten auf ihn warteten, um an einem Pressegespräch mit dem Minister teilzunehmen. Kurz darauf bat der Hoteldirektor Luther um Hilfe, da sich vor dem Hotel eine größere Menschenmenge versammelt hatte, die trotz anwesender Polizisten in das Gebäude drängte. Offenbar hatte sich das Gerücht verbreitet, es seien bereits französische Militärs im Hotel Kaiserhof abgestiegen, was die Menschenmenge zu nationalistischem Protest herausgefordert hatte. Luther richtete daraufhin einige „warme vaterländische Worte"[20] an die versammelten Menschen und sorgte dafür, dass sich die Versammlung alsbald friedlich auflöste.[21] Einen Tag zuvor hatte im Hotel Kaiserhof eine Generalversammlung des Rheinisch-Westfälischen Kohlen-Syndikats (RWKS) stattgefunden, bei der das Gremium beschlossen hatte, den Sitz der Gesellschaft umgehend von Essen nach Hamburg zu verlagern. Zwei Tage später, am 11. Januar 1923, erreichten französische Truppen das Stadtgebiet in den Morgenstunden. Bei dem sofortigen Versuch, das RWKS mitsamt allen wichtigen Daten zur Kohlenförderung im Revier zu übernehmen, fanden die Besatzer allerdings nur noch verlassene Räumlichkeiten vor; dieser Umstand stellte die Franzosen in der Folgezeit vor große Schwierigkeiten, weil sie sich die benötigten Unterlagen nun mühselig bei den einzelnen Zechengesellschaften besorgen mussten.[22]

Innerhalb kürzester Zeit hatte sich die französische Armee mit rund 6.000 Mann, bestehend aus Infanterie, Kavallerie, Panzern, Fahrradverbänden sowie Maschinengewehr-Einheiten, über das gesamte Stadtgebiet verteilt und an neuralgischen Punkten MG-Posten in Stellung gebracht. Des Weiteren hatte das Militär den Hauptbahnhof und das Telegraphenamt besetzt; kurze Zeit später rief General Jean-Marie Degoutte, Oberbefehlshaber der französischen Rheinarmee, auf Plakaten den Belagerungszustand über das gesamte von fran-

---

18　Ebd.
19　Ebd.
20　Ebd.
21　Vgl. Luther, Zusammenbruch und Jahre nach dem ersten Krieg (wie Anm. 9), S. 122.
22　General-Anzeiger für Dortmund und die Provinz Westfalen, Nr. 11 v. 12.1.1923, S. 1 sowie vgl. Michael Wildt, Zerborstene Zeit. Deutsche Geschichte 1918 bis 1945. München 2022, S. 118.

Abb. 62: „Einmarsch der Franzosen 1923 in Essen", im Hintergrund Girardet-Druckerei

zösischen und belgischen Truppen besetzte Gebiet aus, um Ruhe und Ordnung im Revier aufrechtzuerhalten.[23]

Laut einer Note von Poincaré an den deutschen Botschafter handelte es sich bei der Besetzung des Ruhrgebiets lediglich um die Entsendung einer Mission aus Ingenieuren und Beamten, die darüber wachen sollten, dass Deutschland seine aus dem Vertrag von Versailles resultierenden Verpflichtungen erfülle. „Keine Störung, keine Veränderung im normalen Leben der Bevölkerung wird also erfolgen",[24] hieß es abwiegelnd von offizieller französischer Seite. Vertreter der deutschen Behörden und der Industrie wurden in diesem Sinn dazu aufgerufen, zu kooperieren und mit der französischen Kontrollkommission zusammenzuarbeiten. Diesen Gefallen taten Fritz Thyssen und andere Industrielle den Besatzern freilich nicht. Sie weigerten sich, der Forderung nach höheren Mengen Reparationskohle nachzukommen, und wurden daraufhin am 20. Januar in Essen-Bredeney von französischen Behördenvertretern verhaftet. Der anschließende Prozess gegen Fritz Thyssen und andere Unternehmer in Mainz sorgte dafür, dass aus dem Industriellen, der bis dahin im Schatten seines übermächtigen Vaters August Thyssen gestanden hatte, eine Symbolfigur des nationalen Protests gegen die als willkürlich empfundene Besetzung des Ruhrgebiets wurde.[25] Der

---

23 Vgl. Rhein- und Ruhrzeitung, Nr. 18 v. 12.1.1923, S. 1.
24 Essener Allgemeine Zeitung, Nr. 9 v. 11.1.1923, S. 1.
25 Vgl. Hans Otto Eglau, Fritz Thyssen. Hitlers Gönner und Geisel. Berlin 2003, S. 11 ff. sowie Felix de Taillez, Zwei Bürgerleben in der Öffentlichkeit. Die Brüder Fritz Thyssen und

Truppeneinmarsch stellte indes eine dramatische Zäsur im Verhältnis zwischen den Erbfeinden Deutschland und Frankreich dar, weil die Franzosen nunmehr gewillt waren, dem Versailler Vertrag zur Not auch mit militärischen Mitteln zur Geltung zu verhelfen und sich hierbei nicht im Einklang mit den Alliierten aus England und den USA befanden.[26]

Wie sich die Besetzung Essens und der erste Kontakt mit der Stadtspitze im Rathaus konkret abspielte, lässt sich aus den Aufzeichnungen Otto Flothmanns rekonstruieren, der in Essen eine Papierwarenhandlung besaß.[27] Unter dem Tagesdatum des 11. Januar 1923 notierte Flothmann: „Gegen zehn Uhr kamen die ersten Panzerautos in das Innere der Stadt Essen, der eigentliche Einmarsch erfolgte gegen ein Uhr. Alle Geschäfte hatten geschlossen und die Schaufenster [waren] verhängt. Wir konnten vom Fenster hinter den Vorhängen die Besetzungsfeierlichkeiten am Kruppdenkmal vor dem Rathaus beobachten. Die Franzosen hatten den Platz durch Radfahrerabteilung und Kavallerie besetzt. In der Mitte des Platzes saß ein höherer Offizier zu Pferde, ein Auto fuhr bis zu unserem Hause. Aus ihm kam ein französischer General heraus, der zu Pferd stieg um die fünfzig Schritt bis zur Mitte des Platzes zu reiten, die Soldaten salutierten und Hornsignale ertönten. Wohl an [die] zwanzig Fotografen liefen mit ihren Apparaten auf dem Platze herum, um diesen Augenblick im Bilde festzuhalten. Vielen Fotografen gab der General die Hand. Der General stieg vom Pferde und ging ins Rathaus. Wie wir unschwer hörten, schickte der General einen Adjutanten zum Oberbürgermeister mit dem Befehl, der Oberbürgermeister solle ihn auf der Treppe empfangen.“[28]

Luther hatte sich unterdessen aus dem Rathaus nach Hause zum Essen begeben, weil seine Frau an diesem Tag ihren Geburtstag feierte. Er erhielt dort einen Anruf seines Stellvertreters, des Ersten Beigeordneten Heinrich Schäfer, der aufgrund des in Personalunion als Minister zumeist abwesenden Oberbürgermeisters als dessen „Statthalter“[29] im Rathaus fungierte. Schäfer teilte Luther mit, dass französische Truppen unmittelbar vor dem Essener Rathaus in Stellung gegangen seien. Er wurde daraufhin durch einen Adjutanten des französischen Generals Guilleaume aufgefordert, zum Haupteingang des Rathauses zu kommen, um diesen dort zu begrüßen, was der Beigeordnete jedoch ablehnte. Der Oberbürgermeister der Stadt Essen pflege seine dienstlichen Besuche nicht

Heinrich Thyssen-Bornemisza. Paderborn 2017 (= Familie – Unternehmen – Öffentlichkeit, Bd. 6). S. 71 ff.

26   Vgl. Wildt, Zerborstene Zeit (wie Anm. 22), S. 116.

27   HdEG 852/61, Aufzeichnungen Otto Flothmann: Essen im Anfang des Jahres 1923. Januar-März 1923.

28   Ebd.

29   Heinrich Wieneke, Heinrich Schaefer. Zwölf Jahre Bürgermeister und vier Monate Oberbürgermeister der Stadt Essen, in: EB 120, 2007, S. 241–267, Zitat S. 244.

Abb. 63: Schreibtisch mit Stuhl aus dem Amtszimmer des Essener Oberbürgermeisters Hans Luther, um 1923

am Eingang, sondern in seinem Amtszimmer zu empfangen, richtete Schäfer dem französischen Adjutanten aus.[30] Diese selbstbewusst-patriotischen Worte wurden alsbald in der Bevölkerung populär und finden sich nicht nur in den Aufzeichnungen des Esseners Otto Flothmann wieder, sondern wurden auch von Luise Solmitz, einer Hamburger Bürgerin, in ihrem Tagebuch notiert.[31] Die Essener Kaufmannsfrau Elisabeth Böhmer hielt die Begebenheit ebenfalls in ihren Aufzeichnungen fest: „Es gibt auch Erfreuliches! Der franz. General stand mit seinem Auto vor dem Rathaus und verlangte den Oberbürgermeister zu sprechen. Der liess ihm sagen, sein Büro sei auf der 1. Etage, und er müsste sich bequemen heraufzugehen."[32]

Die Inszenierung der „Stadtübergabe" sollte dabei ganz offenkundig medienwirksam fotografiert, gefilmt und sodann propagandistisch genutzt werden. Luther hatte seinen Stellvertreter inzwischen telefonisch instruiert, wie er sich gegenüber dem General zu verhalten hatte, und kehrte umgehend und von den Franzosen unbemerkt über einen geheimen Seiteneingang des Rathauses in sein Büro zurück. Nach seiner Ankunft im Rathaus wies Luther Schäfer an, dem General auszurichten, der Oberbürgermeister empfange ihn nunmehr in seinem

---

30 Vgl. ebd., S. 245 sowie die Schilderung der Ereignisse in: StA Essen, Chronik der Stadt Essen über das Jahr 1923, S. 11 ff. Vgl. hierzu auch Luther, Zusammenbruch und Jahre nach dem ersten Krieg (wie Anm. 9), S. 122 ff. sowie Luther, Politiker ohne Partei (wie Anm. 5), S. 100 ff.

31 Vgl. Wildt, Zerborstene Zeit (wie Anm. 22), S. 531, Fußnote 2.

32 HdEG 830/2150, Aufzeichnungen Elisabeth Böhmer, 1934–1937, S. 222.

Dienstzimmer.[33] Man wollte General Guilleaume keinesfalls die Anerkennung erweisen, ihn wie einen Ehrengast am Hauptportal „mit großem Bahnhof" zu begrüßen und dabei in die Falle der französischen Propaganda tappen.[34]

Einer neuerlichen Aufforderung des Generals, zu kooperieren und vor das Rathaus zu kommen, widersetzte sich Luther unter dem wiederholten Hinweis, diesen nun in seinem Amtszimmer zu empfangen. Der General lenkte schließlich ein und suchte Luther in dessen Büro auf. Dort überbrachte er dem Oberbürgermeister die Botschaft, dass die Truppen gekommen seien, um eine zur Durchführung von Sachlieferungen entsandte Ingenieursmission zu beschützen – so lautete bekanntlich auch die offizielle Begründung der Okkupation. Luther erhob daraufhin Einspruch gegen eine dem Vertrag von Versailles widersprechende Anwesenheit fremder Truppen auf Essener Stadtgebiet und führte aus, dass es hierfür keinerlei rechtliche Grundlage gäbe. General Guilleaume erwiderte hierauf, dass er nicht gekommen sei, um Einsprüche entgegenzunehmen, und wies Luther an, sich den Weisungen der Franzosen zu fügen – dann würde alles ein gutes Ende nehmen. Die Militärs zogen schließlich ab und ließen Luther mit seinen Mitarbeitern in dessen Dienstzimmer zurück.[35] Die im Stehen geführte, kurze Unterredung, „die sich äußerlich in korrekten Formen abgespielt hatte"[36], dauerte nur wenige Minuten; sie markierte dennoch den Beginn des passiven Widerstands der Behörden in Essen „gegen den flagranten Rechtsbruch des Einmarsches in das Ruhrgebiet"[37], wie Luther die Ereignisse rückblickend bilanzierte.

Luther rief danach umgehend die maßgeblichen Stadtverordneten zusammen und beriet mit ihnen das weitere Vorgehen. Der Stadtrat riet dem Politiker dazu, die Stadt in Richtung Berlin zu verlassen, da er dort als Reichsminister für das besetzte Essen nützlicher sei, zumal man jederzeit mit seiner Verhaftung rechnen müsse. Sein Stellvertreter Heinrich Schäfer wurde tatsächlich im Februar 1923 von einem französischen Militärgericht zu einer Gefängnisstrafe von zwei Jahren verurteilt, da er zuvor die Lieferung von insgesamt 72 Automobilen an die Besatzungsmacht verweigert hatte.[38] Luther verließ daher noch am selben Tag die Stadt in Richtung Berlin und kehrte erst kurz vor Neujahr des Jahres 1924 mit einer Einreisegenehmigung der französischen Besatzungsbehörden nach Essen zurück. Sein früheres Domizil in der Bismarckstraße 50, das dem

---

33 Vgl. Luther, Zusammenbruch und Jahre nach dem ersten Krieg (wie Anm. 9), S. 122 ff. sowie Luther, Politiker ohne Partei (wie Anm. 5), S. 100 ff.
34 HdEG, Chronik der Stadt Essen über das Jahr 1923, S. 11.
35 Vgl. Luther, Zusammenbruch und Jahre nach dem ersten Krieg (wie Anm. 9), S. 122 ff. sowie Luther, Politiker ohne Partei (wie Anm. 5), S. 100 ff.
36 Rhein- und Ruhrzeitung, Nr. 18 v. 12.1.1923, S. 1.
37 Luther, Politiker ohne Partei (wie Anm. 5), S. 108.
38 HdEG, Chronik der Stadt Essen über das Jahr 1923, S. 73 f. sowie vgl. Wildt, Zerborstene Zeit (wie Anm. 22), S. 120.

Abb. 64: Französische Besatzungssoldaten in Essen, 1923

Oberbürgermeister durch die Stadt als Wohnhaus zur Verfügung gestellt worden war, wurde inzwischen von französischen Dienststellen genutzt.[39]

Unterdessen waren zahlreiche Berichte über das unbotmäßige und widerständige Verhalten Luthers und seines Stellvertreters gegenüber einem hochrangigen französischen Militär im ganzen Land erschienen. So berichtete die „Essener Allgemeine Zeitung" am 12. Januar von dem Vorfall im Rathaus; auch der sozialdemokratische „Vorwärts", die „Rhein- und Ruhrzeitung" aus Duisburg sowie der Dortmunder „General-Anzeiger" würdigten die Ereignisse in Essen mit einer detaillierten Berichterstattung.[40] Man wird davon ausgehen dürfen, dass die Presse reichsweit über den Vorfall im Rathaus berichtete, denn der Essener Oberbürgermeister erhielt in den nachfolgenden Tagen eine Fülle von Telegrammen und Zuschriften, die respektvolle Dankesbekundungen und nationalistische Treuegelöbnisse auf das Vaterland enthielten. In allen Teilen des Landes wurde Luthers „patriotische Tat" gerühmt. So hieß es in einem Telegramm der Handelshochschule Leipzig: „heil dem deutsche manne, der welscher frechheit zu begegnen weiss […]".[41] Eine Depesche aus Süddeutsch-

---

39 Vgl. Luther, Zusammenbruch und Jahre nach dem ersten Krieg (wie Anm. 9), S. 125.
40 Vgl. Essener Allgemeine Zeitung, Nr. 10 v. 12.1.1923, S. 3, Rhein- und Ruhrzeitung, Nr. 18 v. 12.1.1923, S. 1, Vorwärts, Nr. 18 v. 12.1.1923, S. 3, General-Anzeiger für Dortmund und die Provinz Westfalen, Nr. 11 v. 12.1.1923, S. 1.
41 BArch Koblenz, Nachlass Hans Luther, N 1009/606.136, Telegramm v. 19.1.1923.

land enthielt die Würdigung: „drei reichstreue muenchener danken mit treu
deutschen [sic!] gruss [...]".[42] Ein drittes Telegramm von Angehörigen des
Heimatvereins der Nordseeinsel Föhr übermittelte Luther schließlich „einen
gruss aus der deutschen nordmark"[43] in Form eines ebenso kurzen wie natio-
nalistischen Gedichts. Die Essener Stadtspitze um Oberbürgermeister Luther
hatte mit ihrem von patriotischer Selbstbehauptung geprägten Verhalten offenbar
den Nerv weiter Bevölkerungskreise getroffen und, ohne sich dessen bewusst zu
sein, den passiven Widerstand, der den Franzosen alsbald aus allen Rathäusern
an Rhein und Ruhr entgegengebracht wurde, eröffnet. Der Politiker war sich
seiner historischen Rolle dabei bewusst und pflegte die Erinnerung an seinen
Anteil zu Beginn des „Ruhrkampfes" durchaus mit Stolz: „Es war mir bestimmt,
mit dem hier geschilderten Vorgang den passiven Widerstand zu eröffnen."[44]

Unmittelbar nach Beginn der Ruhrbesetzung fanden in zahlreichen Städten
des Deutschen Reichs Protestkundgebungen statt, die von hunderttausenden
Bürgern besucht wurden, und eine seit Beginn des Ersten Weltkriegs nicht mehr
gesehene, beispiellose nationalistische Welle entfachte. In einer Reichstagssitzung
am 13. Januar wurde der Einmarsch der Besatzungsarmee beinah einhellig von
den Parteien verurteilt und eine Protestresolution des Parlaments verabschie-
det. Reichskanzler Cuno missbilligte die „französische Vergewaltigung"[45] des
Ruhrgebiets und kündigte einen passiven Widerstand gegen den „rechtswid-
rigen Ruhreinbruch"[46] an. Dieser umfasste nicht nur die sofortige Einstellung
aller Kohlelieferungen an Frankreich im Zuge der Reparationsverpflichtungen,
sondern sah auch Arbeitseinstellungen insbesondere im Bergbau und in der
Stahlindustrie sowie die sukzessive Stilllegung des Eisenbahnverkehrs in den
besetzten Gebieten vor.[47] Die Händler wurden angehalten, keine Waren mehr
an Franzosen zu verkaufen. Zugleich wurde die Bevölkerung zur Selbstbeherr-
schung aufgerufen, um dem Gegner keinen Vorwand zu liefern, hart und über-
griffig einzuschreiten. Die Regierung garantierte dabei die Lohnfortzahlung in
den Betrieben und vergab freizügig Kredite an Unternehmen, wodurch sich die
inflationäre Entwicklung im Verlauf des Jahres zur Hyperinflation steigerte, die
breite Volksschichten um ihr Erspartes brachte und das Ansehen der Republik
dauerhaft mit dem Vertrauensverlust der Geldentwertung beschädigte.[48]

In Essen wurden die Amtsgeschäfte Luthers nach dessen Abreise in die
Reichshauptstadt wieder von seinem Stellvertreter Schäfer wahrgenommen;

---

42   BArch Koblenz, Nachlass Hans Luther, N 1009/606.122, Telegramm v. 14.1.1923.
43   BArch Koblenz, Nachlass Hans Luther, N 1009/606.140, Telegramm v. 14.1.1923.
44   Luther, Politiker ohne Partei (wie Anm. 5), S. 101.
45   Essener Allgemeine Zeitung, Nr. 12 v. 14.1.1923, S. 1.
46   Luther, Politiker ohne Partei (wie Anm. 5), S. 104.
47   Essener Allgemeine Zeitung, Nr. 13 v. 16.1.1923, S. 1.
48   Vgl. Wildt, Zerborstene Zeit (wie Anm. 22), S. 116.

dabei hatte Luther in seiner Funktion als Reichsminister in der Regierung noch „manche Meinungsverschiedenheit wegen Einzelheiten des passiven Widerstands beizulegen",[49] wie er in seinen Erinnerungen festhielt. Luther schied indes erst im Juli 1924 aus seinem Amt als Essener Oberbürgermeister aus,[50] nachdem er zu der Auffassung gelangt war, dass es falsch sei, „die Stadt Essen noch irgendwie an meine Person zu fesseln."[51] Die Besatzungsbehörde beantwortete den passiven Widerstand in Essen und anderen Revierstädten mit der Ausweisung von Bürgermeistern, Ratsherren, Finanz- und Zollbeamten, Polizisten und Bahnbediensteten, die zumeist mit ihren Familien in den nichtbesetzten Teil des Reiches ausreisen mussten. Auch wurden in den Betrieben Lohnkassen beschlagnahmt und eine unter französischer „Regie" stehende Eisenbahn eingerichtet, um Kohle- und Stahlerzeugnisse nach Frankreich zu verbringen.[52] Rückblickend bewertete Luther die Ereignisse während der „Ruhrkampfzeit" und den Widerstand von Regierung und Bevölkerung wie folgt: „In dieser Abwehr kam die Empörung eines ganzen, sich schamlos mißhandelt fühlenden Volkes zum Ausdruck. Was entstand, war eine levée en masse in der Variante des passiven Widerstands."[53]

Was Luther im Rahmen seiner historischen Bewertung des passiven Widerstands mit der patriotisch verbrämten Formulierung einer „levée en masse" als Massenaufstand oder Erhebung eines „misshandelten Volkes" interpretierte, klingt aus heutiger Sicht zwar reichlich selbstreferentiell und eindimensional, enthält allerdings durchaus ein Körnchen Wahrheit. Denn die als Notlage und Demütigung empfundene Fremdherrschaft blendete die zumindest grundsätzlich berechtigten französischen Reparationsansprüche einerseits völlig aus und schweißte andererseits die Gesellschaft im Angesicht des gemeinsamen, äußeren Feindes zweifelsohne zusammen, allerdings ohne die offen zutage tretenden, gravierenden Unterschiede zwischen den Klassen auch nur ansatzweise aufzuheben. Bürgerliche Zeitgenossen wie Sebastian Haffner hatten jedenfalls in den Anfangstagen der Ruhrbesetzung eine „patriotische Hochstimmung"[54] wahrgenommen, die ihm wie eine Wiederkehr des längst vergangenen Augusterlebnisses vorkam, nur „echter und ernster als 1914".[55] Die Formel von der Volksgemeinschaft war jedenfalls bereits 1923 in aller Munde und wurde auch von beinah allen politischen Parteien aufgegriffen, nicht zuletzt, da dem Begriff

49 Luther, Politiker ohne Partei (wie Anm. 5), S. 105.
50 HdEG, Chronik der Stadt Essen über das Jahr 1924, S. 27 ff.
51 Luther, Zusammenbruch und Jahre nach dem ersten Krieg (wie Anm. 9), S. 129.
52 Luther, Politiker ohne Partei (wie Anm. 5), S. 104.
53 Ebd., S. 108.
54 Sebastian Haffner, Geschichte eines Deutschen. Die Erinnerungen 1914–1933. München 2000, S. 54.
55 Ebd.

noch nicht die völkisch exkludierende Intension beigemessen wurde, mit der die
Nationalsozialisten diesen Ausdruck später vollends pervertierten.[56]

In Essen erinnert heute allenfalls noch die Hans-Luther-Allee im Stadtteil
Rüttenscheid sowie ein Porträtgemälde Max Liebermanns im Museum Folkwang
an den früheren Oberbürgermeister und späteren Reichskanzler. In der Sammlung des Ruhr Museums auf Zollverein werden Teile des früheren Dienstzimmers
Hans Luthers, bestehend aus einem Schreibtisch, einem dazugehörigen Stuhl
sowie einigen Regalen nach Entwürfen des Essener Architekten Edmund Körner,
aufbewahrt.[57] Diese Exponate werden im Rahmen einer Sonderausstellung zur
hundertjährigen Wiederkehr der Ruhrbesetzung, die im Januar 2023 eröffnet
wurde, erstmals einem größeren Publikum auf der Galerie-Ebene der Kohlenwäsche gezeigt. Das Schreibtischensemble verweist dabei einerseits auf die
machtvolle Position der damaligen Stadtspitze zu Beginn der Ruhrbesetzung in
Essen und repräsentiert andererseits die Entstehung des passiven Widerstands,
der zwar in Berlin beschlossen wurde, aber in den Rathäusern des Reviers seinen
Ausgang nahm.

---

56 Vgl. die Überlegungen von Michael Wildt zur Volksgemeinschaftsidee, in: Wildt, Zerbors-
    tene Zeit (wie Anm. 22), S. 144 ff.
57 Vgl. Mathilde Jamin/Frank Kerner, Frank (Hrsg.): Die Gegenwart der Dinge. 100 Jahre
    Ruhrlandmuseum. Essen 2004, S. 222–223.

DIE ESSENER EISENBAHNDIREKTION UND DIE REGIEBAHN.
ZWISCHEN KONFRONTATION UND KOOPERATION
WÄHREND DER RUHRBESETZUNG

AXEL HEIMSOTH

Im Januar 2023 jährt sich zum 100. Mal die Ruhrbesetzung. Frankreich und Belgien ließen ihre Truppen – aus Sicht der deutschen Zeitgenossen – völkerrechtswidrig vom Rhein aus vorrücken und besetzten am 11. Januar 1923 große Teile des Ruhrgebiets. Einige kleinere Gebiete hatten sie schon zwei Jahre zuvor mit den Städten Düsseldorf, Duisburg und Teilen von Mülheim eingenommen. Industriell bildete der Wirtschaftsraum Ruhrgebiet das Rückgrat der deutschen Wirtschaft, da andere Industrieregionen – wie Elsass-Lothringen – im Zuge des Versailler Vertrages abgetreten werden mussten. Für die Schwerindustrie im Ruhrgebiet waren Kohle und Koks unverzichtbar. Jede Dampfmaschine benötigte diesen Energieträger, jede Lokomotive wurde auf diese Weise angetrieben. Die Ablieferung dieses Rohstoffs gehörte aber auch zu den Reparationsforderungen der Alliierten. Da Frankreich und Belgien ihren Anteil an Kohle nicht erhielten, entschieden sie, mit der Besetzung des Ruhrgebiets Druck auf die deutsche Regierung auszuüben und selber mittels der Eisenbahn die Kohlen abzutransportieren. Doch anders als erwartet stießen die Besatzer auf Probleme: Eine widerständige Bevölkerung verweigerte die Zusammenarbeit, so dass weder die Verwaltung noch andere Bereiche des öffentlichen Lebens funktionierten.

Die zentrale Rolle während der Besatzungszeit fiel der Eisenbahn zu. Sie stellte das Rückgrat der gesamten Logistik dar. Sobald die Züge nicht fuhren, brachen der Personen- wie der Güterverkehr zusammen. Weder der Landtransport noch die Flussschifffahrt konnten auch nur in Ansätzen – zumindest zu Beginn der Krise – die notwendigen Transportkapazitäten stellen. Der Aggressor, die französisch-belgische Militärmacht, hatte nicht mit dem Widerstand der Eisenbahner gerechnet, die ihre Anweisungen von der Berliner Regierung erhielten. Die Konflikte eskalierten, geschürt und verstärkt durch Reaktionen auf deutscher Seite wie auch von den Besatzern. Eine Lösung sollte die sogenannte Regiebahn bringen, wie die französischen und belgischen Besatzer ihren in eigener Regie geführten Eisenbahnbetrieb nannten.

Das Ruhrgebiet verfügte mit seinem etwa 2.500 Kilometer langen Eisenbahnnetz[1] über eines der dichtesten in Europa. Der Essener Eisenbahndirektion

---

[1] Vgl. Die Stadt Essen im Ruhrkampfe. Denkschrift im Auftrage der Stadtverwaltung hrsg. vom Stadtbibliothekar Heinrich Dicke. Essen 1927, in: Haus der Essener Geschichte/Stadtarchiv [HdEG], Best. 850 Nr. 94, S. 545. Zur Denkschrift gehörte auch das Kapitel „Infrastruktur", welches aus dem Manuskript für die Drucklegung herausgestrichen wurde; vgl.

unterstanden allein 1.259 Kilometer.[2] Die übrigen gehörten der Industrie und hier besonders den Eisen- und Stahlwerken und den Zechen. Der Bergbau konnte nur dank der gut ausgebauten Infrastruktur die riesigen Kohlemengen über die Schiene – weniger über das Kanalnetz – abtransportieren und weiterverarbeiten. Kurz vor der Ruhrbesetzung stellte die Deutsche Reichsbahn (DR) den Ruhrgebietszechen täglich (!) 25.000 Kohlewagen zur Verfügung.[3] Im Zentrum dieses Eisenbahnnetzes lag die Stadt Essen, in der die Oberbetriebsleitung West der Deutschen Reichsbahn in der Nähe vom Hauptbahnhof angesiedelt war.

Forschungsstand

Lange spielte das Thema „Ruhrbesetzung und Regiebahn" eine untergeordnete Rolle in der Forschung. Zum einen beschäftigte sich die Stadtgeschichte eher allgemein mit den Folgen der Ruhrbesetzung für Politik, Wirtschaft und Kultur. Einen eigenen Punkt in diesen Darstellungen nahm immer die verfehlte Geldpolitik und damit das Thema Hyperinflation ein. Mit wenigen Worten schildert der Essener Stadtarchivar Robert Jahn die Ereignisse:

> *„Die Franzosen erließen ein Kohlenausfuhrverbot und beschlagnahmten für sich die auf Halde liegenden Vorräte, als die Zechen nicht mehr arbeiteten. Sie überwachten Post und Verkehr und legten den Eisenbahnverkehr ins unbesetzte Gebiet lahm."[4]*

Die Eisenbahnliteratur konzentrierte sich auf technische Fragen, den Wagenpark und die Expansion der Deutschen Reichsbahn-Gesellschaft (DRG) in den späten 1920er Jahren. Für sie waren die politischen und militärischen Implikationen der Ruhrbesetzung für das Verkehrswesen in den besetzten Gebieten vernachlässigenswert. In der „Kleinen Eisenbahngeschichte des Ruhrgebiets" spielt die Phase der Regiebahn nur eine untergeordnete Rolle. Vorgestellt werden ihre Gründung und ihre Probleme, einzelne Strecken mit dem wenigen Personal zu betreiben, werden erwähnt. „Erst im November 1923 wurde der Verkehr zwischen Régie und Reichsbahn vertraglich geregelt, […] Die erhofften Erfolge – deutlich mehr Kohlenabfuhr – blieben für die Besatzer aus".[5] Die Monografie „Die Geschichte der

  Heinrich Dicke u. Wilhelm Lenz, Essen in Geschichte und Sage nebst Anhang im Ruhrkampfe. Essen 1930.

[2] Vgl. Ruhrbesetzung und Reichsbahn, in: Archiv für Eisenbahnwesen, 29. Jg., 1926, S. 1–78, hier S. 47.

[3] Vgl. Denkschrift 1927 (wie Anm. 1), S. 559.

[4] Robert Jahn, Essener Geschichte. Die geschichtliche Entwicklung im Raum der Großstadt Essen. Essen 1952, S. 502; Klaus Wisotzky, Der „blutige Karsamstag" 1923 bei Krupp, in: Der Schatten des Weltkriegs. Die Ruhrbesetzung 1923, hrsg. v. Gerd Krumeich. Essen 2004, S. 265–287.

[5] Sönke Windelschmidt/Wolfgang Klee, Kleine Eisenbahngeschichte des Ruhrgebiets. Hövelhof 2005, S. 36.

Abb. 65: Flugblatt gegen die Besetzung des Ruhrgebiets durch französische Truppen, 1923

Eisenbahndirektion Essen" stellt diese dramatische Verkehrssituation im Kapitel „Reichsbahnzeit und Zweiter Weltkrieg" vor. Das Gewicht liegt auf der Darstellung, Aufzählung und Abbildung des Fahrzeugbestandes, weniger auf den politischen Ereignissen und ihren wirtschaftlichen Folgen im Ruhrgebiet. Kombiniert wird die Schilderung der Ereignisse mit wenigen Fotos von einrückenden französischen Truppen und beschädigten Zügen. Mehr Wert legt der Autor auf die Phase der „bedeutenden betrieblichen und maschinentechnischer Innovationen", die sich nach dem Abzug der Besatzer für die Deutsche Reichsbahn eröffnete.[6]

Detaillierter schildern Zeitgenossen den Eisenbahnbetrieb mit und gegen die Regie, da sie selber das Geschehen aus erster Hand erlebt hatten. Zum einen handelt es sich auf deutscher Seite um Eisenbahner[7] und städtische Mitarbeiter[8] und auf der anderen Seite um französische und belgische Eisenbahnbeamte,[9] die in hohen Positionen bei der Regie beschäftigt waren. Maßgeblichen Einfluss auf unser Bild von den Zerstörungen und Unglücken im Eisenbahnbetrieb hat das fünfbändige Werk von Hans Spethmann. Der Wirtschaftsgeograf veröffentlichte 1931 „Ruhrkampf 1923 bis 1925 in Bildern". Es ist eine Abrechnung mit den französischen und belgischen Besatzern.[10] Im

---

6 Vgl. Rolf Ostendorf, Die Geschichte der Eisenbahndirektion Essen. Fahrzeuge und Betriebsführung 1895 bis heute, Stuttgart 1983, S. 123.

7 Vgl. Ruhrbesetzung und Reichsbahn (wie Anm. 2); Georg Stieger, Die Deutschen Eisenbahnen an Rhein und Ruhr während der Besatzungszeit 1918–1930, 4 Bde., besonders Bd. 3 u. 4, unveröffentlichtes Manuskript, vorhanden im Ruhr Museum, Essen. Stieger war Regierungsassessor in Frankfurt am Main.

8 Vgl. Dicke u. Lenz 1930 (wie Anm. 1).

9 Vgl. M. Emile Soulez, Note sur la Régie des Chemins de Fer des Territoires occupés. Paris 1924; Paul Tirard, Le France sur le Rhin. Douze années d'occupation rhénane. Paris 1930; Henri Bréaud, La Régie des Chemins de Fer des Territoires Occupés 1923–1924. Paris 1938.

10 Vgl. Hans Spethmann, Ruhrkampf 1923 bis 1925 in Bildern, 5 Bde. Berlin 1931.

letzten Band werden Hunderte von Fotos, Plakate und Dokumente abgebildet. Bis heute stellt diese Veröffentlichung – trotz seiner tendenziösen Art der Darstellung – eine reiche Materialsammlung zur Ruhrbesetzung und im Besonderen zur Regiebahn dar.

In den folgenden Jahrzehnten ebbte das wissenschaftliche Interesse am Thema Regiebahn ab. Sieht man von einem größeren Aufsatz von Otto Cohausz (1973) ab,[11] der anlässlich des fünfzigjährigen Jubiläums der Ruhrbesetzung in einer Fachzeitschrift erschien. Erst jüngst wurde eine umfassende Studie zur Regiebahn veröffentlicht. Klaus Kemp stellt die Vorgeschichte, den Betrieb und die Übernahme der Regiebahn durch die Deutsche Reichsbahn mit Hilfe einer Fülle von Dokumenten und Fotografien vor.[12] Die Monografie geht auf alle Eisenbahndirektionen in den besetzten Gebieten – inklusive der Essener Direktion – ein und wählt deshalb auch als Untersuchungszeitraum die Phase von 1918 bis 1930. Eine eigene Studie zur Rolle der Essener Eisenbahndirektion bei diesen massiven Auseinandersetzungen für die Jahre 1923 bis 1925 fehlt. Die Ruhrbesetzung hatte auf alle Sektoren des Verkehrswesens Auswirkungen, in den meisten Fällen waren sie negativer Art. Die Folgen dieser desaströs organisierten Logistik trafen die Bevölkerung, die Wirtschaft und die Politik. Das vorrangige Ziel der Besatzer war es, den Abtransport von Kohlen und Koks zu organisieren und in die eigenen Länder umzuleiten. Die Folge dieser restriktiven Politik war ein Mangel an Brennstoff in allen Teilen Deutschlands. Die Energieversorgung war gefährdet, in einigen Sektoren nicht mehr existent.[13] Für den Kohlenmangel waren die Besatzer verantwortlich, die sich von Seiten der Reichsregierung unter Druck gesetzt sahen. Die Berliner Regierung versuchte über ihre Eisenbahner Druck auf die Organisation der Infrastruktur im Ruhrgebiet auszuüben.

Der Auftakt: Rheinlandbesetzung

Der Besetzung des Ruhrgebiets war eine Reihe von Okkupationen im Westen Deutschlands vorausgegangen. Die siegreichen Alliierten folgten am Ende des Ersten Weltkrieges den sich zurückziehenden deutschen Truppen durch Frankreich und Belgien. Im Dezember 1918 erreichten Amerikaner, Belgier, Briten und Franzosen das Rheinland und übernahmen die linksrheinischen Gebiete in ihren Besitz. Sie richteten auch rechts des Rheins militärisch besetzte Brückenköpfe (Köln) ein und dehnten 1921 ihre Kontrolle auch auf die Städte Düsseldorf und Duisburg aus.[14] Die Alliierten bauten als ihre oberste Behörde

---

11 Vgl. Otto Cohausz, Der französisch-deutsche Eisenbahnkrieg im Ruhrgebiet 1923, in: Jahrbuch für Eisenbahngeschichte, Bd. 6, 1973, S. 5–25.
12 Vgl. Klaus Kemp, Regiebahn. Reparationen, Besetzung, Ruhrkampf, Reichsbahn. Die Eisenbahnen im Rheinland und im Ruhrgebiet 1918–1930. Freiburg 2016.
13 Vgl. ebd., S. 124.
14 Cohausz 1973 (wie Anm. 11), S. 5.

die Rheinlandkommission auf, die mit den deutschen Verwaltungsstellen inklusive der Deutschen Reichsbahn zusammenarbeitete. Beide Seiten kooperierten, so dass es auf dem Feld der Verkehrspolitik zu wenigen Behinderungen beim Personen- und Güterverkehr kam.

Die Situation änderte sich 1923 mit der Ruhrbesetzung. Die Verkehrspolitik nahm eine neue, dramatische Wendung, da deutsche Eisenbahner passiven Widerstand leisteten. Die Leidtragenden waren die Bewohner des Ruhrgebiets. Zuletzt muss nach dem Wert und den Leistungen der Regiebahn gefragt werden, was vor dem Hintergrund einer durch Propaganda gefärbten Berichterstattung schwierig einzuordnen ist. Gerade die Eisenbahn spielte bei den Alliierten wie auch bei den Deutschen eine zentrale Rolle auf politischer, wirtschaftlicher und militärischer Ebene. Nicht die Schifffahrt (Rhein- und Kanalschifffahrt) und das Automobil, sondern die Eisenbahn war bis zu diesem Zeitpunkt das Rückgrat des Verkehrswesens und zentrales Werkzeug einer spätimperialistischen Verkehrspolitik. Wer die Eisenbahn kontrollierte, kontrollierte das eigene Land wie die besetzten Gebiete. Bis zum Einmarsch war die Deutsche Reichsbahn für das Streckennetz verantwortlich. Entstanden war die Staatsbahn 1920 durch die Zusammenlegung der Länderbahnen im Deutschen Kaiserreich. Sie hatte in der wirtschaftlich schwierigen Nachkriegszeit mehrere Aufgaben zu erfüllen. Das Unternehmen beschäftigte eine Million Menschen, was deutlich mehr war als noch vor dem Krieg – bezogen auf die geschrumpfte Fläche der Weimarer Republik. In der Nachkriegszeit mussten neue Lokomotiven und Waggons angeschafft werden, da die Wagenparks im Krieg geschrumpft und in Teilen verschlissen waren. In diese Konsolidierungsphase fiel 1923 der Einmarsch der Franzosen und Belgier.

Der französische Ministerpräsident Raymond Poincaré begründete am 11. Januar 1923 vor dem Pariser Parlament seine Einmarschpläne ins Ruhrgebiet: „Deutschland hat uns nicht die Kohle gegeben, die es uns schuldet. Es ist nur natürlich, dass wir sie jetzt auf den Zechen suchen. Wir werden Kohle suchen, und das ist alles."[15] Die Schwerindustrie in Frankreich, Belgien und Luxemburg war auf die Rohstoffe Kohle und Koks dringend angewiesen. Im Vergleich zu 1913 verarbeiteten die französischen Erzgruben in der Nachkriegszeit nur 48 Prozent der Erze, da der Koks für die Hochöfen fehlte.[16] Poincaré richtete eine Behörde ein, die für den Abtransport der Reparationskohlen aus dem Ruhrgebiet verantwortlich war. Die „Mission Interalliée de Contrôle des Usines et des Mines" (MICUM) hatte dafür die Aufgabe, den für ihre Länder wertvollen Rohstoff zu finden, ihn zu requirieren, ihn auf Eisenbahnwaggons zu verladen und ihn nach Frankreich, Belgien und Luxemburg zu transportieren. Was nach einem

---

15 Kemp 2016 (wie Anm. 12), S. 84.
16 Ebd., S. 85.

Abb. 66: Französische Soldaten am Güterbahnhof Rüttenscheid, Essen 1923

einfachen Plan aussah, entwickelte sich in das Gegenteil. Deutsche Eisenbahner und Verwaltungsbeamte sabotierten das Unterfangen und der Kohlendiebstahl durch die Bevölkerung wurde zu einem schwerwiegenden Problem.

Der Eisenbahndirektion fiel während der Ruhrbesetzung eine besondere Rolle zu. Im Wissen um den bevorstehenden Einmarsch der französischen Truppen verlegte die Reichsbahn am 10. Januar die Oberbetriebsleitung West von Essen nach Elberfeld. In Essen zog einen Tag später die interalliierte Feldeisenbahnunterkommission ins Gebäude mit dem Ziel ein, mit der deutschen Eisenbahnverwaltung zusammenzuarbeiten.[17] Die Kommission unter der Leitung von Oberstleutnant Clémenson traf auf ein frisch eingerichtetes „Militärbüro" der deutschen Verwaltung. Die Reichsbahn wollte über dieses den Kontakt zwischen den Besatzern und ihrem gesamten Personal und den Dienststellen im Ruhrgebiet kanalisieren und kontrollieren. In den folgenden Tagen und Wochen kristallisierte sich immer mehr heraus, dass eine Zusammenarbeit für die Reichsbahner – trotz Aufforderungen von der französischen Seite – nicht in Frage kam. Die Kommission richtete nun eine eigene Eisenbahnverwaltung für alle ihre links und rechts des Rheins besetzten Gebiete ein. Neben dem offiziellen Namen „Régie des Chemins de Fer des Territoires occupés" bürgerte sich in der Bevölkerung der Begriff „Regiebahn" ein. Ihre Bereichsdirektion für

---

17   Denkschrift 1927 (wie Anm. 1), S. 545.

Abb. 67: Reichsbahndirektion Essen 1938

das Ruhrgebiet wurde vom Verwaltungsgebäude der Deutschen Reichsbahn in Essen ausgeführt und verblieb dort bis zum Abzug der Truppen Ende Juli 1925.

Der Einmarsch: Militärische Notwendigkeiten

Die Besatzungstruppen stützten sich am 11. Januar 1923 bei ihrem Einmarsch vor allem auf die Eisenbahn. Unter dem Oberbefehl des französischen Generals Jean-Marie Joseph Degoutte brachten die Züge Soldaten, Pferde, Waffen und Material an den Rand des Ruhrgebiets. Allein in der Woche zuvor wurden auf den Strecken Köln-Worringen und Köln-Mülheim a. d. Ruhr 133 Militärtransporte gezählt, was den Zugverkehr behinderte.[18] Zwischen dem 8. und 11. Januar brachten Züge Truppen in das Gebiet zwischen Hösel und Ratingen-Ost. Die Artillerie wurde auf den Ruhrhöhen positioniert, so dass sie den Einmarsch der Einheiten in die Städte wie Essen decken konnte.[19] Nicht mit der Eisenbahn, sondern in Marschkolonnen rückten französische und belgische Soldaten dann ins Ruhrgebiet ein. Neben Infanterie setzten sie Kavallerie, Artillerie und einige Panzerwagen ein.

In Essen hielt sich zu dieser Zeit Oberbürgermeister Hans Luther auf, der von dem „Ruhreinbruch", wie er es nannte, seit dem 8. Januar wusste. Er hatte

---

18 Ruhrbesetzung und Reichsbahn (wie Anm. 2), S. 6.
19 Vgl. Cohausz 1973 (wie Anm. 11), S. 5.

seine Funktion als Essener Stadtoberhaupt niedergelegt und war beurlaubt worden. In Berlin bekleidete er das Amt des Reichsministers für Ernährung und Landwirtschaft. Aus der Hauptstadt war er angereist und musste – gegen seinen Willen – die Übergabe der Stadt an die französische Besatzungsmacht am 10. Januar bewerkstelligen.[20] In den folgenden Tagen besetzten die Truppen strategisch wichtige Punkte, zu denen auch einige Bahnstrecken und Bahnhöfe gehörten. Soldaten, Waffen und Nachschub wurden über den Verkehrsträger an- und abtransportiert. Während französisches Militär das zentrale Ruhrgebiet kontrollierte, waren es im nördlichen Teil die Belgier, die einmarschierten und in den ersten Wochen zahlreiche Schutzmaßnahmen anordneten. Um die Sicherheit ihrer Truppen beim Austausch der Verbände zu gewährleisten, sperrten sie den Bahnhof Sterkrade für die zivile Bevölkerung. In den kommenden Wochen war bei diesen Anlässen der gesamte Bahnhof für die Zivilbevölkerung für mehrere Tage geschlossen.[21]

Die Alliierten hatten für alle besetzten Gebiete im Rheinland (inklusive des westfälischen Teils des Ruhrgebiets) ein Oberkommando eingerichtet. Ihre nachgeordnete Behörde, die „Interalliierte Feldeisenbahnunterkommission" richtete am 19. Januar in Essen ihr Quartier ein, um mit den deutschen Eisenbahnern, die ein „Büro des Verbindungsbeamten" eingerichtet hatten, zusammenzuarbeiten. Die mögliche Kooperation scheiterte, da die deutschen Dienststellen der Weisung ihrer Berliner Behörde folgten. Sie setzten am gleichen Tag die Verordnung des Reichsverkehrsministers Wilhelm Groener um, auf keinen Fall bei der Verladung und dem Transport von Kohlen, die als Reparationsleistungen anzusehen waren, mitzuarbeiten. Seine Anweisung hatte weitreichende Konsequenzen. Das Bahnhofspersonal wie auch andere Beamte, Angestellte und Arbeiter im Ruhrgebiet wie in den übrigen besetzten Gebieten weigerten sich den Anweisungen der Franzosen und Belgier zu folgen.[22] Am gleichen Tag kam es am Bahnhof Oberhausen zu einer Konfrontation zwischen Eisenbahnern und französischem Militär. Unter dem Ruf „Unter französischen Bajonetten arbeiten wir nicht" verließen die Deutschen den Bahnhof und begannen wild zu streiken. Die Aktion hatte nur ihre Gewerkschaft, nicht aber die Berliner Regierung, die nichts von der Aktion wusste, gebilligt. Der Bahnbetrieb in Oberhausen kam vorerst zum Erliegen, da auch noch das Elektrizitätswerk den Strom abstellte. Andere Eisenbahner in den Bahnhöfen Meiderich Süd, Buer Nord und Werden folgten dem Vorbild. Die Aktionen gelten als der Beginn des passiven Widerstands, der zu massiven und restriktiven Maßnahmen auf Seiten der Besatzer führte. Die Gewalttätigkeiten

20 Vgl. Hans Luther, Zusammenbruch und Jahre nach dem ersten Weltkrieg in Essen. Erinnerungen des Oberbürgermeisters, in: Essener Beiträge, 73. Heft, 1958, S. 5–138, hier S. 122–125.
21 Vgl. Stadtarchiv Oberhausen, Best. 650.
22 Vgl. Denkschrift 1927 (wie Anm. 1), S. 546 f.

Abb. 68: Deutsches Propagandaplakat

heizten die konfrontative Stimmung auf beiden Seiten an.

Auf die strikte Verweigerungshaltung des Reichsverkehrsministeriums reagierten die französischen Besatzer. Sie veröffentlichten das Flugblatt „Arbeiter des Ruhrgebietes" und wiesen darauf hin, nicht sie hätten die Reichsbahner aus ihren besetzten Gebieten vertrieben, sondern die deutsche Regierung sei für die Ausweisung ihrer Beschäftigten verantwortlich.[23] Die deutsche Propaganda betonte den Misserfolg der Regiebahn, genügend Koks und Kohle abzutransportieren. So seien im Zeitraum vom 11. Januar bis 5. März 1923 nur 74.000 Tonnen verfrachtet worden, während 2,325 Mill. Tonnen an Reparationskohlen vorgesehen waren. Das Plakat hat den Titel „Der Erfolg der Ruhrbesetzung".[24] Die Besatzer reagierten und veröffentlichten Flugblätter, die auf die Folgen des passiven Widerstands hinwiesen. Mit dem Flugblatt „Eisenbahner, Schieber, Schwerindustrie!" behaupteten sie, dass die deutsche Schwerindustrie von den widerrechtlichen Sabotageakten auf das Eisenbahnsystem profitieren würde.[25] Die gegenseitigen Schuldzuweisungen wurden propagandistisch ausgeschlachtet und vergifteten die Atmosphäre zwischen den Parteien.

Deutsche Eisenbahner ignorierten in der Folgezeit die französischen Anweisungen und gingen zum offenen Widerstand über. Es kam zu immer mehr Zwischenfällen zwischen Besatzern und deutschen Eisenbahnern. Die Besatzungsmacht reagierte mit der Verhaftung und Ausweisung des Präsidenten der Eisenbahndirektion Essen und weiterer leitender Angestellter. Im Essener Direktionsgebäude sabotierten Beamte und Angestellte die Telegrafen- und Fernsprecheinrichtungen. Wer von den Verantwortlichen gefasst wurde, musste mit Freiheitsstrafen rechnen. Für das zerstörte Gerät gab es keinen Ersatz, und neue Anlagen mussten in Frankreich bestellt werden. Was die Besatzer nicht wussten, war, dass Reichsbahner eine geheime Telegrafen- und Telefonverbindung mit

---

23 Vgl. Spethmann 1931 (wie Anm. 10), Bd. 5, Bild Nr. 467.
24 HdEG, Best. 911 Nr. 104.
25 HdEG, Best. 911 Nr. 110.

ihren vorgesetzten Behörden in Hamm (Eisenbahndirektion) und weiter zum Berliner Reichsverkehrsministerium unterhielten.[26] Dank des direkten Nachrichtenaustausches wurden schnell Aktionen besprochen und Entscheidungen gefällt. Die Berliner Regierung war so jederzeit über die unmittelbare Situation im Ruhrgebiet unterrichtet und erhielt unmittelbar Informationen von Eisenbahnern, die im besetzten Gebiet mit einem Beobachtungsauftrag unterwegs waren. Die fünf Beamten verfassten ihre Berichte unter den Decknamen: Goethe I, Goethe II, Goethe III, Schiller I und Schiller II. Ihre Aufgabe bestand darin, Informationen über die „Betriebsverhältnisse, die Verkehrslage, Eingriffe der Franzosen unter Schilderung der Einzelheiten, das Verhalten und die Stimmung des Personals, Ausdehnung der stillliegenden Strecken, Benutzung der Züge auf den militarisierten Strecken […]" zu sammeln.[27]

Reichsbahner organisierten die Überführung von 1.000 Lokomotiven und 30.000 Güterwagen aus dem Ruhrgebiet in die unbesetzten Gebiete, die so dem Zugriff der Franzosen entzogen wurden.[28] Gerade auf einen großen Wagenfuhrpark war Frankreich angewiesen, da über die Eisenbahn die großen, avisierten Mengen an Steinkohle und Koks aus dem Ruhrgebiet abtransportiert werden sollten. Doch wenn nicht genügend Güterzüge zur Verfügung standen, geriet dieses Ziel in Gefahr. Der Umschlag der Reparationskohlen sollte über die Eisenbahn und weniger über Schiffe erfolgen. Die Ziele der Besatzungstruppen waren der Berliner Regierung bekannt. Deshalb hatte der Reichsverkehrsminister am 19. Januar das Verbot ausgesprochen, Franzosen und Belgier beim Kohlentransport zu unterstützen.[29]

Der Eisenbahnverkehr im Ruhrgebiet kam zu großen Teilen zum Erliegen. Die französische Militärverwaltung musste reagieren und eine eigene Bahngesellschaft auf die Beine stellen, die parallel zu der bestehenden deutschen organisiert sein musste. Schwierig war es für sie, genügend Beschäftigte für ihre Bahnverwaltung zu finden. Da das deutsche Bahnpersonal sich einer Mitarbeit verweigerte, fuhren nur wenige Personen- und Güterzüge. Für die Besatzer war das Verhalten überraschend, hatten sie doch in den bisher besetzten Gebieten im Rheinland mit der Deutschen Reichsbahn kooperiert. Die Rheinlandkommission verfügte nur über wenige Fachleute, französische und belgische Feldeisenbahner. Diese richteten Ende Januar erste eigene Eisenbahnstrecken unter militärischen Bedingungen ein. Sie unterhielten im Ruhrgebiet eine Südrandstrecke (Düsseldorf – Kettwig – Kupferdreh – Steele Nord – Hattingen – Vorhalle – Hengstey) und eine Nordrandstrecke (Düsseldorf – Duisburg – Oberhausen – Gladbeck West – Recklinghausen – Lünen Süd). Das Ruhrgebiet war auf diese Weise von

26 Vgl. Denkschrift 1927 (wie Anm. 1), S. 554.
27 Vgl. ebd., S. 555.
28 Vgl. Kemp 2016 (wie Anm. 12), S. 137.
29 Vgl. ebd., S. 93; Ruhrbesetzung und Reichsbahn (wie Anm. 2), S. 9.

Abb. 69: Protestkundgebung gegen die Ruhrbesetzung in der Norbertstraße, Essen 1923–1924

zwei Linien umfasst, während alle anderen Linien weiterhin von der Deutschen Reichsbahn oder von Firmen, die eigene Betriebsbahnen hatten, unterhalten wurden. Um ihre beiden ersten Strecken überhaupt betreiben zu können, beschlagnahmte das französische und belgische Militär nicht nur Lokomotiven und Waggons, sondern ging zu Überfällen auf nicht besetzte Bahnhöfe über. Das Militär plante die handstreichartig durchgeführten Operationen: In Essen-Fintrop rückten am 23. Februar 1923 etwa 500 französische Soldaten in und an den Bahnhof vor. Die Infanterie war mit Maschinengewehren ausgerüstet und hatte zur Bedeckung Panzerwagen dabei:

> *„Nach erfolgter Besetzung wurden die deutschen Eisenbahnbediensteten mehrere Stunden festgehalten [...] Einige, die bei dem Überfall auszubrechen versuchten, wurden eingefangen und zwei Stunden mit erhobenen Händen an die Mauer gestellt. Es wurden alle Kohlen-, Koks- und Lebensmittelwagen zusammengestellt und abgefahren."*[30]

Mit den erbeuteten 94 Loks und 1.180 Güterwagen konnten beide Strecken zunächst einmal betrieben werden.[31] Die Züge wurden nun auf Verschleiß gefahren. Nutzlose oder defekte Maschinen und Waggons ließ die französische Militärverwaltung entweder auf Abstellgleise schieben oder sogar seitlich von

---

30 Denkschrift 1927 (wie Anm. 1), S. 598.
31 Vgl. Cohausz 1973 (wie Anm. 11), S. 8.

Abb. 70: Eisenbahnzusammenstoß an der Schwanenkampbrücke, Essen, 11. August 1925

den Streckenböschungen herunterkippen. So blieben die Strecken für den Bahnbetrieb nutzbar. Am 27. Januar übernahmen die französischen Besatzer den Betrieb der DR und verboten am 31. Januar den Kohlentransport in die unbesetzten deutschen Gebiete.[32]

Nachdem das französische Kommando am Abend den Frintroper Bahnhof wieder geräumt hatte, nahmen die Eisenbahner die Schäden auf. Alle Räume waren verwüstet, Schreibtische und Schränke aufgebrochen und im Güterlager waren die Kisten geplündert worden. Eine Reihe von beladenen Güterwagen zog das französische Kommando zurück in ihre besetzten Bahnhöfe. Vergleichbare Aktionen häuften sich in den folgenden Wochen. Auch der Essener Hauptbahnhof war betroffen. Am 3. März umstellte französisches Militär das Gebäude. Am gleichen Tag ereignete sich im Bahnhof Kray-Nord eine ähnliche Aktion. Es folgten die Besetzung, Beschädigungen, Plünderungen und das Abschleppen eines umfangreichen Wagenparks aus beiden Bahnhöfen: 44 Lokomotiven, 42 Packwagen, vier Postwagen, vier D-Züge, 131 Personenwagen, 47 beladende Kokswagen, 283 beladene Kohlenwagen, 38 Wagen beladen mit Holz, 106 Wagen beladen mit Erz und Eisen, 43 weitere beladene und 40 leere Wagen.[33] In den folgenden Wochen reagierte die Reichsbahn auf die Übergriffe und reduzierte

---

32 Vgl. Kemp 2016 (wie Anm. 12), S. 124.
33 Vgl. Denkschrift 1927 (wie Anm. 1), S. 600.

die Zahl der Lokomotiven und Wagen in ihren Bahnhöfen. Bei den Überfällen sank nun der „Ertrag" an Lokomotiven und Waggons.

Reichsbahner und Regiebahner

Das Ziel, die Infrastruktur aufrechtzuerhalten und den Kohlentransport aus dem Ruhrgebiet zu gewährleisten, konnte die am 1. März 1923 gegründete Regiebahn nur schwer erreichen. Ihre Aufgaben waren 1923 die Unterhaltung eigener Bahnstrecken, eines Wagenfuhrparks und einer entsprechend großen Organisation mit Arbeitern und Angestellten, die für einen solch großen Betrieb notwendig waren. Sie gliederte den Betrieb in sechs Eisenbahndirektionen. Die Direktion der Regiebahn für das Ruhrgebiet sollte in Essen die Verwaltung Reichsbahndirektion übernehmen, doch die deutsche Verwaltung war ja schon kurz vor der Besetzung nach Elberfeld umgezogen. Aus diesem „Provisorium" zog sie am 2. Februar mit allen Unterlagen, Vorschriften und technischen Beschreibungen weiter in die Stadt Hamm. Hier am östlichen Rand des Ruhrgebiets war die Sammelstelle für die aus den besetzten Gebieten ausgewiesenen Eisenbahnbeamten, die zusammen mit Gewerkschaften und Beamtenvertretungen den passiven Widerstand in ihrem gesamten Bahndistrikt koordinierten.[34] Sie wohnten in bereitgestellten Schlafwagenwaggons, abgestellt auf dem Bahnhofsgelände.

Den Besatzern fehlte die Kompetenz, um das komplizierte, weil dichte Eisenbahnnetz im Ruhrgebiet zu beherrschen. Ohne die deutschen Eisenbahner und ihr Wissen und ihre Erfahrung war nicht genug Personal für einen geregelten Betrieb vorhanden. An eigenem standen nur 4.000 französische und belgische Feldeisenbahner zur Verfügung. Allerdings endete ihre Dienstzeit am 30. April 1923. Sie mussten durch andere Eisenbahner ersetzt werden. Die Regiebahn griff auf deutsche, polnische und tschechische Arbeiter (insgesamt 7.000 Mann) zurück, die häufig mangelhaft ausgebildet waren.

Die Besatzer forderten am 20. März die Reichsbahner zur Wiederaufnahme ihrer Arbeit auf. Bei einer Weigerung drohten die Entlassung und die Abschiebung (inklusive ihrer Familien) in die nichtbesetzten Gebiete. Auf deutscher Seite stellte Reichsverkehrsminister Groener am 24. März klar, dass eine Zusammenarbeit mit der französischen Seite strafrechtlich geahndet würde: „Keine Weisung der Regie ist Folge zu leisten." Am 25. März bezeichnete er das Vorgehen der Besatzer als völkerrechtswidrig.[35]

Die Reichsbahner im besetzten Rheinland und im Ruhrgebiet (Groener nannte sie „im besetzten und im Einbruchsgebiet") konnten sich also entscheiden, welche der Anordnungen – die ihres Reichsverkehrsministers oder die der Regiebahn – sie brechen wollten.[36] In den folgenden Wochen entbrannte

34 Vgl. ebd., S. 550.
35 Vgl. Ursula-Maria Ruser, Die Reichsbahn als Reparationsobjekt. Freiburg 1981, S. 51.
36 Vgl. Stieger Manuskript, Bd. 3 (wie Anm. 3), S. 50.

ein Kampf um die Eisenbahner, der auf beiden Seiten propagandistisch instrumentalisiert wurde. Bis zum September 1923 wurden 24.467 Eisenbahner
entlassen und zusammen mit ihren Angehörigen ausgewiesen. Insgesamt belief
sich die Gruppe auf 65.893 Personen, die aus allen besetzten Gebieten links
und rechts des Rheins in die nicht besetzten Teile Deutschlands abgeschoben
wurden.[37] Im Essener Direktionsbetrieb waren es 3.911 Eisenbahner mit ihren
8.168 Angehörigen.[38] Die Familien mussten in ihren Wohnungen die Möbel,
Wäsche und Küchengerät zurück- und den Wohnungsschlüssel stecken lassen.
In die frei gewordenen Wohnungen setzte die Regiebahn eigene Beschäftigte,
die ihre Familien nachholten. Das französische Militärkommando forderte alle
Kommunen in ihrem besetzten Gebiet auf, entsprechend große Wohnungen
mit Inneneinrichtung zur Verfügung zu stellen. Die Bürgermeister erhielten
die Anweisung: „Jede Wohnungseinrichtung muss die notwendigen Möbel für
eine Küche, ein Speisezimmer und 2 andere Zimmer enthalten. Diese Möbel
werden an Plätzen, die von den Gemeindebehörden gewählt werden, aufgestellt
und dort bereitgehalten, um vom 5. August 1923 an auf eine vorherige Benach-
richtigung von 24 Stunden abgeholt werden zu können."[39] Die Bereitschaft,
Gewalt anzuwenden und rechtsstaatliche Vereinbarungen zu überschreiten,
wuchs auf beiden Seiten. Die breite Empörung in der Bevölkerung und die Taten
und Untaten der „anderen" wurden instrumentalisiert und öffentlich gemacht.
Die jeweils eigene Bevölkerung wurde mittels einer entsprechend einseitigen
Vermittlung (Propaganda) informiert. Die Zeitungen berichteten von den Vor-
fällen. Exemplarisch sei das Schicksal des Lokomotivführeranwärters von der
Höh vorgestellt. Französische Soldaten schossen ihn am 14. März 1923 an der
Kanalbrücke zwischen den Gemeinden Schalke und Horst-Emscher nieder. Er
erlag seinen Verletzungen am 17. April.[40]

Streckennetz der Besatzer

Die Regiebahn besetzte im Frühjahr 1923 weitere Bahnstrecken, einige nur
zeitweise. Zu den Streckenbeschlagnahmungen gehörten Werden-Essen Hbf.

---

[37] Vgl. Die Leiden der Eisenbahner im Ruhrgebiet, in: Beobachter an der Ruhr, Nr. 4,
19.9.1923. Der „Beobachter an der Ruhr" diskreditierte die Regiebahn in zahlreichen Artikel, ohne dass der Wahrheitsgehalt überprüfbar ist. Die Zahlen zu der betroffenen Gruppe an ausgewiesenen Eisenbahnern und ihren Angehörigen werden auch vom anonymen
Fachmann bestätigt; vgl. Ruhrbesetzung und Reichsbahn 1926 (wie Anm. 2).
[38] Vgl. Denkschrift 1927 (wie Anm. 1), S. 578.
[39] Stadt- und Vestisches Archiv, Recklinghausen, Verordnungen 31–60 der Besatzungsbehörden, Heft II, Schreiben General Cuyot an Bürgermeister von Recklinghausen, Recklinghausen, 23.7.1923.
[40] Vgl. Wanne-Eickeler Zeitung, 19.4.1923; abgedruckt bei Manfred Hildebrandt, „… bey den
spätesten Nachkommen in beständig gutem Andenken zu erhalten…". Denkmäler in Her-
ne und Wanne-Eickel, in: Der Emscherbrücher, Bd. 14, 2008/09, S. 57–77, hier S. 62.

(4. März), Recklinghausen-Herne-Dortmund-Mengede (12. April) und Duisburg Hbf.-Essen Hbf-Kray Nord (24. Mai).[41] Bis zum Juni hatte die Regiebahn einen großen Teil des Streckennetzes im mittleren Ruhrgebiet unter militärischen Gesichtspunkten übernommen. Die Zahl der Beschlagnahmungen ging nur schleppend voran, denn mit jeder übernommenen Strecke wuchsen für die Regiebahn die Schwierigkeiten. Das Streckennetz wuchs, ohne dass ein geregelter Betrieb möglich war. Ihre Züge fuhren im Ruhrgebiet so unregelmäßig, dass die Fahrtzeiten oft nur telefonisch den Dienststellen durchgegeben wurden. In den Bahnhöfen konnte sich das Publikum anhand von handschriftlichen Aushängen informieren; manchmal wurden Änderungen in den Lokalnachrichten veröffentlicht. In der Hochphase der Konfrontation im März 1923 fuhren nur 245.000 Personen mit den Regiebahnzügen. Die Personenzüge der Regiebahn hatten eine so geringe Auslastung, dass die Fahrkartenkontrollen entfielen. Es wurden sogar Freifahrtscheine verteilt.[42] In den Zügen waren eigens „Militärabteile" für die eigenen Truppen ausgewiesen worden, deren Nutzung für die deutsche Bevölkerung verboten war. Dass die Bahnen nicht genutzt wurden, beruhte auf der weit verbreiteten Meinung in der Bevölkerung, das „Unrechtsregime" der Besatzer nicht unterstützen zu dürfen. Diese Haltung förderten deutsche Publizisten, die öffentlich diejenigen an den Pranger stellten, die eine Zugfahrt mit der Regiebahn wagten. Im „Beobachter an der Ruhr" wurden diejenigen genannt, die mit der Regiebahn fuhren: „Dortmund. Zu den Benutzern der Regiezüge gehört der Abteilungsleiter Wertheim aus dem hiesigen Warenhaus Althoff."[43] Allerdings sollte in den folgenden Wochen diese Haltung bröckeln. Neben Berufstätigen und Unternehmen nutzten im Sommer verstärkt auch Touristen die Bahnen. Die Essener Eisenbahndirektion erreichte ein Schreiben, wo über die „lieben Deutschen" geklagt wurde, „die den kämpfenden Eisenbahnern in den Rücken fielen."[44]

Deutsche Eisenbahner zerstörten Stellwerke, Weichen, Signale und schafften technische Unterlagen beiseite. So mussten die Regiebahner nicht nur die Beschädigungen reparieren, sondern auch die Komplexität des Weichensystems und des Signalwesens durchdringen. Anders als in Frankreich gab es in Deutschland den Rechtsverkehr, was sich auch in der Art des Signalwesens niederschlug. Französische Eisenbahner aus dem Elsass waren gesucht, da sie noch Erfahrungen mit dem deutschen Signalwesen hatten. Ihr Gebiet gehörte von 1871 bis 1918 zum Deutschen Reich. Aufgrund der Schwierigkeiten reduzierten die Franzosen die Fahrtgeschwindigkeit und fuhren auf Sicht, was die Unfallgefahr erhöhte. Es kam zu zahlreichen Auffahrunfällen, weitere ereigneten sich, da das wenig kundige

41   Weitere beschlagnahmte Strecken sind aufgeführt bei Kemp 2016 (wie Anm. 12), S. 151.
42   Dicke u. Lenz 1930 (wie Anm. 1), S. 207.
43   Beobachter an der Ruhr, Nr. 1, 29.8.1923.
44   Zitiert nach Stieger Manuskript, Bd. 3 (wie Anm. 7), S. 64.

Bahnpersonal weder das dichte Streckennetz noch das Signalwesen korrekt beherrschte. Aufgrund der vielen Entgleisungen und Unfälle mussten Reisende das Fehlen einer Unfallversicherung akzeptieren. Im gesamten Verkehrsbereich der Regiebahn kam es im Monat Mai 1923 allein zu 44 Entgleisungen.

Die Regiebahn betrieb immer nur einen Teil des Schienennetzes, die übrigen verblieben bei der DR oder Unternehmen (Werksbahnen). Zwischen beiden lag ein Niemandsland, ein Übergangsbereich, der von keinem genutzt wurde. Die Regiebahn verwendete ihn und stellte nicht-funktionsfähige Lokomotiven wie leere Waggons, die keine Verwendung fanden, ab. Das Niemandsland war groß und veränderte sich, wenn die Regiebahn eine neue Strecke beschlagnahmte oder eine andere wieder aufgab. Da die DR eine Zusammenarbeit verweigerte, kam es nur an wenigen Bahnhöfen zu einer gewissen Form von Kooperation.

Die Reichsbahn richtete Behelfsbahnhöfe an ihren Strecken ein, die aus dem Boden gestampft wurden; Erde wurde aufgeschüttet und so war das Ein- und Aussteigen möglich. Über die Übergangs- und Hilfsbahnhöfe wurden Güter und Lebensmittel auf Wagen, Fuhrwerke und Straßenbahnen umgeschlagen. Eine Nothaltestelle befand sich an der Gelsenkirchener Straße auf der Strecke Wanne-Unser Fritz. Ihr Name „Wildwest" war vielsagend.[45] Die Bevölkerung nutzte die provisorischen Bahnhöfe, um den Kontakt mit der Regiebahn zu meiden und nahm lieber die Fahrt mit einer Straßenbahn in Kauf. Die überfüllten Wagen waren Ziel des Spotts von Seiten der Besatzer. Sie karikierten diese Art des „Widerstands": Anstelle der Fahrt mit der Regiebahn würde die deutsche Bevölkerung sich lieber in volle Straßenbahnen zwängen.[46]

Die Regiebahn richtete Kontrollstellen an ihren Grenzbahnhöfen zum nicht besetzten Teil Deutschlands ein. Da das Ruhrgebiet vom Rhein aus weit nach Osten ausragte, entstanden – bis auf den Westen – an allen drei Himmelsrichtungen Grenzgebiete, die mit Einsatz von viel Militär kontrolliert wurden. Diese Zollgrenze bestand seit dem 25. Juni 1923.[47] Ihr Personal kontrollierte die Ein- und Ausreise von Personen ebenso wie die Ein- und Ausfuhr von Gütern. Den Unternehmen im Ruhrgebiet gelang es in Teilen, ihre Produkte an den Zollstellen vorbei über Nebengleise aus der Besatzungszone herauszuschmuggeln. Genehmigungen zur Ein- oder Ausfuhr von Rohstoffen oder Fertigprodukten wurden nicht eingeholt. Die Fried. Krupp AG schmuggelte ihre produzierten Lokomotiven (G 8 und G 10) heraus und lieferte sie an die DR aus.[48]

Neben der Kontrolle des Güterverkehrs hatten die Besatzer mit dem Problem zu kämpfen, dass ihre Kohlenzüge mehr oder weniger systematisch bestohlen wurden. Die verarmte Bevölkerung versuchte wenigstens Kohlen für den

[45] Vgl. Hermann Keinhorst, Eickel vom Jahre 774 bis zur Neuzeit. Wanne-Eickel 1965, S. 85.
[46] HdEG, Best. 910 Nr. 2020, „Der Widerstand in Wort und Bild".
[47] Vgl. Ruhrbesetzung und Reichsbahn (wie Anm. 2), S. 7.
[48] Vgl. Cohausz (wie Anm. 11), S. 9.

Hausbedarf abzuzweigen. Während die einen immer neue Schutzmaßnahmen ergriffen, suchten die anderen nach Möglichkeiten, an Kohle zu kommen. Eine war, die Kohlenklappen an den Waggons durch einen deutschen Eisenbahner öffnen zu lassen. Während der Fahrt fielen die Kohlen heraus und eingeweihte Nachbarn sammelten sie auf.[49]

Reichsfinanzminister Luther, der – wenn auch beurlaubt – immer noch Oberbürgermeister Essens war, musste bei seiner Eisenbahnfahrt von Berlin nach Essen eine Einreisegenehmigung bei der französischen Besatzungsbehörde beantragen. Gemeinsam mit dem aus Essen stammenden Volkswohlfahrtsminister Hirtsiefer fuhr er Ende 1923 ins Ruhrgebiet. Luthers Wohnhaus hatte die französische Verwaltung für ihr eigenes Personal beschlagnahmt. So schlief das Stadtoberhaupt in der Wohnung, welche seine Kommune dem jeweiligen Oberbürgermeister stellte.[50]

Für die Reichsbahn bestand mit der Festlegung der Zollgrenze die Aufgabe, rund um das besetzte Gebiet Bahnverbindungen einzurichten. Besonders das Ruhrgebiet bereitete Probleme, da dieses besetzte Gebiet so weit in ihr eigenes Streckennetz hineinragte. Von Köln führte nur noch eine Bahnlinie um die besetzten Gebiete des Ruhrgebiets herum. Sie verlief von Köln über (Solingen-) Ohligs, Vohwinkel, Elberfeld, Hagen und Schwerte nach Hamm. Für den Süd-Nord-Fernverkehr Deutschlands richtete die DR großräumige Umleitungen um das Ruhrgebiet herum ein. Personen- wie Güterzüge wurden über Nebenstrecken gefahren. Nicht nur die DR, sondern auch die Regiebahn musste mit dem Problem von gesperrten Gebieten kämpfen. Da die Briten ihren besetzten Kölner Raum nicht für französische Züge freigaben, mussten diese ihn umfahren. Aus diesem Grund wurde für ihre Güterzüge Richtung Westen die Strecke Bonn-Euskirchen-Düren zweigleisig ausgebaut.[51]

Vom Widerstand zum Terror

Deutsche Eisenbahner sabotierten den laufenden Betrieb und zerstörten Lokomotiven, Stellwerke und Gleisanlagen. Es kam zu Sprengstoffanschlägen auf die Bahnstrecken. In den meisten Fällen handelte es sich „nur" um Sachschäden, die mit geringem Aufwand beseitigt wurden.[52] Auch an der Strecke Essen-Rüttenscheid fand bei Heißen ein Anschlag statt.[53] Leidtragend war die Bevölkerung,

---

49 Ein solcher Fall ist für die Bahnlinie Mülheim-Heißen belegt. Die Züge transportierten die Kohlen der Zechen Langenbrahm II und Gottfried Wilhelm ab; vgl. Hugo Rieth, Die Franzosen sin da! In: Margarethenhöher Notizen, Bd. 1, hrsg. v. der Bürgerschaft Essen Margarethenhöhe e.V. Essen 2006, S. 117–121, hier S. 119.

50 Vgl. Luther 1958 (wie Anm. 19), S. 125.

51 Vgl. Stieger Manuskript, Bd. 3 (wie Anm. 7), S. 622.

52 Vgl. Kemp 2016 (wie Anm. 12), S. 138.

53 Laut einer Zeitungsnotiz sei die Sprengung völlig belanglos gewesen, da der Eisenbahnverkehr eingleisig weiterhin aufrechterhalten würde; vgl. Essener Allgemeine Zeitung, 22.9.1923.

die zu Reparaturarbeiten herangezogen wurde. Zudem mussten Geiseln als lebende Schutzschilde gestellt werden, die auf den Zügen tagelang mitfuhren.

Einer der Attentäter war Albert Leo Schlageter, der bei seinem Anschlag auf die Bahnlinie Duisburg–Köln (Kalkum) gefasst und verurteilt wurde. Seine Hinrichtung löste eine breite Anteilnahme in der Bevölkerung aus, die von der deutschen Reichsregierung bis zu rechtsextremistischen Kreisen reichte. Weitere Anschläge anderer Freikorpsführer und Mitglieder nationalistischer Verbände fanden mit ihren radikalen Terrormaßnahmen immer weniger Zustimmung und Unterstützung in der Bevölkerung. Ihre Finanziers aus der Industrie – wie die Fa. Fried. Krupp und Hugo Stinnes – zogen sich schnell aus diesem „Abenteuer" wieder zurück.[54]

Der gravierendste, weil blutigste Anschlag fand am 30. Juni 1923 auf einen belgischen Militärzug statt, der über den Rhein bei Duisburg fuhr. Auf der Duisburg-Hochfelder Brücke detonierte im Zug eine Bombe und riss acht belgische und französische Soldaten in den Tod, zehn weitere wurden verletzt. Die Besatzungsmacht antwortete mit aller Härte, ohne die Täter ermitteln zu können. Ihr Oberbefehlshaber verhängte eine Ausgangssperre für Duisburg; Geschäfte mussten schließen, das öffentliche Leben kam zum Erliegen.[55] Für das gesamte besetzte Ruhrgebiet wurden die Grenzen bis zum 15. September geschlossen. Für die Bevölkerung wie für die Unternehmen war der Terror desaströs. Während einige Zeitungen im nichtbesetzten Teil Deutschlands den Anschlag begrüßten, verurteilte ihn die Essener Volks-Zeitung aufgrund ihres „christlichen Standpunktes": Dieser sei ein Verbrechen und würde nur scharfe Sanktionen von Seiten der Besatzungsmacht nach sich ziehen, „[…] was eine schwere Schädigung breiter Schichten der Bevölkerung in sich [hat]."[56]

Verschärft wurde das Verkehrschaos im Ruhrgebiet durch einen Anschlag auf den Rhein-Herne-Kanal. Im April 1923 sprengten zehn junge Männer, unter der Führung eines Steigers, eine Kanalspundwand in die Luft. Die Stelle war bewusst gewählt. Unter dem Kanal kreuzte die Emscher in einem Düker die Strecke. Durch die Sprengung lief der Kanal bis zur nächsten Schleuse komplett leer. Das Wasser ergoss sich in die Emscher und die Flut riss zwei Emscherbrücken mit. Der Kanal war für die nächsten Wochen nicht passierbar und auch nach Reparaturarbeiten nur für kleine (Kohlen-)Schiffe befahrbar.[57] Erst nach der Ruhrbesetzung fanden umfangreiche Neubauarbeiten statt. Der Gütertransport erfolgte in der Zwischenzeit entweder über die Eisenbahn oder über Lastkraftwa-

54   Vgl. Kemp 2016 (wie Anm. 12), S. 140.
55   Ein Eisenbahnunglück auf der Hochfelder Brücke, in: Essener Volks-Zeitung, Nr. 152, 1.7.1923.
56   Die Wahrheit über das Attentat in Duisburg, in: Essener Volks-Zeitung, Nr. 154, 4.7.1923.
57   Vgl. Karl Steinmetz, Das Wasserkreuz in Castrop-Rauxel-Henrichenburg, in: „… links und rechts der Emscher …". Geschichten und Erzählungen aus dem „Neuen Emschertal" und aus dem Castrop-Rauxeler Norden, hrsg. v. Stadt Castrop-Rauxel o. J., S. 195–207, hier S. 201.

Abb. 71: Henrichenburg, der ausgelaufene Rhein-Herne-Kanal mit nachstürzenden Ufermauern, 1923

gen. Zum ersten Mal wurden großräumig Lastwagen zum Transport eingesetzt und zeigten ihre Leistungsfähigkeit. Eine neue Logistiksparte entstand, auch dank Subventionen.[58] Auf dem Rhein charterte die Regie Frachtschiffe, die Obst und andere Lebensmittel vom Oberrhein zum Niederrhein und ins Ruhrgebiet brachten.[59] Der „Schienenersatzverkehr" gehörte nun zum Alltag und bleibt – bis heute – ein konkurrierendes Verkehrssystem.[60]

Die Besatzer reagierten unverhältnismäßig auf den Widerstand der deutschen Bevölkerung. Ihre politischen Druckmittel waren Gewalt und Zerstörung. Ihre Militärjustiz fällte rigide Urteile, selbst bei kleineren Vergehen wie dem Fehlen eines Passagierscheins oder dem (verbotenen) Kohlentransport, der für eine Witwe mit ihren neun Kindern bestimmt war.[61] Die Bevölkerung wie die Wirtschaft war massiv von den restriktiven Maßnahmen betroffen und war immer weniger bereit diese zu tolerieren. Eine neue Normalität stellte sich ein.

58 Ruhrbesetzung und Reichsbahn (wie Anm. 2), S. 18 f.
59 Vgl. Stieger Manuskript, Bd. 3 (wie Anm. 7), S. 63.
60 Kemp 2016 (wie Anm. 12), S. 97.
61 Vgl. Verhaftungen, Verurteilungen und Ausweisungen, in: Essener Volks-Zeitung, Nr. 158, 8.7.1923. Angeklagt waren Auto- und Motorradfahrer, die mit ihren Fahrzeugen ohne gültigen Passagierschein angehalten worden waren. Neben einer Geldstrafe wurde bei einigen auch noch ihr Fahrzeug beschlagnahmt.

Ende und Neubeginn

Die Versorgung der Bevölkerung wie der Güterverkehr der Unternehmen nahmen katastrophale Zustände an. Viele Waren wurden aus den Zügen gestohlen, Lagerhallen wurden geplündert. Ein rechtsfreier Raum entstand, in dem sich sowohl das Militär der Besatzer wie auch deutsche Eisenbahner bereicherten. Ein deutscher Polizeibeamter schilderte, wie er im Bahnhof Katernberg Süd von den diensthabenden Eisenbahnern mit Misstrauen und Ablehnung empfangen wurde:

> *„Ich erhoffte durch meine Massnahme, Einrichtung einer besonderen Wache zum Schutze der Güter, freudige Gesichter, Händedruck und treue Mitarbeit. Man drehte mir den Rücken zu, sah mich fremd und feindlich an. Jetzt wusste ich, dass die Kommissare Schröder und Loheide die Wahrheit gesagt hatten, wenn sie behaupteten, dass wir uns unter Verrätern befänden, die persönlichen Anteil an den systematischen Plünderungen hatten.“*[62]

Der Grund für die Plünderungen lag auch in der schlechten Versorgung der Bevölkerung. Hunger und Krankheiten ließen die Menschen verzweifeln. Am 18. Oktober 1923 kam es zu einer weiteren Plünderung, nun am Bahnhof Stoppenberg. Innerhalb von zehn Minuten seien drei Waggons mit Kartoffeln geplündert worden. Vier Tage später wurde in Katernberg ein Konsum überfallen und leergeräumt.[63] In anderen Städten des Ruhrgebiets war das Elend vergleichbar, das Verhalten der hungernden Bevölkerung verständlich. Die katastrophale wirtschaftliche Situation war nicht mehr länger tolerabel und die Reichsregierung verkündete am 26. September 1923 das Ende des passiven Widerstands.[64] Auch ihr erklärtes Ziel, den Kohlentransport nach Frankreich und Belgien zu unterbinden, war gescheitert. Die Regiebahn hatte trotz der Widerstände Kohle und Koks abtransportieren können. Die deutsche Regierung musste sich nun mit ihr arrangieren. Bis zum Jahresende vereinbarte die DR mit der Regiebahn die Zusammenarbeit („Mainzer Abkommen"), was die Zahl der einzelnen Strecken anging. Es gab nun Tarifübergangspunkte und die Stellung von Lokomotiven und Waggons von Seiten der DR.

Parallel zum Abebben des Widerstands ab dem Sommer 1923 gingen die Zahlen der Zugreisenden wieder nach oben. Bis zum März 1924 schnellten die Beförderungszahlen wieder auf 11 Mill. Passagiere hoch.[65] Die Personenangaben beziehen sich jeweils auf das gesamte Streckennetz der Regiebahn. Dank

---

62 HdEG, Best. 850 Nr. 93. Essen im Jahre 1923/24. Tagesereignisse aus Deutschlands schwerster Zeit unter besonderer Berücksichtigung der Essener Verhältnisse zur Zeit des Ruhreinbruchs, S. 44.

63 Vgl. ebd., S. 45.

64 Vgl. Ruhrbesetzung und Reichsbahn 1926 (wie Anm. 2), S. 36.

65 Ebd., S. 32.

der gestiegenen Zahlen in der Personenbeförderung und dem Gütertransport verzeichnete die Regiebahn für den März 1924 Mehreinnahmen von 1,84 Mill. Francs.[66]

Die Regiebahn blieb ihrer Personalpolitik bis zum Ende des Jahres 1923 treu und wies diejenigen Arbeiter und Angestellten aus, die nicht für sie arbeiten wollten. So mussten bis Jahresende 25.300 Personen des Dienstpersonals und deren 60.000 Angehörige die besetzten Gebiete verlassen. Sie durften erst im November 1923 zurückkommen und in die Regiebahn eintreten, was nun die Reichsregierung genehmigt hatte. Bis zum 1. März 1924 stieg die Belegschaft der Regiebahn wieder auf 96.000 Personen an, davon waren 75.000 deutsche Eisenbahner.[67] Nachdem die deutschen Eisenbahner dann für die Regiebahn arbeiten durften, zeigte sich das Problem, dass für alle Rückkehrer bei Weitem nicht genügend Wohnraum vorhanden war.

Die Besatzer zogen sich im Juli 1925 aus dem westfälischen Ruhrgebiet zurück. Die letzten Belgier rückten am 20. Juli und die Franzosen am 31. Juli 1925 ab.[68] Obwohl die Masse zu Fuß marschierte oder Lastwagen nutzte, setzte die Regiebahn 249 Züge zusätzlich ein. Eine der Konsequenzen der Ruhrbesetzung war das Ende der Deutschen Reichsbahn als Staatsunternehmen. Die Siegermächte vereinbarten 1924 mit der Reichsregierung die Gründung der „Deutsche Reichsbahn-Gesellschaft" (DRG) zum 30. August.[69] Die DRG musste zum einen die komplizierten Verhandlungen über die Anrechnung der Dienstzeiten, die Entlassung und Wiedereinstellung der Beschäftigten führen und zum anderen die Zerstörungen und Verluste am Gleiskörper wie am Wagenpark beseitigen. Die Deutsche Reichsbahn vergab Aufträge zur Erneuerung und Modernisierung der Strecken und zur Wiederherstellung eines adäquat großen Bestands an Lokomotiven und Waggons.

Am Ende der Besatzungszeit addierte die Deutsche Reichsbahn den Gesamtschaden, inklusive der Einnahmeverluste, auf 2,64 Milliarden Goldmark.[70] In den folgenden Jahren erwirtschaftete sie wieder Gewinne, die sie in Teilen im Rahmen der Reparationsforderungen an die Siegermächte überwies.[71] Die DRG war verpflichtet, 29 Prozent ihrer Einnahmen an diese (plus die Deutsche Reichsregierung) abzuführen.[72] Wie hoch sich die Gewinne der DRG beliefen, lässt sich für die Jahre zwischen 1925 und 1929 belegen. Pro Jahr fielen zwischen

66 Ebd., S. 36.
67 Vgl. Ruhrbesetzung und Reichsbahn 1926 (wie Anm. 2), S. 31.
68 Vgl. Stieger Manuskript, Bd. 4 (wie Anm. 7), S. 38.
69 Geschichte der Eisenbahn in Deutschland. Katalog zur neuen Dauerausstellung des DB Museums, 5 Bde., Bd. 2: Im Dienst von Demokratie und Diktatur. Die Reichsbahn 1920–1945, hrsg. v. DB Museum Deutsche Bahn AG. Nürnberg 2002, S. 9.
70 Vgl. Ruhrbesetzung und Reichsbahn 1926 (wie Anm. 2), S. 46.
71 Vgl. Geschichte der Eisenbahn, Bd. 2 (wie Anm. 69), S. 9; Ostendorf 1983 (wie Anm. 6), S. 122.
72 Vgl. Ruser 1981 (wie Anm. 36), S. 223.

Abb. 72: Abzug französischer Truppen aus Essen-Bredeney, Juli 1925

Abb. 73: Besuch des Reichspräsidenten von Hindenburg nach Abzug der französischen Besatzung, Essen, 17./18. September 1925

818 und 880 Millionen Reichsmark an.[73] Erst mit der Weltwirtschaftskrise (Ende 1929) endete die erfolgreiche Zeit der Bahngesellschaft.

Fazit

Was bleibt an Erinnerung? Aus dem Abstand von hundert Jahren betrachtet ist es wenig, was direkt mit der Geschichte des Eisenbahnwesens im Ruhrgebiet verbunden werden kann. Es wird deutlich, dass es den involvierten Gruppen (den Eisenbahnern) nicht gelang, eigene Vereine und Verbände nach der Besatzungszeit zu gründen. So fand kaum eine gemeinsame Pflege der Erinnerung an das Erlebte (von „heldenhaftem Widerstand" bis hin zur Mitarbeit) statt. Das Maß an Überlieferung ist überschaubar, wenn man allein den Teilbereich des Eisenbahnwesens in der Phase der Ruhrbesetzung in den Fokus der Betrachtung rückt. Es scheinen sich keine Gruppen von Reichs-Eisenbahnern auf deutscher Seite und entsprechende Gruppen in Frankreich und Belgien gebildet zu haben, die eine Erinnerungsgemeinschaft aufgebaut und gepflegt haben. Alle Beteiligten gingen nach 1925 (die Besatzer nach 1930) ihren geregelten Diensten in den jeweiligen Bahngesellschaften nach. Keiner sah sich bemüßigt, einen Verein oder eine Interessenvertretung zu gründen.

Eine Memorialkultur von und für deutsche Eisenbahner fand nur an wenigen Stellen statt. Ein Beispiel für eine solche Form der Erinnerung war in (Herne-) Wanne-Eickel angebracht. Die Gedenktafel, die sich heute im Ruhr Museum in Essen befindet, erinnert an den Lokomotivführeranwärter Fritz von der Höh, den französisches Militär erschossen hat. Die Nationalsozialisten instrumentalisierten 1934 die brutalen Ereignisse (1923)[74] und stellten von der Höh als Märtyrer im Kampf für ein „freies Deutschland" dar. Ihre Gedenkplatte trägt die Aufschrift:

> *„1923 1924 Ruhrkampf-Gedenktafel. In treuer Pflichterfüllung im Ruhrkampf starb am 17.4.1923. von französischen Kugeln getroffen, der Reichsbahn-Lokomotivführeranwärter Fritz von der Höh den Tod für das Vaterland"*

Neben wenigen solchen Objekten aus dem Feld der Memorialkultur existieren eine Reihe von Publikationen, geschrieben von Fachleuten, die selber in einer der Eisenbahnverwaltungen beschäftigt waren. Sie wollten ihre Leistungen während

---

73 Ottmar Lang, Die Eisenbahn in der Weimarer Republik, in: Zug der Zeit – Zeit der Züge, 2 Bde., Bd. 2. Berlin 1985, S. 654–660, hier S. 658.

74 Vgl. Oliver Grenz, Der Fall Fritz von der Höh – eine Gedenktafel und ihre Geschichte hinter der Geschichte, in: Der Emscherbrücher. Trauer, Kunst und unsre Sprache; Gesellschaft für Heimatkunde Wanne-Eickel, 2011, S. 31–33; im Wiki der Herner Stadtgeschichte thematisiert der Historische Verein Herne/Wanne-Eickel e. V. das Schicksal von der Höhs ausführlich und stellt auch die Gedenktafel vor.

der Besatzungszeit entsprechend gewürdigt sehen. Die Schriften richteten sich vor allem an Eisenbahner in den eigenen Ländern. Eine Ausnahme stellt die Monografie von Hans Spethmann dar, der mit seinen zahlreichen veröffentlichten Fotografien und Flugblättern ein breites Publikum erreichte.[75] Seine Materialsammlung zum Eisenbahnwesen ist bis heute für Fachleute wie Laien ein zentrales Zeitdokument, um die Ruhrbesetzung einordnen zu können. Insgesamt wurden in dieser Phase Hunderte von Fotografien, Flugblätter und Anordnungen hergestellt, sowohl von deutscher wie auch französisch-belgischer Seite. Die wenigsten flossen in die Bebilderung von Monografien oder Sammelbände ein. Mit dem Fotoapparat wurde der Alltag der Besatzer genauso wie die vermeintlichen oder auch realen Verfehlungen und Missstände festgehalten. Eine wirksame Zensur von ihrer Seite ist nicht erkennbar.

Unsere Erinnerung an die „Ruhrbesetzung und die Rolle der Eisenbahn" wird maßgeblich durch ein Fotomotiv bestimmt, was ikonisch für dieses Thema steht.[76] Es zeigt einen französischen Soldaten auf einem Eisenbahnwaggon, vermutlich 1923 aufgenommen. Der unbekannte Fotograf hat den unbekannten Infanteristen auf einem mit Briketts gefüllten Wagen positioniert. Der Brennstoff war für sein Heimatland bestimmt. Warum hat gerade dieses Motiv eine solche Bedeutung in unserem Bildgedächtnis eingenommen? In der Aufnahme wird der französisch-belgische Militärapparat personalisiert, auf einen Soldaten reduziert. Obwohl er nicht martialisch dargestellt ist, kommt er doch seiner Aufgabe nach: Er sichert den gesamten Güterzug mit der kostbaren Kohle für sein Land. Er scheint allein auf dem Güterbahnhof zum Schutz des Zuges abgestellt zu sein – was ein schier aussichtsloses Unterfangen ist. Für uns Betrachtende wirkt der Soldat eher selber schutzbedürftig, heillos überfordert mit seinem Auftrag. Gleichzeitig transportiert das Bild die zentrale Intention der Ruhrbesetzung durch Franzosen und Belgier: Sie wollten Kohle (Koks und Briketts) requirieren

---

75 Vgl. Spethmann 1931 (wie Anm. 10).

76 Abgebildet ist der französische Wachsoldat bei Kemp (wie Anm. 12) auf dem Cover und auf S. 124.

und abtransportieren. Dafür benötigten sie die deutsche Eisenbahn, beschützt und gesichert durch ihr eigenes Militär. Ein Bild sagt manchmal doch mehr aus als tausend Worte.

Abb. 75: Bewachung eines mit Union-Kohlebriketts beladenen Güterzugs durch einen französischen Posten, Ende Januar 1923

DIE EINGLIEDERUNG DER GEMEINDE ALTENDORF IN DIE STADT ESSEN ZUM 1. JANUAR 1970

DANIEL PAWLIK

In diesem Artikel soll die politische Diskussion der Jahre 1966–1970 nachgezeichnet werden, die zum 1. Januar 1970 die Eingliederung der Gemeinde Altendorf, die ursprünglich zum Amt Hattingen gehörte, in die Stadt Essen zur Folge hatte.[1]

Erste Überlegungen einer Gebietsreform in Nordrhein-Westfalen 1965–1968

Nachdem der 45. Deutsche Juristentag 1964 den Bundesländern Gebietsreformen empfahl,[2] beschloss die damalige nordrhein-westfälische Landesregierung[3] unter Ministerpräsident Franz Meyers (CDU) am 5. Oktober 1965 die Einsetzung einer Sachverständigenkommission,[4] die der Landesregierung am 22. November 1966 ein erstes Teilgutachten (A-Gutachten) vorlegte, das sich mit der Neugliederung von Gemeinden im ländlichen Raum befasste.[5] Noch vor Abschluss dieses Teilgutachtens forderte Innenminister Wilhelm (Willy) Weyer (FDP) in einem vertraulichen Erlass vom 27. September 1966 die Oberkreisdirektoren als untere staatliche Behörden auf, ihm konkrete Vorschläge für Gebietsveränderungen zu benennen.[6] Eine von der neuen Landesregierung eingesetzte zweite Sachverständigenkommission legte am 8. April 1968 ein zweites Teilgutachten

---

[1] Dieser Artikel ist eine gekürzte und überarbeitete Fassung von Teilen der im Jahre 2021 eingereichten Masterarbeit des Verfassers (Titel: „Die kommunale Neugliederung im Raum Hattingen 1966–1970") zur Erlangung des akademischen Grades Master of Arts (M.A.) im Studienfach Geschichte an der Heinrich-Heine-Universität Düsseldorf. Auf Gebietsforderungen der Stadt Essen gegen die Stadt Hattingen im zweiten Neugliederungsprogramm (1970–1975) wird in diesem Aufsatz ausdrücklich nicht eingegangen.

[2] Vgl. Wolfgang Gärtner, Der Landtag NRW und die kommunale Neugliederung in den sechziger und siebziger Jahren des 20. Jahrhunderts, in: Präsidentin des Landtags NRW (Hrsg.), Der Kraftakt: Kommunale Gebietsreform in Nordrhein-Westfalen, Düsseldorf 2005, S. 19–20.

[3] In diesem Artikel beziehen sich die Bezeichnungen Regierung, Landtag, Landesregierung, Ministerpräsident und Innenminister ausschließlich auf das Land Nordrhein-Westfalen.

[4] Vgl. 863. Kabinettssitzung vom 5.10.1965, in: Kurt Düwell/Wolf-Rüdiger Schleidgen (Hrsg.), Die Kabinettsprotokolle der Landesregierung von Nordrhein-Westfalen 1962–1966, Fünfte Wahlperiode, Teil 2, Siegburg 2002, S. 1043–1044.

[5] Vgl. Sachverständigenkommission für die staatliche und regionale Neugliederung des Landes Nordrhein-Westfalen (Hrsg.), Gesamtgutachten über die kommunale und staatliche Neugliederung des Landes Nordrhein-Westfalen, Abschnitt A, Die Neugliederung der Gemeinden in den ländlichen Zonen des Landes Nordrhein-Westfalen, Siegburg 1966.

[6] Vgl. Erlass des Innenministers an die Oberkreisdirektoren des Landes Nordrhein-Westfalen (III A 2 – 1411/66) vom 27.9.1966, LAV NRW W, Bestand Regierung Arnsberg K 101, Nr.-46338.

(C-Gutachten) über eine Reform der Landschaftsverbände und Regierungsbezirke vor.[7] Und am 9. April 1968 legte die erste Sachverständigenkommission dem Kabinett ein drittes Teilgutachten (B-Gutachten) über eine Reform der Kreisebene vor.[8]

Vorschläge einer Gebietsreform im Raum Hattingen 1966–1970

Die Bildung der neuen (amtsangehörigen) Stadt Blankenstein (im fortbestehenden Amt Blankenstein) zum 1. April 1966 war ein erster Schritt einer größeren Gebietsreform im Ennepe-Ruhr-Kreis nach 1945.[9] Auf den vertraulichen Erlass des Innenministers vom 27. September 1966 regte der damalige Oberkreisdirektor des Ennepe-Ruhr-Kreises, Dr. Paul Schulze,[10] mit Antwortschreiben vom 1. Dezember 1966 gegenüber dem Innenminister die Bildung von Einheitsgemeinden in den Ämtern Blankenstein und Haßlinghausen sowie die Bildung von zwei neuen amtsangehörigen Gemeinden im Amt Hattingen an.[11] Die bisher amtsfreien Städte Hattingen und Herbede sollten nach den Vorstellungen von Oberkreisdirektor Dr. Schulze als amtsfreie Kommunen erhalten bleiben.[12] Dieser Vorschlag des Oberkreisdirektors vom 1. Dezember 1966 widersprach jedoch den Vorgaben des A-Gutachtens der Sachverständigenkommission vom 22. November 1966, welches u. a. die Abschaffung der Ämter vorsah.[13] Unterdessen veröffentlichte der damalige Amtsdirektor des Amtes Hattingen, Wilhelm (Willy) Pohlmann (damals parteilos), am 8. September 1967 eine Denkschrift, in der er die Bildung einer amtsfreien Einheitsgemeinde aus den bisherigen

---

7 Vgl. Sachverständigenkommission für die staatliche und regionale Neugliederung des Landes Nordrhein-Westfalen (Hrsg.), Gesamtgutachten über die kommunale und staatliche Neugliederung des Landes Nordrhein-Westfalen, Abschnitt C, Die staatliche und regionale Neugliederung des Landes Nordrhein-Westfalen, 2. Auflage, Köln 1968. Heinrich (Heinz) Kühn (SPD) löste am 8.12.1966 Franz Meyers (CDU) als Ministerpräsident des Landes NRW ab. Willy Weyer (FDP) blieb Innenminister im neuen Landeskabinett, das am 21.2.1967 die zweite Sachverständigenkommission einsetzte.

8 Vgl. Sachverständigenkommission für die staatliche und regionale Neugliederung des Landes Nordrhein-Westfalen (Hrsg.), Gesamtgutachten über die kommunale und staatliche Neugliederung des Landes Nordrhein-Westfalen, Abschnitt B, Die Neugliederung der Städte und Gemeinden in den Ballungszonen und die Reform der Kreise des Landes Nordrhein-Westfalen, Siegburg 1968.

9 Vgl. Gesetz über den Zusammenschluss der Stadt Blankenstein und der Gemeinden Buchholz, Holthausen und Welper, Ennepe-Ruhr-Kreis, vom 1. Februar 1966, Gesetz- und Verordnungsblatt NRW 1966, S. 21–23.

10 Angaben bezüglich einer eventuellen Parteizugehörigkeit von Oberkreisdirektor Dr. Schulze konnten nicht ermittelt werden.

11 Vgl. Schreiben Oberkreisdirektor Dr. Schulze an den Innenminister vom 1.12.1966, LAV NRW R, Bestand NW 485, Nr. 46, Bl. 1–4.

12 Vgl. ebd.

13 Vgl. ebd.

amtsangehörigen Kommunen des Amts Hattingen forderte.[14] Da der erste Neugliederungsvorschlag von Oberkreisdirektor Dr. Schulze vom 1. Dezember 1966 nicht den Vorgaben der Sachverständigenkommission der Landesregierung entsprach, legte Oberkreisdirektor Dr. Schulze mit einem zweiten Vorschlag vom 22. Januar 1968 nach.[15] Dieser neue Vorschlag des Oberkreisdirektors sah einen Zusammenschluss der Städte Blankenstein und Herbede vor.[16] Ferner sollten sämtliche Gemeinden des Amtes Hattingen mit der Stadt Hattingen zusammen eine neue Kommune bilden.[17] Und schließlich sollten die Gemeinden des Amtes Haßlinghausen mit der Gemeinde Sprockhövel zu einer neuen amtsfreien Einheitsgemeinde vereinigt werden.[18] Im Auftrag der Stadt Hattingen erarbeitete der Geograph Prof. Dr. Peter Schöller von der Ruhr-Universität in Bochum ein Neugliederungsgutachten, das am 23. Februar 1968 dem Hattinger Stadtdirektor Hans-Jürgen Augstein (SPD) übergeben wurde und das den Zusammenschluss der Städte Hattingen und Herbede sowie der Ämter Hattingen und Blankenstein zu einer neuen Stadt Ruhrtal mit 93.000 Einwohnern empfahl.[19] Nachdem die Aufsichtsbehörden 1968 die an den Ennepe-Ruhr-Kreis angrenzenden kreisfreien Städte um eine Stellungnahme zur kommunalen Neugliederung gebeten hatten,[20] forderte die Stadt Essen vom Land Nordrhein-Westfalen die Eingliederung der Gemeinden Altendorf und Winz.[21] Der am 8. Juli 1968 veröffentlichte Neugliederungsvorschlag des Innenministers sah u. a. die Eingliederung der Gemeinde Altendorf in die Stadt Essen vor.[22] Die übrigen Gemeinden des Amtes Hattingen sollten mit den Städten Blankenstein und Hattingen zu einer neuen Stadt Hattingen zusammengeschlossen werden.[23] Die Gemeinde Sprockhövel

---

14   Vgl. Willi Pohlmann, Denkschrift zur kommunalen Neugliederung im Amt Hattingen, Hattingen 1967, StA Hattingen, L I 689.

15   Vgl. Redemanuskript Oberkreisdirektor Dr. Schulze für die Kreistagssitzung vom 27.9.1967, LAV NRW R, Bestand NW 485, Nr. 56, Bl. 64–85.

16   Vgl. ebd.

17   Vgl. ebd.

18   Vgl. ebd.

19   Vgl. Peter Schöller (Hrsg.), Kommunale Gebietsreform Ruhrtal-Hattingen, Gutachten über Voraussetzungen und Möglichkeiten einer kommunalen Neugliederung im nordwestlichen Ennepe-Ruhr-Kreis, Bochum 1968, StA Hattingen, Signatur L I 685.

20   Vgl. etwa Schreiben der Bezirksregierung Düsseldorf vom 23.1.1968, HdEG, Bestand 1058, Nr. 1212.

21   Vgl. Schreiben von dem damaligen Oberstadtdirektor der Stadt Essen, Dr. Heinrich (Heinz) Rewoldt, an den Innenminister vom 13.3.1968, LAV NRW, R, NW 485, Nr. 53, Bl. 1–2. Die politische Diskussion über eine Eingliederung der Gemeinde Winz (Amt Hattingen) oder Teilen der Gemeinde Winz, d. h. insbesondere die Orte Dumberg und Niederwenigern, wird in diesem Artikel nicht dargestellt.

22   Vgl. Vorschlag zur Neugliederung des Ennepe-Ruhr-Kreises (ohne Angabe von Herausgeber, Erscheinungsort und -jahr), StA Hattingen, Signatur L I 683 a, S. 112.

23   Vgl. ebd., S. 38.

sollte laut dem Ministervorschlag mit den Gemeinden des Amtes Haßlinghausen eine neue amtsfreie Großgemeinde Sprockhövel bilden.[24] Am 26. November 1969 beschloss der Landtag das Neugliederungsgesetz, das im Wesentlichen dem Neugliederungsvorschlag des Innenministers vom 8. Juli 1968 folgte.[25]

Bürgerverein Altendorf und Umgebung

In diesem Zusammenhang ist auch der Bürgerverein Altendorf und Umgebung[26] zu erwähnen.[27] Der Bürgerverein wurde 1967 gegründet und bestand offenbar bis 1976.[28] Soweit ersichtlich trat nach außen hin aber immer nur die Journalistin und Geschäftsführerin Ruth Säckl in Erscheinung.[29] Ursprünglich setzte sich der Bürgerverein für die Bildung einer Einheitsgemeinde im Amt Hattingen ein.[30] Am 21. März 1968 veranstaltete der Bürgerverein einen Bürgerstammtisch mit 40 Anwesenden.[31] Dabei verabschiedete der Bürgerstammtisch eine Resolution, die an dem Ziel einer Einheitsgemeinde im Bereich des bisherigen Amts Hattingen festhielt, aber für den Fall ihrer mangelnden Realisierbarkeit den Anschluss der Gemeinde Altendorf an die Stadt Essen forderte.[32] Der sowohl im zweiten Neugliederungsvorschlag des Oberkreisdirektors des Ennepe-Ruhr-Kreises

24 Vgl. ebd., S. 77.
25 Vgl. Gesetz zur Neugliederung des Ennepe-Ruhr-Kreises vom 16. Dezember 1969, Gesetz-und Verordnungsblatt NRW 1969, S. 940–963, (nachfolgend: Neugliederungsgesetz).
26 Nachfolgend: Bürgerverein.
27 Laut Auskunft des inzwischen zuständigen Amtsgerichts Essen wurde der „Bürgerverein Altendorf und Umgebung" am 7.9.1967 in das Vereinsregister des Amtsgerichts Hattingen unter VR 285 eingetragen. Dem Verein wurde mit Beschluss vom 23.6.1976 die Rechtsfähigkeit entzogen. Die Löschung des Vereins wurde am 14.7.1976 in das Vereinsregister eingetragen. Da die Aufbewahrungsfrist für die Akten bei längstens zehn Jahren liegt, können seitens des Amtsgerichts Essen keine weiteren Informationen erteilt werden. (Vgl. Schreiben Amtsgericht Essen, Az: 89 AR 1203/21 [Fall 1] vom 18.10.2021). Es wäre im Rahmen weitergehender Forschung zu prüfen, ob entsprechende Akten beim Landesarchiv NRW vorhanden sind. Für diese Arbeit war dies aus zeitlichen Gründen nicht möglich. Über die Einwohnermeldeämter wäre es vielleicht möglich, eventuell noch lebende Vorstandsmitglieder oder deren Angehörige ausfindig zu machen. Wegen dem damit verbundenen Aufwand wurde von dieser Möglichkeit jedoch abgesehen.
28 Der Bürgerverein soll 1968 ca. 20 Mitglieder gehabt haben (vgl. Hattinger Zeitung [nachfolgend: HAZ] vom 10.10.1968, S. 9, Altendorfer Bürger beharren auf Anschluss an Hattingen).
29 Laut Auskunft des Einwohnermeldeamtes der Stadt Essen ist Frau Säckl verstorben und scheidet daher als Zeitzeugin aus. (Vgl. Schreiben der Stadt Essen an den Verfasser vom 10.11.2021). Die Ermittlung von möglichen Angehörigen von Frau Säckl wäre mit einem sehr hohen Aufwand verbunden. Dabei wäre zudem fraglich, ob die Angehörigen durch Aussagen oder Schriftstücke Informationen zum Bürgerverein und zur Eingemeindungsfrage beitragen könnten.
30 Vgl. WAZ vom 23.3.1968, S. 6, 40 Altendorfer fordern Sechser-Einheitsgemeinde oder Anschluss an Essen.
31 Ebd.
32 Ebd.; NRZ 23.3.1968, S. 20, Altendorf: Dann nach Essen!

vom 22. Januar 1968 als auch im ersten Schöller-Gutachten vom 23. Februar 1968 formulierten Option eines Anschlusses der Gemeinde Altendorf an die „*Ruhrtal*"-Stadt bzw. Stadt Hattingen erteilte der Bürgerstammtisch einstimmig eine Absage, weil eine Verwaltung in Hattingen von Altendorf aus geographisch weiter entfernt liegen würde als in Essen und somit weniger bürgernah sei.[33]

Die Bürgerversammlung am 7. August 1968

Bei der Anhörung in Blankenstein am 26. März 1968 erteilte der Leitende Ministerialrat Heinrich (Heinz) Köstering vom Innenministerium der Forderung nach einer Einheitsgemeinde eine Absage.[34] In diesem Moment wurde dem damaligen Bürgermeister der Gemeinde Altendorf Otto Henneke (CDU) laut eigener Aussage offenbar klar, dass die Einheitsgemeinde seitens der Landesregierung nicht befürwortet werden würde.[35] Henneke sprach sich nunmehr als Alternative zur Einheitsgemeinde für den Anschluss der Gemeinde Altendorf an die Stadt Essen aus.[36] Da der Neugliederungsvorschlag des Innenministers vom 8. Juli 1968 schließlich auch die Eingliederung der Gemeinde Altendorf in die Stadt Essen vorsah,[37] entschied sich Bürgermeister Henneke für die Abhaltung einer Bürgerversammlung, auf der er die Öffentlichkeit über die Neugliederungsoptionen informieren wollte.[38] Die Bürgerversammlung wurde durch den Bürgerverein organisiert.[39] Nach unterschiedlichen Angaben in der Presse nahmen an der Bürgerversammlung entweder circa 200[40] oder 300 Personen teil.[41] Bürgermeister Henneke leitete die Bürgerversammlung.[42] In dieser Bürgerversammlung vom 7. August 1968 wurde aus dem Plenum Kritik erhoben, dass Bürgermeister Henneke sich durch den Bürgerverein die Initiative aus der

[33] Vgl. RA vom 23./24.3.1968, S. 20, Altendorfer Bürgervertreter beauftragten MdL Schürmann.
[34] Vgl. Niederschrift über die Anhörung in Blankenstein am 26.3.1968, LAV NRW R, Bestand NW 485, Nr. 58, Bl. 76).
[35] Vgl. Äußerung von Bürgermeister Otto Henneke an Heinz Köstering in Blankenstein am 26.3.1968: „Ich bin zunächst einmal sehr erstaunt darüber, dass Sie, Herr Vorsitzender von vornherein erklärt haben, das Gesamtgebilde aus dem Amte Hattingen, also die Einheitsgemeinde, kommt nicht zustande." (Vgl. Niederschrift über die Anhörung in Blankenstein am 26.3.1968, LAV NRW R, Bestand NW 485, Nr. 58, Bl. 14).
[36] Vgl. RA vom 29.3.1968, S. 15, Die Altendorfer warten ab.
[37] Vgl. Vorschlag zur Neugliederung des Ennepe-Ruhr-Kreises, S. 112, StA Hattingen, Signatur L I 683 a.
[38] Vgl. RA vom 30.7.1968, S. 8, Altendorfer wollen Klarheit.
[39] Ebd.; RA vom 8.8.1968, S. 9, Auch Winz nach Essen?; RA vom 9.8.1968, S. 9, Winzer Bürgermeister fordert: Auch Niederwenigern zu Essen.
[40] Vgl. WAZ vom 9.8.1968, S. 12, Essener Anwälte kamen in Altendorf nicht zu Wort.
[41] Vgl. Essener Stadt-Anzeiger vom 9./10.8.1968, S. 2, Tauziehen um Anschluss an Essen.
[42] Vgl. WAZ vom 9.8.1968, S. 12, Essener Anwälte kamen in Altendorf nicht zu Wort; Vgl. Essener Stadt-Anzeiger vom 9./10.8.1968, S. 2, Tauziehen um Anschluss an Essen; RA vom 9.8.1968, S. 9, Winzer Bürgermeister fordert: Auch Niederwenigern zu Essen.

Hand habe nehmen lassen und die Bürgerversammlung autoritär leite.[43] Der Bürgerverein bestünde ausschließlich oder jedenfalls überwiegend aus von Essen nach Altendorf zugezogenen Bürgern und sei zudem nicht repräsentativ.[44] So würden etwa 80 % der bei der Bürgerversammlung anwesenden Personen einen Anschluss an Hattingen favorisieren.[45] Und aus dem Publikum wurde an die Grenze zwischen den germanischen Stämmen der „Sachsen" und „Franken" zur Zeit der Völkerwanderung erinnert.[46] Ein Teilnehmer der Bürgerversammlung soll schließlich angekündigt haben „auf die Barrikaden" gehen zu wollen.[47] Zum Schluss der Bürgerversammlung kündigte Bürgermeister Henneke eine zweite Bürgerversammlung an,[48] die aber letztlich nie stattfand.[49]

Am 13. August 1968 wurde in der Presse ein Leserbrief eines Bürgers aus der Gemeinde Altendorf veröffentlicht, in dem gegen einen Anschluss der Gemeinde Altendorf an die Stadt Essen argumentiert und eine Unterschriftenaktion gegen eine mögliche Eingemeindung nach Essen gefordert wurde.[50]

Der Gebietsänderungsvertrag mit der Stadt Essen

Bei den Verhandlungen über einen möglichen Gebietsänderungsvertrag einigten sich die Gemeinde Altendorf und die Stadt Essen u. a. auf Schulbauprojekte, einen eigenen Bürgerausschuss für Altendorf, eine Verwaltungsnebenstelle des Bezirksamtes sowie insbesondere den Erhalt der Amts- und Kreisumlage für 15 Jahre.[51] Am 12. September 1968 entschied sich der Rat der Gemeinde Altendorf in einer geheimen Abstimmung mit einer denkbar knappen Mehrheit von jeweils zehn gegen neun Stimmen sowohl für den Neugliederungsvorschlag des Innenministers als auch für den Gebietsänderungsvertrag mit der

---

43 Vgl. HAZ vom 9.8.1968, S. 9, Was ist denn der Bürgerverein?; HAZ vom 20.9.1968, S. 10, Antwort an Altendorfer Bürgerverein.

44 Vgl. HAZ vom 9.8.1968, S. 9, Was ist denn der Bürgerverein?

45 Vgl. ebd.

46 Vgl. Essener Stadt-Anzeiger vom 9./10.8.1968, S. 2, Tauziehen um Anschluss an Essen; RA vom 9.8.1968, S. 9, Winzer Bürgermeister fordert: Auch Niederwenigern zu Essen.

47 Vgl. Essener Stadt-Anzeiger vom 9./10.8.1968, S. 2, Tauziehen um Anschluss an Essen.

48 Vgl. RA vom 9.8.1968, S. 9, Winzer Bürgermeister fordert: Auch Niederwenigern zu Essen.

49 Vgl. RA vom 24.8.1968, S. 18, Verhandlungen weit fortgeschritten.

50 Vgl. HAZ vom 13.8.1968, S. 7, Altendorfer Bürgerschaft fordert: „Mehr Demokratie!"; RA vom 14.8.1968, S. 10, Altendorfer Bürgerschaft fordert: „Mehr Demokratie!".

51 Vgl. RA vom 30.8.1968, S. 10, CSU [sic !]-Ratsfraktion einstimmig für den Anschluss an Essen; HAZ vom 30.8.1968, S. 9, Essen lockte mit Angeboten; Hattinger Rundschau [nachfolgend: HR] vom 16.9.1968, S. 6, Verwaltungsstelle bleibt erhalten. Hierbei ist auf das Protokoll über die Verhandlungen über einen möglichen Gebietsänderungsvertrag vom 13.8.1968 hinzuweisen. (Vgl. Vermerk von Stadtdirektor Augstein über die Besprechung mit der Gemeinde Altendorf am 13.8.1968, StA Hattingen, Bestand Amt Hattingen, Registratur D 1, Nr. 152).

Stadt Essen.[52] Die CDU-Fraktion favorisierte dabei die Eingemeindung nach Essen, weil die Bindungen von Altendorf nach Essen enger als nach Hattingen seien.[53] Demgegenüber lehnte die SPD-Fraktion einen Anschluss an Essen ab.[54] Fraktionsvorsitzender Friedrich (Fritz) Schaub (SPD) verwies dabei auch auf die westfälischen Traditionen von Altendorf.[55] In der Ratssitzung vom 12. September 1968 kam auch zur Sprache, dass im Falle einer Eingemeindung nach Essen die frühere Gemeinde Altendorf im Stadtrat mit keinem Mandat ausgestattet sei, wohingegen Altendorf bei einer Eingemeindung nach Hattingen voraussichtlich drei Mandate zustehen würden.[56] Am 16. September 1968 standen in der Amtsvertretung Hattingen der Neugliederungsvorschlag des Innenministers und der Gebietsänderungsvertrag der Gemeinde Altendorf mit der Stadt Essen zur Abstimmung.[57] Die SPD-Fraktion beantragte den Neugliederungsvorschlag des Innenministers abzulehnen, soweit er die Eingliederung der Gemeinde Altendorf in die Stadt Essen beinhaltete.[58] Die CDU-Fraktion beantragte daraufhin geheime Abstimmung, was Uneinigkeit innerhalb der CDU-Fraktion vermuten ließ, nämlich einerseits zwischen den Vertretern aus Altendorf, die für einen Anschluss an Essen waren, und andererseits den übrigen Vertretern, die an der Einheit des Amtes Hattingen festhalten wollten.[59] Bei der Abstimmung wurde der SPD-Antrag mit deutlicher Mehrheit angenommen.[60] Zudem trat die Amtsvertretung dem Beschluss des Altendorfer Gemeinderates vom 12. September 1968 nicht bei.[61] Oberkreisdirektor Dr. Schulze kritisierte in Bezug auf Altendorf die Kriterien der funktionalen und städtebaulichen Verflechtung im Neugliederungsvorschlag des Innenministers.[62] Seiner Ansicht nach müsse stattdessen auf administrative Bindungen zum Verwaltungssitz des Amtes in Hattingen abgestellt werden, die nach Meinung des Oberkreisdirektors

---

[52] Vgl. RA vom 13.9.1968, S. 15, Altendorf will nach Essen.

[53] Vgl. RA vom 29.3.1968, S. 15, Die Altendorfer warten ab; vom RA 13.9.1968, S. 15, Altendorf will nach Essen.

[54] Vgl. HAZ vom 5.9.1968, S. 14, Altendorf: „Bollwerk" des Ennepe-Ruhr-Kreises; HR vom 13.9.1968, Essener warben nicht vergebens.

[55] Vgl. RA vom 13.9.1968, S. 15, Altendorf will nach Essen.

[56] Vgl. Sitzung der Gemeindevertretung Altendorf vom 12.9.1968, Stadtarchiv Hattingen, Bestand Amt Hattingen, Registratur A, Nr. 1148 i, Protokollbuch der Gemeindevertretung Altendorf 19.10.1964–6.11.1969.

[57] Vgl. ebd.

[58] Vgl. ebd.

[59] Vgl. ebd.

[60] Vgl. ebd.

[61] Vgl. Sitzung der Gemeindevertretung Amtsvertretung Hattingen vom 16.9.1968, Stadtarchiv Hattingen, Bestand Amt Hattingen, Registratur A, Nr. 1144 g, Protokollbuch für die Amtsvertretung des Amtes Hattingen 20.11.1964–26.11.1969.

[62] Vgl. HR vom 4.10.1968, S. 14, Vertrag mit Essen rechtlich fraglich.

eine Eingemeindung von Altendorf nach Hattingen nahelegen würden.[63] Die seitens der Stadt Essen an Altendorf versprochene Beibehaltung der bisherigen Amts- und Kreiszulage für die nächsten drei Jahre bewertete Oberkreisdirektor Dr. Schulze als unseriös, weil die Stadt Essen damit Begehrlichkeiten anderer Stadtteile hervorrufen würde, die sich die Stadt angesichts ihrer angespannten Haushaltslage gar nicht leisten könne.[64] Abschließend appellierte Oberkreisdirektor Dr. Schulze an den Rat der Gemeinde Altendorf, die am 12. September 1968 getroffenen Beschlüsse zu revidieren.[65] In Bezug auf die von der Stadt Essen im Gebietsänderungsvertrag gemachten finanziellen Zusagen lässt sich anhand der Verwaltungsakten nicht zweifelsfrei klären, ob die Initiative zu der Vertragsklausel von Vertretern der Stadt oder der Gemeinde Altendorf ausging und wie es zu dem diesbezüglichen Schreiben von Amtsdirektor Pohlmann, das Bestandteil des Gebietsänderungsvertrages ist, kam.[66]

Am 25. September 1968 stimmte der Rat der Stadt Essen dem Neugliederungsvorschlag des Innenministers sowie dem ausgehandelten Gebietsänderungsvertrag mit der Gemeinde Altendorf zu.[67]

Die Stadt Essen war an der Eingliederung von Altendorf wohl überwiegend interessiert, weil gehobener Wohnraum und Bauland knapp geworden waren und sich die Stadt entsprechende Perspektiven in Altendorf erhoffte, was übrigens nicht wenige Essener Kommunalpolitiker und Vertreter der Essener Stadtverwaltung auch öffentlich einräumten.[68] Zudem war die Essener Bevölkerung durch die Kohlekrise innerhalb von zehn Jahren um fast 8.000 Einwohner geschrumpft.[69] Viele Essener waren nach Altendorf und Winz gezogen und würden durch die Eingemeindung wieder Bürger der Stadt Essen.[70] Der Ge-

---

63 Vgl. ebd.

64 Vgl. ebd. Oberkreisdirektor Dr. Schulze sprach in einem ähnlichen Kontext sogar von „Rattenfängerei" der umliegenden Großstädte (vgl. HR vom 9.5.1969, S. 13, Altendorfs Selbstständigkeit ist im Kreis am besten gewährleistet).

65 Vgl. HR vom 4.10.1968, S. 14, Vertrag mit Essen rechtlich fraglich.

66 Vgl. HdEG, Bestand 1048, Nr. 1212.

67 Vgl. HdEG, Stadt Essen [unverzeichnet], Ratsprotokoll vom 25.9.1968.

68 Vgl. RA vom 30./31.3.1968, S. 22, Erster Kontakt mit Altendorf; RA vom 19.4.1968, S. 12, Essen soll „erste Geige" spielen; RA vom 27./28.4.1968, S. 18, Steeler Einkaufszentrum ist Hattingen überlegen; RA vom 22.5.1968, S. 20, Dr. Eising: „Miteinander sprechen"; HAZ vom 5.9.1968, Altendorf: „Bollwerk" des Ennepe-Ruhr-Kreises; HR vom 27.9.1968, S. 15, Bürger zweifeln an Gemeinderat. Heftige Attacken gegen die CDU; WAZ vom 20.10.1969, S. 6, Altendorf ist schon stark von Essenern „besetzt"; RN vom 27.11.1969, Ziel: Erhöhung des Wohnwerts von Altendorf.

69 Vgl. NRZ vom 16.7.1966, S. 31, In zehn Jahren fast 8.000 Bürger weniger; WAZ vom 19.3.1968, S. 13, In einem Jahr könnte Essen um 15.000 Einwohner reicher sein.

70 Vgl. NRZ vom 25.9.1968, S. 13, Essener Rat stimmt heute dem Anschluss von Altendorf zu; NRZ vom 26.9.1968, S. 10, Auch Niederwenigern gehört nach Essen!; RA vom 21.3.1969, S. 11, 161 Bürger nach Altendorf und 137 zogen nach Winz!

bietsänderungsvertrag zwischen der Gemeinde Altendorf und der Stadt Essen wurde am 21. November 1968 im Essener Rathaus unterschrieben.[71]

Protest gegen die Eingemeindung nach Essen

Aus Verärgerung über die auf der Ratssitzung vom 12. September 1968 getroffenen Beschlüsse gründeten kurze Zeit später Bürger aus Altendorf die „Aktionsgemeinschaft Altendorfer Bürger", die sich die Aktionsgemeinschaft in Blankenstein zum Vorbild nahm und insbesondere in der Presse zur „Selbsthilfe" aufrief.[72] Die Aktionsgemeinschaft Altendorfer Bürger forderte erstens die Durchführung der von Bürgermeister Henneke ursprünglich angekündigten zweiten Bürgerversammlung.[73] Zweitens forderte die Aktionsgemeinschaft eine Unterrichtung der Einwohner in Altendorf über den bisherigen Stand der Vertragsverhandlungen mit der Stadt Hattingen.[74] Die Aktionsgemeinschaft sah einen Zusammenschluss mit der Stadt Hattingen dabei als eine Alternative zu einer Eingemeindung nach Essen bzw. zur Bildung einer Einheitsgemeinde an, deren Realisierung sie inzwischen als unwahrscheinlich bewertete.[75] Und schließlich fasste die Aktionsgemeinschaft eine eigene Unterschriftenaktion in Altendorf ins Auge.[76] Ziel sollte aus Sicht der Aktionsgemeinschaft sein, den Gesetzgeber davon zu überzeugen, dass Altendorf im „westfälischen Raum" verbleiben solle.[77] Die Ratsbeschlüsse vom 12. September 1968 waren nach Ansicht der Aktionsgemeinschaft nicht demokratisch, weil sie konträr zu dem Willen der Mehrheit der Bürger in Altendorf stünden.[78] Dem Bürgerverein warf die Aktionsgemeinschaft eine „manipulierte Berieselung" der Bevölkerung in den Medien, mangelnde Repräsentativität sowie eine partikulare Interessenvertretung zugunsten von Neubürgern vor.[79]

---

71   Vgl. RA vom 16.10.1968, S. 15, Ungeduld auf beiden Seiten.
72   Vgl. HR vom 18.9.1968, S. 9, Altendorfer Versammlung; HAZ vom 18.9.1968, S. 12, „Altendorfer Aktionsgemeinschaft" ruft Bürger zur „Selbsthilfe" auf; NRZ vom 1.10.1968, S. 16, Protest gegen den Anschluss an Essen.
73   Vgl. HR vom 18.9.1968, S. 9, Altendorfer Versammlung.
74   Vgl. ebd.
75   Vgl. HAZ vom 18.9.1968, S. 12, „Altendorfer Aktionsgemeinschaft" ruft Bürger zur „Selbsthilfe" auf.
76   Vgl. HAZ vom 18.9.1968, S. 12, „Altendorfer Aktionsgemeinschaft" ruft Bürger zur „Selbsthilfe" auf; NRZ vom 1.10.1968, S. 16, Protest gegen den Anschluss an Essen; HAZ vom 4.10.1968, S. 19, Protestkundgebung in Altendorf.
77   Vgl. HAZ vom 20.9.1968, S. 10, Antwort an Altendorfer Bürgerverein.
78   Vgl. ebd.
79   Vgl. ebd.

Abb. 76: Protest gegen die Eingemeindung Altendorfs nach Essen, Altendorf (Ruhr) Oktober 1968

Am 25. September 1968 veranstaltete die Aktionsgemeinschaft eine eigene Bürgerversammlung,[80] an der entweder ca. 300[81] oder 400 Personen teilnahmen.[82] Dabei wurde an die Bürgerversammlung vom 7. August 1968 erinnert, bei der vermeintlich 80 % der dort anwesenden Personen einen Verbleib von Altendorf im „westfälischen Raum" favorisiert hätten.[83] Konkret forderte die Aktionsgemeinschaft bei der Bürgerversammlung am 25. September 1968 die Rücknahme der Ratsbeschlüsse vom 12. September 1968 und die Durchführung einer „Volksabstimmung"[84] in Altendorf über die künftige Zuordnung der Gemeinde

---

80 Vgl. HR vom 26.9.1968, S. 9, Bürger fürchten um ihr Schicksal; HAZ vom 26.9.1968, S. 10, Altendorfer Bürger wollen Anschluss an Stadt Hattingen.

81 Vgl. HAZ vom 27.9.1968, S. 17, Gegen Anschluss an Essen.

82 Vgl. NRZ vom 1.10.1968, S. 16, Protest gegen den Anschluss an Essen.

83 Vgl. ebd.

84 Der Begriff spielt offenbar an einen Gesetzesbegriff an, der mit einer Reform des nordrhein-westfälischen Kommunalrechts 1967 abgeschafft wurde. Da ohnehin nur die wahlberechtigten Einwohner einer von der Neugliederung betroffenen Gemeinde nach dieser alten Rechtslage abstimmen durften, wäre der Begriff „Bürgerentscheid" angemessener, zumal

Abb. 77: Protest gegen die Eingemeindung vor der Herz-Jesu-Kirche, Altendorf (Ruhr) Oktober 1968

im Rahmen der Neugliederung.[85] Bei nur 16 Gegenstimmen verabschiedete die Bürgerversammlung eine Resolution für den Verbleib der Gemeinde Altendorf im „westfälischen Raum".[86]

die Formulierung „Volk" nicht frei von Konnotationen zum Nationalsozialismus ist, was an dieser Stelle aber nicht weiter vertieft werden soll.

[85] Vgl. HR vom 26.9.1968, S. 9, Bürger fürchten um ihr Schicksal.
[86] Vgl. ebd.

Am 9. Oktober 1968 veranstaltete die Aktionsgemeinschaft in Altendorf eine Protestkundgebung,[87] bei der laut Schätzungen der Presse 300[88] oder sogar 500 Personen anwesend waren.[89] Der damalige Kreisheimatpfleger des Ennepe-Ruhr-Kreises hielt die mögliche Eingemeindung der „westfälischen" Gemeinde Altendorf in die „rheinische" Stadt Essen offenbar sogar für verfassungsrechtlich bedenklich und verwies dabei auf das Grundgesetz, das landsmannschaftliche Verbundenheit und kulturelle Zusammenhänge berücksichtige.[90] Ferner wurde auf der Protestkundgebung die Sorge geäußert, dass mit der Eingemeindung nach Essen für Altendorf höhere Steuern und Gebühren einhergehen könnten.[91]

Anlässlich der von der Aktionsgemeinschaft Altendorfer Bürger durchgeführten Unterschriftenaktion gegen die Eingemeindung nach Essen verfasste die örtliche CDU ein Flugblatt als eine Art Gegenpublikation.[92] Das Flugblatt wurde am 17. Oktober 1968 in der Presse veröffentlicht sowie an die örtlichen Haushalte verteilt.[93] Die CDU Altendorf appellierte in dem Flugblatt zu sachlicher Abwägung statt Emotionen.[94]

Am 23. Oktober 1968 antwortete die Aktionsgemeinschaft Altendorfer Bürger in der Presse auf das Flugblatt der CDU.[95] Sie warf der CDU darin eine Bagatellisierung von Kreistags- und Gemeinderatsbeschlüssen vor.[96] Zudem stellte sie die Frage, ob nicht persönliche, geschäftliche oder politische Interessen hinter der Eingemeindungspolitik nach Essen stehen würden.[97] Abschließend drohte die Aktionsgemeinschaft Altendorfer Bürger ein Verfahren vor dem Bundesverfassungsgericht an.[98] Tatsächlich ist aber zu keinem Zeitpunkt seitens der Aktionsgemeinschaft Altendorfer Bürger eine Verfassungs- oder Wahlprüfungsbeschwerde vor dem Verfassungsgerichtshof des Landes Nordrhein-Westfalen oder dem Bundesverfassungsgericht erhoben worden.[99]

---

[87] Vgl. HAZ vom 8.10.1968, S. 9, Aktionsausschuss Altendorf erhält Unterstützung durch die Parteien.

[88] Vgl. HAZ vom 10.10.1968, S. 9, Altendorfer Bürger beharren auf Anschluss an Hattingen.

[89] Vgl. HAZ vom 11.10.1968, S. 15, Aktionsausschuss Altendorf will eine „lebendige Unruhe".

[90] Vgl. WAZ vom 11.10.1968, S. 10, Altendorfer Protest mit Helau- und Bravorufen.

[91] Vgl. HAZ vom 10.10.1968, S. 9, Altendorfer Bürger beharren auf Anschluss an Hattingen.

[92] Vgl. HR vom 17.10.1968, S. 9, Flugblatt der CDU; RA vom 17.10.1968, S. 18, CDU-Ratsfraktion Altendorf: Größere Vorteile in Essen.

[93] Vgl. ebd.

[94] Vgl. ebd.

[95] Vgl. HAZ vom 23.10.1968, S. 14, Antwort auf Altendorfer Flugblatt; RA vom 24.10.1968, S. 16, Antwort auf Altendorfer Flugblatt.

[96] Vgl. ebd.

[97] Vgl. ebd.

[98] Vgl. ebd.

[99] Es konnte nicht ermittelt werden, ob es entsprechende Verfahren von Bürgern oder der Aktionsgemeinschaft vor dem Bundesverfassungsgericht oder dem Verfassungsgerichtshof für das Land Nordrhein-Westfalen gab.

Angesichts der öffentlichen Proteste in der Bevölkerung und der zahlreichen Leserbriefe gegen die Eingemeindung nach Essen beantragte die SPD Altendorf im Dezember 1968 schließlich eine erneute Thematisierung der kommunalen Neugliederung im Gemeinderat.[100] Die SPD-Ratsfraktion verwies in der Ratssitzung am 30. Dezember 1968 auf die von der Aktionsgemeinschaft durchgeführte Unterschriftenaktion, die belege, dass die Mehrheit der Altendorfer Bevölkerung gegen einen Anschluss an Essen sei.[101] Demgegenüber zog die CDU-Ratsfraktion die Aussagekraft der Unterschriftenaktion in Zweifel und spielte dabei möglicherweise auf die fehlende Geheimheit bzw. fehlende gesetzliche Grundlage der Unterschriftenaktion an.[102] Die Ratssitzung vom 30. Dezember 1968 endete schließlich, ohne dass über die Neugliederungsfrage erneut abgestimmt worden wäre.[103]

Ende Januar 1969 hatte die Aktionsgemeinschaft Altendorfer Bürger nach eigenen Angaben 2.610 Unterschriften gesammelt und stellte dabei fest, dass 77 % der Befragten sich für einen Anschluss der Gemeinde Altendorf nach Hattingen und 12 % für einen Anschluss nach Essen ausgesprochen sowie 11 % sich der Stimme enthalten hätten.[104] Damit sei die frühere Behauptung von Bürgermeister Henneke widerlegt, dass angeblich 80 % der Altendorfer Bevölkerung[105] einen Anschluss der Gemeinde an die Stadt Essen befürwortet hätten.[106] Zugleich belege die Unterschriftenaktion, dass der Gemeinderat mit seinen Beschlüssen am 12. September 1968 den Willen der Mehrheit der Altendorfer Bevölkerung missachtet habe.[107] Unter Hinweis auf das Ergebnis

---

[100] Vgl. Schreiben der SPD-Fraktion Altendorf an Bürgermeister Henneke vom 23.12.1968, StA Hattingen, Bestand Amt Hattingen, Registratur D 1, Nr. 147.

[101] Vgl. Sitzung der Gemeindevertretung Altendorf vom 30.12.1968, StA Hattingen, Bestand Amt Hattingen, Registratur A, Nr. 1148 i, Protokollbuch der Gemeindevertretung Altendorf 19.10.1964–6.11.1969.

[102] Ebenso generell in Bezug auf Unterschriftenaktionen auch Oberkreisdirektor Dr. Paul Schulze (vgl. HR vom 27.11.1967, S. 5, Kein Recht zur Volksbefragung).

[103] Vgl. Sitzung der Gemeindevertretung Altendorf vom 30.12.1968, Stadtarchiv Hattingen, Bestand Amt Hattingen, Registratur A, Nr. 1148 i, Protokollbuch der Gemeindevertretung Altendorf 19.10.1964–6.11.1969.

[104] Vgl. HR vom 31.1.1969, S. 10, Vorschlag: Altendorf zu Hattingen. Im Sommer 1969 hatte sich durch zusätzliche Unterschriften offenbar die Zustimmungsrate für einen Anschluss an Hattingen auf 80 % erhöht. (Vgl. HR vom 29.8.1969, S. 12, Die Entscheidung steht noch aus). Eventuelle Unterschriftenlisten konnten nicht in Verwaltungsakten gefunden werden und sind daher vermutlich nicht an Behörden wie etwa das Innenministerium übergeben worden. Unabhängig davon hatte Bürgermeister Henneke behauptet, dass 70 % (und nicht 80 %) der Einwohner von Altendorf für einen Anschluss an Essen seien (Vgl. HR vom 11.3.1968, 70 v. H. Einwohner in Altendorf befürworten Anschluss an Essen). Auf welcher Tatsachengrundlage Henneke zu dieser Aussage gelangt sein könnte, ist nicht bekannt.

[105] Vgl. HR vom 31.1.1969, S. 10, Vorschlag: Altendorf zu Hattingen.

[106] Vgl. ebd.

[107] Vgl. ebd.

der Unterschriftenaktion forderte die Aktionsgemeinschaft Altendorfer Bürger nunmehr den Zusammenschluss der Gemeinde Altendorf mit der Stadt Hattingen.[108] Die Aktionsgemeinschaft machte zugleich ihre Argumente gegen einen Anschluss an die Stadt Essen deutlich: erstens die Verschuldung der Stadt Essen, zweitens die Vernachlässigung der Essener Vororte und drittens die geringen Möglichkeiten der Einflussnahme von Altendorf auf die Essener Kommunalpolitik.[109] Im Falle eines Zusammenschlusses mit Hattingen würden die eingemeindeten Kommunen in der neuen Stadt etwa 50 % der Mitglieder im Stadtrat stellen und somit einen nicht unerheblichen Einfluss auf die dortige Kommunalpolitik ausüben können.[110] Um ihren Forderungen Nachdruck zu verleihen, übersandte die Aktionsgemeinschaft eine eigens erstellte 19-seitige „Dokumentation" der historischen, politischen und wirtschaftlichen Verhältnisse der Gemeinde Altendorf aus der Perspektive der Aktionsgemeinschaft an die Mitglieder des Kreistages des Ennepe-Ruhr-Kreises sowie an die Abgeordneten des nordrhein-westfälischen Landtages.[111]

Am 13. März 1969 veranstaltete die Aktionsgemeinschaft Altendorfer Bürger in Altendorf eine Großkundgebung gegen die Eingemeindung von Altendorf nach Essen.[112] Am 18. März 1969 folgte eine weitere Großkundgebung in Altendorf, über die auch der Westdeutsche Rundfunk berichtete.[113] Dabei wurde erneut an den Gemeinderat appelliert, die dort gefassten Beschlüsse vom 12. September 1968 zu revidieren.[114] Der damalige Bundestagskandidat und frühere Justizminister des Landes Nordrhein-Westfalen, Friedrich Vogel (CDU), regte sogar Gebietsabtretungen der Großstadt Essen im Bereich Kupferdreh zu einer neuen Stadt auf der Ruhrhalbinsel zusammen mit Altendorf, Winz und Langenberg an.[115]

Allerdings erschöpfte sich der Protest gegen eine mögliche Eingemeindung nach Essen nicht in Leserbriefen und Kundgebungen: So beantragte der damalige

---

108 Vgl. ebd.

109 Vgl. ebd.

110 Vgl. ebd.

111 Vgl. ebd. Gemeint ist wohl die „Dokumentation zur kommunalen Neugliederung des nordwestlichen Ennepe-Ruhr-Kreises betreffend den Anschluss der Gemeinde Altendorf (Amt Hattingen-Land) an die Stadt Ruhrtal-Hattingen" (LAV NRW R, Bestand NW 485, Nr. 62, Bl. 9–21). Im Stadt- und Kreisarchiv Wetter konnte diese „Dokumentation" jedoch nicht gefunden werden. Mögliche Unterschriftenlisten der Aktionsgemeinschaft Altendorfer Bürger befinden sich weder im Landesarchiv NRW (Bestände des Innenministeriums bzw. der Bezirksregierung Arnsberg) noch im Stadt- und Kreisarchiv Wetter. Allerdings hat die Aktionsgemeinschaft Altendorfer Bürger – im Gegensatz zum Bürgerausschuss Nierenhof – offenbar zahlreiche Aufrufe und Flugblätter an eine Vielzahl von Behörden übersandt.

112 Vgl. HR vom 12.3.1969, S. 9, Großkundgebung gegen einen Anschluss an Essen; HAZ 13.3.1969, S. 10, Großkundgebung in Altendorf.

113 Vgl. RA vom 19.3.1969, S. 11, Henneke: Wir wollen nach Essen!

114 Vgl. ebd.

115 Vgl. HAZ vom 19.3.1969, S. 11, Ruhrhalbinsel mit Hattingen vereinigen!

Kreisheimatpfleger des Ennepe-Ruhr-Kreises im Oktober 1968 den Ausschluss des Bürgervereins aus dem westfälischen Heimatbund, weil der Bürgerverein den Anschluss der Gemeinde Altendorf an die Stadt Essen unterstütze.[116] Der westfälische Heimatbund lehnte diesen Antrag jedoch ab, weil Essen zu „Altwestfalen" gehöre.[117] Umgekehrt nahm der westfälische Heimatbund aber die Aktionsgemeinschaft Altendorfer Bürger als Mitglied auf.[118]

Bisweilen nahm der Protest gegen einen möglichen Anschluss der Gemeinde Altendorf an die Stadt Essen aber auch militante Züge an: Am 16. November 1969 wurden in Altendorf mit weißer Farbe auf dem Bürgersteig drei Schmierereien, nämlich vor den Wohnungen von Bürgermeister Henneke („Hier wohnt Heimatverräter Nummer 1"), dem Fraktionsvorsitzenden der CDU („Heimatverräter Nr. 2") und von einem Ratsmitglied[119] („Erst Nazi – und dann Heimatverräter – so macht man Karriere!") angebracht.[120]

Vorschaltgesetz

Am 12. Mai 1969 brachte die Landesregierung den Entwurf eines Gesetzes zur vorübergehenden Regelung von Einzelfragen aus Anlass der kommunalen Neugliederung (Vorschaltgesetz) in den Landtag ein.[121] In der Konsequenz sollte somit der Essener Stadtrat wie fast alle damaligen kommunalen Vertretungen in Nordrhein-Westfalen regulär am 9. November 1969 gewählt werden.[122] Da die Wahlzeit des Altendorfer Gemeinderates aber nach dem Gesetzentwurf bis zum 31. Dezember 1969 verlängert werden sollte[123] und die Gemeinde Altendorf voraussichtlich erst am 1. Januar 1970 in die Stadt Essen eingegliedert würde,[124] hätten die Wähler in Altendorf erst 1975 regulär an den Kommunalwahlen teilnehmen dürfen.[125] Diese Pläne lösten in der Neugliederungsdiskussion in

---

116 Vgl. HR vom 19./20.10.1968, S. 15, Heimatpfleger fordert Ausschluss.

117 Vgl. RA vom 9.1.1969, S. 9, Die Aktionsgemeinschaft Altendorf jetzt im Westfälischen Heimatbund.

118 Vgl. ebd.

119 Der Name des Ratsmitgliedes wurde zwar in der Presse genannt, soll aber an dieser Stelle aus Gründen des Persönlichkeitsschutzes nicht wiedergegeben werden.

120 Vgl. HR vom 17.11.1969, S. 6, Mit Farbe gegen vier Ratsherren. Das Stichwort: „Heimatverräter". Ein Foto der Schmiererei vor dem Haus von Bürgermeister Henneke findet sich abgebildet in HAZ vom 17.11.1969, S. 5, Schmierfinken in Altendorf.

121 Vgl. Entwurf eines Gesetzes zur vorübergehenden Regelung von Einzelfragen aus Anlass der kommunalen Neugliederung (Vorschaltgesetz), in: Landtag Nordrhein-Westfalen (Hrsg.), Sechste Wahlperiode (ab 1966), Drucksachen, Band 8, Nr. 1201–1320, Düsseldorf 1969.

122 Vgl. HAZ vom 8.7.1969, S. 10, Die Aktionsgemeinschaft will Verfassungsbeschwerde einlegen

123 Vgl. ebd.

124 Vgl. ebd.

125 Vgl. ebd.

Altendorf Kritik aus.[126] Sie boten den Gegnern eines Anschlusses an die Stadt Essen wie insbesondere der Aktionsgemeinschaft Altendorfer Bürger ein weiteres Argument nicht nur gegen die Eingemeindung als solche, sondern auch gegen die kommunalpolitischen Einflussmöglichkeiten von Altendorf in der Großstadt Essen.[127] Die Aktionsgemeinschaft drohte auch wegen des Vorschaltgesetzes bzw. der für Altendorf bis 1975 unterbliebenen Möglichkeiten, an einer Kommunalwahl teilzunehmen, mit einer Verfassungsbeschwerde.[128] Weil mit der Eingliederung der Gemeinde Altendorf in die Stadt Essen sich die Gesamtbevölkerung von Essen um weniger als 5 % erhöhte, sah der Gesetzgeber im Falle der Stadt Essen im Gegensatz zu anderen von der Neugliederung betroffenen Kommunen von einer Verschiebung der Kommunalwahl auf den März 1970 ab.[129]

Die SPD erzielte bei der Stadtratswahl am 9. November 1969 in Essen die absolute Mehrheit.[130] Der Essener Stadtrat wählte im November 1969 den bisherigen Bürgermeister Horst Katzor (SPD) zum Oberbürgermeister und damit zum Nachfolger des bisherigen Oberbürgermeisters Wilhelm Nieswandt (SPD).[131] Vor der Kommunalwahl am 9. November 1969 kursierten Vermutungen, dass die CDU in Altendorf bzw. die Essener CDU den Anschluss an die Stadt Essen maßgeblich befürworten würden, um der Essener CDU auf diese Weise bei der Kommunalwahl am 9. November 1969 zu einer knappen Mehrheit im Essener Stadtrat zu verhelfen.[132] Für diese These gibt es jedoch keine belastbaren Anhaltspunkte.[133] Zudem verfügte die SPD bereits in der vorangegangenen Wahlzeit über eine stabile Mehrheit im Essener Stadtrat, so dass es eigentlich keinen Grund gab, auf einen knappen Wechsel der Mehrheitsverhältnisse zu spekulieren.[134] Überdies stimmten sowohl CDU als auch SPD im Essener Stadtrat für die Eingemeindung von Altendorf.[135] Hätte die SPD sich um ihre künftige Mehrheit gesorgt, dann hätte sie möglicherweise gegen die Eingemeindung gestimmt.[136]

126 Vgl. ebd.
127 Vgl. ebd.
128 Vgl. HAZ vom 8.7.1969, S. 10, Die Aktionsgemeinschaft will Verfassungsbeschwerde einlegen; NRZ vom 17.12.1969, S. 14, Altendorf-Ruhr. Ob gegen das Vorschaltgesetz eine Verfassungsbeschwerde erhoben wurde, konnte nicht ermittelt werden.
129 Vgl. RN vom 28.11.1969, Ab 1. Januar zwei Essen-Altendorf.
130 Die SPD erzielte 164.032 Stimmen (38 Sitze im Stadtrat) und die CDU 123.926 Stimmen (29 Sitze im Stadtrat) (vgl. Amtsblatt der Stadt Essen 1969, S. 263).
131 Vgl. HdEG, Stadt Essen [unverzeichnet], Ratsprotokoll vom 26.11.1969.
132 Vgl. NRZ vom 25.9.1968, S. 13, Essener Rat stimmt heute dem Anschluss von Altendorf zu; RA vom 19.3.1969, S. 11, Henneke: Wir wollen nach Essen!
133 Denkbare wäre allenfalls, dass sich in Unterlagen der CDU Orts- und Kreisverbände Anhaltspunkte für oder gegen diese These finden ließen.
134 Vgl. RA vom 26.9.1968, S. 11, Ein ominöser Brief in der Diskussion.
135 Vgl. NRZ vom 25.9.1968, S. 13, Essener Rat stimmt heute dem Anschluss von Altendorf zu.
136 Die Eingemeindung wurde aber durch den Essener Stadtrat einstimmig beschlossen. Vgl. HdEG, Stadt Essen [unverzeichnet], Ratsprotokoll vom 25.9.1968.

Spekulativ bzw. zweifelhaft erscheint auch, dass das mit SPD-Mehrheit am 1. Juli 1969 im Landtag verabschiedete Vorschaltgesetz möglicherweise aus taktischen Gesichtspunkten keine Teilnahme von Altendorf an den Essener Stadtratswahlen vorgesehen haben könnte, um damit einen knappen Wahlsieg der CDU im Essener Stadtrat zu verhindern.[137]

Die Entscheidung des Gesetzgebers

Weil die Eingliederung der Gemeinde Altendorf in die Stadt Essen eine Veränderung der Grenzen von Kreisen, Regierungsbezirken und Landschaftsverbänden zur Konsequenz hatte, bedurfte es entsprechender Regelungen des Innenministers.[138] Die ursprünglichen Bestimmungen des Innenministers vom 2. Juni 1969 sahen kaum Einschränkungen mit Blick auf den Gebietsänderungsvertrag zwischen der Gemeinde Altendorf und der Stadt Essen vor.[139] Gleichwohl stimmte die Gemeindevertretung Altendorf diesen Bestimmungen nur mit knapper Mehrheit zu.[140] Die Amtsvertretung Hattingen lehnte die Bestimmungen des Innenministers dagegen ab.[141] Zwischenzeitlich beabsichtigte das Innenministerium jedoch nicht unerhebliche Einschränkungen des Gebietsänderungsvertrages und veranlasste daher eine erneute Anhörung der betroffenen kommunalen Vertretungskörperschaften.[142] Über die Hintergründe für diese verschärften Bedingungen konnten keine Hinweise gefunden werden.[143]

Da es in der Stadt Essen bereits einen Stadtbezirk Altendorf gab, sollte zur Vermeidung von Verwechselungen die bisherige Gemeinde Altendorf ab dem 1. Januar 1970 doch nicht die im Gebietsänderungsvertrag vorgesehene Bezeichnung „Essen-Altendorf", sondern stattdessen „Essen-Altendorf (Ruhr)" erhalten.[144] Zudem sollte die Geltung des Ortsrechts von zwölf auf sechs Monate verkürzt werden.[145] Auch sollten zahlreiche in einer Anlage zum Gebietsänderungsvertrag enthaltenen Infrastrukturprojekte und finanziellen Zuwendungen

---

137 Dafür haben sich in den Akten des Landesarchivs NRW sowie in den Parlamentsmaterialien zum Vorschaltgesetz keine Anhaltspunkte finden lassen.

138 Vgl. § 14 Absatz 1 Nr. 1 Neugliederungsgesetz.

139 Vgl. ebd.

140 Vgl. Sitzung der Gemeindevertretung Altendorf vom 4.2.1969, Stadtarchiv Hattingen, Bestand Amt Hattingen, Registratur A, Nr. 1148 i, Protokollbuch Gemeindevertretung Altendorf 19.10.1964–6.11.1969.

141 Vgl. Sitzung der Amtsvertretung vom 6.2.1969, Stadtarchiv Hattingen, Bestand Amt Hattingen, Registratur A, Nr. 1144 g, Protokollbuch für die Amtsvertretung des Amtes Hattingen 20.11.1964–26.11.1969.

142 Vgl. § 14 Absatz 1 Nr. 16 Neugliederungsgesetz.

143 Die einschlägigen Bestände des Innenministeriums und der Bezirksregierung Arnsberg im Landesarchiv enthalten keine einschlägigen Vorgänge dazu. Gleiches gilt für die einschlägigen Bestände im Stadt- und Kreisarchiv Wetter sowie im Stadtarchiv Hattingen.

144 Vgl. § 14 Absatz 1 Nr. 16 Buchstabe a) Neugliederungsgesetz.

145 Vgl. § 14 Absatz 1 Nr. 16 Buchstabe c) Satz 1 Neugliederungsgesetz.

der Stadt Essen nur gelten, „soweit sie nicht einer sinnvollen Planung für den Gesamtraum der Stadt Essen widersprechen und wenn sie haushaltsmäßig gesichert sind".[146] Gegner der Eingemeindung konnten in diesen neuen Bestimmungen letztlich ihre Befürchtungen bestätigt sehen, dass der Gebietsänderungsvertrag nunmehr in nicht unwesentlichen Teilen relativiert oder sogar ausgehöhlt werde.[147] Im Rahmen des Anhörungsverfahrens stimmte der Altendorfer Gemeinderat am 30. Juni 1969, bis auf die Verkürzung der Geltungsdauer des Ortsrechts, den Bestimmungen des Innenministers dennoch zu.[148]

Die Umbenennung von Essen-Altendorf (Ruhr) in Essen-Burgaltendorf

Kurz nach der Eingliederung der früheren Gemeinde Altendorf in die Stadt Essen forderte der Bürgerverein eine Umbenennung des Stadtbezirks in Essen-Burgaltendorf und berief sich dabei auf einen Vorschlag eines früher in Altendorf lebenden Grafikers aus dem Jahre 1967.[149] Insbesondere Kommunalpolitiker aus dem Essener Stadtrat sprachen sich für die Umbenennung des neuen Stadtteils aus,[150] forderten dabei jedoch eine demokratische Legitimation der Altendorfer Bevölkerung, die durch den neuen Bürgerausschuss erfolgen sollte.[151] Am 13. März 1970 stimmte der Bürgerausschuss Altendorf mehrheitlich für die Umbenennung des Stadtteils in Burgaltendorf.[152] Aus Sicht der Stadtverwaltung Essen war eine Umbenennung zweckmäßig, da es in Essen sowohl einen Stadtbezirk Altendorf als auch einen Stadtbezirk Altendorf (Ruhr) gab.[153] Am 25. März 1970 stimmte der Essener Stadtrat einstimmig für die Umbenennung

---

146 Vgl. § 14 Absatz 1 Nr. 16 Buchstabe f) Neugliederungsgesetz.

147 Vgl. HAZ vom 8.7.1969, S. 10, Die Aktionsgemeinschaft will Verfassungsbeschwerde einlegen.

148 Vgl. Sitzung der Gemeindevertretung Altendorf vom 30.6.1969, Stadtarchiv Hattingen, Bestand Amt Hattingen, Registratur A, Nr. 1148 i, Protokollbuch Gemeindevertretung Altendorf 19.10.1964–6.11.1969.

149 Vgl. NRZ vom 25.9.1968, S. 13, Essener Rat stimmt heute dem Anschluss von Altendorf zu.

150 Vgl. ebd.

151 Vgl. ebd. Die Bürgerausschüsse in Essen wurden in den 1950er Jahren erstmals eingerichtet. Die Mitglieder der Bürgerausschüsse wurden auf Vorschlag der örtlichen Parteien vom Essener Stadtrat gewählt. Die Bürgerausschüsse in Essen tagten nichtöffentlich und ihre Beschlüsse waren rechtlich nicht bindend, sondern lediglich Empfehlungen für den Essener Stadtrat. Auch handelte es sich bei den Bürgerausschüssen in Essen um keine Ausschüsse des Stadtrates im Sinne der damaligen nordrhein-westfälischen Gemeindeordnung. Der Essener Stadtrat wählte erst Anfang 1970 einen Bürgerausschuss für (Burg-)Altendorf, d. h. nachdem die Eingliederung der Gemeinde Altendorf in die Stadt Essen bereits rechtswirksam geworden war. Ab 1975 gab es in Essen keine Bürgerausschüsse mehr, da das nordrhein-westfälische Kommunalverfassungsrecht nunmehr in den kreisfreien Städten Bezirksvertretungen vorschrieb.

152 Vgl. HdEG, Bestand R 9, Nr. 221, Bl. 25.

153 Vgl. Vorlage von Oberstadtdirektor Dr. Rewoldt an den Essener Stadtrat vom 20.3.1970, Ratsdrucksache Nr. 158 zur Ratssitzung vom 25.3.1970, HdEG, Stadt Essen [unverzeichnet], Ratsprotokoll vom 25.3.1970.

Abb. 78: Oberbürgermeister Horst Katzor auf dem Weg zur ersten Sitzung des Ältestenrates der Stadt Essen im eingemeindeten Altendorf (Ruhr), 13. Januar 1970

des Stadtteils Essen-Altendorf (Ruhr) in Essen-Burgaltendorf.[154] In der Folge stellte sich bei den Aufsichtsbehörden die Frage, ob zu der Namensänderung auch eine Änderung des Neugliederungsgesetzes erforderlich wäre, weil der Gebietsänderungsvertrag und die dazu erlassenen ergänzenden Bestimmungen des Innenministers letztlich Bestandteil des Neugliederungsgesetzes waren.[155] Nach entsprechender rechtlicher Prüfung befand das Innenministerium jedoch keine Notwendigkeit zu einer Änderung des Neugliederungsgesetzes durch den Landtag.[156] Die Umbenennung wurde am 30. Mai 1970 wirksam.[157]

---

154 Vgl. HdEG, Stadt Essen [unverzeichnet], Ratsprotokoll vom 25.3.1970, S. 5.
155 Vgl. Schreiben der Bezirksregierung Düsseldorf, Regierungsdirektor Wurmbach, vom 17.4.1970 an das Innenministerium, LAV NRW R, Bestand NW 485, Nr. 63, Bl. 39.
156 Vgl. Erlass des Innenministeriums (III A 3 – 1355/70) an die Bezirksregierung Düsseldorf vom 13.5.1970, LAV NRW R, Bestand NW 485, Nr. 63, Bl. 44.
157 Vgl. Amtsblatt der Stadt Essen 1970, S. 103 sowie E-Mail des Rechtsamtes der Stadt Essen an den Verfasser vom 10.11.2021.

MENSCH UND TIER IM DEUTSCHEN LEBENSRAUM. EINE ESSENER AUSSTELLUNG DES JAHRES 1935

PATRICK JUNG

Die unterschiedlichen Arten der Beziehungen zwischen Menschen und Tieren sind in den letzten Jahren vermehrt Gegenstand sowohl des öffentlichen als auch des wissenschaftlichen Interesses geworden. Insbesondere das Forschungsfeld der Human-Animal Studies beschäftigt sich mittlerweile seit einigen Jahrzehnten mit dem vielfältigen Beziehungsgeflecht und der wechselseitigen Beeinflussung der sogenannten menschlichen und nichtmenschlichen Tiere.[1] Auch das Ruhr Museum in Essen widmete sich als Teil des Projektes „Mensch und Tier im Ruhrgebiet" dem Thema und zeigte in den Jahren 2019 und 2020 die Ausstellung „Mensch und Tier im Revier" in der Kohlenwäsche auf Zollverein.[2]

Die Auseinandersetzung mit dem Verhältnis zwischen Menschen und Tieren ist jedoch keinesfalls ein ausschließlich junges Phänomen, sondern geht auf eine bereits längere Tradition zurück. Zu dieser gehört die Ausstellung „Mensch und Tier im deutschen Lebensraum", die vom 29. Juni bis 18. August 1935 in den Ausstellungshallen und dem Freigelände der Essener Gruga gezeigt wurde. Auch das damalige Ruhrland-Museum der Stadt Essen steuerte Exponate und Installationen bei, die insbesondere die Bedeutung des Tieres in der ur- und frühgeschichtlichen Vergangenheit des Menschen zum Inhalt hatten.[3] Abbildungen dieser und anderer Ausstellungsstationen sind im ehemaligen Bestand der Stadtbildstelle Essen erhalten (heute Bestand des Fotoarchivs des Ruhr Museums). Zusammen mit den Angaben im Führer durch die Ausstellung[4] sowie der umfangreichen Presseberichterstattung[5] lässt sich das Bild eines aufwendig

---

[1] Friedrich Jaeger, Die Human-Animal Studies als Herausforderung der Kulturwissenschaften, in: Menschen und Tiere. Grundlagen und Herausforderungen der Human-Animal Studies, hrsg. v. Friedrich Jaeger. Berlin 2021, S. 1–21; Mieke Roscher, Human-Animal Studies als Hermeneutik. Methodische Grundlagen und Forschungsverfahren, in: ebd., S. 93–110.

[2] Begleitkatalog: Mensch und Tier im Revier, hrsg. v. Heinrich Theodor Grütter u. Ulrike Stottrop. Essen 2019.

[3] Auch die Forschung zum Verhältnis von Archäologie und Nationalsozialismus hat sich in den letzten zwei Jahrzehnten deutlich intensiviert, siehe etwa der Tagungsband: Archäologie und Bodendenkmalpflege in der Rheinprovinz 1920–1945. Tagung im Forum Vogelsang, Schleiden, 14.–16. Mai 2012, hrsg. v. Jürgen Kunow u. a., Treis-Karden 2013.

[4] Führer durch die Ausstellung Mensch und Tier im Deutschen Lebensraum, Essen 1935. 29. Juni – 18. August in den Ausstellungshallen und auf dem Ausstellungsgelände, hrsg. v. Gerhard Pieper. Essen 1935.

[5] Diese erfolgte meist in Form des wörtlichen Abdrucks von Mitteilungen der Ausstellungsleitung, weshalb die Inhalte vieler der Presseberichte unmittelbar auf die Ausstellungsmacher zurückgehen.

inszenierten Projektes zeichnen, dessen ambitionierte Ziele ganz im Dienst der nationalsozialistischen Ideologie standen.[6]

Vorberichterstattung

Ende Januar 1935 wurde die Presse von der Stadtverwaltung und der Gemeinnützigen Ausstellungsgesellschaft Essen über das für das Jahr 1935 geplante Ausstellungsgeschehen unterrichtet. Die Inhalte dieser Vorstellung wurden etwa in der Essener Volkszeitung und im Essener Anzeiger abgedruckt.[7] Es sprachen der städtische Dezernent für das Ausstellungs- und Messewesen, Bürgermeister Dr. Otto Richter, Stadtrechtsrat Dr. Jaenke sowie der Geschäftsleiter der Ausstellungsgesellschaft, Oberbürgermeister i. R. Hermann Gerhard Pieper, der auch Leiter des Projektes „Mensch und Tier" war.

Geplant wurden für das Jahr insgesamt drei städtische Ausstellungen.[8] Es wurde betont, dass diese dazu beitragen sollten, „den Ruf Essens als Ausstellungstadt" bzw. ihren Ruf als „Stadt der Fachausstellungen" zu festigen. Der Nutzen für den Fremdenverkehr, also wirtschaftliche Aspekte, wurden ebenfalls stark hervorgehoben. Die Gruga habe zusammen mit dem Baldeneysee und dem Ruhrtal jährlich eine Million Besucher nach Essen gelockt. Ebenso wurde hervorgehoben, dass insbesondere die Ausstellung „Mensch und Tier im Deutschen Lebensraum" als Musterbeispiel für die Unterstützung der „nationale[n] Erziehungspolitik der Reichsregierung" gelten solle.

Pieper, der die drei geplanten Ausstellungen inhaltlich vorstellte, ging besonders detailliert auf das „Mensch und Tier"-Projekt ein. Zu dessen Zielen sagte er:

„Diese Ausstellung hat den Leitgedanken, die vielgestaltigen und engen Beziehungen zwischen Mensch und Tier zu erfassen und darzustellen. Sie will das organische Zusammenleben von Mensch und Tier in demselben Lebensraum in seinen vielfachen Formen veranschaulichen und auf diese Weise Verständnis für naturgegebene Bindung wecken. Sie soll volkserzieherisch wirken, indem sie dem bodenentwurzelten Menschen der Großstadt Verständnis für Kultur und Heimat wiedergibt. Sie verfolgt nationalwirtschaftliche Ziele, indem sie die Bemühungen des deutschen Bauern aufzeigt, das

---

6   Allgemein zum Blick auf die Tiere in nationalsozialistischer Zeit: Jan Mohnhaupt, Tiere im Nationalsozialismus. München 2022; Mieke Roscher, Das nationalsozialistische Tier. Projektionen von Rasse und Reinheit im „Dritten Reich", in: TIERethik 8, 2016, S. 30–47.

7   Essener Volkszeitung (EVZ) Nr. 29 v. 29.01.1935, S. 5; Essener Anzeiger (EA) Nr. 30 v. 30.01.1935, S. 9.

8   Vgl. Chronik der Stadt Essen für das Jahr 1935, S. 63–72: Bereits vom 4. bis 7. Januar war die „Erste deutsche Rassegeflügelschau" abgehalten worden. Des Weiteren wurde die Reichsausstellung „Die Straße" vom 11. Mai bis 2. Juni gezeigt (Klaus Wisotzky, Vom Kaiserbesuch zum Eurogipfel. 100 Jahre Essener Geschichte im Überblick. Essen 1996, S. 144). Eine „Lichtbilderausstellung" schließlich fand vom 31. August bis 15. September statt (Hans-G. Kösters, Die Aufsteiger. Die Geschichte der Messe Essen. Essen 1988, S. 204).

Tier der Beschaffung aller im deutschen Lebensraum notwendigen Stoffe dienstbar zu machen. So reiht sie sich in die Kampffront der Erzeugungsschlacht ein, zu der sie Führer und Reichsnährstand aufgerufen haben."[9]

Das Vorhaben, das vielfältige Beziehungsgeflecht zwischen Menschen und Tieren – gerade auch durch die Einbeziehung des Aspekts eines allen gemeinsamen Lebensraums – zu behandeln, ähnelt stark den Forschungsinhalten der Human-Animal Studies. Die übrigen Bemerkungen Piepers verdeutlichen jedoch die nationalsozialistische Zielsetzung dieser Bemühungen: Das Tier wird als Wirtschaftsgut gesehen, das vollständig der Nutzung durch den Menschen zugeführt werden muss. Dies wird auch daraus deutlich, dass den einzelnen Ausstellungsabteilungen Bereiche angeschlossen werden sollten, in denen Gewerbe, Handel und Handwerk ihre neuesten Erzeugnisse ausstellen und dadurch „ein Bild deutschen Gewerbefleißes, deutscher Technik, deutschen Kaufmannsgeistes und deutschen handwerklichen Könnens" vermitteln könnten. Der totale Anspruch der Ausstellung zeigt sich nicht zuletzt durch den zeitlichen Horizont ihrer Darstellung: Begonnen wurde mit der vorgeschichtlichen Zeit, es wurde also die gesamte Menschheitsgeschichte abgedeckt.

Zwar werden als Themen explizit auch der Tier- und Naturschutz erwähnt, verbunden jedoch mit der Bemerkung, dass eine „interessante Jagdausstellung" stattfinden wird. Bereits hier wird ersichtlich, dass das Tier nicht um des Tieres willen geschützt werden sollte, sondern dass es ausschließlich darum ging, das Tier als Ressource für den Menschen zu schonen bzw. zu erhalten. Die Einbindung der Ausstellung in die „Kampffront der Erzeugungsschlacht", eine radikale Zuspitzung im Sinne der nationalsozialistischen Ideologie, steigert diese Vorstellung schließlich ins Extreme. Die „Erzeugungsschlacht" war 1934 von Reichsminister für Ernährung und Landwirtschaft Richard Walther Darré auf dem Reichsbauerntag ausgerufen worden. Das Konzept sollte die Leistung der Nahrungsmittelproduktion steigern; Ziel war die völlige Unabhängigkeit von äußerer Versorgung. Durch die Einordnung der Ausstellung in diesen Zusammenhang wird der umfassende wirtschaftliche Anspruch, unter dem die Mensch-Tier-Beziehungen gesehen werden, besonders augenscheinlich.

Wie man die Ziele der Ausstellung erreichen wolle, führte Pieper ebenfalls aus:

„Entsprechend ihrem Leitgedanken verzichtet die Schau auf rein fachzoologischen, systematischen Aufbau. Sie will durch eindrucksvolle Darstellungen mit lebendem und totem Material die Beziehungen zwischen Mensch und Tier im deutschen Lebensraum zu einem Bilde vergangener und gegenwärtiger Kultur abrunden."

9　EA Nr. 30 v. 30.01.1935, S. 9; vgl. Pieper, Führer (wie Anm. 4), S. 6f.

Bei der Planung der Ausstellung wurde demnach grundsätzlich nicht unterschieden zwischen Exponaten, also etwa Tierpräparaten oder didaktischen
Elementen, einerseits und lebenden Tieren andererseits. Da Pieper lediglich
zusammenfassend von „lebendem und totem Material" spricht, erhält das Tier
somit explizit die Rolle als Objekt.

Am 27. Juni, also zwei Tage vor Ausstellungseröffnung, übertrug der Reichssender Köln ein Vorwort des Ausstellungsdirektors Pieper, das teilweise im Wortlaut erhalten ist.[10] Im Wesentlichen wiederholt er darin die Inhalte, die bereits
beim Pressetermin im Januar vorgetragen wurden. Insbesondere betont Pieper
den volkserzieherischen Charakter der Ausstellung, der dem „bodenentwurzelten Menschen der Großstadt" zugutekommen sollte. Er sagte unter anderem:

> *„Wir legen Wert darauf, uns auf den deutschen Lebensraum zu beschränken, wir*
> *wollen zeigen, wie sich der Mensch das Tier untertan machte, es nach seinem Willen*
> *formte, wie er es seines vielfachen Nutzen wegen hielt, wie es auch den Menschen zur*
> *Beobachtung anregte, es über allem Materiellen hinaus in der Natur zu erleben, um*
> *damit bei ihm die Liebe zur Natur, die Liebe zur Heimat und die Liebe zum Vaterland*
> *erwachsen zu lassen."* Man wolle *„an die Seele des Menschen heran, an das Herz der*
> *Vielen; deren Liebe zur Natur, zu den Schöpfungen Gottes aus dem Alltagsgrau ihres*
> *Daseins herausheben."*

Um diese Ziele zu erreichen, sollte die Ausstellung begleitet sein durch die „Einrichtung mäßiger Eintrittspreise, verbilligter Fahrten [und] guter Führungen
durch die Ausstellung".

In diesem Zusammenhang führt Pieper einen weiteren Aspekt nationalsozialistischer Ideologie ins Portfolio der Ausstellung ein, denn sie solle den Besuchern
ermöglichen, „durch Freude neue Kraft zur Berufsarbeit zu gewinnen". Damit
spielt er auf die Organisation Kraft durch Freude an, eine Unterorganisation
der Deutschen Arbeitsfront. Deren Gauwalter Fritz Johlitz war später einer der
Ehrengäste bei der Eröffnungsfeier und gehörte auch dem Ehrenausschuss der
Ausstellung an.

Wie auch bei Ausstellungen aus anderen Themenbereichen in den 1930er
Jahren festzustellen ist, war man bemüht, die Präsentation anschaulich zu halten,
um möglichst große Bevölkerungsgruppen anzusprechen. Man war bemüht,
„eine Ausstellung zustande zu bringen, die durchaus den Vorzug der Originalität
besitzt und die etwas ganz Neuartiges auf dem Gebiet der Ausstellung darstellt".

Die bereits aus der Vorberichterstattung hervorgehenden inhaltlichen
Schwerpunkte werden vom Projektleiter Pieper in komprimierter Form auch
in einem Abschnitt zu den Leitgedanken der Ausstellung im Begleitband zum

---

10   EA Nr. 176 v. 28.06.1935, S. 5.

Ausdruck gebracht.[11] Er betont dort nochmals die bewusste Beschränkung auf den „deutschen Lebensraum", die angestrebte volkserzieherische Wirkung, die nationalwirtschaftlichen Ziele des Projekts, die anschauliche Vermittlungsweise sowie den Anteil gewerblicher Stationen aus Industrie, Gewerbe, Handel und Handwerk.

Dieser Abschnitt schließt mit dem in Großbuchstaben gedruckten Ausruf: „Alles für Deutschland, unser Vaterland!" Der dadurch zum Ausdruck kommende und für die nationalsozialistische Ideologie typische, totale Herrschaftsanspruch wirkt durch die Aufnahme in die Leitgedanken einer Ausstellung zum Thema „Mensch und Tier" besonders zynisch: haben sich doch beide Sphären der Ideologie kompromisslos unterzuordnen.

Führer zur Ausstellung

Bei dem bereits erwähnten Ausstellungsführer handelt es sich um ein 84 Seiten umfassendes, querformatiges Werk, das von Gerhard Pieper herausgegeben wurde.[12] Gedruckt wurde es von der Th. Reismann-Grone GmbH., Essen, in Schwarzweiß, wobei die Nummern der einzelnen Stationen auf den Ausstellungsplänen und in der Legende sowie die Bezeichnungen der lebend präsentierten Tiere in grüner Farbe gehalten sind, was vermutlich eine Assoziation mit dem Bereich der Natur hervorrufen sollte. Auf dem Umschlag findet sich, neben den wichtigsten Angaben zur Ausstellung, ein nach links blickender Wisentkopf, der auch auf dem Plakat zur Ausstellung und im Kopf des eigens für die Ausstellung produzierten Briefpapiers zu sehen war (Abb. 79). E. Jungstand spricht vom „mächtigen Kopfe des Wisents, des größten Naturdenkmals der europäischen Tierwelt" und „unserem stolzesten Wilde". Otto Fehringer bezeichnet Auerochse und Wisent als die „beiden mächtigen einheimischen Wildrinder". Den Wisent beschreibt er als besonders wild, wehrhaft und nur schlecht zähmbar.[13] Anders als der Auerochse war der Wisent jedoch nicht ausgestorben und konnte so als Verwandter der Nutzrinder zum einen eine Brücke zwischen den Wild- und Nutztieren und zum anderen zwischen Vergangenheit und Gegenwart schlagen. Im Essener Anzeiger heißt es, bezogen auf das im Freigelände der Ausstellung lebend gezeigte Exemplar: „Den Wisent werden sie bewundern, vom Wisent wird das Gebiet sprechen".[14]

---

11 Pieper, Führer (wie Anm. 4), S. 6 f.
12 Pieper, Führer (wie Anm. 4).
13 E. Jungstand, Die Deutsche Jagd auf der Ausstellung „Mensch und Tier im deutschen Lebensraum" in Essen, in: Der Biologe 4, 1935, S. 261–263, bes. S. 262; Otto Fehringer, Wildtiere und Haustiere. Ein Weg zum Verständnis unserer Kameraden aus der Tierwelt. Stuttgart 1936, S. 68–70.
14 EA Nr. 177 v. 29.06.1935, S. 4; vgl. EA Nr. 178 v. 30.06.1935, S. 11.

AUSSTELLUNG
MENSCH UND TIER
IM DEUTSCHEN LEBENSRAUM

ESSEN
29. JUNI-18. AUGUST 1935
AUSSTELLUNGSHALLEN

Abb. 79: Umschlagbild des Ausstellungsführers

Eingestreut zwischen den von Text dominierten Seiten des Bandes finden sich die fotografischen Aufnahmen eines Schäfers, eines Reiters an einem Ufer, eines Bauern auf einem Ochsengespann, des Kopfes eines deutschen Schäferhundes sowie einer Schafherde. Durch diese Fotografien wird über den Führer verteilt ein bäuerlich-ländlicher Eindruck vermittelt, da ausschließlich Nutztiere in der zu ihnen passenden Umgebung gezeigt werden. Wildtiere hingegen werden nicht abgebildet.

Die Gliederung in einzelne Abschnitte richtet sich nach dem auch heute noch gängigen Muster. Nach einem Geleitwort des Schirmherrn und einem einführenden Text zu den Leitgedanken der Ausstellung folgen die Namenslisten der Mitglieder der verschiedenen Ausschüsse und sonstigen Organisationsabteilungen des insgesamt sehr großen Ausstellungsstabes. Nach einer Skizzierung der inhaltlichen Einteilung der Ausstellung folgt im Hauptteil des Bandes ein sogenannter „Rundgang durch die Ausstellung" mit Plänen der Hallen und der verschiedenen Bereiche im Freigelände. Auf den Plänen ist jede Station verortet und in der dazugehörigen Legende benannt sowie teilweise auch knapp beschrieben. Es folgen abschließend Angaben zu den Fütterungszeiten der Tiere sowie zum umfangreichen Begleitprogramm.

Ab Seite 71 finden sich dann hauptsächlich Werbeanzeigen, beispielsweise der Th. Reismann-Grone GmbH, bei der auch der Druck des Bandes erfolgt war. Theodor Reismann-Grone, Journalist, Unternehmer und von 1933 bis 1937 Essener Oberbürgermeister, war darüber hinaus Präsident des sogenannten Ehrenausschusses der Ausstellung, wodurch die Verquickung von Politik, Kultur und wirtschaftlichen Interessen im Rahmen des Projektes zum Ausdruck kommt. Eine andere Anzeige wurde von der Firma Krupp geschaltet, in der verschiedene Arten Laufstahl für Jagdwaffen vorgestellt werden. Dass Krupp gerade diese Produkte auswählte, war sicherlich kein Zufall, sondern war auf das zu erwartende Zielpublikum ausgerichtet.

Insgesamt beschränkt sich der Führer im Wesentlichen auf die Auflistungen und die Darstellung des für die Besucherinnen und Besucher empfohlenen Rundganges. Nur an wenigen Stellen finden sich längere Texte, die inhaltlich über die reinen Benennungen der Stationen, Exponate und lebend gezeigten Tiere hinausgehen. Dafür werden zahlreiche Informationen geboten, die für die Besucherinnen und Besucher vor Ort wichtig waren, etwa die Fütterungszeiten der zur Schau gestellten Tiere oder die Lokalisierung der verschiedenen Restaurants und sonstigen Einkehrmöglichkeiten. Somit war er primär gedacht für die Orientierung und allgemeine Nutzung während des Besuches.[15]

Organisationsstruktur der Ausstellung

Auffallend ist die ungemein große Zahl der zumindest namentlich an der Ausstellung beteiligten Personen, die in verschiedene Ausschüsse verteilt waren (siehe Liste 1). Dies lässt sich durch die Angaben im Ausstellungsführer exakt nachvollziehen:[16]

Nach dem zuerst genannten Schirmherrn, Hermann Göring, wird der Präsident des Ehrenausschusses, Oberbürgermeister Reismann-Grone, genannt. Es folgen die 85 Mitglieder des Ausschusses. Dabei handelt es sich um Persönlichkeiten aus Politik, Wirtschaft und Gesellschaft, darunter Gauleiter Josef Terboven, der Herzog von Croy und Gustav Krupp von Bohlen und Halbach. Dem Hauptausschuss, der für die Ausstellungsorganisation zuständig war, stand als Vorsitzender Otto Richter vor. Stellvertreter war Stadtrechtsrat Dr. Jaenke. Auch die weiteren 88 Mitglieder des Hauptausschusses werden namentlich genannt, darunter Dr. Klaus Graf von Baudissin, der Direktor des Folkwangmuseums, und Dr. Ernst Kahrs, der Direktor des Ruhrland-Museums. Die Ausstellungsleitung lag bei Gerhard Pieper, die Leitung des „technischen und gartenkünstlerischen Aufbaus" bei Gartenbaudirektor Rudolf Korte. Die wissenschaftliche Leitung teilten sich der Studienrat i. R. Prof. Dr. Arnold (Geograph), der Direktor der bäuerlichen Werkschule in Kettwig, Dr. Hoffmann, der Oberstudiendirektor Dr. Wasserloos und der Oberstudienrat Dr. Wefelscheid (beides Biologen). Hinzu kamen als Fachausschüsse noch ein Finanz-, ein Werbe- und ein Presseausschuss.

Die Einbindung so zahlreicher Persönlichkeiten, Fachleute und Zuständiger zumindest auf dem Papier wirkte nach außen legitimierend und suggerierte das zu transportierende Bild einer großen „Gemeinschaftsleistung" auch auf diesem Weg. Die in der Ausstellung vermittelten Inhalte erschienen für den aufmerksamen Leser bzw. die aufmerksame Leserin somit in höchstem Maße Konsens der Fachwelt zu sein.

Ausstellungsaufbau

Nachdem am 2. Juni die vorangegangene Ausstellung „Die Straße" geschlossen hatte und innerhalb weniger Tage abgebaut worden war, begann der Aufbau der

---

15 So auch: EA Nr. 217 v. 08.08.1935, S. 4; Essener Allgemeine Zeitung (EAZ) Nr. 225 v. 16.08.1935, S. 3.

16 Pieper, Führer (wie Anm. 4), S. 8–23.

Ausstellung „Mensch und Tier". Somit standen für die Arbeiten rund dreieinhalb Wochen zur Verfügung. Der Prozess des Aufbaus wurde ebenfalls von der Presse begleitet, der man Gelegenheit zur Vorbesichtigung gab.[17]

Diese Zeitspanne schien für den Anspruch der Ausstellung in zweierlei Hinsicht sehr gering: Zum einen hatte man das Ziel, *alle* in Deutschland lebenden oder wieder anzusiedelnden Tiere zu zeigen, was wörtlich genommen bereits im Grundsatz unmöglich war.[18] Zum anderen war der Betrachtungszeitraum der Ausstellung von der „Urzeit" bis in die Gegenwart überaus lang.

Dementsprechend wurde der große Aufwand betont und als besondere Gemeinschaftsleistung herausgestellt, etwa durch Presse-Überschriften wie „Ein Riesenwerk marschiert". Einen vergleichbar großen Platzbedarf in den Ausstellungshallen und dem Freigelände der Gruga soll zuvor noch keine der in Essen gezeigten Ausstellungen gehabt haben. Im Begleitband wird die Gesamtausstellungsfläche von Hallen, Freigelände und Gehegen mit 40.000 Quadratmetern angegeben, davon 1.600 Quadratmeter für gewerbliche Aussteller.[19]

Die Gestaltung der Hallen entwarf und beaufsichtigte der Essener Architekt Adam Weinhag. Genutzt wurden die Ausstellungshallen 1, 5, 6 und 7. Zahlreiche Institutionen, Vereine und auch Privatpersonen steuerten Exponate bei und gestalteten teilweise den von ihnen belegten Ausstellungsbereich selbst (siehe Liste 2). Da eine Beschränkung auf die Hallen jedoch von Anfang an unmöglich schien, mussten zusätzlich große Teile des Gruga-Freigeländes in Anspruch genommen werden, insbesondere das Freigelände am Turnierplatz.[20] Für den Aufbau der Gehege und ähnlicher Einrichtungen waren Gartenoberinspektor Schmidt und Revier-Förster Püntmann zuständig. Es wurden, neben vielen weiteren Gehegen und Käfigen, eine „Eulenburg", „Bärenhöhlen", „Nachtherbergen" und eine „Wohnung der Wisente" errichtet. Allein diese Formulierungen zeigen den rein anthropozentrisch geprägten Blick auch auf die Formen der Unterbringung der Tiere.

Für die Begrenzung der Gehege im Freigelände wurden in erster Linie Holzzäune mit Maschendraht verwendet. Vermeintlich legte man Wert darauf, diese so zu gestalten, dass die Tiere sich darin wohlfühlen könnten. Zu diesem angeblichen Zweck richtete man die Gehege nicht mit natürlichem Stein- und Felsmaterial ein, sondern war bemüht, dieses künstlich nachzubauen (Abb. 80).

---

17 EA Nr. 154 v. 05.06.1935, S. 6; EA Nr. 156 v. 07.06.1935, S. 7.
18 Vgl. EA Nr. 190 v. 12.07.1935, S. 4.
19 Pieper, Führer (wie Anm. 4), S. 2; vgl. Chronik (wie Anm. 8), S. 68 u. Rudolf Arnold, Die kartographischen Darstellungen auf der Ausstellung „Mensch und Tier im deutschen Lebensraum" in Essen vom 29. Juni bis 18. August 1935, in: Geographischer Anzeiger 37, 1936, S. 105–108, bes. S. 105 (Freigelände: 200.000 Quadratmeter, Ausstellungshallen: 20.000 Quadratmeter).
20 Eine kompakte Darstellung der Geschichte der Gruga: Dorothea Bessen, Die GRUGA in Essen, in: Forum Geschichtskultur Ruhr 2022 (1), S. 43–47.

Abb. 80: Das Gehege für die Gemsen während der Aufbauarbeiten

Die Entscheidung, trotz des Wunsches nach Naturnähe und Naturverbundenheit, die Einrichtung nachzubauen und möglichst keine natürlichen Elemente zu verwenden, dürfte allerdings kaum mit dem Wohl der Tiere zu tun gehabt haben. Durch eine künstliche Binnengestaltung der Gehege konnte man diese vermutlich leichter den Vorstellungen der Ausstellungsmacher und der Besucherinnen und Besucher anpassen. Somit war die vermeintlich natürliche Umgebung, in der die Tiere gezeigt werden sollten, in einem umfassenden Sinne künstlich. Die Entkontextualisierung des „Exponats" Tier wurde dadurch auf die Spitze getrieben. Gleichwohl betonte man im Ausstellungsführer, dass sich die Tiere „in ihrem natürlichen Lebensraum" befänden.[21]

Ähnlich großer Aufwand wurde für die Präsentation lebender Süß- und Salzwasserfische betrieben. Diese wurden in rund 70 Aquarien gezeigt,[22] wobei insbesondere die Haltung der Meeresfische die Veranstalter vor einige Herausforderungen gestellt haben dürfte.[23]

Zum Ausstellungsaufbau gehörte schließlich auch, dass man Elche, Hirsche, Rehe und ein Wisent aus Sperrholz an den Hauptzufahrten zur Stadt sowie auch am Hauptbahnhof aufstellte, um auf die Schau aufmerksam zu machen.[24]

---

21 Pieper, Führer (wie Anm. 4), S. 25.
22 EA Nr. 176 v. 28.06.1935, S. 5; EVZ Nr. 204 v. 07.08.1935, S. 9 f.
23 Zu den Seewassertieren: EA Nr. 217 v. 08.08.1935, S. 4.
24 Ein „Werbe-Wisent" stand am Südausgang des Hauptbahnhofes (EA Nr. 178 v. 30.06.1935, S. 11).

Eröffnungsfeier

Nach dem planmäßig abgeschlossenen Aufbau konnte die Ausstellung am Samstag, den 29. Juni 1935, ab 11 Uhr, im Vorhof der Halle 1 der Ausstellungshallen bei bestem „Grugawetter" eröffnet werden. Die Veranstaltung ist durch umfangreiche Presseartikel gut dokumentiert:[25] „Von hohen Masten wehten die Fahnen des Reiches, der Stadt und der Jäger, von allen Seiten kamen die Gäste herbei". Die musikalische Begleitung übernahm die Kapelle der Essener Schutzpolizei sowie der Essener Männergesangverein, der den „Jägerchor" aus dem Freischütz von Carl Maria von Weber sang. Als Gäste waren zahlreiche bedeutende Persönlichkeiten aus Politik, Wirtschaft und Gesellschaft geladen (Abb. 81).

Die bei der Eröffnung gehaltenen Reden wurden in der Presse teils im Wortlaut, teils zusammenfassend wiedergegeben. Zunächst übergab Pieper die „Volksausstellung" und daraufhin das Wort an Oberbürgermeister Reismann-Grone. Dieser stellte insbesondere die Ziele der Ausstellung in den Vordergrund: „Die Ausstellung stellt das Tier dar, aber nicht in seiner Vereinsamung, Vereinzelung und Wildheit, sondern in seiner Beziehung auf den Menschen. In zwei Epochen sehen wir erst den Kampf des Menschen mit dem Tier und zweitens die Vereinigung und Beherrschung des Tieres. Der Mensch hat sich das Tier unterworfen, aber schon diese Beherrschung legt ihm Pflichten auf."

Anschließend fuhr NSDAP-Kreisleiter Freytag in einem Redebeitrag unter anderem mit der Aussage fort, „daß dies eine Ausstellung sei, die rein politisch gesehen sei, denn sie wolle nicht mehr und nicht weniger als das deutsche Volk mit dem deutschen Boden, dem deutschen Tier und deutschem Blut wieder in engste Verbindung bringen".

Abschließend hielt Generalforstmeister von Keudell die eigentliche Eröffnungsansprache. Er bringt weitere für die Ausstellung wichtige Aspekte ein: „So erinnern wir uns daran, daß die Liebe zum Tier zugleich ein Maßstab für den Charakter des Deutschen, des einzelnen Volksgenossen wie des ganzen Volkes bedeutet." Nach einem Verweis auf das damals noch neue Reichstierschutzgesetz bezieht er die ur- und frühgeschichtliche Vergangenheit in seine Ausführungen mit ein, indem er fortfährt: „Die Beziehung der Deutschen zum Tier in der freien Natur knüpft an die Geschichte unseres Volkes, wie sie sich in einem Ausschnitt von Jagd und Fischerei aus frühester Vergangenheit bis in die Gegenwart hinüberziehen." Hinzu komme, „daß die Jagd zu allen Zeiten, und mag auch ihre Ausübung heute sehr viel leichter geworden sein, doch eine wesentliche Voraussetzung der bisherigen Merkmale von Wehrhaftigkeit bedeutet hat".

Die Veranstaltung schloss mit einem dreifachen Sieg-Heil auf den Führer sowie dem Singen des Horst-Wessel- und Deutschlandliedes. Anschließend fand

---

[25] EA Nr. 178 v. 30.06.1935, S. 3 f.; EVZ Nr. 166 v. 30.06.1935, S. 22. Darüber hinaus ist die Eröffnung auch mit einem eigenen Eintrag im Stahlbuch der Stadt Essen vertreten.

Abb. 81: Die Ehrengäste der Eröffnungsfeier, v. l. n. r.: der Essener Polizeipräsident Karl Zech, der Gauwalter der Deutschen Arbeitsfront Fritz Johlitz, der NSDAP-Kreisleiter und spätere Oberbürgermeister von Duisburg Hermann Freytag, Stadtrat Arno Fischer, der stellvertretende Gauleiter Heinrich Unger, der ehemalige Generalleutnant Oskar von Watter, Generalforstmeister Walter von Keudell

ein Rundgang durch die Ausstellung statt, wo in Halle 5 der Gaujägermeister dem Generalforstmeister von Keudell die Kreisjägermeister vorstellte. Hier kam es nochmals zu einer musikalischen Darbietung: Auf sechs Jagdhörnern wurde der „Fürstengruß" geblasen, und der Essener Männerchor sang von der Empore der Halle herab den „Jäger aus Kurpfalz".

Auch dieser Abriss der Eröffnungsfeier verdeutlicht die Aussageabsichten der Ausstellung: Zum einen sollten zwar die Beziehungen des Tieres zum Menschen dargestellt werden, jedoch einseitig aus menschlicher Perspektive und beschränkt auf den so bezeichneten „Kampf" zwischen Menschen und Tieren in urgeschichtlicher Zeit sowie die spätere Beherrschung und Nutzung der Tiere durch den Menschen. Außerdem sollte die Verbindung der Menschen zum Tier, die besonders in den durch Industrie geprägten Gebieten verloren gegangen sei, wiederbelebt werden. Schließlich ist von einer Fürsorgepflicht und Liebe zum Tier die Rede, die ebenso wie die enge Verwandtschaft von Jagd und Wehrhaftigkeit von großer Bedeutung für das Wesen der Deutschen gewesen sei.

Überhaupt fällt die starke Betonung der Wildtiere bzw. der Jagd auf. Von Keudell sagte sogar: „Meine Betrachtungen beziehen sich in erster Linie auf die Verbindung des Menschen zur freien Tierwelt." Nutz- und Haustiere hingegen finden keine Erwähnung. Jägerisches Brauchtum bestimmte den Charakter der Veranstaltung also vor allem anderen.

Der Schirmherr der Ausstellung, Hermann Göring

Die Wahl Hermann Görings als Schirmherr der Ausstellung belegt einmal mehr deren sehr ambitionierte Ziele. Göring war als Reichsforstmeister, Reichsjägermeister und Oberster Beauftragter für den Naturschutz reichsweit sicherlich die ranghöchste Persönlichkeit, die für dieses Amt infrage kam. Im Begleitband der Ausstellung wird er als General Göring bezeichnet und in seinen Funktionen als preußischer Ministerpräsident, Reichsforst- und Reichsjägermeister benannt.[26]

Er soll sich persönlich „um den Aufbau und die Ausgestaltung der mit der Ausstellung verbundenen Jagdausstellung bemüht" haben.[27] So sorgte er beispielsweise dafür, dass ein Elch und ein Wisent gezeigt werden konnten.[28] Zur Eröffnung war Göring selbst allerdings nicht erschienen; als seine Vertretung kam Generalforstmeister von Keudell nach Essen. Nach den Worten Reismann-Grones bei dessen Eröffnungsansprache wurde die Anwesenheit Görings durch Gründe verhindert, „die noch wichtiger sind als das Verhältnis von Mensch und Tier". Die Chronik der Stadt nennt eine „dienstliche Verhinderung" als Grund für sein Fernbleiben. Ein eigens platzierter Zeitungsbericht berichtete, Göring sei wegen „wichtiger politischer Geschäfte" verhindert gewesen.[29]

Auch besuchte er die Ausstellung zu einem späteren Zeitpunkt selbst nicht. Lediglich ein Beauftragter, Oberlandesforstmeister Erhard Hausendorff, besichtigte sie am 25. Juli.[30]

Im Ausstellungsführer ist jedoch ein Geleitwort Görings abgedruckt:

> *„Mit herzlicher Freude habe ich den Gedanken begrüßt, in einer umfassenden Ausstellung das vielseitige Verhältnis des Menschen zum Tiere im d e u t s c h e n Lebensraum darzustellen und damit das allgemeine Verständnis für naturgegebene Bindungen wieder zu beleben.*

---

[26] Pieper, Führer (wie Anm. 4), S. 8.

[27] Dass Göring sich für tierbezogene Projekte begeistern konnte und diese entsprechend förderte, ist vielfach belegt. So unterstützte er beispielsweise ebenfalls im Jahr 1935 die Gründung des Zoos Osnabrück (Colin Goldner, Nazi-Zoos. Die deutschen Tiergärten zwischen 1933 und 1945, in: Tierstudien 7, 2015, S. 54–66, bes. S. 56 f., 62) oder förderte die Rückzüchtungsversuche der Brüder Heck, die den ausgestorbenen Auerochsen wiederauferstehen lassen wollten (C. Driessen u. J. Lorimer, Back-breeding the aurochs. The Heck brothers, National Socialism and imagined geographies for nonhuman Lebensraum, in: Hitler's Geographies, hrsg. v. P. Giaccaria u. C. Minca. Chicago 2016, S. 138–157; Roscher, Projektionen (wie Anm. 6), S. 41–43).

[28] EA Nr. 176 v. 27.06.1935, S. 6.

[29] Chronik (wie Anm. 8), S. 68; EA Nr. 176 v. 28.06.1935, S. 4.

[30] EA Nr. 204 v. 26.07.1935, S. 4; EAZ Nr. 204 v. 26.07.1935, S. 3.

Leider haben viele Volksgenossen, und besonders die schwer arbeitende Bevölkerung im rheinisch-westfälischen Industriegebiet, die so notwendige enge Verbundenheit mit Natur und Heimat verloren. Hier aufklärend und belehrend zu wirken und mit der Liebe zu den Geschöpfen Gottes die Liebe zur Heimat und zum Vaterland wieder zu erwecken und zu vertiefen, soll vornehmste Aufgabe der Ausstellung sein.

Mein Wunsch geht dahin, daß sie allen Volksgenossen Freude und Ausspannung, Belehrung und Anregung in reichem Maße bringen möge."[31]

Göring trat, wie auch durch das Foto des Münchner NS-Fotografen Heinrich Hoffmann, das neben dem Geleitwort im Ausstellungsführer abgedruckt wurde, belegt, eindeutig in seiner Funktion als Reichsjägermeister auf (Abb. 82). Mit ihm hatte man eines der ranghöchsten Mitglieder der Staatsleitung aus dem unmittelbaren Umkreis Hitlers als Schirmherrn gewinnen können, was einen deutlichen Zugewinn an Prestige für das Projekt bedeutete.

Abb. 82: Der Schirmherr der Ausstellung, Reichsjägermeister Hermann Göring

Die zentrale Rolle der Jagd in der Ausstellung, die in den Wortbeiträgen, der Gestaltung der Eröffnungsfeier und der entsprechenden Abteilung in der Ausstellung (siehe unten, Abb. 87) zum Ausdruck kommt, entsprach sicherlich den Vorstellungen und möglicherweise auch den unmittelbaren Wünschen Görings, denen die Ausstellungsmacher entgegenkommen wollten. Görings Begeisterung für das Thema Jagd ist ebenso wie deren Bedeutung für die nationalsozialistische Ideologie gut dokumentiert.[32] So ließe sich z. B. die auffallende Aufnahme jägerischen Brauchtums in die Gestaltung der Eröffnungsfeier erklären. Vermutlich rechnete man zunächst fest mit der persönlichen Anwesenheit des Reichsjägermeisters und war deshalb bemüht, dessen Geschmack

31 Pieper, Führer (wie Anm. 4), S. 4.
32 Andreas Gautschi, Der Reichsjägermeister. Fakten und Legenden um Hermann Göring. Suderburg 1999; Uwe Neumärker u. Volker Knopf, Görings Revier. Jagd und Politik in der Rominter Heide. Berlin 2007; Helmut Suter, Jagd unterm Hakenkreuz. Hermann Göring, Carinhall und das Jagdrevier Schorfheide. Berlin-Brandenburg 2021.

möglichst optimal zu treffen.[33] Zusätzlich trat Göring auch als bedeutender Leihgeber auf, da er eine Auswahl seiner eigenen Jagdtrophäen zur Verfügung stellte.
Diese wurden, hervorgehoben inszeniert, als Kern des Ausstellungsabschnittes
„Die deutsche Jagd" gezeigt, was von Göring im Falle eines persönlichen Besuches
sicher wohlwollend zur Kenntnis genommen worden wäre.

Des Weiteren brachte auch Göring in seinem Geleitwort zum Ausdruck,
warum eine Ausstellung zu den Beziehungen zwischen Menschen und Tieren
gerade in Essen, also inmitten des rheinisch-westfälischen Industriegebietes,
gezeigt werden sollte: Dort sei die Distanz zwischen Menschen und Tieren
besonders groß geworden.

Schlussendlich knüpfte er jedoch die als notwendig erachtete, diesem Umstand entgegenwirkende Aufklärungsarbeit an die „Liebe zu den Geschöpfen
Gottes" einerseits und die „Liebe zur Heimat und zum Vaterland" andererseits.
Dadurch stellte er die Inhalte der Ausstellung – und damit letztlich die Tiere in
ihrer Gesamtheit – nicht nur in den Dienst einer religiös-determinierten Weltordnung, sondern vereinnahmte sie auch für nationale Zwecke.

Ausstellungssystematik und Rundgang durch die Ausstellung

Das durch die Vorberichterstattung und die anderen bisher aufgeführten Quellen gewonnene Bild verdeutlicht sich in der Ausstellungssystematik, die im
Begleitband zur Ausstellung als „inhaltliche Einteilung" bezeichnet wird. Wie
von Pieper bereits ausgeführt, verzichtete man bewusst auf eine Gliederung,
die der biologischen Systematik folgte. Stattdessen wählte man eine Struktur
von acht Abteilungen, mit der man die verschiedenen Arten der Beziehungen
zwischen Menschen und Tieren abdecken wollte:[34]

I.   Das Tier im geistigen und wirtschaftlichen Leben des Volkes (Vor- und
      Frühgeschichte; Zähmung und Züchtung: Das Tier in Volksdichtung,
      Sprache, Kunst und Werbung; Kind und Tier)
II.   Der Mensch als Jäger und Heger (in Wald, Heide und Feld)
III. Der Mensch als Fischer (in Binnengewässer und Meer)
IV.   Mensch und Haustier (Züchtung, Haltung und Pflege)
V.   Das Tier in der Nationalwirtschaft (Verwertung des Tieres und seiner
      Produkte; Marktregelung)
VI.   Das Tier als Quell der Freude (Der Tierliebhaber; Tier im Sport)

---

33   Auch Kreisjägermeister W. Hofmann bestätigt Görings Aufmerksamkeit für das Projekt:
     „Reichsjägermeister Göring übernahm das Protektorat über die Ausstellung. Er zeigt das
     größte Interesse für sie." (W. Hofmann, Die deutsche Jagd im Rahmen der Ausstellung
     „Mensch und Tier im deutschen Lebensraum", in: EVZ Nr. 89 v. 30.03.1935, S. 15).
34   Pieper, Führer (wie Anm. 4), S. 24; vgl. die abweichende Einteilung in zehn Gruppen bei
     Arnold, Darstellungen (wie Anm. 19), S. 105 f.

VII. Der Mensch als Beschützer des freilebenden Tieres und seiner Umwelt (Natur- und Heimatschutz; Tierschutz; Vogelschutz)

VIII. Der Mensch als Tierforscher und Tierarzt (Auswertung wissenschaftlicher Forschungsergebnisse in Züchtung und Haltung; Bekämpfung tierischer Schädlinge)

Die in den Abteilungen enthaltenen Themen wurden im Laufe des Rundganges durch die Ausstellung in den Ausstellungshallen und dem Freigelände der Gruga in insgesamt 113 Stationen dargestellt, die im Führer einzeln aufgeführt sind.

Bereits die Bezeichnungen der Abteilungen machen deutlich, dass die Ausstellungsmacher Tieren und Menschen klare Rollen und Funktionen zuwiesen. Die Feststellung der Human-Animal Studies, dass in der Beziehungsgeschichte zwischen Menschen und Tieren erstere stets das aktive Subjekt, also der Akteur, waren, während man den Tieren die rein passive Rolle als Objekt zuwies, findet sich in dieser Gliederung völlig wieder. Der Mensch tritt als Jäger, Heger, Fischer, Züchter, Halter, Pfleger, Beschützer, Tierforscher und Tierarzt auf. Das Tier hingegen, das bei allen diesen menschlichen Tätigkeiten als Objekt mitzudenken ist, wird einschließlich seiner Produkte „verwertet" und dient dem Menschen darüber hinaus als „Quell der Freude". Für die Ausstellungsmacher führte die Analyse der Mensch-Tier-Beziehungen also ausschließlich zu einer Darstellung des jeweiligen Nutzens der Tiere für den Menschen. Die zahlreich vorhandenen, vielfach ineinander verwobenen wechselseitigen Abhängigkeiten kommen nicht zum Ausdruck.

Der Rundgang durch die Ausstellung (Abb. 83) begann in Ausstellungshalle 1, nachdem die Besucherinnen und Besucher von lebenden Stelzvögeln „begrüßt" worden waren, wie es im Ausstellungsführer heißt.[35] Dort waren insbesondere die Themen untergebracht, die sich auf die Vergangenheit des Menschen bezogen und somit den weiteren Rundgang vorbereiten sollten (dieser Bereich wird im folgenden Abschnitt eingehender behandelt).

In Halle 1 waren außerdem Räume zu den Themen „Volk und Tier" (Nr. 3) und „Die Erforschung des Tieres" (Nr. 4) untergebracht.[36]

„Volk und Tier" gliederte sich in folgende Abschnitte: Urzustand; das Tier als Lebensgenoß; das Tier als Jagdgenoß; das Tier als Kampfgenoß; das Tier in der Astronomie; das Tier im Märchen; das Tier in Sage, Geschichte und Fabel; das Tier im Volksbrauch; das Tier im Volksmund; das Tier in der Welt des Kleinkindes; Tier und Schule sowie das Tier im Schaffen des Kindes und des Jugendlichen.[37] Für diese Station hatte unter anderem das Folkwangmuseum Leihgaben zur Verfügung gestellt, dessen Direktor Klaus Graf von Baudissin

---

35 Pieper, Führer (wie Anm. 4), S. 27.
36 Hierzu: EVZ Nr. 206 v. 09.08.1935, S. 3.
37 Pieper, Führer (wie Anm. 4), S. 28, Nr. 3.

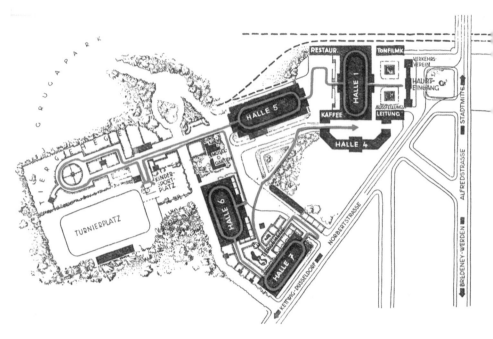

Abb. 83: Gesamtplan des Ausstellungsgeländes

Abb. 84: Tafel „Tier im Volksmund"

Mitglied im Hauptausschuss der Ausstellung war. Dieses Museum zeigte auf der Empore der Halle 5 außerdem die als Sonderschau bezeichnete Station „Das Tier in Plastik und Lichtbild".[38]

Im Bereich „Volk und Tier" dürfte auch eine Tafel des Künstlers Gustav Dahler platziert gewesen sein, die verschiedene Maschinen, Gegenstände und Fahrzeuge mit Tiernamen in Verbindung brachte.[39] Dahler stellte noch weitere in diesem Bereich platzierte Tafeln für die Ausstellung her, etwa zum Thema „Das Tier im Volksmund", auf der in Sprichwörtern vorkommende Tiere dargestellt wurden (Abb. 84).[40]

Dem Thema „Das Tier in der Welt des Kleinkindes" sind drei Bildzusammenstellungen zuzuordnen, die von Otto Berenbrock erstellt worden waren. Sie trugen die Titel „Das Tier im Kinderreim" (Abb. 85), „Das Tier im Kinderspiel" und „Das Tier im Kinderlied". Auf ihnen sind jeweils sechs Zeichnungen mit zugehörigen Textpassagen zu sehen.

Im Bereich „Die Erforschung des Tieres" befand sich unter anderem eine Tafel, von der ebenfalls eine fotografische Aufnahme erhalten ist (Abb. 86). Diese zeigte Zeichnungen von sechs ausgestorbenen Tierarten. Jeder Tierart war eine kleine Deutschlandkarte zugeordnet, auf der die Orte und Jahreszahlen ihrer letzten Nachweise angegeben waren. Betreut wurde die Karte von einem der wissenschaftlichen Ausstellungsleiter, dem Geographen Rudolf Arnold. Aus seiner Beschreibung der Entstehungsgeschichte des Werkes geht hervor, dass die Planungen und Ausführungen der Ausstellungsvorbereitung teilweise auch mit Konflikten beladen waren und nicht immer zu Ergebnissen führten, die alle Beteiligten zufrieden stellten:[41]

„Große Schwierigkeiten bot die Karte Deutschlands mit den Jahreszahlen der Ausrottung der verschiedenen Tiere in den einzelnen Gauen. Beim Namen des betreffenden Tieres stand die Jahreszahl und ein Kreuz. Diese Karte mit diesen vielen Kreuzen wirkte geradezu erschütternd. Hierbei kam einem erst so richtig zum Bewußtsein, wie verarmt unsere Tierwelt ist. Der Entwurf war natürlich auf einer Lichtpauskarte von Deutschland angefertigt. Zur besseren Belehrung der Beschauer, die doch so nicht recht das betreffende Tier von Aussehen kannten, wurde dann eine Probe-Skizze angefertigt im großen Maßstab, die neben Jahr, Namen und Kreuz auch das Bild der betreffenden

38 Ebd., S. 44, Nr. 45; EA Nr. 213 v. 04.08.1935, S. 5; EAZ Nr. 213 v. 04.08.1935, S. 10.
39 Christoph Wilmer, Gustav Dahler (1906–1977), in: Aufbruch im Westen. Die Künstlersiedlung Margarethenhöhe, hrsg. v. Heinrich Theodor Grütter u. Axel Heimsoth. Essen 2019, S. 206–213, bes. S. 210.
40 Vgl. den Beitrag „Das Tier im deutschen Sprachschatz" in: EAZ Nr. 182 v. 04.07.1935, S. 11.
41 Vgl. den Bericht Wilhelm Krachts über seine Beschwerde bei der Ausstellungsleitung: Wilhelm Kracht, Bericht über die Ausstellung „Mensch und Tier im deutschen Lebensraum" vom 29. Juni bis 8. August 1935 in Essen, in: Die Gefiederte Welt 64, 1935, S. 477–479; 489–491; 501 f., bes. S. 489; vgl. EA Nr. 177 v. 29.06.1935, S. 3.

Tierart zeigte. Da für manche Art es zahlreiche Jahre des Verschwindens in den einzelnen Gegenden gab, so wurde für jedes Tier eine ganz bestimmte Type gewählt. Das wirkte sehr gut, zumal nur der Umriß gezeichnet wurde und die Fläche hellgrau leer blieb. Aber auch diese Karte wurde, in dieser Gestalt wenigstens, nicht ausgeführt trotz aller Widerstände der Biologen und Erdkundler. Vor unserer Schau war in denselben Ausstellungshallen die Ausstellung ‚Die Straße‘. Auf ihr wurde eine ähnliche Riesenkarte gezeigt, 20:30 m, und deren Herstellung hatte 6000 RM. gekostet, und das schreckte ab, wenn auch unsere Karte kleiner geworden wäre. So nahm man Abstand und zeichnete sechs Kärtchen mit den Hauptvertretern: Bär, Wolf, Wisent, Luchs, Steinadler, Biber [...] Das wirkte natürlich lange nicht so gut, vor allem aber nicht so erschütternd wie die andere Karte.“[42]

Der Vorplatz der Halle 5 beinhaltete einen Meeresstrand, in dem Seehunde und Seevögel gezeigt wurden. Neben diversen Aquarien und Terrarien und Abschnitten zur Vogelkunde wurde hier auch das Thema Tierschutz behandelt.

Der Vorsitzende des Reichstierschutzbundes, Dr. Buttmann, war zwar Mitglied des Ehrenausschusses der Ausstellung, und bereits bei der Eröffnung war betont worden, dass die Unterwerfung des Tieres den Menschen ethisch zum Schutz desselben verpflichtet habe. Diesem Anspruch trug man jedoch im Wesentlichen lediglich mit einer einzigen Station, die vom Tierschutzverein Essen e. V. beigesteuert wurde, Rechnung. Die Umsetzung erfolgte unter anderem mit der „Wiedergabe von Aussprüchen des Führers und des Reichsjägermeisters“ sowie von Bestimmungen des Reichstierschutzgesetzes von 1933, aber auch mit einer „Anlage zum schmerzlosen Töten von Tieren“. Lediglich beim Auftritt des Reichsnährstandes in Halle 6 (siehe unten) findet das Tierschutzgesetz noch einmal Erwähnung.[43]

Hauptthema der Halle 5 war die Jagd. Neben der Fischerei war das Herzstück dieses Bereiches der große Abschnitt „Die deutsche Jagd“ (Abb. 87).[44] Auch beim Thema Fischerei stand der Aspekt der Jagd im Vordergrund. „Wie beim Jagen, sollte auch beim Fischen der weidmännische Gedanke oberstes Gesetz sein“, heißt es in einem Zeitungsartikel bezogen auf die Pflege der Binnengewässerfische seit 1933.[45]

Das bekannteste Foto der Ausstellung[46] zeigt die mit einer Auswahl der besten Jagdtrophäen aus den verschiedenen deutschen Jagdgauen geschmückte Halle

42   Arnold, Darstellungen (wie Anm. 19), S. 107 f., Taf. 10.
43   Pieper, Führer (wie Anm. 4), S. 38, Nr. 19, S. 54, Nr. 76.
44   Hierzu: EA Nr. 177 v. 29.06.1935, S. 3 f.; EA Nr. 222 v. 13.08.1935, S. 4; EAZ Nr. 222 v. 13.08.1935, S. 3; EVZ Nr. 210 v. 13.08.1935, S. 3.
45   EA Nr. 216 v. 07.08.1935, S. 6; vgl. EVZ Nr. 204 v. 07.08.1935, S. 9 f.
46   Wisotzky, Kaiserbesuch (wie Anm. 8), S. 144; Ders., Die Jahre der Gewalt. Essen 1914 bis 1945, in: Essen. Geschichte einer Stadt, hrsg. v. Ulrich Borsdorf. Essen 2002, S. 368–467,

Abb. 85: Tafel „Das Tier im Kinderreim"

Abb. 86: Tafel „Die letzten auf deutschem Boden"

Abb. 87: „Beuteschau aller Jagdgaue der Deutschen Jägerschaft (Zusammenfassung der besten Geweihe und Gehörne)", im Hintergrund: „Beutestücke des Schirmherrn der Ausstellung, Reichsjägermeister Hermann Göring" (Text: nach Pieper, Führer (wie Anm. 4), S. 39)

5. Im Bildhintergrund sind an der Stirnseite der Halle in einer apsidialen Anordnung Geweihe aus der Sammlung von Hermann Göring unter einem Porträt des Reichsjägermeisters zu sehen. Darüber hängt ein überdimensioniertes, von zwei Hakenkreuzen flankiertes Porträt Adolf Hitlers.[47] Dieses Bild war jedoch nicht eigens für die Ausstellung dort platziert worden. Wie ein Foto derselben Halle während der Ausstellung „Das Leben" (9. Mai bis 1. Juni 1936) zeigt, hing es über einen längeren Zeitraum an diesem Platz (Abb. 88). Anders als das deutlich kleinere Porträt Görings steht es also nicht in unmittelbarem, bewusst konstruiertem Zusammenhang mit der Ausstellungsthematik. Während das Hitlerbild offenbar über mehrere Jahre eine Konstante bildete, war der konkrete Ausstellungskontext letztlich austauschbar.

Die große Bedeutung, die das Thema Jagd für die Ausstellung hatte, zeigt sich auch daran, dass der Jagdmaler Gerhard Löbenberg, der als Referent für Kunst und Ausstellungswesen der deutschen Jägerschaft in Berlin fungierte und enge Kontakte zu Hermann Göring hatte, Mitglied im Hauptausschuss war.

---

bes. S. 412 f.; Patrick Jung in: Mensch und Tier (wie Anm. 2), S. 222.
[47] Wisotzky, Kaiserbesuch (wie Anm. 8), S. 148 f.

Abb. 88: Blick in die Halle 5 während der Ausstellung „Das Leben" im Jahr 1936

Daneben widmete sich eine Reihe von Stationen in Halle 5 unter den Überschriften „Vogelschutz" und „Vogelliebhaberei" verschiedenen Themen rund um Vögel.[48]

Auf der Empore der Halle 5 wurde der Fokus auf die Vogelwelt, neben Stationen zu den Themen das „Tier in Lichtbild und Plastik" und das „Tier in der deutschen Werbung", durch Stationen zur Falknerei fortgesetzt. Kernstück der „Schau des Deutschen Falkenordens" war eine große Falkentrage in einer „natürlichen Heidelandschaft" (Abb. 89). Laut Ausstellungsführer und E. Jungstand saßen auf ihr lebende Vögel, die dem Bild nach zu urteilen noch durch Präparate ergänzt worden waren.[49]

Im Freigelände am Turnierplatz sowie in den Freibereichen zwischen den Hallen wurde die Mehrheit der lebendigen Tiere gezeigt (siehe Liste 3). Die schiere Anzahl der dort untergebrachten Tiere und die aufwendige Gestaltung der Gehege müssen auf die Besucherinnen und Besucher den Eindruck eines Zoos oder eher Wildparks gemacht haben, obwohl dies so nicht beabsichtigt war.[50]

48   Einen ausführlichen Bericht mit mehreren Abbildungen bringt: Kracht, Bericht (wie Anm. 41). Der Autor war verantwortlich für die Station zur „Waldvogelliebhaberei" (Nr. 36), die laut seiner Aussage erst auf seine Beschwerde hin in die Ausstellung eingefügt worden sei; siehe auch EA Nr. 222 v. 13.08.1935, S. 4; EAZ Nr. 222 v. 13.08.1935, S. 3; EVZ Nr. 210 v. 13.08.1935, S. 3.

49   Pieper, Führer (wie Anm. 4), S. 43, Nr. 40; Jungstand, Deutsche Jagd (wie Anm. 13), S. 263.

50   Siehe auch: EA Nr. 223 v. 14.08.1935, S. 4; EAZ Nr. 223 v. 14.08.1935, S. 3; EVZ Nr. 211 v. 14.08.1935, S. 5; EA Nr. 226 v. 17.08.1935, S. 4; EAZ Nr. 226 v. 17.08.1935, S. 3. Zu Zoos in nationalsozialistischer Zeit allgemein: Goldner, Nazi-Zoos (wie Anm. 27). Einen gewissen

Abb. 89: Falkentrage

Halle 6 war zunächst den wirtschaftlichen Aspekten der Nutztiere als Fleisch-, Milch- und Eierlieferanten gewidmet. Des Weiteren beherbergte sie Stationen zu den Themen Schädlingsbekämpfung,[51] Tierheilkunde und Tierzucht. Da diese Halle vom Reichsnährstand bestückt wurde, werden diese Aspekte weiter unten noch eingehend behandelt.

Am Ende des Rundganges beinhaltete Halle 7 schließlich Stationen zu den Themen Binnen- und Seefischerei.[52]

Die acht Abteilungen der Ausstellungssystematik finden sich im Ausstellungsrundgang, wie er im Begleitband der Ausstellung dokumentiert ist, nicht unmittelbar wieder. Parallelisiert man beide Abfolgen, zeigt sich, dass die Abteilungen sehr ungleichmäßig auf die Hallen verteilt waren. Teilweise war man auch dazu übergegangen, die Reihenfolge der Ausstellungsabteilungen zu ändern. So findet

Eindruck von der Atmosphäre im Außengelände der Gruga bietet der Film „Ein Nachmittag in der Gruga" des Amateur-Filmers Fritz Witzel, den dieser im August 1935 bei einem Familienausflug gedreht hatte (Laufzeit 3 Min., 18 Sek.). Der große Aufwand, der für die Versorgung der vielen Tiere betrieben werden musste, wird unterstrichen durch eine Auflistung der während der Ausstellungslaufzeit verbrauchten Futtermengen (EVZ Nr. 215 v. 18.08.1935, S. 8).

51   Hierzu: EAZ Nr. 180 v. 02.07.1935, S. 3; EA Nr. 222 v. 13.08.1935, S. 4; EAZ Nr. 222 v. 13.08.1935, S. 3; EVZ Nr. 210 v. 13.08.1935, S. 3.

52   EAZ Nr. 216 v. 07.08.1935, S. 3; EVZ Nr. 204 v. 07.08.1935, S. 9 f.

sich Abteilung III „Der Mensch als Fischer" mit Ausnahme der Sportfischerei, die in Halle 5 untergebracht war, erst in Halle 7. Halle 6 wiederum beherbergt die Abteilungen V und VIII:

Abteilung	Halle
I.	1
II.	5
III.	7
IV.	5
V.	6
VI.	5
VII.	5
VIII.	6

Es entsteht der Eindruck, dass sich die einmal aufgestellte inhaltliche Gliederung aufgrund ihrer Komplexität und vermutlich auch infolge der kurzen Vorbereitungszeit nicht in der angedachten Abfolge auf die Hallen übertragen ließ. Um dem eigenen umfassenden Anspruch gerecht zu werden, musste man eine möglichst große Zahl an Stationen integrieren. Dafür nahm man in Kauf, dass die inhaltliche Abfolge nicht mehr dem durch die Lage der Hallen vorgegebenen Rundgang entsprach. Dies dürfte den meisten Besucherinnen und Besuchern nicht einmal aufgefallen sein, wirkt im Rückblick aber unsystematisch und zeigt klar die Prioritäten der Ausstellungsmacher auf einer möglichst umfassenden Darstellung.

Bereich „Vor- und Frühgeschichte"

Da das damalige Ruhrland-Museum der Stadt Essen das Thema Vor- und Frühgeschichte beigesteuert hatte, ist dieser Bereich der Ausstellung durch Fotoaufnahmen besonders gut dokumentiert.[53] Diese haben sich in Form von Glasplattennegativen im Fotoarchiv des heutigen Ruhr Museums erhalten. Im Hauptausschuss der Ausstellung war zwar Ernst Kahrs, der damalige Direktor des Ruhrland-Museums, vertreten, mit der eigentlichen Durchführung des Projektes seitens des Museums dürfte jedoch Hubert Kroll beauftragt gewesen sein, der wissenschaftlicher Mitarbeiter am Museum war. Er hatte Ethnologie studiert, arbeitete in der Praxis aber auch im archäologischen Bereich.[54]

---

[53] Vgl. Gerhard Bechthold, 50 Jahre Ruhrland- und Heimatmuseum der Stadt Essen. Essen 1954, S. 6 f.

[54] Dies wird auch daraus ersichtlich, dass die Inhalte des Beitrags des Ruhrland-Museums Gegenstand eines Abendvortrags von Kroll waren (EA Nr. 191 v. 13.07.1935, S. 4; EAZ Nr. 191 v. 13.07.1935, S. 3). Aber auch Museumsdirektor Ernst Kahrs war involviert, da dieser in dem Ausstellungsbereich selbst Führungen machte (EA Nr. 178 v. 30.06.1935, S. 11).

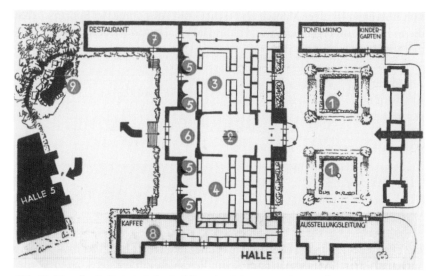

Abb. 90: Plan der Halle 1: 1. Stelzvögel (Störche, Schwäne, Reiher usw.), 2. Eiszeit – Notzeit, 3. Volk und Tier, 4. Die Erforschung des Tieres, 5. Mensch und Tier in der Vorzeit, 6. Ruhr-landmuseum: Schaukästen mit Belegstücken (Werkzeuge, Skelettreste ausgestorbener Tiere, vollständige Skelette eines Riesenhirschs und eines Höhlenbären, 7. Hauptrestaurant, 8. Haupt-Kaffee (Angaben: Pieper, Führer (wie Anm. 4), S. 27–32).

Die Vor- und Frühgeschichte war in Halle 1 untergebracht und erstreckte sich über mehrere Stationen, die zusammen eine Erzählung über die Entwicklung des Verhältnisses zwischen Menschen und Tieren von der Altsteinzeit bis in die Bronzezeit ergaben (Abb. 90).[55] Im Rahmen der inhaltlichen Gliederung fand sie sich in Abteilung I., „Das Tier im geistigen und wirtschaftlichen Leben des Volkes", wieder. Daneben gab es noch einen weiteren vor- bzw. frühgeschicht-lichen Bezug in Halle 6. Dort wurden Dioramen und eine Karte zur „Verteilung der Rinderrassen im deutschen Lebensraum: das vorgermanische Rind, das Germanen-Rind, das Römer-Rind" gezeigt, die allerdings von der Landesbau-ernschaft der Rheinprovinz, der Kreisbauernschaft Ruhrgroßstädte und der Bäuerlichen Werkschule Kettwig gestaltet worden waren.[56]

Der Bereich in Halle 1 bestand aus der Installation „Eiszeit – Notzeit" (Nr. 2) sowie insgesamt acht vom Ruhrland-Museum erstellten Dioramen, die das Thema „Mensch und Tier in der Vorzeit" darstellen sollten.[57] Von sieben dieser Dioramen

55   Vgl. Jungstand, Deutsche Jagd (wie Anm. 13), S. 261.
56   Pieper, Führer (wie Anm. 4), S. 54, Nr. 77.
57   Die als besonders anschaulich geltenden Dioramen waren damals gängig und wurden auch vom Museum der Stadt Essen/dem Ruhrland-Museum in verschiedenen Bereichen einge-setzt (siehe Udo Scheer u. Ulrike Stottrop, Karbon-Dioramen in der Geschichte des Ruhr

sind fotografische Abbildungen erhalten, von allen acht sind die beschreibenden Texte im Ausstellungführer abgedruckt. Dazu hatte das Ruhrland-Museum noch Vitrinen, die vermutlich mit archäologischen bzw. paläontologischen Original-funden und Repliken bestückt waren, beigesteuert (Nr. 6).

An den erhaltenen Bildern und Texten lässt sich nicht nur das Bild der Ausstellungsmacher von den Beziehungen zwischen Menschen und Tieren in der mitteleuropäischen Vor- und Frühgeschichte klar erkennen, sie liefern weit darüber hinaus auch einen Eindruck von der in der Ausstellung transportierten Weltanschauung.

Die Besucherinnen und Besucher wurden mit einer spektakulären Instal-lation in Empfang genommen: der Rekonstruktion eines Mammuts in einer vereisten, pleistozänen Landschaft (Nr. 2, Abb. 91). Im Hintergrund rechts sind zwei menschliche Gestalten zu sehen, die mit Fellen bekleidet und Speeren bewaffnet gebeugt der Fährte des Mammuts folgen.[58] Diese Empfangsstation war vom Essener Bildhauer Paul Hasse erstellt worden. Bereits während seiner Herstellung hatte das Werk das Interesse der Presse auf sich gezogen (Abb. 92).[59]

Die im Text überlieferte Botschaft, die den Besucherinnen und Besuchern gleich zu Beginn des Ausstellungsrundgangs vermittelt wurde, ist deutlich: Nicht nur war bereits der Lebensraum der Eiszeit „deutsch" und wurde damit bereits für die nationale Idee in Besitz genommen.[60] Am Beginn seiner kulturellen Entwicklung war der Mensch ein Jäger, der sich nur durch den Kampf mit einer feindseligen Natur behaupten konnte. „Die Jagd war das erste Handwerk des Menschen", schreibt auch der Kreisjägermeister und Angehörige des Ausstel-lungs-Hauptausschusses W. Hofmann in einem Beitrag zur Jagdausstellung in der Essener Volkszeitung.[61] Noch steht das riesenhafte, vor Kraft strotzende Tier im Zentrum des Geschehens. Der Mensch, gebeugt durch die Schwere seines Daseins, folgt im Hintergrund. Typisch für die durch die nationalsozialistische

Museums, in: Kaupia. Darmstädter Beiträge zur Naturgeschichte 19, 2014, S. 55–65). – Die im Ruhrland-Museum im Bereich Biologie verwendeten didaktischen Mittel, insbeson-dere Tierpräparate, wurden jedoch bisweilen auch als „kitschig" abgetan, verbunden mit der Forderung, ausschließlich originale Objekte für ein gebildeteres Publikum zu zeigen. Dies war etwa der Fall, als in einem Schreiben der Stadtverwaltung an Ernst Kahrs, dessen Vorschlag eines Beitrags im Bereich „Biologie" zur Ausstellung scharf abgelehnt wurde – verbunden mit der Weigerung, dafür die veranschlagten 8.400 Reichsmark aufzuwenden (HdEG/StA, Sign. 652/17).

58 Vgl. Jungstand, Deutsche Jagd (wie Anm. 13), S. 261; EA Nr. 177 v. 29.06.1935, S. 3.

59 Nach der Ausstellung wurde die Mammut-Rekonstruktion allerdings entsorgt (EVZ Nr. 215 v. 18.08.1935, S. 8).

60 Das Vorgehen, die „deutsche" Geschichte bis weit in die Vorgeschichte hinein auszudeh-nen, führte seit der Kaiserzeit zur Herausbildung des Konzeptes der „deutschen Vorge-schichte", das in den 1930er Jahren zunehmend ideologisch ausgestaltet wurde.

61 Hofmann, Deutsche Jagd (wie Anm. 33); ähnlich bei Jungstand, Deutsche Jagd (wie Anm. 13), S. 261 („der Jägerstand ist der Urstand der Menschheit").

Abb. 91: Die Station Eiszeit – Notzeit. „Gewaltig lastete der Eisriese im deutschen Lebensraum. Staub- und Schneestürme machten das steppenartige Land unwirtlich. Kärglich war in den langen, strengen Wintern die Nahrung. In hartem Kampfe mußte der Mensch der Urzeit durch die Jagd sein Leben fristen. Sein größtes Wild war jener langbehaarte Mammut-Elefant, dessen Knochen in alten Flußabsätzen unserer Heimat so häufig gefunden werden." Abgerückt und hervorgehoben darunter: „Notzeit schuf den Jägerstand, den Urstand." (Text: Pieper, Führer (wie Anm. 4), S. 27)

Abb. 92: Paul Hasse bei Arbeit an der Mammutrekonstruktion

Abb. 93: Diorama „Das Tier als Gegner, vor 500 000 Jahren". „Als vor einigen hunderttausend Jahren der Mensch im deutschen Lebensraum erschien, war das Klima wärmer als heute. Inmitten einer feindlichen Tierwelt fiel er dieser sicher oft zum Opfer." (Text: Pieper, Führer (wie Anm. 4), S. 30)

Ideologie getriebene Didaktik der 1930er Jahre war die drastische inhaltliche Reduzierung eines komplexen Sachverhalts in der Darstellung, um eine teils ins Extreme gesteigerte Aussage treffen zu können.[62] Zwar bezeichnet man die Menschen der Altsteinzeit bzw. des Pleistozäns auch heute noch als „Jäger und Sammler". Wie willkürlich die Ableitung der Aussagen aus der Darstellung eines pleistozänen Lebensraum-Ausschnitts während einer eiszeitlichen Kaltzeit oder Kältephase jedoch gewählt war, belegt bereits das erste der acht Dioramen (Nr. 5), welche im Quergang hinter der Empfangshalle mit der Mammut-Installation die mit Objekten bestückten Vitrinen (Nr. 6) flankierten (Abb. 93).

Dieses erste Diorama zeigt einen Löwen, der auf einem leicht erhabenen Felsen über eine savannenartige Landschaft blickt. Vor ihm liegen einige Knochen, darunter auch eine Replik des sogenannten Unterkiefers von Mauer – es wird also die Botschaft vermittelt, die Knochen seien die Überreste der Jagdbeute

---

62 Siehe diverse Beispiele in: Mythos Germanien. Das nationalsozialistische Germanenbild in Schulunterricht und Alltag der NS-Zeit. Begleitband zur Ausstellung Mythos Germanien. Das Germanen-Bild der NS-Ideologie auf Bildern für den Schulunterricht 1933–1945, hrsg. v. Erik Beck u. Arne Timm. Dortmund 2015.

des Raubtieres. Bei dem Unterkiefer von Mauer handelt es sich um das Typus-exemplar des *Homo heidelbergensis*, einer damals in Mitteleuropa verbreiteten Menschenart. Seit 1922 befand sich mindestens eine – noch heute erhaltene – Replik dieses im Jahr 1907 entdeckten Fundes im Bestand der archäologischen Sammlung des Museums (Inv. 1922:70).

Dieses Diorama geht zeitlich sogar noch einen Schritt hinter die Empfangs-präsentation zurück, nämlich ganz an den Anfang der menschlichen Anwesen-heit in Mitteleuropa. Nun ist die Feindseligkeit der umgebenden Natur jedoch auf das Tier beschränkt. Die klimatischen Verhältnisse werden nicht mehr als bedrohlich dargestellt, da man sich auf eine Warmzeit oder Warmphase innerhalb des Pleistozäns bezieht – die Natur wird zum beliebig herangezogenen Versatz-stück. Das Tier hingegen wird erneut als gefährlicher Gegner präsentiert, das in einer Welt, in der die Rollen von Jägern und Gejagten noch nicht eindeutig festgelegt waren, den Menschen bedrohte.

Das zweite Diorama zeigte „Das Tier als Jagdbeute". Von ihm ist kein Foto erhalten, nur der im Ausstellungsband abgedruckte Begleittext: „Im Laufe der Jahrtausende lernte der Mensch sich aber immer besser im Kampfe behaupten, so durch Waffen und Werkzeuge aus Holz, Bein und Stein wie durch das Feuer. Steppenbrände, gewollt oder nicht, ließen ihn leichte Beute gewinnen und ge-bratenes Fleisch schätzen lernen."[63]

Im Verlauf der Altsteinzeit erlangte der Mensch also die notwendigen Fähig-keiten, um sich im Kampf gegen die Natur durchzusetzen. Nun war das Tier die Beute, der Mensch hatte seine ihm von nun an zustehende Rolle als Jäger gefunden.

Im dritten Diorama sehen wir eine Hyäne, die sich, angelockt von einigen Knochen, vermutlich den Überresten einer Mahlzeit, einem Höhleneingang nä-hert (Abb. 94). Hinter einem Felsen neben dem Eingang sehen wir den erhobenen Arm eines Menschen, der einen Holzspeer auf die Hyäne richtet. Eingefangen ist der Moment, kurz bevor der Speer auf die Hyäne geworfen wird.

Nun, da die „Eiszeit" zurück war, ging es in der Auseinandersetzung des Menschen mit dem Tier nicht mehr nur um das reine Überleben, sondern um noch weitere, für die nationalsozialistische Ideologie bedeutende Aspekte: Die Höhle, um die hier sehr bildhaft dargestellt gekämpft wird, steht für die Begriffe „Lebensraum" und „Heimat", wie aus der Beschreibung hervorgeht.

Das vierte Diorama zeigt, dass der Mensch den Kampf auch um seine Wohn-stätten gewonnen hat (Abb. 95). Man sieht einen im vorderen Bereich einer Höhle sitzenden Mann, der an einem Gegenstand arbeitet, der möglicherweise zu einer kleinen Skulptur werden soll. Durch den rahmenden Höhleneingang hindurch blickt man auf eine weitere eiszeitliche Landschaft, in der im Hintergrund eine Herde Rentiere zu sehen ist.

---

63 Pieper, Führer (wie Anm. 4), S. 30.

Abb. 94: Diorama „Das Tier als Mitbewerber um die Wohnung, vor 100 000 Jahren". „Das Klima verschlechterte sich ständig. Große Gletscher deckten langsam ganz Norddeutschland und die Alpen wie auch die höheren Mittelgebirge. Eng und unwirtlich wurde der deutsche Lebensraum in der Eiszeit. In den langen strengen Wintern waren die Höhlen begehrte Wohnstätten. Ihr Besitz mußte gegen allerhand Raubtiere wie Löwen, Bären und Hyänen behauptet werden." (Text: Pieper, Führer (wie Anm. 4), S. 30)

Abb. 95: Diorama „Das Tier als Kunstwecker, vor 20 000 Jahren". „Gegen Ende der Eiszeit erschien der Vorläufer des jetzigen Menschen, ein Jäger, der mittels seiner Steinwerkzeuge kunstvolle Zeichnungen und Skulpturen der Jagdtiere herstellte. Auch verstand er nach Eskimo-Art Felle zu Kleidungsstücken mit Hilfe tierischer Sehnen und beinerner Nadeln zu fertigen." (Text: Pieper, Führer (wie Anm. 4), S. 30 f.)

Korrekt wurde hier die weite Verbreitung von Höhlenmalereien und klein-
formatiger Skulpturen, die man heute als „Eiszeitkunst" bezeichnet, ans Ende der
Altsteinzeit ins Jungpaläolithikum gesetzt und mit dem anatomisch modernen
Menschen, dem *Homo sapiens*, in Verbindung gebracht.[64] Gestalterisch wird
die nun vollzogene Änderung der natürlichen Ordnung eindrucksvoll in Szene
gesetzt: Nun steht der Mensch im Mittelpunkt, der Herr über seine eigene, feste
Wohnstatt ist. Das Tier rückt jetzt in den Hintergrund; durch die Beschäftigung
mit dem Erschaffen von Artefakten, die nicht unmittelbar mit dem Überleben zu
tun haben, entfernt sich der Mensch aber auch bereits ein Stück weit von der Natur.

Gezeichnet wurde das Bild einer frühen Kulturhöhe, zu welcher der Mensch
durch die Tiere, mit denen er in Kontakt stand, angeregt wurde. Unbeabsichtigt
griff die Ausstellung damit einen Aspekt auf, der auch für die Human-Animal
Studies von Bedeutung ist, nämlich die Beeinflussung des Menschen durch das
Tier und dadurch hervorgerufene Kulturwandlungsprozesse. Aber auch diese
Facette der kulturellen Anregung wird durch die nationalsozialistische Ideologie
überprägt, wenn im Rahmen der Ausstellung verschiedentlich von den „hohen
ethischen und ideellen Werte[n]" der Jagd gesprochen wird. So kommt Kreisjägermeister Hofmann zu dem Schluss: „wenige Tage in der einsamen Jagdhütte
stählen zu neuer Kraft im Kampf ums Dasein".[65]

In einem sehr nüchternen Gegensatz dazu steht die zweite Aussage der Station, nämlich die Fähigkeit des Menschen, ganz unterschiedliche Bestandteile der
erjagten Tiere zu verwerten, also die natürliche Ressource „Tier" bestmöglich zu
nutzen. Die Urheberschaft des Ruhrland-Museums zeigt sich auch daran, dass ein
sehr ähnlich gestaltetes Diorama in der Abteilung Vorgeschichte der Dauerausstellung im ehemaligen Ledigenheim der Firma Krupp in Essen-West zu sehen war.[66]

Der bis heute größte Einschnitt in der Menschheitsgeschichte, die sogenannte
neolithische Revolution, mit der am Übergang von der Mittel- zur Jungsteinzeit
aus den nomadischen Jägern und Sammlern sesshafte Ackerbauern und Viehzüchter wurden, wurde im fünften Diorama eher beiläufig behandelt (Abb. 96).
Wir sehen eine Seeufersiedlung, bestehend aus Pfahlbauten, in der Menschen
allerlei Tätigkeiten nachgehen. Auf dem See widmen sich drei Männer in einem
Boot dem Fischfang. Im Vordergrund steht ein wolf- oder hundeartiges Tier,
das gebückt zu den Menschen in der Siedlung aufsieht. Ein weiteres solches Tier
findet sich im Hintergrund inmitten der Menschengruppe. Zwar ist der Mensch
nun sesshaft geworden und Jagd spielt nur noch eine untergeordnete Rolle,

---

64 Heute wissen wir, dass diese kulturellen Äußerungen nicht ausschließlich auf den *Homo sa-*
    piens zurückgehen, sondern teilweise bereits auch mit den Neandertalern, also dem *Homo*
    neanderthalensis, in Verbindung gebracht werden können.
65 Hofmann, Deutsche Jagd (wie Anm. 33).
66 Vgl. Fotoarchiv Ruhrmuseum, Vorg. 2387 f.; Hubert Kroll, Das Ruhrland-Museum, in: Hei-
    matkalender der Stadt Essen, 1939, S. 125–128, bes. S. 127.

Abb. 96: Diorama „Das Tier als Jagdgenosse, vor 7000 Jahren". „Nach der Eiszeit, da der Wald langsam das Land eroberte, siedelte der Mensch gerne am Wasser, das Nahrung und Schutz bot. Er lernte Häuser bauen und begann primitiven Ackerbau. Fischerei und Jagd lieferten zunächst noch die Fleischnahrung. Eine Schakalart gesellte sich dem Jäger als Jagdgenosse zu, das erste Haustier." (Text: Pieper, Führer (wie Anm. 4), S. 31)

dennoch wird der Aspekt der Domestizierung des Hundes aufgegriffen. Diese fand, wie wir heute wissen, deutlich früher statt, nämlich bereits im Jungpaläolithikum, also der späten Altsteinzeit. Dennoch eignete sich dieses Bild, um die Aussageabsichten der Ausstellungsmacher zu verdeutlichen: Zum ersten Mal sehen wir eine vom Menschen nach seinen Bedürfnissen gestaltete Umgebung, in welcher der Natur bereits eine passive Rolle zugewiesen wird – auch wenn diese künstlich geschaffene Lebenswelt noch inselartig und damit begrenzt zu sein scheint. Der Wolf/Hund ordnet sich eindeutig dem Menschen unter, er ist nun nur noch ein Begleiter; das Tier im Hintergrund ist Teil der menschlichen Gemeinschaft, in die es sich einfügen muss.

Die menschliche Herrschaft über die Natur wurde im sechsten Diorama ausgeweitet (Abb. 97). Nun sehen wir erstmals eine weite Kulturlandschaft: im rechten Bereich und eine ausgedehnte Wiesenlandschaft mit lichtem Baumbestand, die im Hintergrund in Wald übergeht. Links befindet sich ein Grabhügel, hinter dem Wiesen und schließlich Felder zu sehen sind. Die Agrarlandschaft wird durchschnitten von einem Weg, der schnurgerade auf eine Gehöftgruppe in der Mitte des Bildhintergrundes zuführt. Auf diesem Weg führt ein Mann mit

Abb. 97: Diorama „Das Tier als Arbeitsgenosse, vor 6000 Jahren". „Um 4000 v. Chr. Geb.
war der Ackerbau in ganz Europa allgemein verbreitet. Schon pflügte man mit rinderbe-
spanntem Holzpflug. Der wilde Ur des Waldes war gezähmt. Er diente als Zugtier, lieferte
Milch und Fleisch." (Text: Pieper, Führer (wie Anm. 4), S. 31)

einem Stock in der Hand zwei Rinder unter dem Joch in Richtung der Gebäude. Im Vordergrund steht als zentrales Anschauungsstück das zu den Rindern
gehörende Arbeitsgerät: die Nachbildung eines hölzernen Hakenpfluges, wie er
1927 in Walle (heute Stadt Aurich, Kreis Ostfriesland) gefunden wurde. Dabei
handelt es sich vermutlich um denjenigen Nachbau, den Hubert Kroll bei seiner
Darstellung der vorgeschichtlichen Abteilung der Dauerausstellung des Ruhrland-
Museums als Exponat beschreibt.[67] Ein wildlebendes Tier ist auf diesem Diorama
gar nicht mehr zu sehen. Die einzigen vorhandenen Tiere sind ganz eindeutig dem
Menschen unterworfen („unterjocht"), der diese durch die von ihm geschaffene
Kulturlandschaft führt und der der eindeutige Herr ist (zusätzlich symbolisiert
durch den Stock in der Hand des Bauern). Diese Darstellung ist eindeutig, auch
wenn das Tier in der Überschrift als „Arbeitsgenosse" bezeichnet wird. Ausdruck
findet die Rollenzuweisung in dem Hakenpflug im Vordergrund. Die von ihm
plastisch transportierten Aussagen hinsichtlich der Funktion der vollumfänglich
verwerteten landwirtschaftlichen Nutztiere (Arbeitskraft, Milch, Fleisch) wurden
von den meisten Besucherinnen und Besuchern sicherlich sofort verstanden.

Mit dem siebten Diorama wurde die Herrschaft des Menschen über das Tier
ausgeweitet, indem die Tiere nun in ihrer Funktion als materieller Besitz be-

---

[67] Ebd., S. 126.

Abb. 98: Diorama „Das Tier als Vermögen, vor 4000 Jahren". „Auch Schafe, Schweine usw. wurden gehalten. Bei den (nach Schuchhardt) aus Thüringen kommenden Indogermanen, die wohl Ackerbauern, aber vor allem Viehzüchter waren, bildeten große Herden, wie noch heute bei den Lappländern, den Hauptbesitz. Mit Vieh wurde bezahlt. Pferde dienten als Reittiere." (Text: Pieper, Führer (wie Anm. 4), S. 31)

schrieben wurden (Abb. 98). Das Diorama zeigt allerdings im Vordergrund das Präparat eines Wolfes, das aus einem Birkenwald heraus auf eine grasbewachsene, von einem Bach durchzogene Talebene blickt. Dort spielt sich das eigentliche Geschehen ab: Zu sehen ist eine grasende und am Bach trinkende Rinderherde in der Bildmitte, die von zwei Hunden bewacht wird. Links ist hinter einer Baumgruppe eine Schafherde zu sehen, die von einem Reiter auf einem Pferd gehütet wird. Die auf den ersten Blick verwunderliche Bildaufteilung mit dem Wolf im Vordergrund lässt sich damit erklären, dass die zur Verdeutlichung des Besitzes notwendigen Herden nicht durch Präparate oder andere Objekte dargestellt werden konnten, sondern nur gezeichnet im Hintergrund des Dioramas. Dadurch erscheint das prominent wirkende Tier hier zwar wieder als Bedrohung für den Menschen, nun aber nur noch in der Rolle als Räuber oder Dieb, wodurch es erneut an den Rand der menschlichen Gesellschaftsordnung gedrängt wird.

Mit den Indogermanen hielt nun auch ein erster, damals so als Bezeichnung eines Volkes verstandener Begriff Einzug in die Erzählung.[68] Dieser Aspekt wurde

---

68 Heute versteht man unter den Indogermanen die Sprecher der sogenannten indogermanischen Ursprache. Es handelt sich dabei nach heutigem Verständnis um einen Begriff aus der Vergleichenden Sprachwissenschaft ohne Bezüge auf über gemeinsame sprachliche

als so wichtig erachtet, dass mit dem Prähistoriker Carl Schuchhardt sogar eine
Autorität auf diesem Gebiet zitiert wurde.[69] Ideologisch verzerrend lehnte man
die Hypothesen von einer „indogermanischen" Zuwanderung aus dem weiter
entfernten Osten grundsätzlich ab und propagierte stattdessen eine autochthone
Entstehung in Mitteleuropa, in diesem Fall Thüringen.

Dies leitet über zum achten und letzten Diorama, das nun ganz in weltan-
schaulichem Kontext verstanden werden muss (Abb. 99). Das Tier, in diesem Fall
das Pferd, ist nur noch Nebensache. Stand in der Eingangsstation noch allein das
Mammut im Mittelpunkt, ist hier das Pferd eher unscheinbar und lediglich als
Teil des rein von Menschen bestimmten Geschehens dargestellt. Man sieht im
Vordergrund links einen aufgeschichteten Scheiterhaufen, daneben ein in einem
Ast steckendes Bronzebeil sowie eine Urne aus Ton. Das Beil zeigt an, dass wir
endgültig die Steinzeit verlassen haben und uns nun in der Bronzezeit befinden.
Bei dem Keramikgefäß handelt es sich um einen der zahlreichen Funde aus dem
vorgeschichtlichen Gräberfeld am Radberg bei Hülsten (heute Reken-Hülsten,
Kreis Borken), das von 1926 bis 1936 vom Museum der Stadt Essen/Ruhrland-
Museum großteils unter der Leitung von Hubert Kroll ausgegraben wurde. Im
Hintergrund ist ein Leichenzug zu sehen, der sich dem Scheiterhaufen nähert.
Die teilnehmenden Personen sind in der für damalige Darstellungen üblichen
bronzezeitlichen Tracht dargestellt. Ganz vorne befinden sich zwei Personen, die
ein Pferd führen.[70] Dahinter folgen in kurzem Abstand der auf einer von sechs
Trägern gehaltenen Bahre liegende Leichnam und, erneut nach einem geringen
Abstand, die Trauernden.

Entscheidend sind die Formulierungen im Begleittext, welche die Darstellungen des Dioramas mit Inhalten versehen. Nun stand der Kampf zwischen
den Menschen im Vordergrund, nicht mehr derjenige zwischen Menschen und
Tieren. Dieses wird zwar als „heiliges Tier" und „Kampfgenosse" bezeichnet, ist
aber doch vollständig unterworfen, da es seinem gefallenen Herrn in den Tod
folgen muss. Dieser wird als germanischer Held im Sinne Siegfrieds von Xanten
überhöht.[71] Der Kampf ums Dasein hat nun eine neue Stufe erreicht: Er wird

---

Wurzeln hinausgehende, verbindende Elemente in der materiellen oder geistigen Kultur
dieser Menschen selbst oder ihrer Nachkommen.

[69] Vgl. Manfred K. Eggert, Carl Schuchhardt (1858–1943). Ein Rückblick auf *Alteuropa*, in:
Ethnographisch-Archäologische Zeitschrift 51, 2010, S. 129–150, bes. S. 137.

[70] Anlässlich des Reit- und Springturniers, das im Rahmen der Ausstellung stattfinden sollte,
wird in einem Zeitungsbericht das Verhältnis von „Mensch und Pferd" in Vergangenheit
und Gegenwart beleuchtet. Der Autor zieht das Fazit: „Stolzer denn je, darf das Pferd heute
Mähne und Schweif wehen lassen." (EA Nr. 189 v. 11.07.1935, S. 5).

[71] Aus Sicht der modernen Vergleichenden Sprachwissenschaft handelt es sich bei den Germanen um die Sprecher eines Zweiges der indogermanischen Sprachfamilie, nämlich der
germanischen Sprachen. Historisch betrachtet handelt es sich dabei weitestgehend um
eine als Klammerbegriff für verschiedene Bevölkerungsgruppen verwendete Fremdbe-

Abb. 99: Diorama „Das Tier als Kampfgenosse, vor 3000 Jahren". „Aus der Vereinigung der Indogermanen mit den reinen Ackerbauern gingen im Norden die Germanen hervor. Ihnen war das Roß ein heiliges Tier, das den Göttern geopfert wurde, das aber zugleich dem Helden als Kampfgenosse in die blutige Männerschlacht wie auf den Scheiterhaufen folgte." (Text: Pieper, Führer (wie Anm. 4), S. 31)

ausgetragen zwischen Menschen oder Völkern – in der jüngeren Vergangenheit, Gegenwart und Zukunft auch von Staaten. Das Tier ist nun nur noch Beiwerk, dessen Fähigkeiten und Ressourcen genutzt sowie für kulturelle Zwecke, etwa im religiösen Sinn, gedeutet werden.[72]

---

zeichnung antiker griechischer und römischer Autoren. Archäologisch lassen sich zwar verschiedene verbindende Elemente in der Sachkultur nachweisen, jedoch fällt gerade für die frühe Zeit eine Abgrenzung gegenüber anderen Bevölkerungen, etwa den sogenannten Kelten, oft schwer. Für alle aufgeführten Wissenschaften gilt, dass der Germanenbegriff erst ab der zweiten Hälfte des letzten Jahrtausends vor Christus oder sogar erst ab dessen Ende diskutiert werden kann. Inwiefern es in der Antike eine germanische Identität oder auch verschiedene germanische Identitäten gegeben hat, bleibt hypothetisch.

72 Wilhelm Kracht fasst den Erzählstrang der Dioramen treffend zusammen: „Acht große Dioramen zeigen das Verhältnis des Menschen zum Tier; wie es vor vielen hunderttausend Jahren sein bitterer Feind war, um dann nach und nach sein Jagd-, Arbeits- und Kampfgenosse, sowie sein Vermögen zu werden." (Kracht, Bericht (wie Anm. 41), S. 478.

Beteiligte NS-Organisationen

Mit der NS-Gemeinschaft Kraft durch Freude und dem Reichsnährstand waren zwei reichsweit agierende nationalsozialistische Organisationen in größerem Umfang bei der Ausstellung vertreten.

Auf die NS-Gemeinschaft Kraft durch Freude (KdF) hatte Ausstellungsleiter Pieper bereits in seinem Radio-Vorwort angespielt (siehe oben). Der Gauwalter der der KdF übergeordneten Deutschen Arbeitsfront Fritz Johlitz war als Ehrengast bei der Eröffnungsfeier zugegen und gehörte auch dem Ehrenausschuss der Ausstellung an. Im Hauptausschuss waren der Kreiswart der Organisation für Essen, Herr Jenssen, sowie ein weiterer Angehöriger, Herr Moog, vertreten. In der Ausstellung steuerte das Gauamt Essen in Halle 5 eine größere Station zu den Themen „volkstümliche Kulturarbeit", „Schönheit der Arbeit" und „Reisen, Wandern und Urlaub" bei.[73] Außerdem wurden an den Dienststellen der Gemeinschaft ermäßigte Eintrittskarten für die Ausstellung verkauft.[74] In seinem Beitrag „Männer der Arbeit! Besucht ‚Mensch und Tier'" bringt Johlitz das Ansinnen der Ausstellung auf den Punkt: „Die Ausstellung „Mensch und Tier im deutschen Lebensraum" ist also praktischer Ausdruck unseres nationalsozialistischen Wollens".[75]

Die Angaben zum deutlich größeren Beitrag des Reichsnährstandes, der die gesamte Halle 6 einnahm, im Ausstellungsführer sind detaillierter.[76] Die Bedeutung der Organisation für die Ausstellung zeigt sich auch darin, dass der Generalinspekteur des Reichsnährstandes, Karl Vetter, Mitglied des Ehrenausschusses war sowie weitere Angehörige der Organisation, Herr Dumrath und Herr Nickel, dem Hauptausschuss angehörten.

Unter der Überschrift „Das Tier in der Nationalwirtschaft" wurde in der Ausstellung die Großplastik „Sozialismus der Tat" sowie das Groß-Fries „Die kulturelle und wirtschaftliche Bedeutung des deutschen Bauerntums" gezeigt. „Das Ziel der Marktordnung" und „Die wirtschaftliche Lage des deutschen Bauern einst und jetzt" wurden durch ein bewegliches Modell sowie Tafeln veranschaulicht.

Ein besonders beeindruckendes Diorama zeigte „Die deutsche Fleischwirtschaft vom Erzeuger bis zum Verbraucher" (Abb. 100).[77] Unter dem Blut-und-Boden-Zeichen wurde plastisch dargestellt, wie die entsprechende Transportkette aufgebaut war (von rechts nach links verlaufend). Rechts im Bild sind die Bauernhöfe mit zahlreichen Rindern zu sehen. Diese werden „nach Bedarf" zu

---

73 Pieper, Führer (wie Anm. 4), S. 42, Nr. 38.
74 EA Nr. 185 v. 07.07.1935, S. 5; EAZ Nr. 185 v. 07.07.1935, S. 3; EA Nr. 214 v. 05.08.1935, S. 14.
75 EAZ Nr. 220 v. 11.08.1935, S. 3; EVZ Nr. 208 v. 11.08.1935, S. 8.
76 Pieper, Führer (wie Anm. 4), S. 51 f., Nr. 69, 69a–d; auch in der Presse wurde darauf eingegangen, siehe EA Nr. 176 v. 28.06.1935, S. 5; EA Nr. 208 v. 30.07.1935, S. 5; EAZ Nr. 208 v. 30.07.1935, S. 3.
77 EA Nr. 177 v. 29.06.1935, S. 4.

Abb. 100: Diorama „Vieh- und Fleischwirtschaft vom Erzeuger zum Verbraucher"

einem Verladebahnhof getrieben, von wo aus sie auf der Schiene zu „Schlacht-viehmarkt und Schlachthof" transportiert werden. Dort erfolgt die „Eingliede-rung in Schlachtwertklassen". Nach der Schlachtung bringt die Bahn das Fleisch mit Kühlwagen zum „Kühlhaus" zur „Frischerhaltung". Daneben, ganz links und somit am Ende der Kette, befinden sich, umgeben von Wohnhäusern, eine Metzgerei mit dem Hinweis „Schutz des Verbrauchers durch Überwachung der Fleischpreise" sowie ein Gebäude mit einem großen Werbeplakat, auf dem „Fleisch im eigenen Saft" zu lesen ist. Der Untertitel des Dioramas verdeutlicht die dargestellten Inhalte in knapper Form: „Die Reichsbahn sorgt für schnelle und sachgemäße Tierbeförderung nach den Schlachthöfen und Viehmärkten".

Auch die Deutsche Reichsbahn selbst war mit einem Stand vertreten, dessen Mittelpunkt ein weiteres Modell bildete. Darin ging es ebenfalls um das Thema Tierbeförderung. Verbunden war diese Station mit Werbung für die Ausstellung „100 Jahre deutsche Eisenbahnen", die von Juli bis Oktober 1935 in Nürnberg lief.[78]

Darüber hinaus steuerten die Fleischer-Innung, Essen das „Beispiel eines vorbildlichen Fleischerladens" und die NS-Frauenschaft, Gau Essen das „Bei-spiel einer vorbildlichen Küche" bei. „Sprechende Dioramen" verdeutlichten die „Kleintierzucht in der Stadtrandsiedlung".

---

[78] EAZ Nr. 190 v. 12.07.1935, S. 5.

Danach wurde die „Staatliche Bewirtschaftung der Nahrungsmittel tierischer Herkunft" gezeigt. Von der Hauptvereinigung der deutschen Eierwirtschaft kamen unter anderem eine Eiersortiermaschine, ein Durchleuchtungsapparat und Tafeln. Die Hauptvereinigung der deutschen Fleischwirtschaft zeigte die „Vorratswirtschaft in der Fleischwirtschaft" sowie „Fleisch im eigenen Saft". Die Wirtschaftliche Vereinigung der Dauermilcherzeuger schließlich präsentierte die „Verwertung der überschüssigen Milchproduktion in der Vorratswirtschaft", die „Dosenmilch „Gemeinschaftsmarke" sowie „Trockenmilch (Milcheiweißbrot, Schokolade)".

Zuletzt wurden noch die Themen „Die deutsche Wolle: Der Weg vom Erzeuger zum Verbraucher" und unter der Überschrift „Der Fettplan Deutschlands" die Aspekte „Ein- und Ausfuhr" sowie die „Ausgleichswirtschaft" behandelt.

Es folgte das Kapitel „Bekämpfung tierischer Schädlinge", in dem unterschiedlichste Tierarten als „Feind der Kulturpflanzen" dargestellt wurden. In der Station „Tier und Tierarzt" bzw. „Tier und Chemiker" behandelte man die Themenbereiche: Tierhygiene; Schlachtvieh- und Fleischbeschau; Kontrolle der Lebensmittel tierischer Herkunft; Kleintierkrankheiten; den Tierluftschutz; das Tierschutzgesetz; sowie die Hufpflege.

Die letzten Stationen in Halle 6 widmeten sich der „Tierzüchtung und Vererbung", unter anderem mit Hühnern und Tauben, die als lebendes Anschauungsmaterial dienten. Mit ihnen wurden folgende Aspekte behandelt: überdeckende Vererbung; zwischenelterliche Vererbung; Neuzüchtungen und geschlechtsgebundene Vererbung.[79]

Die umfangreiche Beteiligung des Reichsnährstandes sowie die dargestellten Themen verdeutlichen ein Hauptanliegen der Ausstellungsmacher: die in allen Bereichen aus damaliger Sicht optimierte, mit heutigem Blick maximierte Nutzung sämtlicher aus landwirtschaftlichen Nutztieren zu gewinnenden Ressourcen. Dazu gehörte nicht nur deren Erzeugung selbst, sondern insbesondere auch der effiziente Umgang mit ihnen – vom Transport über die Lagerung bis zur ständigen Qualitäts- und Preiskontrolle, wie es vor allem durch das beschriebene Diorama plastisch dargestellt wird. An den Stationen des Reichsnährstandes wird daher der totale Anspruch der nationalsozialistischen Ideologie auf das Tier besonders deutlich. Da lag es auch nahe, mit Herrn Dr. Oestern den Direktor des Schlacht- und Viehhofs Essen in den Hauptausschuss zu berufen.

---

[79]   Pieper, Führer (wie Anm. 4), S. 54–56, bes. Nr. 78.

Gewerbliche Aussteller

Die vom Reichsnährstand behandelte „nationalwirtschaftliche Bedeutung" der Tiere wurde ergänzt durch privatwirtschaftliche gewerbliche Aussteller, von denen im Ausstellungsführer insgesamt 58 aufgelistet sind.[80]

Darunter finden sich der „Mensch und Tier Verlag" aus Berlin, verschiedene Hersteller von „Vogelschutzgeräten", die „Angorakanin-Wollverwertung e. G. m. b. H." aus Leipzig, der „Internation. Verein z. Bekämpfung d. wissenschaftl. Tierfolter" aus Dresden oder die „Holmer Nisthöhlenfabrikation" vom Rittergut Holm über Buchholz. Bei diesen Anbietern lässt sich ein Bezug zum Thema leicht herstellen. In anderen Fällen, wie bei der „Singer Nähmaschinen A.-G." aus Essen oder der Glasfabrik „H. Heye" aus Schauenstein b. Obernkirchen, ist dies nur aufgrund der Bezeichnung des Unternehmens nicht ohne Weiteres möglich.

Insgesamt wird aber deutlich, dass durch die zahlreichen gewerblichen Aussteller zusammen mit den Auftritten der großen NS-Organisationen in den Hallen teilweise ein regelrechter Messecharakter geherrscht haben muss.

Begleitprogramm und Veranstaltungen

Im Begleitprogramm der Ausstellung waren vier Vorträge vorgesehen:

Mi., 3. Juli
Dr. Lutz Heck, Berlin
Deutsche Urwildparks.
Über die Einbürgerung ausgestorbenen Großwilds in Deutschland
(mit Lichtbildern)

Mo., 15. Juli
Dr. H. Kroll (Ruhrlandmuseum)
Vom Wild zum Haustier, vom Jäger zum Hirten.
Das Tier in der Wirtschaft der Völker
(mit Lichtbildern)

Mi., 17. Juli
Forstassessor Siewert, Werbellinsee
Der fliegende Fischer
(mit Lichtbildern)

---

80 Pieper, Führer (wie Anm. 4), S. 69 f.

Mi., 24. Juli
Prof. Walter Hege, Weimar
Am Horst der wilden Adler
(Filmvortrag)

Die Veranstaltungen fanden jeweils um 20:15 Uhr in der Essener Börse statt. Ausnahme war der Vortrag von Kroll, der im Rosenecksaal des Städtischen Saalbaues gehalten wurde. Der Eintritt kostete jeweils 50 Pfennig, wobei es jedoch Ermäßigungen gab.[81]

Man legte offenbar auch bei den Vorträgen Wert auf publikumswirksame Themen, die durch die Nutzung von Lichtbildern anschaulich präsentiert werden konnten. Lutz Heck, der auch Mitglied des Ehrenausschusses der Ausstellung war, war Direktor des Zoologischen Gartens Berlin und wurde unter anderem dadurch bekannt, dass er zusammen mit seinem Bruder Heinz Heck aus verschiedenen Rinderrassen ein dem ausgestorbenen Auerochsen ähnliches Tier rückzüchten wollte.[82] Diese Versuche wurden von Hermann Göring unterstützt, was in der Auswilderung sogenannter Heckrinder zu Jagdzwecken in der Schorfheide in Brandenburg, der Rominter Heide in Ostpreußen und später im Nordosten des besetzten Polen führte. Es ist anzunehmen, dass dieses spektakuläre Rückzüchtungsprojekt Thema seines Vortrags war.

Hubert Kroll vertrat das Ruhrland-Museum, wo er als wissenschaftlicher Mitarbeiter angestellt war. Er betreute zwar zahlreiche Projekte zur Archäologie und war so offenbar auch federführend beim Beitrag des Museums zur Ausstellung, war jedoch studierter Ethnologe. Seine Doktorarbeit hatte er 1928 zum Thema „Die Haustiere der Bantu" an der Universität Leipzig eingereicht. Somit sprach er in seinem Vortrag zum einen über drei seiner Spezialgebiete: Ethnologie, Archäologie und Haustiere, zum anderen hatte dieser die Inhalte der Dioramen, die das Ruhrland-Museum für die Ausstellung gestaltet hatte, zum Thema.[83]

Horst Siewert war Fotograf, Tierfilmer, Biologe und Forstmann. Er errichtete und leitete am Werbellinsee in der Schorfheide ein Wildgehege und war in großem Umfang fotografisch und filmerisch tätig. Seine Einrichtung war auch als Leihgeber für die Ausstellung vertreten.[84] Für einen anschaulichen, reich bebilderten Vortrag über Wildtiere war er sicherlich eine der geeignetsten Personen in Deutschland.[85]

---

[81]   Pieper, Führer (wie Anm. 4), S. 62 f.; EAZ Nr. 181 v. 02.07.1935, S. 12; EAZ Nr. 181 v. 03.07.1935, S. 3.

[82]   Siehe Anm. 27.

[83]   EA Nr. 191 v. 13.07.1935, S. 4; EAZ Nr. 191 v. 13.07.1935, S. 3; EAZ Nr. 194 v. 16.07.1935, S. 6.

[84]   Pieper, Führer (wie Anm. 4), S. 43 f., Nr. 41, 44, 44a; Jungstand, Deutsche Jagd (wie Anm. 13), S. 262.

[85]   EA Nr. 194 v. 16.07.1935, S. 3.

Walter Hege kam eher aus dem Bereich der Kunstfotografie bzw. des Kunstfilmes, hatte jedoch auch Tieraufnahmen in seinem Portfolio. Er war insbesondere in den 1930er Jahren aktiv und erfolgreich. Der gezeigte Film „Am Horst der wilden Adler" war 1933 in Berlin uraufgeführt worden. Hege war verantwortlich für Kamera und Regie. Produziert wurde der in Mecklenburg gedrehte und im Original 96-minütige Film von Albert Schonger.[86]

Zusammenfassend lässt sich festhalten, dass das Vortragsprogramm durch drei national hoch angesehene Experten und einen ausgewiesenen lokalen Fachmann insgesamt als sehr hochkarätig bezeichnet werden kann.

Die Vorträge bildeten allerdings nur einen kleinen Teil des Begleitprogramms. Dieses umfasste zwischen dem 7. Juli und dem 11. August folgende, vor allem an Wochenenden auf dem Turnierplatz und in Halle 4 stattfindende „Sonderveranstaltungen": ein „Windhundrennen",[87] eine „Pferde-Ausstellung",[88] ein „Großes Reitturnier",[89] eine „Bullenschau"[90], eine „Jubiläums-Sonderschau für Deutsche Schäferhunde",[91] eine „Große Katzenschau" (zweimal), „Große Schutz-, Polizei-, Kriminal-, Sanitäts-, Melde- u. Blindenhund-Vorführungen"[92] und eine „Große Ziegenschau" (zweimal).[93] Beteiligt waren verschiedene Vereine und Einrichtungen, aber auch die Schutzpolizei, SS und SA. Zusätzlich wurde täglich um 18:00 Uhr ein „Falkenfreiflug" angeboten.[94] Die Chronik der Stadt hebt aus dem Programm „ein grosses Reitturnier" besonders heraus, das „unter Beteiligung der Schutzpolizei, der SS., der SA. und des Vereins für Reitsport" veranstaltet worden war.[95]

---

[86] Am Horst der wilden Adler, in: filmportal.de [abgerufen am 05.11.2022]; Am Horst der wilden Adler (Kurzfassung), in: filmarchives-online.eu [abgerufen am 05.11.2022].

[87] Wegen des großen Publikumszuspruchs wiederholt (EAZ Nr. 185 v. 07.07.1935, S. 3; EA Nr. 208 v. 30.07.1935, S. 5; EVZ Nr. 205 v. 08.08.1935, S. 3; EAZ Nr. 221 v. 12.08.1935, S. 8).

[88] EAZ Nr. 188 v. 10.07.1935, S. 3; EA Nr. 189 v. 11.07.1935, S. 3.

[89] EA Nr. 189 v. 11.07.1935, S. 5; EAZ Nr. 189 v. 11.07.1935, S. 5; EA Nr. 192 v. 14.07.1935, S. 4.

[90] EA Nr. 196 v. 18.07.1935, S. 6; EAZ Nr. 196 v. 18.07.1935, S. 6.

[91] EA Nr. 196 v. 18.07.1935, S. 6; EAZ Nr. 199 v. 21.07.1935, S. 3; EAZ Nr. 200 v. 22.07.1935, S. 8.

[92] Auf den Katzen- und Hundeschauen sollte „das hochgezüchtete nützliche Tier" gezeigt werden. Im Falle der Hunde ist vom „leistungsfähigen Gebrauchshund" die Rede. Es ginge explizit nicht um „Schoßhunde und andere unbrauchbare Geschöpfe". Hervorgehoben wird die Neuorganisation der zuständigen Verbände, den Reichsverbänden für das deutsche Hunde- bzw. Katzenwesen. Was unter Tierschutz verstanden wurde, ist beispielsweise an der Formulierung ersichtlich, dass die Katzenschau den „praktischen Katzenschutz durch Ausrottung verwilderter Tiere" zum Inhalt habe (EAZ Nr. 189a v. 11.07.1935, S. 6; EA Nr. 203 v. 25.07.1935, S. 4; EA Nr. 204 v. 26.07.1935, S. 4; EAZ Nr. 204 v. 26.07.1935, S. 3; EAZ Nr. 205 v. 27.07.1935, S. 3; EA Nr. 206 v. 28.07.1935, S. 8; EAZ Nr. 206 v. 28.07.1935, S. 3; EAZ Nr. 207 v. 29.07.1935, S. 10; EA Nr. 208 v. 30.07.1935, S. 5; EAZ Nr. 208 v. 30.07.1935, S. 3).

[93] EA Nr. 206 v. 28.07.1935, S. 4.

[94] Eine plastische Beschreibung des Falkenfreiflugs findet sich bei: Jungstand, Deutsche Jagd (wie Anm. 13), S. 263.

[95] Pieper, Führer (wie Anm. 4), S. 67; Chronik (wie Anm. 8), S. 69; EA Nr. 176 v. 28.06.1935, S. 5; EA Nr. 189 v. 11.07.1935, S. 5; EA Nr. 203 v. 25.07.1935, S. 4.

Im „Ausstellungskino" in Halle 2 konnte man Tierfilme sehen, und es gab zahlreiche Sonderveranstaltungen: Konzerte,[96] wöchentliche Kinderfeste und ein eigenes Angebot für Frauen – nicht ohne den „praktischen Sinn der Hausfrau" zu vergessen, indem zahlreiche Haushaltsgeräte, Produkte und Herstellungsverfahren vorgeführt wurden. An zwei „Hausfrauentagen" am Ende der Ausstellung bekam jede 500. Frau ein solches Haushaltsgerät geschenkt (zusätzlich erhielten an diesen beiden Tagen alle Besucherinnen und Besucher in den Gaststätten auf dem Ausstellungsgelände eine vergünstigte Tasse Kaffee).[97]

Das umfangreiche Programm an publikumswirksamen Veranstaltungen macht auch heute noch einen attraktiven Eindruck und hat mit Sicherheit die Zahl der Besucherinnen und Besucher merklich erhöhen können. Neben einem breiten Publikum konnten auch mehrmals prominente Gäste in der Ausstellung begrüßt werden, so wie der Reichsminister des Innern Wilhelm Frick am 3. August, der – wie auch viele andere Besucher der Ausstellung – anlässlich des Essener Gautages in der Stadt war.[98]

Anschaulichkeit und Niedrigschwelligkeit

Die Veranstaltungen waren ein wesentlicher Teil des Ausstellungskonzepts, das ja betont Wert auf Anschaulichkeit und Verständlichkeit legte. Dieses Ansinnen ist typisch für Ausstellungsprojekte der NS-Zeit, da man gemäß der Volksgemeinschaftsideologie bestrebt war, möglichst breite Bevölkerungskreise anzusprechen und zu einem Besuch zu motivieren.[99]

Die Nutzung des ausgedehnten Freigeländes der Gruga, der Einsatz einer großen Zahl lebender Tiere, Öffnungszeiten bis in die Abendstunden und die zahlreichen Veranstaltungen dürften Besucherinnen und Besucher angelockt

---

[96] Etwa am Wochenende vom 10./11. August 1935: Am Samstag sang der Altenessener Eisenbahner-Gesangverein in Halle 7 unter dem Motto „rheinischer Frohsinn", am Sonntag spielte eine Kapelle im Freigelände, und der Männerchor „Loreley 1860" gab zwischen den Hallen 1 und 5 eine Darbietung (EA Nr. 219 v. 10.08.1935, S. 3; EAZ Nr. 219 v. 10.08.1935, S. 3; EAZ Nr. 221 v. 12.08.1935, S. 8).

[97] EA Nr. 186 v. 08.07.1935, S. 12; EA Nr. 190 v. 12.07.1935, S. 4; EA Nr. 195 v. 17.07.1935, S. 3; EA Nr. 196 v. 18.07.1935, S. 6; EVZ Nr. 205 v. 08.08.1935, S. 3; EAZ Nr. 221 v. 12.08.1935, S. 8; EVZ Nr. 209 v. 12.08.1935, S. 4; EA Nr. 223 v. 14.08.1935, S. 4; EAZ Nr. 223 v. 14.08.1935, S. 3; EVZ Nr. 211 v. 14.08.1935, S. 5; EAZ Nr. 224 v. 15.08.1935, S. 3; EVZ Nr. 212 v. 15.08.1935, S. 4; EAZ Nr. 225 v. 16.08.1935, S. 3; EA Nr. 226 v. 17.08.1935, S. 4; EAZ Nr. 226 v. 17.08.1935, S. 3; EVZ Nr. 215 v. 18.08.1935, S. 4.

[98] EAZ Nr. 212 v. 03.08.1935, S. 4; EA Nr. 213 v. 04.08.1935, S. 5; EAZ Nr. 213 v. 04.08.1935, S. 7; EA Nr. 214 v. 05.08.1935, S. 14; EAZ Nr. 214 v. 05.08.1935, S. 7. Beim großen Feuerwerk, das während des Gautages veranstaltet wurde, soll es so viel Unruhe gegeben haben, dass „die Hechte vor Angst aus ihren Aquarien sprangen" – worüber man aber nicht besonders besorgt war (EA Nr. 226 v. 17.08.1935, S. 4; EAZ Nr. 226 v. 17.08.1935, S. 3).

[99] Hans-Ulrich Thamer, Geschichte und Propaganda. Kulturhistorische Ausstellungen in der NS-Zeit, in: Geschichte und Gesellschaft 24, 1998, S. 349–381, bes. S. 349.

haben, die ansonsten die Ausstellung nicht besucht hätten. Auch für Kinder gab es umfangreiche Angebote, so beispielsweise auf dem Kindersportplatz, wo in einer Kinderreitbahn „Pony- und Eselreiten. Fahrten mit Pony-, Ziegen- und Eselgespannen" angeboten wurden.[100] Ein solches Vorgehen, das einer Ausstellung „Massentauglichkeit" verlieh, war ebenfalls charakteristisch für das nationalsozialistische Ausstellungwesen.[101]

Hierzu gehört auch, dass bestimmte Besucherinnen oder Besucher ein Geschenk erhielten. So überreichte man dem 50.000. Besucher am 9. Juli einen westfälischen Schinken, eine Flasche Steinhäger und einen Laib Pumpernickel. Der 100.000. Besucher erhielt am 15. Juli einen Gasherd. Besonderes Glück hatte der 150.000. Gast: Er durfte ein lebendes Glücksschwein mitnehmen. Der 200.000. wiederum bekam ein „Tischlein deck dich" und der 250.000. einen Schinken, Würste und einen Krug Steinhäger. Am 4. August wurde unter anderem dem 300.000. Besucher ebenfalls ein Schinken überreicht. Der 350.000. schließlich konnte sogar auf einen Staubsauger der Firma Vorwerk hoffen. In allen Fällen soll es laut Presse eine Person getroffen haben, die das Geschenk auch gut gebrauchen konnte (etwa einen Erwerbslosen, einen Kriegsgeschädigten oder eine Bergmannsfrau). Am Ende der Ausstellung bekam sogar jeder 1.000 Besucher ein Geschenk. Solche Aktionen boten Gelegenheiten für eine positive Presseberichterstattung, bei der die Meldungen über den Erfolg der Ausstellung mit kleinen Geschichten zu den Gewinnern verknüpft werden konnten. Sie zeigen aber auch, wie sehr um eine möglichst große Zahl an Besuchern gerungen wurde.[102]

Auch Schulklassen wurden koordiniert und mit großem Erfolg angesprochen: Für den 21. Juni, 17 Uhr, lud man die Schulleiter aller Essener Schulen zu einem Informationsvortrag im Kruppsaal des Städtischen Saalbaues ein. Referent war

100 Pieper, Führer (wie Anm. 4), S. 48, Nr. 62; EAZ Nr. 180 v. 02.07.1935, S. 3; EA Nr. 181 v. 03.07.1935, S. 3; EAZ Nr. 181 v. 03.07.1935, S. 3; EA Nr. 182 v. 04.07.1935, S. 6; EAZ Nr. 182 v. 04.07.1935, S. 3. Auch in der Presse wurden die Kinder bedacht, so etwa mit einer „Preisaufgabe" in der Essener Volkszeitung, in der Berichte von Kindern über die Ausstellung abgedruckt wurden. Der erste Preis betrug 10 Reichsmark (EVZ Nr. Nr. 206 v. 09.08.1935, S. 6; EVZ Nr. 213 v. 16.08.1935, S. 11).
101 Thamer, Ausstellungen (wie Anm. 99), S. 370.
102 EA Nr. 186 v. 08.07.1935, S. 12; EA Nr. 188 v. 10.07.1935, S. 3; EAZ Nr. 188 v. 10.07.1935, S. 3; EA Nr. 192 v. 14.07.1935, S. 4; EA Nr. 194 v. 16.07.1935, S. 3; EAZ Nr. 194 v. 16.07.1935, S. 4; EA Nr. 197 v. 19.07.1935, S. 5; EAZ Nr. 199 v. 21.07.1935, S. 3; EAZ Nr. 200 v. 22.07.1935, S. 8; EAZ Nr. 202 v. 24.07.1935, S. 3; EAZ Nr. 205 v. 27.07.1935, S. 3; EA Nr. 206 v. 28.07.1935; EAZ Nr. 206 v. 28.07.1935, S. 3; EAZ Nr. 207 v. 29.07.1935, S. 10; EAZ Nr. 210 v. 01.08.1935, S. 4; EA Nr. 214 v. 05.08.1935, S. 14; EAZ Nr. 214 v. 05.08.1935, S. 7; EVZ Nr. 202 v. 05.08.1935, S. 6; EA Nr. 217 v. 08.08.1935, S. 4; EVZ Nr. 205 v. 08.08.1935, S. 3; EA Nr. 218 v. 09.08.1935, S. 3; EAZ Nr. 218 v. 09.08.1935, S. 3; EA Nr. 219 v. 10.08.1935, S. 3; EAZ Nr. 219 v. 10.08.1935, S. 3; EAZ Nr. 221 v. 12.08.1935, S. 8; EVZ Nr. 209 v. 12.08.1935, S. 4; EA Nr. 226 v. 17.08.1935, S. 4; EAZ Nr. 226 v. 17.08.1935, S. 3; EA Nr. 227 v. 18.08.1935, S. 4; EAZ Nr. 227 v. 18.08.1935, S. 3.

Stadtdezernent Bubenzer. Unterstützung erhielt er durch den Biologen Wasserloos, einen der wissenschaftlichen Ausstellungsleiter. Lehrkräfte erhielten einen kostenlosen Ausstellungsbesuch (am 29. Juni, von 13 bis 20 Uhr). Die Essener Straßenbahn bot Schulklassen mit 10 Reichspfennig pro Kind vergünstigte Fahrtpreise zur Ausstellung an. Jede Schule erhielt ein kostenloses Exemplar des Ausstellungsführers, und an die Schülerinnen und Schüler wurden ein Bilderbogen und ein Buchzeichen verteilt. Diese Maßnahmen sorgten dafür, dass zahlreiche Schulklassen die Ausstellung besuchten. So seien allein am 18. Juli weit über 4.000 Schulkinder gezählt worden.[103]

Das gesamte didaktische Konzept der Ausstellung war auf Anschaulichkeit ausgelegt, beginnend mit der Gliederung bis hin zu den verwendeten Präsentationsformen, etwa den zahlreichen Dioramen. Diese waren überdies in vielen Fällen für einen Großteil der Besucherinnen und Besucher möglichst leicht verständlich gestaltet, was einen großen Beitrag zur Niedrigschwelligkeit der Ausstellung geleistet haben dürfte. Damit knüpfte man an museale Präsentationsformen an, die bereits in der Weimarer Republik eingesetzt worden waren.[104] Auch die Einbeziehung bekannter Künstler wie Gustav Dahler oder Otto Berenbrock trug zur Popularisierung bei und gehörte zum üblichen Repertoire nationalsozialistisch geprägter Ausstellungen.[105] Zuletzt sind nicht nur das von Pieper erwähnte breite Angebot an allgemeinverständlichen Führungen, sondern auch die von ihm erwähnten niedrigen Eintrittspreise[106] und günstigen Anreisemöglichkeiten mit öffentlichen Verkehrsmitteln hier anzuschließen.

Das Fotografieren war ausdrücklich gestattet; die Ausstellungsleitung kaufte besonders gelungene Aufnahmen sogar an und ermunterte private Fotografen auch, „sich mit Bildern aus dem Ausstellungsgelände an dem Wettbewerb „Das schöne Essen" zu beteiligen".[107]

Die Orientierung vor Ort wurde wesentlich erleichtert durch den Ausstellungsführer, der sich durch die enthaltenen Lagepläne und detaillierten Angaben zu den einzelnen Stationen in der Reihenfolge des empfohlenen Rundgangs während des Besuches als sehr nützlich erweisen konnte. Darüber hinaus enthielt er die vollständigen Angaben zum Veranstaltungsprogramm.

Zum breiten Angebot, das auch auf die zahlreichen Tagesausflügler abzielte, die teils eher einen Familienausflug als einen Ausstellungsbesuch planten, gehör-

---

103 HdEG/StA, Sign. 214/376; EA Nr. 185 v. 07.07.1935, S. 5; EA Nr. 191 v. 13.07.1935, S. 4; EAZ Nr. 191 v. 13.07.1935, S. 3; EAZ Nr. 195 v. 17.07.1935, S. 3; EA Nr. 197 v. 19.07.1935, S. 5.

104 Thamer, Ausstellungen (wie Anm. 99), S. 376–378.

105 Ebd., S. 378.

106 Diese betrugen: 60 Reichspfennig an der Kasse, Kinder ab den Schulferien (24. Juli) ermäßigt zehn Pfennig, Vorverkaufskarten bei den Dienststellen von „Kraft durch Freude": 35 Pfennig (EAZ Nr. 195 v. 17.07.1935, S. 3; EA Nr. 214 v. 05.08.1935, S. 14; EAZ Nr. 214 v. 05.08.1935, S. 7).

107 EA Nr. 194 v. 16.07.1935, S. 3; EAZ Nr. 194 v. 16.07.1935, S. 4.

ten auch die Restaurants und sonstigen Einkehrmöglichkeiten, die überall über das Gelände verteilt waren: das „Haupt-Restaurant" und das „Haupt-Kaffee" bei Halle 1, die „Gaststätte Jägerstube" in Halle 5, die „Gaststätte Försterklause" und die „Gaststätte Moselgarten" auf dem Freigelände am Turnierplatz sowie das „Fischrestaurant" und die „Schifferkneipe" in Halle 7. Auch wenn die Platzierung einer Jägerstube oder eines Fischrestaurants in unmittelbarer Nähe lebender Wildtiere oder Salz- und Süßwasserfische aus heutiger Sicht befremdlich erscheint, war sie für die damalige Zeit nur konsequent und hat sicherlich den Freizeitcharakter für einen großen Teil der Besucherinnen und Besucher und somit auch deren Verweildauer auf dem Ausstellungsgelände deutlich erhöht.[108]

Erfolg der Ausstellung

In der Presse als „größte diesjährige Ausstellung des deutschen Westens" bezeichnet,[109] hatte „Mensch und Tier im deutschen Lebensraum" je nach Quelle 343.000 bis über 400.000 Besucherinnen und Besucher.[110] Bereits am ersten Ausstellungswochenende waren 10.000 Besucherinnen und Besucher gezählt worden.[111] In der Presse gab es fortlaufend Berichte über die steigenden Besucherzahlen; für den 6. Juli etwa hieß es, die Hallen seien „schwarz von Menschen" gewesen,[112] und man überschlug sich mit Berichten über besondere Besuchergruppen.[113] Damit kann die Ausstellung als für die damalige Zeit groß angelegtes Projekt von regionaler bis überregionaler Bedeutung eingestuft werden. In der Presse hieß es, die Ausstellung gehöre „zu den größten Ereignissen des Sommers 1935 in Westdeutschland".[114] Dementsprechend erhielt sie eine

---

[108] In der Presse wird angesichts der „Jagd-Gaststätte" die ironische Bemerkung gemacht, hier müsse man das „Tier als Tischgenosse[n]" sehen (EA Nr. 178 v. 30.06.1935, S. 11).

[109] EAZ Nr. 228 v. 19.08.1935, S. 8; EVZ Nr. 216 v. 19.08.1935, S. 6.

[110] Kösters, Aufsteiger (wie Anm. 8), S. 204; Chronik (wie Anm. 8), S. 67; Arnold, Darstellungen (wie Anm. 19), S. 10; Kracht, Bericht (wie Anm. 41), S. 502; EA Nr. 228 v. 19.08.1935, S. 12; EAZ Nr. 228 v. 19.08.1935, S. 8. Zum Vergleich: Die Ausstellung «Die Straße», die vor «Mensch und Tier» gezeigt wurde, lockte knapp 60.000 Besucherinnen und Besucher an (EA Nr. 156 v. 07.06.1935, S. 7).

[111] EA Nr. 179 v. 01.07.1935, S. 11.

[112] EA Nr. 185 v. 07.07.1935, S. 5; EAZ Nr. 185 v. 07.07.1935, S. 3.

[113] „Gestern war wieder einmal die ganze Gefolgschaft eines Großbetriebes auf der Ausstellung zu Gast: die Werktätigen und Angestellten der Dorstfelder Waggonfabrik Ohrenstein & Koppel. Sie kamen, über 1000 Mann stark, von einem Spielmannszug der Marine-SA begleitet, gegen 9 Uhr vormittags vor den Toren der Ausstellung an. Bürgermeister Pieper begrüßte sie auf das herzlichste und machte sie in kurzen Worten mit den Zielen und dem Aufbau der Ausstellung bekannt" (EA Nr. 227 v. 18.08.1935, S. 4; EAZ Nr. 227 v. 18.08.1935, S. 3).

[114] EA Nr. 215 v. 06.08.1935, S. 4; EAZ Nr. 215 v. 06.08.1935, S. 3.

große Aufmerksamkeit in den Medien – die ihren Einfluss nicht zuletzt dazu nutzten, immer wieder zum Besuch der Ausstellung aufzufordern.[115]

Dennoch erreichte sie nicht den Rang der großen „Reichsausstellungen", wie dies bei der Ausstellung „Die Straße" der Fall war, die vor „Mensch und Tier" in Essen gezeigt worden war. Diese konnten als Wanderausstellungen mehrere Stationen durchlaufen und dadurch noch deutlich höhere Besucherzahlen erreichen.[116] Den Schritt, auch in anderen deutschen Städten gezeigt zu werden, schaffte „Mensch und Tier" nicht, obwohl es Pläne dazu gegeben hatte.[117] Auch eine Verlängerung war nicht möglich. Allerdings soll es zahlreiche Anfragen aus anderen Städten gegeben haben, nach dem Abbau nicht mehr benötigtes Ausstellungsmaterial überlassen zu bekommen.[118]

Das Fazit, das in der Öffentlichkeit gezogen wurde, war erwartungsgemäß positiv (nur vereinzelt gab es kritische Stimmen, die die Ausstellung inhaltlich als „dünn" oder lückenhaft bezeichneten). Im Verwaltungsbericht der Stadt heißt es, die Ausstellung habe einen „besonders starken inneren Wert" besessen.[119] Besonders das Freigelände sei bei den Besucherinnen und Besuchern beliebt gewesen. Es wird auch betont, dass die Ausstellung sich finanziell selbst getragen habe. Die Tiere hätten die Zeit in der Gruga gut überstanden; lediglich ein einziges Schaf habe man frühzeitig schlachten müssen (auch wenn man die Schweine, wenn sie zu groß geworden waren, des Öfteren austauschen musste, weil „die kleinen Schweine dem Publikum immer besser gefielen als die großen"). Allerdings wurde der Tierbestand mehrfach noch nach der Eröffnung der Ausstellung ergänzt, sodass nicht alle Tiere über die gesamte Laufzeit im Gruga-Freigelände untergebracht waren (so etwa Mitte Juli unter anderem „ein Mufflonbock mit einem wunderbaren Charakterkopf"). Merkwürdig mutet in diesem Zusammenhang an, dass kurz vor Ende der Ausstellung die Seewasseraquarien neu bestückt wurden – bei der nicht unproblematischen Haltung von Salzwassertieren war es also möglicherweise doch dazu gekommen, dass der Tierbestand in diesem Bereich gegen Ende der Ausstellung stark ausgedünnt war.[120]

---

115 Neben den zahlreichen Zeitungsberichten, die in diesem Beitrag nur zum Teil zitiert werden können, wurden vom Reichssender Köln auch Radioreportagen erstellt (EA Nr. 186 v. 08.07.1935, S. 12; EA Nr. 219 v. 10.08.1935, S. 3; EAZ Nr. 219 v. 10.08.1935, S. 3).

116 Thamer, Ausstellungen (wie Anm. 99), S. 353, 358; Kösters, Aufsteiger (wie Anm. 8), S. 204.

117 EAZ Nr. 221 v. 12.08.1935, S. 8; EA Nr. 227 v. 18.08.1935, S. 4; EAZ Nr. 227 v. 18.08.1935, S. 3; EAZ Nr. 228 v. 19.08.1935, S. 8; EVZ Nr. 216 v. 19.08.1935, S. 6.

118 EVZ Nr. 205 v. 08.08.1935, S. 3; EA Nr. 227 v. 18.08.1935, S. 4; EAZ Nr. 227 v. 18.08.1935, S. 3.

119 Chronik (wie Anm. 8), S. 67.

120 EA Nr. 156 v. 07.06.1935, S. 7; EA Nr. 183 v. 05.07.1935, S. 3; EAZ Nr. 183a v. 05.07.1925, S. 6; EA Nr. 196 v. 18.07.1935, S. 6; EAZ Nr. 196 v. 18.07.1935, S. 3; EA Nr. 204 v. 26.07.1935, S. 4; EA Nr. 217 v. 08.08.1935, S. 4; EVZ Nr. 205 v. 08.08.1935, S. 3; EVZ Nr. 215 v. 18.08.1935, S. 8.

Im Nachgang: Wie Göring danken?

Im Haus der Essener Geschichte ist eine Korrespondenz erhalten, die Auskunft über den Versuch der Stadt gibt, sich beim Schirmherrn und Unterstützer Hermann Göring erkenntlich zu zeigen.[121] Die Eruierung dieser Frage gestaltete sich erstaunlich komplex.

Am 20. Juli 1935 erkundigte sich Stadtoberamtmann Nix vom städtischen Werbeamt bei Gerhard Löbenberg, Referent bei der deutschen Jägerschaft und als Jagdmaler mit guten Kontakten zu Göring ausgestattet, darüber, welches Geschenk der Reichsjägermeister zum Dank für die Unterstützung der Ausstellung erhalten sollte. Nix dachte über ein Jagdbild, ein Jagdbesteck aus Kruppstahl oder eine besondere Jagdwaffe nach. Löbenberg antwortete zwar etwas verspätet, weil er zunächst vergeblich versucht hatte, den Adjutanten Görings, Oberjägermeister Menthe, zu dieser Frage zu konsultieren. Letztlich favorisierte er aber deutlich „als Ehrenpreis eine Bronze aus der Jagdkunstausstellung".

In einem weiteren Brief vom 5. August an Oberstjägermeister Ulrich Scherping, der sich im Umfeld von Göring bewegte, wird die beim Ausstellungsaufbau erstmals angesprochene Frage des richtigen Geschenks erneut aufgegriffen. Inwiefern man überhaupt berechtigt sei, Göring einen „Ehrenpreis" zu überreichen, sei in Essen ebenfalls unklar. Scherping antwortete darauf am 10. August an den Oberbürgermeister der Stadt Essen: „Der von Ihnen an den Herrn Reichsjägermeister zu vergebende Ehrenpreis wird zu überreichen sein: Für die wertvollste Trophäensammlung der Ausstellung ‚Mensch und Tier', Essen 1935. Als Ehrenpreis käme m. E. am ehesten eine Jagdbronze in Frage."

In mehreren weiteren Schreiben wurde dann über die konkret zu schenkende Plastik gesprochen. Schließlich verblieben im letzten erhaltenen Brief vom 4. September, der an Oberbürgermeister Reismann-Grone gerichtet war, drei Vorschläge: „Bussard flugbereit" von Willy Zügel (angeboten für 700 Reichsmark), „Reiherpaar" (400 Reichsmark) und „Gemsbock" von Josef Pallenberg (200 Reichsmark). Es wurde vermerkt, „der Gemsbock […] wirkt doch zu billig", also ging die Tendenz eher zu einem der beiden Werke Willy Zügels. In dem Schreiben war auch die Rede davon, dass NSDAP-Kreisleiter Hermann Freytag, der zufällig von dem angedachten Geschenk erfahren hatte, sich unsicher war, „ob Ministerpräsident Goering überhaupt ein derartiger Ehrenpreis recht wäre". Freytag habe deshalb auch noch einmal Gauleiter Terboven konsultieren wollen.

Anhand der skizzierten komplexen Vorüberlegungen zu einem Dankesgeschenk an Göring, das möglichst nach dem Geschmack des Schirmherrn der Ausstellung sein sollte, wird ersichtlich, wie sehr man seitens der Stadt bemüht war, beim obersten involvierten Entscheidungsträger einen möglichst guten Eindruck zu hinterlassen. Dieses Vorgehen ist auch im Zusammenhang damit zu

---

[121] HdEG/StA, Sign. 652/17.

sehen, dass Oberbürgermeister Reismann-Grone stets auf ein gutes persönliches Verhältnis mit Göring bedacht war, was sich – im Rahmen des um die Person Görings herrschenden Günstlingssystems – bei verschiedenen Gelegenheiten auch durch das Überreichen von Geschenken ausdrückte.[122]

Bewertung und Fazit

Anhand der erhaltenen Quellen zur Ausstellung „Mensch und Tier im deutschen Lebensraum" lassen sich zahlreiche Informationen zum Blick der nationalsozialistischen Ideologie auf das Tier im Allgemeinen und zur Rollenverteilung zwischen Menschen und Tieren im Speziellen gewinnen.

Nicht behandelt wurden in diesem Beitrag mögliche Bezüge des Umgangs der Nationalsozialisten mit den Tieren zu demjenigen mit Menschen, die als nicht der eigenen Volksgemeinschaft zugehörig empfunden und als Folge diskriminiert, vertrieben oder sogar systematisch ermordet wurden. Etwa die Betonung des Themas „Zucht und Vererbung" in Halle 6 kann solche Assoziationen nahelegen, was jedoch Gegenstand eigener Untersuchungen sein sollte.[123]

Den Eindruck, den die Schau auf die Besucherinnen und Besucher gemacht haben musste, lässt sich am ehesten als eine Mischung aus Ausstellung, Gewerbemesse sowie Wild- und Freizeitpark beschreiben. Durch den besonders im Außengelände herrschenden wildparkartigen Charakter und das Bemühen, für die Besucherinnen und Besucher aller Gruppen und jeden Alters insgesamt ein angenehmes Freizeiterlebnis zu schaffen, knüpfte die Ausstellung durchaus an die sich seit der zweiten Hälfte des 19. Jahrhunderts entwickelnde Zoo-Tradition in der Region an. Auch diese sollte eine Naturentfremdung verhindern, das Interesse an den einheimischen Tierarten fördern und das Angebot einer naturkundlichen Bildung machen.[124]

Die große Zahl der gezeigten Tiere und die betonte Beschränkung auf den deutschen Lebensraum folgte dem Konzept des „Deutschen Zoos" von Ludwig Heck, der in seiner Zeit als Direktor des Zoologischen Gartens Berlin seit der Jahrhundertwende in Deutschland heimische Tiere in einer eigenen „Sammlung" zusammenzufasste. Seit der Mitte der 1930er Jahre wurden diese zuvor über den gesamten Zoo verteilten Tiere auch räumlich zusammengeführt.[125] Die Anlehnung dieses Teils des Essener Ausstellungskonzepts an die Arbeit Hecks ist also evident, zumal dessen Sohn Lutz Mitglied des Ehrenausschusses der

---

122 Stefan Frech, Wegbereiter Hitlers? Theodor Reismann-Grone. Ein völkischer Nationalist (1863–1949). Paderborn u. a. 2009, S. 354 f.

123 Allgemein zur Bedeutung der Zucht und des Rassebegriffes im Zusammenhang mit Tieren für die Nationalsozialisten siehe Roscher, Projektionen (wie Anm. 6).

124 Magdalena Drexl, Zoo-Postkarten aus dem Ruhrgebiet, in: Mensch und Tier (wie Anm. 2), S. 218 f., Nr. 87.

125 Goldner, Nazi-Zoos (wie Anm. 27), S. 59.

Ausstellung und Referent im Begleitprogramm war. Auch die Nutzung eines solchen „Deutschen Zoos" zu Propagandazwecken war geläufig und war somit ebenfalls keine Essener Erfindung.[126]

Die Heraushebung des Themas „Jagd" erinnert an die Internationale Jagdausstellung, die seit Frühjahr 1936 vorbereitet und im November 1937 in Berlin eröffnet wurde. Veranstaltet wurde diese Schau vom Reichsbund Deutsche Jägerschaft. Göring war Initiator und Schirmherr. Auch dort stand, in deutlich größerem Rahmen, die vermeintliche Bedeutung der Jagd für die Kultur im Mittelpunkt. Bezogen auf den Exponatbestand waren es auch hier wieder die Trophäen Görings, die besonders herausgehoben waren.[127] Sowohl für das Berliner als auch das Essener Projekt war Göring letztlich die zentrale Figur.

Für die Essener Ausstellung galt, dass Oberbürgermeister Reismann-Grone sein gutes persönliches Verhältnis zum preußischen Ministerpräsidenten nutzte, um das Projekt für einen Erfolg für die Stadt und damit auch für ihn zu machen. Reismann-Grone sah in der Kulturpolitik im Allgemeinen ein persönliches Gestaltungsfeld, da ihm dies im Kompetenzgerangel des NS-Staates in anderen Bereichen fehlte oder genommen wurde.[128] Daher lag es im Sinne eines größtmöglichen Erfolgs auch aus seiner Sicht nahe, eines der Lieblingsthemen Görings ins Zentrum der Ausstellung zu rücken.

Eine weitere wichtige Rolle spielte außerdem das Thema der (zentral gesteuerten) Werbung, wie es für propagandistisch genutzte Schauen dieser Art üblich war. Dies zeigt sich zum einen am umfangreichen Presseausschuss (s. Liste 1), zum anderen daran, dass diesem Thema die Station „Das Tier in der deutschen Werbung" gewidmet wurde.[129] 1936, also nur ein Jahr später, wurde vom 26. September bis 11. Oktober sogar die Reichsausstellung „Die Deutsche Werbung" in den Ausstellungshallen gezeigt.[130]

Die Aussageabsichten des Projekts lassen sich auf zwei Kerninhalte reduzieren: Der Mensch, ein ursprünglicher Jäger, und seine Kultur wurden durch den Kampf mit der Natur zu ihrem gegenwärtigen Stand geformt. Dadurch, dass es dem Menschen gelang, sich die Tiere untertan zu machen, erlangte er das Recht, diese auf alle denkbaren Arten für seine Zwecke zu nutzen: Der Herrschaftsanspruch der Nationalsozialisten auch über die Sphäre der Tiere war total. Aus

---

126 Ebd., S. 61.
127 Gautschi, Reichsjägermeister (wie Anm. 32), S. 83–88; Neumärker u. Knopf, Görings Revier (wie Anm. 32), S. 96 f.,
128 Frech, Wegbereiter (wie Anm. 122), S. 338–356.
129 Pieper, Führer (wie Anm. 4), S. 45, Nr. 47; Thamer, Ausstellungen (wie Anm. 99), S. 361; Werbeanzeigen für die Ausstellung wurden auch geschaltet, so beispielsweise in: EA Nr. 198 v. 20.07.1935, S. 19; EAZ Nr. 198 v. 20.07.1935, S. 20; EA Nr. 205 v. 27.07.1935, S. 20; EAZ Nr. 205 v. 27.07.1935, S. 14; EVZ Nr. 200 v. 03.08.1935, S. 4; EA Nr. 216 v. 07.08.1935, S. 2; EA Nr. 219 v. 10.08.1935, S. 20; EAZ Nr. 223 v. 14.08.1935, S. 4; EA Nr. 226 v. 17.08.1935, S. 20.
130 Axel Heimsoth, Der Künstlerkreis, in: Aufbruch im Westen (wie Anm. 39), S. 86.

heutiger Sicht befremdlich erscheinen in diesem Zusammenhang Aussagen der Ausstellungsleitung, die für sich alleine genommen das genaue Gegenteil zu behaupten scheinen.[131]

Das Projekt entsprach dabei ganz dem Typ der „politischen Ausstellung", die kulturelle Aspekte mit volkserzieherischem Anspruch sowie Leistungsschauen und gewerblichen Messen verband. Gerade in Essen lag dies auch nahe, da das Ausstellungswesen der Stadt in der Tradition der Gewerbeschau Essen-Ruhr des Jahres 1913 lag.[132] Als eine Art Ideologieträger sollte sie darüber hinaus identitätsstiftend wirken; Ausstellungen galten der NS-Propaganda als „Mittel der Volksführung".[133] Die Umsetzung dieser Ansprüche wurde durch enge Einbindung von NS-Persönlichkeiten und Ämtern sichergestellt. Dass das gesamte Vorhaben unter der Aufsicht der Reichspropagandaleitung der NSDAP in München stand, zeigt sich auch daran, dass Waldemar Steinecker, Leiter der Abteilung Ausstellungs- und Messewesen, Teil des Ehrenausschusses war. Somit war, wie für Ausstellungen der NS-Zeit üblich, deren parteikonformer Inhalt sichergestellt.[134] Die evozierten Aussagen der Exponate entsprachen somit stets den ideologischen Vorgaben; eine Mehrdeutigkeit sollte ausgeschlossen werden. Die Besucherinnen und Besucher sollten gerade nicht in die Lage versetzt werden, durch kritische Wahrnehmung zu einer eigenen Deutung zu gelangen und individuelle Kontextualisierungen vorzunehmen. Vielmehr sollten solche Prozesse durch eine manipulative Form der Präsentation unterbunden werden – ein Dialog war nicht vorgesehen.

Auch die vor- und frühgeschichtliche Vergangenheit wurde, wie es insbesondere auch von den großen archäologischen Propagandaschauen der NS-Zeit bekannt ist,[135] im nationalsozialistischen Sinne instrumentalisiert. Das Projekt kann daher durchaus als kulturhistorisch bezeichnet werden, wurde doch in typischer Form der ausgedehnte Rückblick auf die Vergangenheit dazu benutzt, um die angestrebten

---

131 Etwa eine Mitteilung der Ausstellungsleitung in der EA Nr. 203 v. 25.07.1935, S. 4: „Es ist eins der wesentlichsten Ziele, die sich die Essener Ausstellung „Mensch und Tier" gesteckt hat, das Tier in seiner unverletzten Eigenart zu zeigen. Die Schau ist eine Kampfansage gegen alle Vermenschlichungen von Tieren, wie sie heute vielerorts leider im Schwang ist. Jedes Tier führt sein Leben nach ihm angeborenen strengen Gesetzen […]. Die Ausstellung lehrt, daß man kein Tier aus diesem Lebensraum entfremden soll, der sich aus dem Hineingewachsensein in eine Landschaft und aus der Vitalität ererbter Instinkte gestaltet. Verzärtlichung und Verniedlichung von Tieren sind oft begangene Sünden. Sie erwachsen aus einer vollständig falschen Einstellung, die im Tier nur ein Spielzeug sieht, eine willkommene Gelegenheit zur Zerstreuung, die über die Leere des eigenen Willens hinwegtäuscht."

132 Kösters, Aufsteiger (wie Anm. 8), S. 192.

133 Thamer, Ausstellungen (wie Anm. 99), S. 352, 360, 363, 366, 373.

134 Ebd., S. 373 f.

135 Etwa: Joachim Benecke, „Lebendige Vorzeit". Die Ausstellung des Reichsbundes für Deutsche Vorgeschichte in Berlin, in: Germanen-Erbe 2, 1937, S. 88–91.

Verhältnisse in der Gegenwart zu legitimieren. Hans-Ulrich Thamer spricht davon, dass die deutsche Geschichte zu einer Art „Präfiguration des Nationalsozialismus" umgedeutet wurde.[136] Das Gleiche gilt auch für die damals so bezeichnete „deutsche Vorgeschichte", die durch die Archäologie erforscht wurde.

Nur sehr selten nahm man seitens der Ausstellungsmacher oder der Presse die Perspektive eines Tieres ein: So wurde etwa in der Essener Volkzeitung kurz vor Ende der Ausstellung ein Gespräch zwischen Bär, Wisent, Elch und Laubfrosch erdacht, in dem die Sprecher vornehmlich ihre Zeit in Essen loben und wehmütig Revue passieren lassen.[137] Ein weiterer Autor schlüpft in die Rolle der Mammut-Rekonstruktion in der Empfangshalle und beschreibt, anthropozentrisch verzerrt, was nach dem Ende der Ausstellung geschehen könnte:

> *„Das Mammut wird seine Eislandschaft verlassen und wahrscheinlich in unwirtlichen Gegenden zu Brennholz gemacht werden […]. Wenn in den heißen Tagen des Juli die Menschen um es herumstanden und voll Verlangen nach einer Eislandschaft wie die vor ihnen aufgebaute seufzten, dann konnte es wohl in dieses Seufzen zivilisierter Menschheit einfallen mit dem – allerdings von niemand verstandenen – Sehnsuchtsruf: „Gebt mir meine Wildnis wieder!"*[138]

Liste 1. Organisationsstruktur der Ausstellung
Die umfangreiche Liste der an der Ausstellung beteiligten Personen wird im Folgenden in der Schreibweise des Ausstellungsführers wiedergegeben.

Schirmherr: Preußischer Ministerpräsident, Reichsforst- und Reichsjägermeister, General Göring

Ehrenausschuss:
Präsident: Dr. Reismann-Grone, Oberbürgermeister der Stadt Essen
Mitglieder: Bergmann, Präsident der Reichsbahndirektion, Essen; Dr. Ing. e. h. Brandi, Bergassessor, Vorsitzender des Vereins für die bergbaulichen Interessen, Essen; Oberbürgermeister Böhmer, Gelsenkirchen; Dr. Ing. e. h. Borbet, Generaldirektor des Bochumer Vereins, Präsident der Handelskammer, Dortmund; Dr. Bürger, Oberfischmeister der Rheinprovinz, Koblenz; W. Buschfeld, Mitglied des Direktoriums der Fried. Krupp A.-G., Essen; Dr. Buttmann, Ministerialdirektor, Vorsitzender des Reichstierschutzbundes, Berlin; Herzog von Croy, Dülmen; Regierungspräsident Diels, Köln; Oberbürgermeister Dillgardt, Duisburg, Staatskommissar des Siedlungsverbandes Ruhrkohlenbezirk, Sitz Essen; Dr. Engelmann, Oberstaatsanwalt, Essen; Freiherr von Eltz-Rübe-

---

[136] Thamer, Ausstellungen (wie Anm. 99), S. 370.
[137] EVZ Nr. 215 v. 18.08.1935, S. 4.
[138] EVZ Nr. 215 v. 18.08.1935, S. 8.

nach, M. d. R., Landesbauernführer der Rheinprovinz, Bonn; Florian, Gauleiter, Staatsrat, Düsseldorf; Dr. von Flotow, Geh. Oberregierungsrat, Vorsitzender des Aufsichtsrats der Essener Steinkohlenbergwerke, Berlin; Prof. Dr. Ing. Dr. phil. h. c. P. Goerens, Mitglied des Direktoriums der Fried. Krupp A.-G., Essen; Grohé, Gauleiter, Staatsrat, Köln; Gutenberger, SA-Oberführer, Führer der Brigade 73, Essen; Haake, Landeshauptmann der Rheinprovinz, Düsseldorf; Habbes, M. d. R., Landesbauernführer der Provinz Westfalen, Münster; Oberbürgermeister Dr. Hackenberg, Gladbeck; Frau Kommerzienrat Hähnle, Leiterin des Bundes für Vogelschutz Stuttgart, Giengen a. d. Brenz; Hahn, Treuhänder der Arbeit für das Wirtschaftsgebiet Westfalen, Essen; Dr. jur. Haßlacher, Vorsitzender d. Vorstandes d. Rheinischen Stahlwerke, Duisburg; Dr. Hausendorff, Oberlandforstmeister, Forstamt Grimnitz; Dr. Lutz Heck, Direktor des Zoologischen Gartens, Berlin; Heermann, Landgerichtspräsident, Essen; Direktor E. Henke, Rheinisch-Westfälisches Elektrizitätswerk, Essen; Oberbürgermeister Heuser, Oberhausen; Graf v. Hoensbroech, Gaujägermeister für die Rheinprovinz, Schloß Kellenberg über Jülich; Bergassessor F. Hohendahl, Generaldirektor, Essen; Dr. Ing. e. h. Hold, Generaldirektor, Essen; Hopp, Bergwerksdirektor, Vorsitzender des Aufsichtrats der Hoesch-Köln-Neuessen A.-G., Düren; Dr. Hüesker, Präsident des Siedlungsverbandes Ruhrkohlenbezirk, Essen; Prof. Dr. Hunke, M. d. R., st. Präsident d. Werberats d. deutschen Wirtschaft, Berlin; Dr. Janssen, Vorsitzender des Aufsichtsrats der Gemeinnützigen Ausstellungs-Gesellschaft, Essen; Dr. phil. e. h. Janus, Generaldirektor des Rhein.-Westf. Kohlensyndikats, Essen; Johlitz, M. d. R., Bezirkswalter der Deutschen Arbeitsfront, Essen; Dr. Kisker, Oberfischmeister von Sachsen, Magdeburg; Dr. Klotzbach, Mitglied des Direktoriums der Fried. Krupp A.-G., Essen; Dr. Ing. e. h. Knepper, Bergwerksdirektor, Leiter der Reichsgruppe Bergbau, Essen; Knickmann, SA-Gruppenführer, Polizeipräsident, Duisburg; Kolbow, Landeshauptmann der Provinz Westfalen, Münster; Dr. Korte, Leiter der Reichshauptabteilung III des Reichsnährstandes, Berlin; Dr. Ing. e. h. Krawehl, Vorsitzender des Aufsichtsrats der Rheinischen Stahlwerke und des Verkehrsvereins, Essen; Dr. Krupp von Bohlen und Halbach, Essen, Auf dem Hügel; Major A. Laumann, Landesgruppenführer der Fliegerlandesgruppe Rheinland, Essen; Privatdozent Dr. Lehmann, Oberfischmeister für die Provinz Westfalen, Leiter der Preuß. Lehr- und Versuchsanstalt für Forellenzucht in Albaum, Münster; Linsert, Leiter des Reichsverbandes Deutscher Sportfischer, Berlin; Dr. Lowartz, Oberfischmeister von Hessen, Kassel; Freiherr von Lüninck, Oberpräsident der Provinz Westfalen, Münster; Oberbürgermeister Maerz, Mülheim; Dr. Meyer, Reichsstatthalter, Gauleiter, Münster; Oberbürgermeister Dr. Piclum, Bochum; Generaldirektor Dr. Ing. e. h. Pott, Essen; Reichardt, Ministerialdirektor, Präsident des Werberats der deutschen Wirtschaft, Berlin; Scherping, Oberjägermeister, Deutsche Jägerschaft, Berlin; Dr. M. A. Schlitter,

Präsident der Handelskammer, Bochum; Schmid, Regierungspräsident, Düsseldorf; Freiherr v. Schorlemer, Gaujägermeister der Provinz Westfalen und Lippe, Schloß Herringhausen ü. Lippstadt; Schramme, SA-Gruppenführer, Dortmund; Dr. Schweigart, Leiter der Reichs-Abteilung III E des Reichsnährstandes, Berlin; Graf v. Schwerin, Leiter des Landesverbandes Westfalen im Reichsverband der Deutschen Presse, Essen; Dr. Seippel, Direktor der Ruhrgas A.-G., Essen; Dr. Seiring, Präsident des Deutschen Hygienemuseums, Dresden; Dr. H. Sierp, Prof. der Botantik und Direktor des Botanischen Instituts der Universität Köln; Dr.-Ing. Fried. Springorum, Generaldirektor der Hoesch-Köln-Neuessen A.-G., Dortmund; Steinecker, Leiter der Abteilung Ausstellungs- und Messewesen in der Reichspropagandaleitung der NSDAP., München; Stinnes, Hugo, Mülheim; v. Stockhausen, Regierungspräsident, Arnsberg; Oberbürgermeister Graf v. Stosch, Bottrop; Landrat Tapolski, Düsseldorf; Dr.-Ing. e. h. Tengelmann, Generaldirektor der Essener Steinkohlenbergwerke A.-G. und Präsident der Handelskammer, Essen; Terboven, Oberpräsident der Rheinprovinz, Gauleiter, Staatsrat, Essen; Dr.-Ing. e. h. Fritz Thyssen, Staatsrat, Mülheim; Freiherr v. Twickel, Münster; Unger, stellvertretender Gauleiter der NSDAP., Essen; Vetter, Generalinspekteur des Reichsnährstandes, Berlin; Dr.-Ing. e. h. Albert Vögler, Generaldirektor, Dortmund; Dr.-Ing. e. h. Eugen Vögler, Vorsitzender des Vorstandes der Hochtief A.-G., Essen; Wagner, Oberpräsident der Provinz Schlesien, Gauleiter, Staatsrat, Bochum; Renz Waller, Ordensmeister des Deutschen Falkenordens, Düsseldorf; Stadtrat Weber, Präsident des Deutschen Jagdmuseums, München; Dr. phil. h. c. Joh. W. Welker, Generaldirektor, Präsident der Handelskammer, Duisburg; Weitzel, SS-Gruppenführer, Düsseldorf; Zech, SS-Brigadeführer, Essen

Wirtschaftlicher Träger der Ausstellung: Gemeinnützige Ausstellungsgesellschaft Essen

Hauptausschuss:
Vorsitzender: Bürgermeister Dr. Richter
Stellvertreter: Stadtrechtsrat Dr. Jaenke
Mitglieder: Abendroth, Vereinsleiter des Essener Windhund-Rennvereins im R. D. H. (Fachschaft für Hetzhunde), Essen; Dr. Graf von Baudissin, Direktor des Folkwangmuseums, Essen; Prof. Blunck, Direktor des Universitäts-Instituts für Pflanzenkrankheiten, Bonn; Frau Bohle, Gauamtsleiterin der NS.-Frauenschaft, Essen; Borchardt, Reichseinheitsverband Deutscher Kanarienzüchter, Ortsgruppe Essen; Dr. Börner, Biol. Reichsanstalt, Naumburg; Bredt, Hauptmann a. D., Geschäftsführer des Essener Blindenfürsorge-Vereins, Essen; Brinkert, Lehrer, Ges. der Stadtgartenfreunde, Recklinghausen; Dr. Bubenzer, Stadtrat, Essen; Cornelsen, Forstassessor, Forstamt Grimnitz Post Joachimsthal U. M.; Dr. Dä-

britz, Direktor der Akademischen Kurse, Essen; Dumrath, Reichsnährstand, Berlin; Euringer, Direktor der Stadtbüchereien, Essen; Gliemann, Oberstudienrat, Vorsitzender des Tierschutzvereins, Essen; Dr. Goetze, Direktor der Rheinischen Lehr- und Versuchsanstalt für Bienenzucht, Mayen; Günnicker, Untersturmführer des SS-Reitersturmes 3/6 Essen; Dr. Güttig, Direktor des Chem. Untersuchungsamts, Essen; Dr. Haenel, Forstmeister, Bayerischer Landessachverständiger für Vogelschutz, Garmisch; Dr. Hansmann, Oberstveterinärrat, Berlin; Herkenrath, Haupt-Stabsleiter bei der Landesbauernschaft Rheinland, Bonn; Dr. Hertling, Staatliche Biologische Anstalt auf Helgoland; Hofmann, Kreisjägermeister des Kreises Essen des Landesverbandes der preußischen Jäger, Essen; Hockermann, st. Gauamtleiter der DAF., Essen; Dr. Holbeck, Stadttierarzt und Leiter des Bakteriologischen Laboratoriums, Essen; Hörster, Vorsitzender der Biologischen Gesellschaft für Aquarien- und Terrarienkunde, Essen; Huttrop, Fachschaftsleiter der Kreisbauernschaft Ruhrgroßstädte, Essen; Jenssen, Kreiswart der NS.-Gemeinschaft Kraft durch Freude, Essen; Dr. Kahrs, Direktor des Ruhrlandmuseums, Essen; Kampmann, Major, Kommandeur der Schutzpolizei, Duisburg; Kegel, Stadtrat, Essen; Dr.-Ing. Kern, Direktor der Süddeutschen Eisenbahngesellschaft, Abt. Essener Straßenbahnen, Essen; Dr. Kessler, Institut für Schädlingsbekämpfung der Landesbauernschaft, Bonn; Kimmeskamp, Fachschaftsleiter der Kreisbauernschaft Ruhrgroßstädte, Essen; Knaden, Kreiswalter der Deutschen Arbeitsfront, Essen; Kniepkamp, Landgerichtsrat, Sturmführer des SA-Reitersturmes, Essen; Knopf, Entomologische Gesellschaft, Essen; Kox, Fachschaftsleiter der Kreisbauernschaft Ruhrgroßstädte, Essen; Kracht, Reichsverband der Deutschen Vogelliebhaber Leipzig, Essen; Kreifels, Fachschaftsleiter der Kreisbauernschaft Ruhrgroßstädte, Duisburg; Kreuz, Herzoglicher Domänenrat, Dülmen; Lategahn, Landesbauernschaft Rheinland, Bonn; Lemmer, Kreishauptabteilungsleiter II d. Kreisbauernschaft, Ruhrgroßstädte, Mülheim; Löbenberg, Jagdmaler, Referent für Kunst und Ausstellungswesen der deutschen Jägerschaft, Berlin; Lohff, Kreispropagandaleiter der NSDAP., Essen; Ludwig, H., Ortsfachschaftsleiter der Reichsfachschaft deutscher Werbefachleute, Essen; Mantel, Staatsrat, Deutsches Jagdmuseum, München; Dr. Mansfeld, Vogelwarte Seebach i. Th.; Dr. Mießner, Prof., Direktor des Hygiene-Instituts der tierärztl. Hochschule, Hannover; Moog, Reichsnährstand Abt. III E, Essen; Moser, Dr. Ing., Verein der Freunde der Essener Vogelwarte, Essen; Neuhs, Oberwachtmeister der Schutzpolizei, Kreisobmann des 1. Deutschen Polizeihundevereins, Essen; Neveling, Bezirksobmann der Fachschaft Deutscher Schäferhunde, Essen; Nickel, Reichsnährstand Reichshauptabteilung III, Berlin; Oberkirch, Bezirkskommissar für Naturschutz, Essen; Oberwalleney, Fachschaftsleiter der Kreisbauernschaft Ruhrgroßstädte, Essen; Dr. Oestern, k. Direktor des Schlacht- und Viehhofs, Essen; Pindur, Oberleutnant der Schutzpolizei, Essen; Poetter, Prof., Bezirksvorsitzender des

Bundes Deutscher Graphiker Landesstelle Westf. – Ruhr, Essen; Dr. Priemel, Direktor des Frankfurter Tiergartens; Riedel, Geschäftsführender Präsident der Reichsfachgruppe Ausstellungsgeflügelzüchter im Reichsverband Deutscher Kleintierzüchter, Berlin; Riedel, Betriebsdirektor der Süddeutschen Eisenbahngesellschaft, Abt. Essener Straßenbahnen, Essen; Dr. Röhler, Generalsekretär des Deutschen Fischerei-Vereins, Berlin; Schemmann, Ingenieur, Leiter der Landesfachgruppe Imker „Rheinland", Essen; Schichtel, Studienassessor, Essen; Schildwächter, Vereinsführer des Sportanglervereins Essen im Reichsverband Deutscher Sportfischer RDSF, Essen; Schmitter, Vorsitzender des Einzelhandelsamtes und des Verbandes des Einzelhandels von Groß-Essen, Essen; Dr. Schönichen, Prof., Direktor der Staatl. Stelle für Naturdenkmalpflege in Preußen, Berlin; Schult, Geschäftsführendes Führerratsmitglied des Sauerländischen Gebirgsvereins, Iserlohn; Schulte-Herbrüggen, Ratsherr und Kreisbauernführer der Kreisbauernschaft Ruhrgroßstädte, Essen; Dr. Schüz, stellv. Leiter der Vogelwarte Rossitten der Kaiser-Wilhelm-Gesellschaft zur Förderung der Wissenschaften, Rossitten; Schwalbe, Fachschaftsleiter der Kreisbauernschaft Ruhrgroßstädte, Duisburg; Dr. habil. Schwerdtfeger, Preuß. Forstassessor, Dozent der Preußischen Versuchsanstalt für Waldwirtschaft, Abt. für Waldschutz, Werbellinsee Post Joachimstal Ü. M.; Dr. Sälzle, Deutsches Jagdmuseum, München; Sieberg, Obersturmbannführer der Reiterstandarte 73, Essen; Dr. Sieloff, Direktor des Löbbecke-Museums, Düsseldorf; Dr. Fr. Sierp, Chefchemiker des Ruhrverbandes und Fachschaftsleiter der Kreisbauernschaft Ruhrgroßstädte, Essen; Siewert, Forstassessor, Werbellinsee, Post Joachimsthal Ü. M.; Dr. med. vet. Stapenhorst, Kreistierarzt, Essen; Stauder, Gaugruppenleiter des Reichsverbandes des Deutschen Katzenwesens, Essen; Dr. Ströse, Geheimer Regierungsrat, Leiter des Instituts für Jagdkunde, Berlin; Unger, Oberst der Schutzpolizei und Kommandeur, Essen; Vogt, Ratsherr, Gauamtsleiter der NS-Hago und Geschäftsführer des Verbandes des Einzelhandels von Groß-Essen; Vogt, 1. Geschäftsführer der Kreishandwerkerschaft, Essen; de Vries, Fachschaftsleiter der Kreisbauernschaft Ruhrgroßstädte, Essen; Wolf, Ratsherr und Kreishandwerksmeister, Essen; R. Wolff, Reichsverband für Zucht und Prüfung deutschen Warmbluts, Berlin; Dr. Wundsch, Prof. für Fischerei und Fischzucht an der Universität Berlin, Direktor der Landesanstalt für Fischerei, Berlin; Dr. Zacher, Oberregierungsrat, 1. Vorsitzender der Gesellschaft für Vorratschutz-Berlin

Ausstellungsleitung:
Pieper, Bürgermeister i. R., Direktor der Gem. Ausstellungsgesellschaft Essen
Leitung des technischen und gartenkünstlerischen Aufbaus: Korte, städtischer Gartendirektor

Wissenschaftliche Leitung: Professor Dr. Arnold, Studienrat i. R.; Dr. Hoffmann, Direktor der bäuerlichen Werkschule Kettwig; Dr. Wasserloos, Oberstudiendirektor; Dr. Wefelscheid, Oberstudienrat

Fachausschüsse:
Diese setzen sich je nach Bedarf aus den Mitgliedern des Haupausschusses zusammen.
Finanzausschuss: Stadtrechtsrat Dr. Jaenke, Vorsitz; Stadtoberamtmann Nix; Bürgermeister i. R. Pieper
Werbeausschuss: Stadtoberamtmann Nix, Vorsitz; Schriftleiter Burgardt; Geschäftsführer Schnadt; Werbeleiter Bruckmann; Pressereferent Zielke
Presseausschuss:
Vorsitzender: Dr. Mündler, Hauptschriftleiter, Leiter des Verbandskreises Essen im Reichsverband der deutschen Presse, Essen
Mitglieder: Berns, Hauptschriftleiter, Essen; Böhmer, Schriftleiter, Essen; Giesenkirchen, Schriftleiter, Essen; Heller, stellvertretender Hauptschriftleiter, Essen; König, Kreispressewart der DAF., Essen; Löbbert, stellvertretender Hauptschriftleiter, Dortmund; Loenartz, Dipl.-Landwirt, Schriftleiter, Essen; Longjaloux, Schriftleiter, Essen; Dr. Schönfeld, Pressewart der Kreisbauernschaft Ruhrgroßstädte, Essen; Graf v. Schwerin, Hauptschriftleiter, Essen; Dr. Totzek, Leiter des Städtischen Presseamtes, Essen; Westerhold, Schriftleiter, Essen; Zielke, Pressereferent der Ausstellungsleitung, Essen
Hallenaufbau: Architekt BDA. Weinhag
Bau der Gehege usw.: Gartenoberinspektor Schmidt, Rev.-Förster Püntmann
Werbung: Bruckmann
Veranstaltungen und Sonderschauen: Nagel
Presse: Zielke

Liste 2. An der Ausstellung beteiligte Institutionen
In vielen Fällen werden die an einer der 113 Stationen der Ausstellung beteiligten Einrichtungen genannt. Diese konnten als Leihgeber, Gestalter oder Berater fungieren, was im Einzelfall nicht immer erkennbar ist. Aufgelistet ergibt sich folgende, nach dem Ausstellungsrundgang und den Stationsnummern sortierte und in der Schreibweise des Führers gehaltene Aufzählung:

Halle 1:
Nr. 3, Volk und Tier: Folkwangmuseum, Essen; Stadtgeschichtliches Museum, Frankfurt/Main; Staatliche Kunstsammlungen Kassel u. a.
Nr. 4, Die Erforschung des Tieres: Kaiser-Wilhelms-Institut für Züchtungsforschung Müncheberg (Mark); Löbbeke-Museum Düsseldorf; Westf. Provinzialmuseum Münster, Zool. Institut der Universität Münster, Biol. Institut der

Universität Münster, Stadtgeschichtl. Museum Frankfurt a. M.; Senkenbergsche naturforschende Gesellschaft Frankfurt a. M.; Geologisch-paläontologisches Institut der Universität Halle; Deutsche zoologische Gärten: Berlin, Breslau, Frankfurt, Leipzig, Nürnberg, Königsberg
Nr. 5, Mensch und Tier in der Vorzeit: Ruhrland-Museum der Stadt Essen

Halle 5:
Nr. 10, Sportfischerei: Reichsverband Deutscher Sportfischer und Sportangler-verein Groß-Essen[139]
Nr. 11, Sportfischerei: Biologische Gesellschaft für Aquarien-, Terrarien- und Heimatkunde
Nr. 19, Tierschutz: Tierschutzverein Essen e. V. im Reichsverband der Tier-schutzvereine, Berlin.
Nr. 21, Naturdenkmalpflege: Staatl. Stelle für Naturdenkmalpflege in Preußen; Bezirkskommissar für Naturschutz im Gebiet des Siedlungsverbandes Ruhr-kohlenbezirk
Nr. 22–27, Die deutsche Jagd: Deutsche Jägerschaft und Preuß. Landesforst-verwaltung
Nr. 29, Vogelschutz: Vogelwarte Essen
Nr. 30, Vogelschutz: Bund für Vogelschutz e. V., Stuttgart
Nr. 31, Vogelschutz: Vogelwarte Rossitten der Kaiser-Wilhelm-Gesellschaft zur Förderung der Wissenschaften
Nr. 32, Vogelschutz: Verein der Freunde der Essener Vogelwarte
Nr. 33, Vogelschutz: Versuchs- und Musterstation für Vogelschutz, Seebach i. T.
Nr. 34, Vogelschutz: Vogelwarte Garmisch (Bayern)
Nr. 35, Vogelschutz: Staatl. Biologische Anstalt auf Helgoland, Abteilung Vogel-warte
Nr. 36, Vogelliebhaberei – Waldvögel: Reichsverband der deutschen Vogellieb-haber E. V., Sitz Leipzig, Mitglied des Reichsbundes Volkstum und Heimat – Ortsgruppe Essen
Nr. 37, Vogelliebhaberei – Kanarienvögel: Reichseinheitsverband deutscher Kanarienzüchter, Gau 19, Ortsgruppe Essen
Nr. 38: NS-Gemeinschaft Kraft durch Freude, Gauamt Essen

Empore der Halle 5:
Nr. 40, Die deutsche Jagd – Die altehrwürdige Kunst der Falknerei: Deutscher Falkenorden; Staatliches Museum für Völkerkunde, Berlin; Zoologisches Ins-titut, Leipzig

---

[139] EA Nr. 216 v. 07.08.1935, S. 6; EVZ Nr. 204 v. 07.08.1935, S. 9 f.; EA Nr. 218 v. 09.08.1935, S. 3. Im Ausstellungsgelände fand auch die Gautagung der Sportangler und in Verbindung damit ein großes Wurfturnier statt (EAZ Nr. 221 v. 12.08.1935, S. 8; EVZ Nr. 209 v. 12.08.1935, S. 4).

Nr. 41, Die deutsche Jagd: Forschungsstätte „Deutsches Wild", Werbellinsee
Nr. 42, Die deutsche Jagd: Institut für Jagdkunde, Berlin-Zehlendorf
Nr. 43, Die deutsche Jagd: Deutsches Jagdmuseum, München
Nr. 44, Die deutsche Jagd: Preußische Versuchsanstalt für Waldwirtschaft, Abteilung Waldschutz, Werbellinsee
Nr. 44a, Die deutsche Jagd: Forschungsstätte „Deutsches Wild", Werbellinsee
Nr. 45, Das Tier in Plastik und Lichtbild: Folkwangmuseum Essen
Nr. 47, Das Tier in der deutschen Werbung: Bezirksgruppe des Bundes Deutscher Gebrauchsgraphiker und Ortfachschaft Essen der Reichsfachschaft Deutscher Werbefachleute

Halle 6:
Nr. 69, Reichsnährstand (Nr. 69a: Fleischer-Innung, Essen; 69b: NS.-Frauenschaft, Gau Essen, 69d: Hauptvereinigung der deutschen Eierwirtschaft; Hauptvereinigung der deutschen Fleischwirtschaft; Wirtschaftliche Vereinigung der deutschen Dauermilcherzeuger)
Nr. 70–75, Bekämpfung tierischer Schädlinge: Hauptstelle für Pflanzenschutz der Landesbauernschaft Rheinland in Bonn; Institut für Pflanzenkrankheiten der Universität Bonn; Biologische Reichsanstalt Naumburg; Deutsches Hygiene-Museum, Dresden; Gesellschaft für Vorratsschutz, Berlin; Chemisches Institut der Stadt Essen; Siedlungsverband Ruhrkohlenbezirk
Nr. 76, Tier und Tierarzt, Tier und Chemiker: Bakteriol. Laboratorium der Stadt Essen; Chemisches Untersuchungsamt der Stadt Essen; Hygienisches Institut der Tierärztlichen Hochschule, Hannover; Tierluftschutz-Archiv, Niederschreiberhau
Nr. 77, Tierzüchtung und Vererbung: Landesbauernschaft der Rheinprovinz; Kreisbauernschaft Ruhrgroßstädte; Bäuerliche Werkschule Kettwig
Nr. 79, Tierzüchtung und Vererbung: Reichverband für Prüfung deutschen Warmbluts
Nr. 80, Tierzüchtung und Vererbung: Landesbauernschaft der Rheinprovinz
Nr. 81, Tierzüchtung und Vererbung: Reichsverband für das deutsche Hundewesen – Fachschaft Deutscher Schäferhunde (SV)

Halle 7:
Nr. 85, Binnenfischerei und Teichwirtschaft, Fischpavillon mit Aquarien: Staatl. Lehr- und Versuchsanstalt für Forellenzucht in Albaum; Herzogl. Croy'sche Domänenverwaltung in Dülmen; Frh. v. Twickelsche Teichgüter in Ahsen; Firma Liesner Nachfolger, Wesel
Nr. 86–96, Binnenfischerei und Teichwirtschaft: Firma W. Feddeler, Essen; Lehr- und Versuchsanstalt für Forellenzucht in Albaum i. Westf. (Leitung: der Oberfischmeister für die Provinz Westfalen, Münster); Hessischer Fischverein,

Kassel; Oberfischmeister der Rheinprovinz; Preußische Landesanstalt für Fischerei in Berlin-Friedrichshagen; Botanisches Institut der Universität Köln; Reichsnährstand; Ruhrverband, Essen; Verband zur Reinhaltung der Ruhr, Essen; Firma Liesner Nachfolger, Wesel; Ruhrtalsperrenverein, Essen; Oberfischmeister der Binnengewässer in der Provinz Hannover

Nr. 97, Seefischerei, 175 Gemälde: Die Tierwelt des Meeres (Leihgabe des Instituts für Meereskunde an der Universität Berlin)

Nr. 98–103, Der Strand des deutschen Meeres: Reichsmarineleitung Berlin; Museum für Hamburgische Geschichte; Nordsee-A.-G. Wesermünde; Biologische Anstalt auf Helgoland; Aquarium Wilhelmshaven

Liste 3. In der Ausstellung gezeigte lebendige Tiere
Im Führer zur Ausstellung wird unterschieden zwischen dem Anschauungsmaterial einerseits und den gezeigten lebenden Tieren, deren Bezeichnungen in grüner Farbe wiedergegeben wurden. Der Anspruch, alle lebend präsentierten Tiere im Begleitband der Ausstellung aufzuführen, wirkt durch die Fülle der genannten Tierarten für sich selbst genommen bereits wie eine Leistungsschau. Eine Aufzählung der Angaben ergibt folgende, nach dem Ausstellungsrundgang und Stationsnummern geordnete und in der Schreibweise des Führers übernommene Liste:

Vorhof der Halle 1
Nr. 1: Stelzvögel (Störche, Schwäne, Reiher usw.)

Vorplatz der Halle 5:
Nr. 9: Seehunde, Seevögel (z. B. Herings-Möwe, Lachmöwe, Silber-Möwe, Kormorane)

Halle 5:
Nr. 11: Aquarien mit Wildfischen aus der Ruhr (Hecht, Karpfe, Schleie, Aal, Barbe, Döbel, Rotauge usw., Jungfische)
Nr. 12: Süßwasser-Aquarien (Forelle und Bachsaibling, Neunauge, Groppe, Schmerle, Stichling, Barsch, Hecht, Aal, Ruhrweißfisch, Bitterling, Gründling, Karpfen, Karausche, Schleie, Orfe usw.)
Nr. 13: Seewasser-Aquarien (Helgoländer Klippenlandschaft: Aktinien und Seenelken, Nordseegrund: Nordseefische, Küstengebiet: Nordseekrebse, Wattengebiet: Seesterne und Seeigel, Austernbank: Schnecken, Muscheln usw., Nordseegrund: Klein-Fische und Algen)
Nr. 14: Zierfische, soweit sie in Deutschland gepflegt und gezüchtet werden (Goldfisch und Abarten (Schleierschwanz usw.), Barben, Welsen, Salmler-Arten, Labyrinthfische, Sonnenbarsche, Cichliden, Nanderbarsche, eigebärende Zahnkarpfen, lebendgebärende Zahnkarpfen)

Nr. 16: Unsere einheimischen Kriechtiere und Lurche (Heide: Kreuzotter und Schlingnatter, Uferrand: Ringelnatter und Würfelnatter, Wald: Aeskulapnatter, Moor und Wiese: Zauneidechse, Bergeidechse, Blindschleiche, Felsgestein: Mauereidechse, Smaragdeidechse, Uferrand: Sumpfschildkröte, Feuchter Wald: Laubfrösche, ferner: Wasserfrosch, Grasfrosch, Moorfrosch, Erdkröte, grüne Kröte, Kreuzkröte und Knoblauchkröte, Gelbbauchunke, Rotbauchunke, Geburtshelferkröte, Feuersalamander, Alpensalamander, Kammolch, Teichmolch, Bergmolch und Fadenmolch u. a. m.)

Nr. 17: Unsere einheimischen Kleinsäuger (Haselmaus, Spitzmaus-Arten, Siebenschläfer usw.)

Nr. 18: Die Großschmetterlinge des Ruhrgebiets (Entwicklung vom Ei bis zum fertigen Insekt in zehn Zuchtbehältern: Eier, Raupen, Puppen, schlüpfende Falter u. a. m., die schönsten Tagfalter Deutschlands auf einer Blumenwiese in einem großen Flugkäfig)

Nr. 18: Ameisenstaat (Heideausschnitt – große Waldameise)

Nr. 37: Kanarienvögel (in Flugkäfig: alle vorkommenden Kanarien, gelb, gescheckt, Urkanarienfarbe (grau-grün) und gehaubte, Wechselhecke: Hahn mit drei Weibchen, Gesellschaftshecke: Hahn mit 4 Weibchen, Farbenkanarien: Orange, Citrongelb, Stahlblau und Weiß)

Nr. 38, Die altehrwürdige Kunst der Falknerei: Falkentrage mit Falken

Freigelände am Turnierplatz:
ohne Nr.: Seeadler, Kaiseradler, Mäusebussard, Turmfalke, Habicht, Milan (schwarz und rot)

Nr. 48: Uhu, Waldkauz, Schleiereule, Ohreule, Steinkauz

Nr. 49: Murmeltier

Nr. 50: Gemse und Mufflon

Nr. 51: Elch

Nr. 53: Rothirsch

Nr. 54: Damwild

Nr. 55: Reh

Nr. 56: Rind (Schwarzbuntes Niederungsvieh, rotbuntes Niederungsvieh, einfarbig gelbes und rotes Höhenvieh, Fleckvieh, einfarbig graues Rind)

Nr. 57: Ziege (Weiße Edelziege, braune Edelziege, graue Edelziege, Kreuzungstier zwischen weißer Edelziege und früherer Landziege (gehörnt))

Nr. 58: Schaf (Ostfriesisches Milchschaf (Landrasse), Heidschnuckenschaf (Landrasse), schwarzköpfiges Woll-Fleischschaf, weißköpfiges Merinoschaf)

Nr. 59: Schwein (Wildschwein (Brache mit Frischlingen), Edelschwein mit Jungtieren, veredeltes deutsches Landschwein mit Jungtieren, schwarz-weißes hannoversches Landschwein)

Nr. 60: Pferd (Westfäl. Wildpferd mit Fohlen aus dem Meerfelder Bruch bei Dülmen, Warmblutstute mit Fohlen, Kaltblutstute mit Fohlen)
Nr. 63: Wisent
Nr. 64: Bär

Freigelände vor Halle 6:
Nr. 66: Wolf
Nr. 67: Deutsche Hunderassen
Nr. 68: Deutsche Hauskatze

Halle 6:
Nr. 78: Vererbung, gezeigt an lebenden Tieren (Hühner und Tauben)

Freigelände zwischen den Hallen 6 und 7:
Nr. 82: Außenkäfige der Abteilung Vererbung (Hühner)
Nr. 83: Anerkannte Nutzhuhn-Rassen (weißes Leghorn, rebhuhnfarbiges Italiener Huhn, schwarzes Rheinländer Huhn, weißes Wyandottenhuhn, Rhodeländerhuhn, verschiedenfarbige Hühner, Zwerghuhnrassen, weitere Hühner (Schönheitsrassen))
Nr. 84: Großer Teich (weißer Schwan, weißer Storch, Fischreiher, Kranich, Steckente, Spießente, Löffelente, Pfeifenente, Wildgans, Storchnest mit Jungen)

Halle 7:
Nr. 85, Binnenfischerei und Teichwirtschaft, Fischpavillon mit Aquarien: Setzlinge und Speisefische von Regenbogen- und Bachforellen, Satzhechte, Laichkarpfen, Spiegelkarpfen (ein-, zwei- und dreisömmrig), Lederkarpfen (zweisömmrig), Schuppenkarpfen (zweisömmrig), Goldorfen, Schleien, Sterlet aus der Donau, Jung- und Speiseaale, Neunauge, Uklei, Rotfeder, Bleie-Brasse, Döbel, Barsch usw.

Freigelände bei Halle 7:
Nr. 106: Pelztiere (Fuchs, deutsche Marderarten, Waschbär, Nutria)
Nr. 107: Vögel in Flugkäfigen (1. Auerhahn, Birkhahn, Hohltaube, Steinhuhn, 2. Jagdfasan, Ringeltauben, 3. Rebhuhn, Bankivahuhn, Turteltauben, Felsentaube, 4. Kolkraben, Rabenkrähe, Nebelkrähe, Saatkrähen, 5. Dohlen, Elster, Eichelhäher, 6. Schwarzdrossel, Singdrossel, Weindrossel, Wachtel, 7. Stieglitz, Zeisig, Rothänfling, Zirlitz, 8. Dompfaff, Kirschkernbeißer, Pirol, 9. Kohlmeise, Bartmeise, Blaumeise, Spechtmeise, Star, 10. Nachtigall, Heckenbraunelle, Blaukehlchen, Grasmücke, Sprosser, Rotkehlchen)

Nr. 108, Kleiner Teich: Krickente, Knickente, Kiebitz, Brachvogel, Kampfläufer, Uferschnepfe, Austernfischer, Teichhuhn, Blaßhuhn, Regenpfeifer; indische Laufente, Campbell-Ente, Peking-Ente, weiße Emdener Gans, Höckergans
Nr. 109: Kaninchen

Freigelände zwischen Halle 5 und 6:
Nr. 113: Bienenstöcke

DAS HAUS DER ESSENER GESCHICHTE/STADTARCHIV (2010–2020). ZEHN JAHRE KOMPETENZZENTRUM FÜR STADTGESCHICHTE

CLAUDIA KAUERTZ

Das Haus der Essener Geschichte/Stadtarchiv (HdEG) ist im Jahr 2020 zehn Jahre alt geworden. Neben dem Museum Folkwang, dem Ruhr Museum und dem Haus jüdischer Kultur in den Alten Synagoge gehört es zu den vier Essener Kultureinrichtungen, die im Kulturhauptstadtjahr 2010 neu eröffnet wurden.

Mit dem Umzug an den heutigen Standort in der ehemaligen Luisenschule am Bismarckplatz erhielt das Stadtarchiv, das bis dahin im ehemaligen Rabbinerhaus der Alten Synagoge untergebracht war und dessen Bestände auf mehrere Außenmagazine in der Stadt verteilt waren, erstmals gleichermaßen sachgerechte wie repräsentative Räumlichkeiten.

Zugleich war mit dem Standortwechsel eine Neukonzeption verbunden, die das Potenzial des Instituts entscheidend erweitern sollte. Firmierte es bis dahin lediglich als Stadtarchiv, so erhielt es 2010 den Namen „Haus der Essener Geschichte/Stadtarchiv". Die neue Bezeichnung trägt dem veränderten Konzept Rechnung, da das HdEG seit 2010 mit dem Stadtarchiv, der Fachbibliothek Stadt & Region und der musealen Dauerausstellung „Essen – Geschichte einer Großstadt im 20. Jahrhundert" drei Funktionen unter einem Dach vereint, die bis dahin mit dem Stadtarchiv, der Stadtbibliothek und der Mahn- und Gedenkstätte Alte Synagoge in Essen von verschiedenen städtischen Kultureinrichtungen wahrgenommen wurden. Das neue Konzept „Haus der Essener Geschichte/Stadtarchiv" führte also zu einer Zentralisierung des lokalhistorischen Angebots, um den Nutzerinnen und Nutzern künftig sowohl die im Stadtarchiv verwahrten historischen Quellen als auch diesbezügliche, die Quellen gleichermaßen auswertende wie darauf hinführende stadt- und regionalgeschichtliche Literatur sowie auch die museale Vermittlung der (jüngeren) Stadtgeschichte aus einer Hand anbieten zu können.

Mit diesem Konzept, das die Grundlage für eine verstärkte öffentliche Wahrnehmung bietet, präsentiert sich das Institut seit mehr als zehn Jahren als zentrale Anlaufstelle, als Dokumentations-, Forschungs- und Informationszentrum zur Essener Stadtgeschichte.

Leider wurde die mit dem Umzug und der Neukonzeption des Stadtarchivs verbundene Erwartung einer stärkeren öffentlichen Wahrnehmung des Hauses in der Stadtgesellschaft in den ersten zehn Jahren nicht in vollem Umfang erreicht. Denn obwohl nun endlich geeignete Räumlichkeiten vorhanden waren, mangelte es bereits seit Jahrzehnten an der für den Betrieb eines solchen Instituts notwendigen Personalausstattung.

Abb. 101: Historische Ansicht Luisenschule

Abb. 102: Vorderansicht der Luisenschule (2010)

Diese Situation hat vor allem in der archivischen Arbeit zu erheblichen Rückständen geführt. So sind von der heute insgesamt zehn km umfassenden Überlieferung acht km, also 80 Prozent, weder erschlossen noch konservatorisch bearbeitet und stehen damit für die Nutzung nicht zur Verfügung. Insbesondere die mit der neuen Dauerausstellung verbundene Absicht zur Verstärkung der Historischen Bildungsarbeit konnte nicht in der gewünschten Weise realisiert werden, da die Ausstellung nach der Eröffnung zunächst nicht bzw. nur sehr eingeschränkt zugänglich war.

Angesichts des enormen Potenzials des Konzepts „Haus der Essener Geschichte/Stadtarchiv" ist es sehr erfreulich, dass die Stadt Essen sich – zehn Jahre nach dem Umzug – 2019/20 dazu entschlossen hat, den bisherigen Zustand durch eine personelle Aufstockung zu verbessern, mehr Fachpersonal bereitzustellen, die Bearbeitung der immensen Rückstände in Angriff zu nehmen, neue pflichtige Aufgaben im Zusammenhang mit der Digitalisierung der städtischen Verwaltung anzugehen und damit die öffentliche Wahrnehmung des Hauses innerhalb und außerhalb der Verwaltung zu stärken.

Das Jubiläumsjahr bot den Anlass für die Herausgabe eines Jubiläumssammelbandes, der im Dezember 2021 unter dem Titel „Zehn Jahre Haus der Essener Geschichte/Stadtarchiv: Aufgaben – Bestände – Gebäude" beim Aschendorff Verlag erschienen ist.[1] Mit insgesamt 17 Beiträgen bietet dieser Sammelband zugleich eine Rückschau auf die letzten zehn Jahre sowie einen Ausblick auf zukünftige Perspektiven.

Dieser Beitrag fasst hier die Ergebnisse des Jubiläumsbandes zusammen.[2] Nach einer kurzen Darstellung der Baugeschichte wird im Folgenden das Haus der Essener Geschichte/Stadtarchiv mit seinen drei Säulen, dem Stadtarchiv, der historischen Dauerausstellung und der Fachbibliothek Stadt & Region, vorgestellt. Im Fokus stehen dabei das komplexe Aufgabenspektrum und die unikalen Bestände des Instituts.

1. Der Archivbau

Bis zum Umzug in sein heutiges Quartier Ende 2009 war das damalige Stadtarchiv mit seinen unikalen Beständen, die bis ins 13. Jahrhundert zurückreichen, zunächst im neugotischen Rathaus am Markt, seit 1962 dann zunehmend beengt und wenig sachgerecht im Rabbinerhaus der Alten Synagoge (Steeler Straße 29) untergebracht.[3] Dieser Standort bot weder die räumlichen und klimatischen Voraussetzungen, die für die gesetzlich vorgeschriebene dauerhafte Aufbewahrung und Nutzung von Archivgut erforderlich sind, noch gab es ausreichend Platz für die wachsende Überlieferung. Die Archivbestände mussten auf vier Außenmagazine in der Stadt verteilt werden und waren dort – es kam immer

---

1   Claudia Kauertz (Hrsg.), Zehn Jahre Haus der Essener Geschichte/Stadtarchiv: Aufgaben – Bestände – Gebäude. Münster 2021.

2   Dieser Beitrag wurde – in leicht veränderter Form – erstmals veröffentlicht in: 140 Jahre Historischer Verein für Stadt und Stift Essen e. V., 10 Jahre Haus der Essener Geschichte/ Stadtarchiv. Jubiläumsgabe. Essen 2020, S. 29–52.

3   Vgl. zur Geschichte des Stadtarchivs: Robert Jahn, Das Essener Stadtarchiv, in: Beiträge zur Geschichte von Stadt und Stift Essen (EB) 61, 1941, S. 19–43; Hermann Schröter, Das Stadtarchiv Essen. Zum 38. Deutschen Archivtag, in: Der Archivar 13, 1960, Sp. 165–170; Ders., Das Stadtarchiv Essen. Zum Umzug in das neue Archivgebäude Steeler Straße 29, in: Der Archivar 15, 1962, Sp. 77–86; Klaus Wisotzky, Archive in Essen – Das Stadtarchiv, in: Der Archivar 59, 2006, H. 3, S. 244–248.

Abb. 103: Außenansicht des Außendepots Handelshof 7 (2008)

wieder zu Schimmelbefall – so wenig sachgerecht untergebracht, dass die Archivberatungsstelle des Landschaftsverbandes Rheinland (LVR) bereits 1994 in einem Gutachten feststellte, das Stadtarchiv Essen sei „zur Zeit nicht in der Lage, seinen gesetzlichen Verpflichtungen nachzukommen."[4]

Auch wenn damit spätestens Mitte der 1990er-Jahre feststand, dass eine neue Unterbringung für das Stadtarchiv erforderlich war, verging mehr als ein Jahrzehnt bis zum Neubau, da erst die politischen Voraussetzungen geschaffen und der Rat der Stadt Essen von der Notwendigkeit eines Neubaus überzeugt werden musste.

Im Jahr 1999 begannen die Planungen zunächst für einen Neubau an der Segerothstraße in der Nähe der Universität, die 2002 abgeschlossen waren. Obwohl der am 23. Januar 2002 getroffene Baubeschluss bereits vorlag, versagte die Bezirksregierung Düsseldorf der Stadt Essen, die sich damals in der Haushaltssicherung befand, die erforderliche Genehmigung, da der Bau zu teuer sei und man eine günstigere Alternative suchen müsse. Diese fand man nach Prüfung mehrerer ungeeigneter Objekte in der ehemaligen Luisenschule am Bismarckplatz, die 1906 erbaut worden war und deren ältere Teile unter Denkmalschutz stehen. Am 14. Juli 2004 beschloss der Rat der Stadt Essen die europaweite Ausschreibung eines Planungswettbewerbs für das neue Haus der

---

4   Archivberatungsstelle Rheinland, Gutachten zum Stadtarchiv Essen vom 14.03.1994.

Abb. 104: Unterbringung von Archivgut im Außendepot Handelshof 7 (2008)
Abb. 105: Verschmutztes Archivgut im Außendepot Handelshof 7 (2008)

Essener Geschichte/Stadtarchiv.[5] An dem Wettbewerb nahmen insgesamt 820 Architekten teil, von denen 17 ausgelost wurden. Hinzu kamen drei gesetzte Essener Architekturbüros. Der Siegerentwurf stammte von dem Essener Architektenteam Frank Ahlbrecht und Hermann Scheidt. Er überzeugte die Jury durch seine Funktionalität und Zweckmäßigkeit, seinen behutsamen Umgang mit dem Gebäudebestand der ehemaligen Luisenschule und nicht zuletzt mit dem geplanten Magazinneubau auf dem ehemaligen Schulhof, der sich mit seiner markanten Cortenstahlfassade gut in das Gebäudeensemble der Luisenschule einfügte. Besonderen Gefallen fand diese Fassade, die in verschiedener Hinsicht symbolische Bedeutung besitzt. So schützt der Stahl zum einen das Gedächtnis der Stadt wie ein Tresor, in dem das seit dem 13. Jahrhundert überlieferte und stetig anwachsende Archivgut der Stadt Essen dauerhaft aufbewahrt wird. Darüber hinaus steht der sich durch Korrosion permanent verändernde Cortenstahl wie kaum ein anderes Material für den Wandel der Zeit. Nicht zuletzt verweist die Stahl-Fassade symbolisch auf die jüngere Vergangenheit der Großstadt Essen, die aufs engste mit dem Krupp-Konzern und der Stahlproduktion verbunden ist. So ist es nicht verwunderlich, dass das Gebäude, das in vorbildlicher Weise funktionale und ästhetische Aspekte miteinander vereint, nach seiner Fertigstellung im Jahr 2010 mehrfach ausgezeichnet wurde.[6]

5   Vgl. dazu Klaus Wisotzky, Dem Erbe verpflichtet. 5 Jahre Haus der Essener Geschichte/ Stadtarchiv. Essen 2015, S. 7.
6   Architekturpreis der Stadt Essen 2010, Anerkennung (Stadt Essen); Auszeichnung vorbildlicher Bauten im Land Nordrhein-Westfalen 2010 (Land NRW/Architektenkammer);

Abb. 106: Magazingebäude im Rohbau (2008)

Der Beschluss zum Baubeginn wurde vom Rat am 16. Mai 2007 gefasst. Ein Jahr später, am 27. Mai 2008, erfolgte dann die Grundsteinlegung durch den Oberbürgermeister Dr. Wolfgang Reiniger. Beendet wurden die Bauarbeiten im Herbst 2009. Der Umzug in das neue Dienstgebäude fand vor Weihnachten desselben Jahres statt. Der Dienstbetrieb wurde am 2. Februar 2010 wiederaufgenommen. Die feierliche Eröffnung des Hauses durch den Oberbürgermeister Reinhard Paß erfolgte mit der Eröffnung der Dauerausstellung „Essen – Geschichte einer Großstadt im 20. Jahrhundert" anderthalb Jahre nach dem Umzug am 15. Juni 2011.

Seit dem Umzug verfügt das Stadtarchiv erstmals über Räumlichkeiten, die die sachgerechte Erledigung seines vielfältigen Aufgabenspektrums überhaupt

Auszeichnung guter Bauten 2010 (BDA Essen). Vgl. dazu https://www.baukunst-nrw.de/objekte/Haus-der-Essener-Geschichte–1824.htm (Stand: 12.10.2020).

Abb. 107: Magazingebäude nach Anbringung der Cortenstahlfassade (2009)

erst ermöglichen.[7] Die ehemalige Luisenschule wird dabei bis heute multi-funktional genutzt. Im Erdgeschoss und im Keller der Bestandsgebäude sind die Funktions- und Ausstellungsräume des HdEG (Lesesaal, Vortrags- und Seminarräume, Büros, Restaurierungswerkstatt) untergebracht, während die Obergeschosse weiterhin vorwiegend schulischen Zwecken dienen.

Das Erdgeschoss betritt man durch das Foyer mit seinem Kreuzgratgewölbe, das in Abstimmung mit dem Denkmalschutz in die Ursprungsform zurückge-führt wurde. Hier ist auf 340 m² zunächst die Dauerausstellung untergebracht. Daneben befindet sich ein 70 m² großer ehemaliger Klassenraum, der heute für Wechselausstellungen genutzt wird und die Möglichkeit bietet, neben der Dauerausstellung wechselnde Ausstellungen zu verschiedenen stadthistorischen Themen zu zeigen. Die Mitarbeiterbüros befinden sich am Gang auf dem Weg zum Lesesaal. Der 240 m² umfassende Lesesaal dient der Nutzung und befin-det sich in unmittelbarer Nähe des Magazins, um möglichst kurze Wege für das Bestellen bzw. Reponieren von Archiv- und Bibliotheksgut zu bieten. Hier werden die unikalen Archivbestände unter Aufsicht genutzt und die Buchbe-

---

7   Vgl. für das Folgende: Klaus Wisotzky, Das neue Haus der Essener Geschichte/ Stadtarchiv, in: Der Archivar 62, 2009, Heft 4, S. 379–385.

Abb. 108: Foyer (2020)

Abb. 109: Vortragsraum (2019)

stände der Fachbibliothek Stadt & Region ausgeliehen. Zudem erhalten die Nutzerinnen und Nutzer hier auf Wunsch auch eine ausführliche Beratung zur Archivnutzung und Nutzung der Fachliteratur. Der Lesesaal umfasst regulär 20 Sitzplätze,[8] davon 3 EDV-Arbeitsplätze, an denen die Nutzenden mithilfe der

---

[8]   Infolge der Corona-Pandemie mussten die Plätze im Lesesaal nach der Wiedereröffnung im
       Mai 2020 auf sieben Plätze reduziert werden. Nach dem geltenden Hygiene-Konzept kann
       die Nutzung derzeit nur nach schriftlicher Voranmeldung erfolgen.

Online-Datenbank in den Archivbeständen recherchieren und die Bestellung vorbereiten können. Im videoüberwachten hinteren Teil des Lesesaals ist der größte Teil der Fachbibliothek aufgestellt.

Um Veranstaltungen und insbesondere eine aktive Historische Bildungsarbeit zu ermöglichen, steht im Erdgeschoss ein 80 m² großer Vortragsraum zur Verfügung, der Platz für ca. 90 Personen bietet und den auch der Historische Verein für Stadt und Stift Essen e. V. regelmäßig für seine Vortragsveranstaltungen nutzt. Im Untergeschoss stehen zwei Seminarräume für die Arbeit mit Gruppen bereit. Für größere Veranstaltungen kann die ehemalige Schulaula mit 250 Sitzplätzen im zweiten Obergeschoss gebucht werden.[9]

Das Untergeschoss ist für Aufgaben der Bestandserhaltung reserviert. Hier gibt es einen Akzessions- oder Quarantäneraum, in dem alle Neuzugänge vor der technischen Bearbeitung und Endlagerung im Magazin zwischengelagert werden, einen Scannerraum mit einem Archivscanner, der für die Anfertigung von Nutzerreproduktionen und für Projekte der Inhouse-Digitalisierung genutzt wird, einen Lagerraum für Archivkartonagen sowie diverse Räume, in denen das Archivgut konservatorisch bearbeitet wird. Den Kern des Untergeschosses bildet die 140 m² große Restaurierungswerkstatt, die in der ehemaligen Schulküche der Luisenschule eingerichtet wurde und zu den räumlich und technisch am besten ausgestatteten Restaurierungswerkstätten in den nordrhein-westfälischen Kommunalarchiven gehört. Unter anderem sind hier eine Sicherheitswerkbank, ein Gefahrstoffarbeitsplatz, ein Unterdrucktisch, mehrere Schneidemaschinen, eine Heißsiegelpresse, ein Anfaserungsgerät, Wässerungsbecken sowie eine kleine Wasseraufbereitungsanlage vorhanden. Herzstück im HdEG – wie in jedem Archiv – ist das Magazin, das an das Bestandsgebäude angebaut wurde. Es umfasst vier Ebenen à 450 m², d. h. insgesamt 1.800 m², und bietet damit – hoffentlich – ausreichend Platz für die Neuzugänge bis zum Ende der analogen Aktenführung in der Stadtverwaltung. Die platzsparenden Rollregale, in denen derzeit 10 km Archivgut aufbewahrt werden, können insgesamt 17 km Archivgut aufnehmen.

Die wichtigste Voraussetzung für die gesetzlich vorgeschriebene dauerhafte Aufbewahrung von Archivgut ist ein möglichst konstantes, konservatorischen Anforderungen entsprechendes Raumklima, das eine relative Luftfeuchte von 50 % rF +/- 5 % sowie eine Temperatur von 18 C⁰ +/- 2 C⁰ nicht unter- bzw. überschreiten sollte. Auch wenn dieses Ziel hundertprozentig nur mit einer Klimaanlage erreicht werden kann, hat man in Essen darauf verzichtet. Das Magazin des HdEG, das nach dem Vorbild der Magazinbauten der beiden Landschaftsverbände[10] gestaltet wurde, ist natürlich klimatisiert. Vor eine 24 cm starke Be-

---

[9]   Da die Räume im Obergeschoss derzeit für die weitere schulische Nutzung umgebaut werden, ist die Schulaula zunächst bis auf Weiteres für Veranstaltungen gesperrt.

[10]   Vgl. Rickmer Kießling, Der Neubau des Westfälischen Archivamtes, in: Archivpflege in Westfalen und Lippe 50, 1999, S. 9–24; Wolfgang Franz Werner, Archivbau im Dienste der

Abb. 110: Innenansicht des Magazins nach dem Umzug (2010)

Abb. 111: Innenansicht der Restaurierungswerkstatt (2010)

tonaußenwand wurde eine 6 cm starke Wärmedämmung montiert. Davor wurde die hinterlüftete Cortenstahl-Fassade gesetzt, die Feuchtigkeit und Wärmeeintrag durch direkte Sonneneinstrahlung abhält. Zur Regulierung der Luftfeuchtigkeit haben die Innenseiten der Außenwände sowie die Stahlbetondecke einen 2,5 cm dicken, hochhydraulischen Kalkputz erhalten. Die mit Metallklappen versehenen Lüftungsöffnungen sind schräg in die Cortenstahl-Fassade eingelassen, um eine direkte Sonneneinstrahlung bei geöffneten Flügeln zu verhindern. Das Öffnen und Schließen der Flügel, die sich in unterschiedliche Richtungen öffnen, um die Luftzirkulation zu ermöglichen, erfolgt computergesteuert auf der Basis der durch Innen- und Außentemperaturfühler ermittelten Klimawerte. Dieses System, das gegenüber einer Klimaanlage die Vorteile der Energieeffizienz, der geringeren Wartungs- und Unterhaltungskosten sowie des Fehlens flüssigkeitsführender und damit potenziell schadensanfälliger Leitungen bietet, hat sich in den letzten zehn Jahren bewährt. Es dient heute anderen Kommunen als Modell für geplante Archivneubauten.[11]

2. Das Haus der Essener Geschichte/Stadtarchiv

Bevor die drei Säulen des Hauses der Essener Geschichte/Stadtarchiv vorgestellt werden, gilt es zunächst, die Motive für die Neukonzeption zu betrachten. Die mit dem Umzug in die Luisenschule verbundene konzeptionelle Änderung vom Stadtarchiv zum Haus der Essener Geschichte/Stadtarchiv ergab sich wesentlich aus den tiefgreifenden Veränderungen, die die Essener „Geschichtslandschaft" im Vorfeld des Kulturhauptstadtjahres 2010 erlebte. Im Jahr 2006 löste sich das Ruhrlandmuseum aus der städtischen Trägerschaft, ging in eine Stiftung über und wurde zum Ruhr Museum. Es startete seinen Ausstellungsbetrieb in der ehemaligen Kohlenwäsche im Weltkulturerbe Zeche Zollverein am 20. Oktober 2008 und wurde am 9. Januar 2010 durch den Bundespräsidenten Horst Köhler feierlich eröffnet. Gemäß seinem neuen Konzept als Gedächtnis und Schaufenster des Ruhrgebiets entwickelte sich das Ruhr Museum in der Folge zu einem Regionalmuseum für das Ruhrgebiet mit überkommunaler Ausrichtung.[12]

Gleichzeitig erhielt auch die 1980 als Kulturinstitut der Stadt Essen begründete Alte Synagoge eine konzeptionelle Neuausrichtung als „Haus jüdischer Kultur", das am 13. Juli 2010 neu eröffnet wurde. Bis zum Umbau im September

---

Bestandserhaltung: Der Neubau des Archivs des Landschaftsverbandes Rheinland (ALVR), in: Der Archivar 62, 2009, Heft 4, S. 372–378.

11 So plant der Architekt Hermann Scheidt derzeit einen Archivneubau für das Stadtarchiv Bonn, das ebenfalls in einer ehemaligen, denkmalgeschützten Schule mit einem Magazinneubau auf dem Schulhof seinen Platz finden soll. Am 21. Juni 2020 hat der Rat der Stadt Bonn der Entwurfsplanung für den Umbau der 1913 errichteten Pestalozzischule zum Stadtarchiv zugestimmt.

12 Ulrich Borsdorf, Heinrich Theodor Grütter, Ruhr Museum – Natur. Kultur. Geschichte. Essen 2010.

2008 war die Alte Synagoge vorwiegend eine Mahn- und Gedenkstätte, die an die Verfolgung der jüdischen Bevölkerung während der NS-Zeit in Essen erinnerte und u. a. die stadtbezogene Ausstellung „Verfolgung und Widerstand" zeigte. Heute ist die Alte Synagoge ein Haus der interkulturellen Begegnung mit der internationalen jüdischen Kultur, die in einer entsprechend ausgerichteten Dauerausstellung vermittelt wird.[13] Die alte Dauerausstellung passte nicht mehr ins neue Konzept, so dass ein anderer Ort für die Erinnerung an den Nationalsozialismus in der Stadt Essen gefunden werden musste.

Als geeigneter Ort bot sich das im Aufbau befindliche HdEG an, wo die Dauerausstellung in erweiterter und stark veränderter Form unter dem Titel „Essen – Geschichte einer Großstadt im 20. Jahrhundert" eingerichtet wurde.

Um einen zentralen Ansprechpartner für die Stadtgeschichte zu schaffen, wurden wichtige Quellenbestände, die bis dahin in anderen städtischen Kultureinrichtungen untergebracht waren, in dem neuen Institut zusammengefasst. Von der Stadtbibliothek erhielt das HdEG die sog. Abteilung Heimatkunde, d. h. die stadt- und regionalgeschichtliche Literatur, sowie die umfangreiche Zeitungssammlung als Grundlagen der heutigen Fachbibliothek Stadt & Region. Eine weitere wertvolle Ergänzung bildete das sog. Archiv Ernst Schmidt, das eine umfangreiche Sammlung vor allem zu den Themen „Arbeiterbewegung" sowie „Widerstand und Verfolgung" enthält und vom Ruhrlandmuseum an das HdEG abgegeben wurde.

Nicht zuletzt sei erwähnt, dass auch der Historische Verein für Stadt und Stift Essen e. V., dessen Vorsitzender Hans Schippmann, ehemaliger Direktor der 2004 geschlossenen Luisenschule, sich politisch stark für die Unterbringung des HdEG in dem ehemaligen Schulgebäude eingesetzt hatte, beschloss, seine Vortragsveranstaltungen in das neu geschaffene Institut zu verlegen. Im Jahr 2012 erhielt der Verein hier sein Geschäftszimmer.

2.1 Stadtarchiv

Das Stadtarchiv, das Ende des 19. Jahrhunderts zunächst vom Historischen Verein mitbetreut wurde und seit 1936 als Dienststelle der Stadt Essen hauptamtlich geführt wird,[14] ist die Keimzelle des HdEG. Die Archivierung ist heute eine pflichtige dauerhafte Fachaufgabe, deren einzelne Tätigkeitsfelder in den Archivgesetzen des Bundes und der Länder vorgeschrieben sind. Gesetzliche Grundlage für die nordrhein-westfälischen Kommunalarchive – und damit auch für das Stadtarchiv Essen – ist das erstmals 1989 erlassene „Gesetz über die Sicherung und Nutzung öffentlichen Archivguts im Lande Nordrhein-Westfalen"

---

13 Alte Synagoge Essen – Haus jüdischer Kultur. Die Dauerausstellung. Essen 2016.
14 Vgl. hierzu die Kapitel 6 und 7 der Ausstellung zum 140-jährigen Jubiläum des Historischen Vereins.

(ArchivG NRW).[15] Hier wird in § 10 ArchivG NRW die Archivierungspflicht der Kommunen festgeschrieben. Damit ist das Stadtarchiv bislang die einzige Pflichtaufgabe im Kulturbereich.

Bereits der Titel des Archivgesetzes NRW hebt mit der Sicherung und Nutzung die beiden Hauptaufgaben öffentlicher Archive hervor. Die Sicherung, die eine Reihe von Tätigkeiten umfasst, ist die unmittelbare Voraussetzung für die Nutzung, die letztlich das Ziel jeder Archivierung bildet. Die Archivnutzung ist dabei ein Jedermann-Recht, das nicht an bestimmte Voraussetzungen gebunden ist.

Das mit der Archivierung verbundene Aufgabenspektrum ist in § 2 Abs. 7 ArchivG NRW definiert: „Archivierung umfasst die Aufgaben Unterlagen zu erfassen, zu bewerten, zu übernehmen und das übernommene Archivgut sachgemäß zu verwahren, zu ergänzen, zu sichern, zu erhalten, instand zu setzen, zu erschließen, zu erforschen, für die Nutzung bereitzustellen sowie zu veröffentlichen."

Dementsprechend sind Archive lebende Einrichtungen, deren Überlieferung ständig anwächst. Kommunalarchive übernehmen eine wichtige Querschnittsaufgabe für die gesamte Stadtverwaltung, indem sie das von den städtischen Dienststellen produzierte, amtliche Schriftgut bewerten, d. h. die archivwürdigen Teile nach fachlichen Kriterien auswählen, übernehmen und dauerhaft aufbewahren. Die nicht archivwürdigen Teile werden zur Vernichtung (Kassation) freigegeben. Damit entlasten die Archive einerseits die städtischen Dienststellen, die gemäß § 10 Abs. 4 ArchivG NRW zur Anbietung verpflichtet sind, von denjenigen Unterlagen, deren Aufbewahrungsfristen abgelaufen sind und die sie für die Aufgabenerledigung nicht mehr benötigen. Andererseits sichern sie die archivwürdigen Teile, die somit zu Archivgut, d. h. zu gesetzlich geschütztem Kulturgut werden, das dauerhaft in seiner Entstehungsform, also im Original, aufzubewahren ist.

Damit obliegt den Archiven die Verantwortung für die Bildung und Erhaltung der städtischen Überlieferung, die sie künftigen Generationen als Quellen für die stadthistorische Forschung, aber auch aus Gründen der Rechtssicherung bereitstellen. Die gesetzliche Daueraufgabe der Bewertung und Übernahme bezieht sich dabei nicht nur auf analoge Unterlagen, sondern künftig auch auf die digitalen Daten, die die Verwaltung mit der e-Akte und in elektronischen Fachverfahren produziert und die mittelfristig die analoge Aktenführung vollständig ersetzen werden. Dazu heißt es in § 5 Abs. 2 ArchivG NRW: „Archivgut ist in seiner Entstehungsform auf Dauer sicher zu verwahren." Dementsprechend ist auch die Stadt Essen dazu verpflichtet, neben dem analogen Magazingebäude ein digitales Magazin zur Langzeitarchivierung der elektronischen Unterlagen

---

15 Vgl. die derzeit gültige Fassung vom 30. September 2014. Online abrufbar unter: https://recht. nrw.de/lmi/owa/br_text_anzeigen?v_id=10000000000000000338 (Stand: 12.10.2020).

Abb. 112: Sachgerechte Verpackung von Archivgut nach fachlichen Standards (2020)

aufzubauen und dauerhaft zu betreiben, dessen Ziel die dauerhafte Lesbarkeit der digitalen Informationen ist.

Die einmal ins Archiv übernommenen Unterlagen (Urkunden, Amtsbücher, Akten, Karten und Pläne, Plakate, Fotos, Siegel, elektronische Daten etc.) genießen als dauerhaft aufzubewahrendes Archivgut anders als andere Kulturgüter (z. B. Bibliotheks- und Museumsgut) besonderen gesetzlichen Schutz. Daher gehört die Bestandserhaltung, die den dauerhaften Erhalt des Archivguts gewährleistet, zu den elementaren Aufgaben der Archive, deren Existenzgrundlage die Archivbestände bilden. Anders als in der Vergangenheit, als man sich lediglich auf die Restaurierung, d. h. die Behebung bereits eingetretener Schäden, beschränkte, liegt der Fokus der Bestandserhaltung seit etwa zwei Jahrzehnten auf der langfristig wesentlich kostengünstigeren und Substanz- und Informationsverlusten vorbeugenden Schadensprävention.

Abb. 113: Nichtsachgerechte Altverpackung (2020)

Dementsprechend konzentriert man sich heute auf die Gewährleistung der konservatorischen Aufbewahrungsbedingungen, wie sie der neue Magazinneubau des HdEG erstmals ermöglicht, sowie auf die konservatorische Bearbeitung des Archivguts vor der Endlagerung im Archivmagazin. Dabei müssen die unikalen Unterlagen nach der Übernahme und Erschließung in archivgerechte Kartonage verpackt werden. Um vorhandene Schadensrisiken zu entfernen bzw. zu minimieren, wird das Archivgut vor der Verpackung trocken gereinigt und alle schädlichen Materialien (Altverpackung, Heftklammern, Folien etc.) werden entfernt. Diese Arbeiten werden im HdEG von Quereinsteigern aus anderen Verwaltungsbereichen übernommen, die von der hauseigenen Restauratorin fachlich angeleitet und mit betriebsinternen Fortbildungen für ihre neue Aufgabe weiterqualifiziert werden.

Um das Archivgut systematisch recherchieren und damit nutzen zu können, ist die Erschließung, d. h. die Ordnung und Verzeichnung der Unterlagen, unabdingbare Voraussetzung. Dabei werden einzelne Verzeichnungseinheiten gebildet, unter Angabe eines allgemeinen Aktentitels, eventuell noch spezifiziert durch einen Enthält-Vermerk, der auf besondere enthaltene Schriftstücke hinweist, der Laufzeit sowie der Signatur, die der Auffindbarkeit und Referenzierbarkeit der jeweiligen Verzeichnungseinheit dient. Bei Sonderformaten und Selekten wie etwa Urkunden, Karten und Plänen, Plakaten, Fotos etc. werden noch weitere Informationen erhoben. Die Erschließungsinformationen werden dabei für jede Verzeichnungseinheit ermittelt und in eine spezielle Archivdatenbank eingetragen.

Archive bewahren sowohl amtliches Archivgut, das aus den Registraturen der jeweiligen Trägerverwaltung stammt, als auch nichtamtliches Archivgut, welches die amtlichen Bestände sinnvoll ergänzt und dem Archiv von Dritten (Privatpersonen, Vereine und Initiativen, Unternehmen, Parteien etc.) überlassen wird. Geordnet und erschlossen wird sämtliches Archivgut nach dem Provenienzprinzip, d. h. nach seiner Herkunft. Dementsprechend werden die übernommenen Unterlagen, die aus einer Quelle, einer städtischen Dienststelle oder einem bestimmten Nachlass stammen, in einem Bestand zusammengefasst und bestandsweise erschlossen. Erst nach Abschluss der Erschließungsarbeiten und der sachgerechten konservatorischen Bearbeitung stehen die Archivbestände für die Nutzung bereit. Archivgut, das weder konservatorisch bearbeitet noch erschlossen ist, kann also nicht genutzt werden.

Die allgemeine Nutzung ist das Ziel öffentlicher Archive, die durch Steuergelder finanziert werden. In der Praxis werden die Archive von verschiedenen Nutzergruppen (Familienforscher, Erbenermittler, Orts- und Heimathistoriker, Schülerinnen und Schüler, Journalisten, Studierende und Fachwissenschaftler verschiedener historischer Disziplinen etc.) frequentiert und mit unterschiedlichen Fragestellungen und Nutzungsanliegen konfrontiert. Die Nutzung erfolgt

Abb. 114: Innenansicht Lesesaal (2010)

dabei entweder persönlich durch den Besuch im Lesesaal, über eine schriftliche Anfrage oder auch über digitale Angebote auf der Homepage oder in Archivportalen. Das HdEG stellt auf seiner Homepage eine Online-Datenbank bereit, in der die Nutzerinnen und Nutzer selbstständig in den Beständen recherchieren und Signaturen ermitteln können, um diese dann in den Lesesaal zu bestellen.

Auch die Archivnutzung wird durch rechtliche Vorgaben geregelt. Hier sind in erster Linie die Bestimmungen des Archivgesetzes NRW zu nennen, das mit Blick auf den Datenschutz Schutz- und Sperrfristen für personenbezogene Unterlagen festlegt. So sind etwa personenbezogene Unterlagen zehn Jahre nach dem Tod der betroffenen Person bzw. in Fällen, in denen das Todesdatum nicht bekannt ist, hundert Jahre nach der Geburt gesperrt und dürfen erst danach benutzt werden. Darüber hinaus zu beachten sind weitere rechtliche Regelungen, etwa des Urheberrechts oder des Personenstandsrechts. Auch wenn das jeweilige Landesarchivgesetz, hier das Archivgesetz NRW, die jeweiligen archivrechtlichen Nutzungsregeln vorgibt, so werden diese für die Kommunalarchive durch Archivsatzungen und Nutzungsordnungen, die im Wege des kommunalen Satzungsrechts vom Rat beschlossen werden, für die jeweilige Kommune konkret geregelt.[16]

16 Für das HdEG gelten derzeit die Archivsatzung vom 29. März 1996 (online abrufbar unter: https://media.essen.de/media/wwwessende/aemter/41/stadtarchiv/SatzungStadtarchiv. pdf), die Benutzungsordnung vom 20. März 1996 (online abrufbar unter: https://media.es

Die im HdEG verwahrte, stetig anwachsende Überlieferung sticht sowohl durch ihren Umfang als auch durch ihren historischen Wert unter den Archiven der Ruhrgebietsgroßstädte hervor, die meist nicht auf eine derart lange städtische Tradition zurückblicken können. Außer der ehemaligen freien Reichsstadt Dortmund und der historischen Universitätsstadt Duisburg sind die übrigen Ruhrgebietsstädte meist Produkte der Industrialisierung, deren städtische Wurzeln sich nicht bis ins Mittelalter zurückführen lassen. Die Stadt Essen, die sich aus einer um das Frauenstift entstandenen Siedlung entwickelte, erhielt im Jahr 1244 von der Äbtissin das Privileg zum Bau einer Stadtmauer. Damit begann die städtische Tradition Essens, das sich bereits gut einhundert Jahre später um die Reichsunmittelbarkeit, d. h. die Unabhängigkeit von der Landesherrschaft des Stifts Essen, bemühte. Der seitdem schwelende Konflikt zwischen Stadt und Stift prägte die gesamte Stadtgeschichte bis zum Ende des Alten Reiches, als das Stift im Zuge der Säkularisierung (1802/1803) aufgelöst wurde und das Stiftsgebiet nach dem Wiener Kongress (1814/15) endgültig an Preußen fiel.

Die Überlieferung der historischen Stadt Essen wird heute im Bestand Altes Ratsarchiv im HdEG verwahrt, während sich die Überlieferung des Stifts Essen, die für Forschungen zur Stadtgeschichte immer mit heranzuziehen ist, heute im Münsterarchiv Essen und im Landesarchiv Nordrhein-Westfalen – Abteilung Rheinland in Duisburg befindet. Auch wenn das Alte Ratsarchiv nicht mehr vollständig überliefert ist, so sticht es dennoch durch seine Überlieferungsdichte hervor. Heute sind hier noch ca. 1.600 Urkunden sowie 2.600 Akten und Amtsbücher vorhanden. Insbesondere sind zahlreiche Amtsbuchserien überliefert, wie die Ratsprotokolle (ab 1679), die Erbkaufbücher (ab 1450), die v. a. die Haus- und Grundstückskäufe der Essener Bürger dokumentieren, die Protokolle des Ratsgerichts (ab dem 16. Jahrhundert) sowie nicht zuletzt die Stadtrechnungen, die mit Lücken ab 1350 sowie ab 1450 relativ vollständig vorliegen. Auch wenn sich die ältere Forschung bis zum Zweiten Weltkrieg auf die Stifts- und Stadtgeschichte des Mittelalters und der frühen Neuzeit konzentrierte,[17] so ist die vorindustrielle Stadt Essen längst noch nicht vollständig erforscht. Insbesondere die ältere Wirtschafts- und Sozialgeschichte weist große Lücken auf.

Ein wesentlicher Grund dafür liegt in der unzureichenden Erschließungssituation und der dadurch bedingten eingeschränkten Nutzbarkeit auch der Altbestände. Der Urkundenbestand, dessen älteste Urkunde in das Jahr 1272 datiert, ist bislang nur etwa zur Hälfte bis zum Jahr 1592 erschlossen und das sog. Briefarchiv, das ca. 3.000 Schreiben von auswärtigen Landesherrn, Städten, Adligen und Bürgern

sen.de/media/wwwessende/aemter/41/stadtarchiv/Benutzungsordnung_bf.pdf) sowie die Gebührensatzung vom 02. Juli 2012 (online abrufbar unter: https://media.essen.de/media/wwwessende/aemter/41/stadtarchiv/Gebuehrensatzung.pdf).

17 Die meisten Arbeiten wurden bis zum Zweiten Weltkrieg in den vom Historischen Verein herausgegebenen Beiträgen zur Geschichte von Stadt und Stift Essen veröffentlicht.

Abb. 115: Kaufvertrag vom 27. Februar 1576 mit großem Stadtsiegel der Stadt Essen

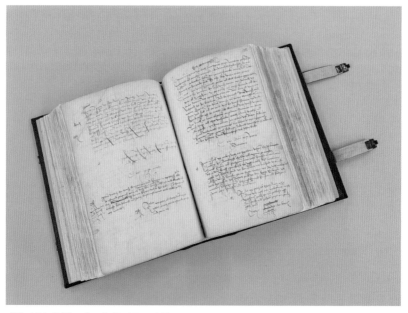

Abb. 116: Erbkaufbuch (1497–1520)

Abb. 117: Titelblatt des Gildebuchs der Kaufgilde (1462 ff.)

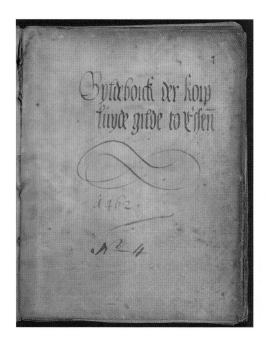

enthält und sich schwerpunktmäßig auf das 15. Jahrhundert konzentriert, ist trotz seines hohen Quellenwerts für die stadtgeschichtliche Forschung – die Briefe beziehen sich auf politische Verbindungen und Bündnisse, auf Handels- und Wirtschaftsbeziehungen sowie auf familiäre Netzwerke des städtischen Bürgertums – bislang noch zum größten Teil unverzeichnet.[18] Schließlich gehören zum Ratsarchiv auch einige Raritäten, die über das amtliche Schriftgut der historischen Stadt Essen hinausgehen. An erster Stelle ist hier das sog. Essener Liederheft zu nennen, das um die Mitte des 15. Jahrhunderts von dem Stadtschreiber Johann von Horle verfasst wurde. Es enthält u. a. die älteste nachgewiesene und damit bedeutendste niederdeutsche Version der Tannhäusersage, dessen Stoff u. a. Richard Wagner zu seiner Oper „Tannhäuser" inspirierte.[19]

Neben dem Ratsarchiv mit seinen Urkunden, Akten und Amtsbüchern sind im HdEG auch die Unterlagen der Stadt Essen aus der französischen Zeit (1806 bis 1814), der preußischen Zeit (1815 bis 1945) sowie der zwischen 1901 und 1975 eingemeindeten Städte und Bürgermeistereien zu finden. In Einzelnen handelt es sich hier um die Bestände der Städte Werden, Steele und Kettwig sowie der Bürgermeistereien Altendorf, Altenessen, Borbeck, Bredeney, Amt Königssteele, Kray/Leithe, Kupferdreh, Rellinghausen, Rüttenscheid, Steele-Land und Stoppenberg.

Der ältere Teil der amtlichen Überlieferung der Stadt Essen aus der Zeit zwischen 1272 und 1945 macht insgesamt nicht mehr als etwa 500 laufende Meter aus.[20] Der überwiegende Teil der amtlichen Überlieferung stammt aus der

---

18 Dies stellt bereits Wisotzky, Stadtarchiv Essen (wie Anm. 1), S. 246, fest.

19 Vgl. dazu Dieter Kastner, Das Tannhäuserlied, in: Kostbarkeiten aus rheinischen Archiven, hrsg. von der Archivberatungsstelle Rheinland. Köln 1979, S. 41–43.

20 Die Geschichte der amtlichen Überlieferung ist dabei immer wieder von Verlusten geprägt. So gingen im 19. Jahrhundert bei dem ersten Verzeichnungsversuch des Alten Ratsarchivs, das zu diesem Zweck nach Duisburg gebracht wurde, Unterlagen verloren. Weitere Verluste betreffen das 19. und 20. Jahrhundert und resultieren aus der räumlich unzureichenden Un-

Zeit nach dem Zweiten Weltkrieg. So sind hier Unterlagen der verschiedenen städtischen Dienststellen, vom Oberbürgermeisterbüro über die städtischen Schulen bis hin zum Friedhofsamt, überliefert.

Mit den Personenstandsregistern ist ein bedeutender Teil der amtlichen Überlieferung besonders hervorzuheben, der erst in jüngster Zeit in die Archive gelangt ist. Mit dem novellierten Personenstandsgesetz, das zum 1. Januar 2009 in Kraft getreten ist, wurden die in den Standesämtern in zwei Serien, als Erst- und Zweitschriften, jeweils jahrgangsweise geführten Geburts-, Heirats- und Sterberegister nach Ablauf bestimmter Fortführungsfristen per Gesetz komplett zu Archivgut erklärt und an die zuständigen Archive abgegeben. Im Land Nordrhein-Westfalen werden die Erstschriften von den jeweils zuständigen Kommunalarchiven übernommen, während die Zweitschriften im Personenstandsarchiv Rheinland, einem Dezernat der Abteilung Rheinland des Landesarchivs Nordrhein-Westfalen in Duisburg, gesammelt und zugänglich gemacht werden. Dabei gelangen die Geburtsregister nach 110 Jahren, die Heiratsregister nach 80 Jahren und die Sterberegister nach 30 Jahren in die Archive. Das HdEG bewahrt heute die Personenstandsregister von ursprünglich 23 Standesämtern auf, die in preußischer Zeit, am 1. Oktober 1874, auf dem Gebiet der heutigen Stadt Essen eingerichtet wurden. Da die Standesämter im Lauf der Zeit mehrfach von Umorganisationen und Zusammenlegungen betroffen waren, existiert heute mit dem Standesamt Essen I nur noch ein Standesamt für die Stadt Essen. In allen Kommunalarchiven sind die Personenstandsregister die beliebtesten Quellen, die insbesondere von Familienforschern, aber auch im Rahmen amtlicher und rechtlicher Nutzung häufig nachgefragt werden. Im HdEG beziehen sich die meisten Anfragen auf Personenrecherchen, die mit Hilfe der Personenstandsregister und der Einwohnermeldekarteien bearbeitet werden.

Da sich das HdEG als zentrale Anlauf- und Dokumentationsstelle zur Stadtgeschichte versteht und möglichst das gesamte öffentliche Leben in Essen dokumentieren will, wird das amtliche Archivgut aus den städtischen Dienststellen durch Übernahmen von Privaten ergänzt. Das neben der amtlichen Überlieferung in großem Umfang vorhandene nichtamtliche Archivgut spielt also ebenfalls eine wichtige Rolle. Im Einzelnen ist eine Vielzahl an Nachlässen, Deposita und

terbringung und der erst späten, zunächst nebenamtlichen Betreuung des Stadtarchivs. Als Robert Jahn 1936 sein Amt als erster hauptamtlicher Stadtarchivar antrat, war der größte Teil der Überlieferung des 19. Jahrhunderts bereits verloren. Bei Kriegsbeginn kam es zu einer weiteren Aussonderung, bei der insgesamt 26.000 kg Akten vernichtet wurden. Durch die Luftangriffe im Zweiten Weltkrieg kam es zu weiteren Verlusten. Bereits bei dem ersten großen Luftangriff am 5. März 1943 wurde das Rathaus schwer getroffen und der mit Akten gefüllte Ratskeller brannte aus. Dadurch gingen die Unterlagen des Haupt- und Personalamtes, die Zeitungssammlung, aber auch die Akten der französischen Besatzungszeit (1923–1925) und der Eingemeindungen verloren. Weitere Verluste betrafen das Kulturamt, das Wohlfahrtsamt und das Statistische Amt. Vgl. Wisotzky, Stadtarchiv (wie Anm. 1), S. 246.

Sammlungen vorhanden, die dem Archiv von Privatleuten als Schenkung oder als Depositum unter Wahrung des Eigentumsvorbehalts überlassen wurden.

Auch die Nachlässe und Sammlungen decken verschiedene Epochen der Stadtgeschichte ab. Für die frühe Neuzeit sind hier das Familienarchiv Mittweg, das u. a. Akten über die Siechenhauskapelle und die Kellnereirechnungen des Kanonikerkapitels (1789–1809) enthält, sowie die Materialsammlungen von Wilhelm Grevel, Franz Körholz, Anton Lehnhäuser sowie des Historischen Vereins Werden von besonderer Bedeutung.

Allerdings betrifft auch der größte Teil des nichtamtlichen Archivguts vor allem das 20. Jahrhundert. Hier ist zum einen die umfangreiche Vereinsüberlieferung und zum anderen die Vielzahl an Nachlässen zu nennen. In den 1990er-Jahren konnte das Stadtarchiv in größerem Stil Archivgut von Essener Sportvereinen übernehmen, womit es in der bundesweiten Kommunalarchivlandschaft eine große Ausnahme darstellt. Denn trotz der gesellschaftlichen Breitenwirkung des Sports ist die Überlieferung von Sportvereinen in den meisten Kommunalarchiven stark unterrepräsentiert.

Zudem sind zahlreiche Nachlässe von Persönlichkeiten vorhanden, die die Stadtgeschichte in besonderer Weise geprägt haben. Unter den Politikernachlässen sind hier etwa der Nachlass das Verlegers und ersten nationalsozialistischen Oberbürgermeisters, Theodor Reismann-Grone (1863–1949),[21] oder der Nachlass des ersten SPD-Oberbürgermeisters der Nachkriegszeit, Wilhelm Nieswandt (1898–1978), zu nennen. Aus dem Bereich Kultur und Wissenschaft verwahrt das HdEG etwa die Nachlässe von Hans Spethmann und Franz Feldens. Der Geograph Spethmann veröffentlichte eine Vielzahl von Schriften zur Geschichte des Ruhrgebiets und insbesondere des Ruhrbergbaus, während Franz Feldens, Dozent der Pädagogischen Hochschule, sich in seinen Werken mit der Essener Theater- und Musikgeschichte befasst hat. In seinem Nachlass sind umfangreiche Aufzeichnungen, Akten, Veranstaltungsprogramme, Zeitschriften und Broschüren zu finden.

Die wohl bedeutendste Sammlung von Nachlässen zum stadtbezogenen Themenkreis „Geschichte der Arbeiterbewegung" und „Widerstand und Verfolgung" stellt jedoch das Archiv Ernst Schmidt dar, das in privater Initiative von dem Essener Historiker Dr. Ernst Schmidt (1924–2009)[22] in jahrelanger Arbeit aufgebaut und 2006 von der Stadt Essen angekauft wurde. Mit dem Umzug 2009/2010 ging das Archiv Ernst Schmidt, das zunächst im Ruhrlandmuseum verwahrt wurde, an das Haus der Essener Geschichte/Stadtarchiv über und wird heute vom Historischen Verein für Stadt und Stift Essen e. V. betreut. Zu Ehren Ernst Schmidts wurde 2010 der Schulhof vor dem HdEG in Ernst-Schmidt-Platz umbenannt.

---

21 Vgl. Stefan Frech, Theodor Reismann-Grone (1863–1949). Ein radikaler Nationalist zwischen Kaiserreich und Entnazifizierung, in: EB 114, 2002, S. 35–57.

22 Ernst Schmidt, Vom Staatsfeind zum Stadthistoriker. Rückblick auf mein bewegtes Leben. Essen 1998.

Abb. 118: Umbenennung des Burgplatzes in Adolf-Hitler-Platz (1933)

Abb. 119: KPD-Kundgebung am Bismarckplatz (1946)

Insgesamt umfasst das Archiv Ernst Schmidt ca. 12.000 Dokumente (Akten, Briefe, Flugblätter etc.), zahlreiche Interviews mit Zeitzeugen, Fotografien und Objekte sowie historische Postkarten und Plakate, Zeitungen und nicht zuletzt die Bibliothek Ernst Schmidts.[23] Dabei deckt der Bestand die folgenden Themen ab: Frühphase der Essener Arbeiterbewegung, Novemberrevolution und Weimarer Republik in Essen, Verfolgung und politischer Widerstand gegen den Nationalsozialismus in Essen, die Jahre nach 1945 in Essen und Umgebung, die Geschichte der Essener SPD nach 1945, lokale Alltagsgeschichte, Entstehung der Mahn- und Gedenkstätte Alte Synagoge.

2.2 Historische Bildungsarbeit und Ausstellungen

Die zweite Säule des HdEG ist die Historische Bildungs- und Öffentlichkeitsarbeit. Sie gehört heute zu den integralen Bestandteilen kommunalarchivischer Arbeit, da die Vermittlung lokalgeschichtlicher Inhalte identitätsstiftend für die jeweilige Kommune wirkt und mit ihrer systemstabilisierenden Funktion Demokratie und Demokratiebewusstsein stärkt.[24] Darüber hinaus besitzt sie großes Potenzial zur dringend erforderlichen Stärkung der öffentlichen Wahrnehmung der Archive.

So nimmt die archivische Historische Bildungsarbeit auch im Konzept „Haus der Essener Geschichte/Stadtarchiv" eine zentrale Rolle ein, die durch die erweiterten musealen Möglichkeiten, wie sie die Dauerausstellung und Wechselausstellungen bieten, noch gestärkt wird. Damit stellt das HdEG im Rahmen seiner Historischen Bildungsarbeit ein breites Spektrum bereit, das in anderen, sich rein auf die archivischen Aufgaben beschränkenden Kommunalarchiven nicht abgedeckt wird. Der Umzug in die ehemalige Luisenschule am Bismarckplatz hat dabei erstmals die räumlichen Voraussetzungen für eine aktive Historische Bildungsarbeit geschaffen.

Historische Bildungsarbeit

Die Historische Bildungsarbeit ist grundsätzlich auf eine breite Öffentlichkeit ausgerichtet und nimmt alle Altersgruppen und gesellschaftlichen Schichten in den Blick. Ihr Ziel ist es, für die Aufgaben der Archive zu werben und diese stärker als bislang in der Öffentlichkeit bekannt zu machen. Dazu werden im HdEG Maßnahmen der allgemeinen Öffentlichkeitsarbeit wie Archivführungen, der seit 2001 alle zwei Jahre stattfindende, vom Verband deutscher Archivarinnen und Archivare (VdA) ausgerufene „Tag der Archive", Ausstellungen oder Vorträge zu lokalhistorischen Themen angeboten. Der Kooperation mit verschiedenen,

---

23 Vgl. dazu Birgit Hartings, Michael Zimmermann, Das Archiv Ernst Schmidt, in: Der Archivar 59, 2006, Heft 3, S. 249–250.

24 Vgl. Historische Bildungsarbeit als integraler Bestandteil der Aufgaben des Kommunalarchivs. Positionspapier der Bundeskonferenz der Kommunalarchive beim Deutschen Städtetag (18.05.2005), S. 1.

im Bereich der kulturellen Bildung engagierten Partnern wie Schulen und Universitäten, anderen Kultur- und Gedächtniseinrichtungen wie Bibliotheken, Museen und Gedenkstätten sowie nicht zuletzt Geschichtsvereinen und anderen Akteuren der lokalen Geschichtskultur kommt dabei große Bedeutung zu.

Im HdEG liegt der Schwerpunkt der Historischen Bildungsarbeit auf der Zusammenarbeit mit den Essener Schulen. Das Institut bietet sich als geeigneter außerschulischer Lernort an, um historisches Bewusstsein anzuregen, (Stadt)Geschichte, d. h. die Geschichte des eigenen, unmittelbaren Lebensumfelds, anhand der Archivquellen erfahrbar zu machen und im Umgang mit ihnen grundlegende methodische Kompetenzen (z. B. Medien- und Vermittlungskompetenz) zu vermitteln. Im Rahmen der Kooperation mit Schulen und Universitäten wird etwa mit der Durchführung von Archivführungen, der Beratung und Betreuung von Facharbeiten, Fortbildungen für Lehrkräfte,[25] der Veröffentlichung von Unterrichtsmaterialien, der Betreuung von Teilnehmenden an historischen Wettbewerben, der Unterstützung bei Recherchen für Schülerfacharbeiten, Studien- und Examensarbeiten ein ganzes Maßnahmenpaket angeboten. Seit 2011 gibt es in NRW zudem die Bildungspartnerschaft „Archiv und Schule", die im Rahmen der seit 2005 bestehenden Initiative „Bildungspartner NRW" des damaligen Ministeriums für Familie, Kinder, Jugend, Kultur und Sport (MFKJKS NRW) begründet wurde und deren Ziel die Förderung der Zusammenarbeit von Schulen mit außerschulischen Bildungspartnern ist.[26]

Bildungspartnerschaften

Die Initiative Bildungspartner NRW unterstützt die Schulen dabei, „Archive als außerschulische Bildungspartner in ihre fachlichen Lernmittelkonzepte einzubeziehen und ihre Potenziale für die Unterrichtsentwicklung und Aspekte individueller Förderung zu nutzen. Archive sind in besonderer Weise geeignet, eine lebendige Lernkultur zu fördern, in der Schülerinnen und Schüler lernen, mit vielfältigen Quellen unterschiedlicher Epochen umzugehen und deren Bedeutung für Gegenwart und Zukunft zu verstehen."[27] Grundlage der Bildungspartnerschaft ist ein sog. Bildungspartnervertrag, der jeweils auf zwei Jahre befristet ist und mit dem Schule und Archiv die Art ihrer Zusammenarbeit regeln, z. B. regelmäßige Führungen durch das Archiv und die Dauerausstellung, Beratung bei Facharbeiten, Projekten und Wettbewerben oder Schulprojekte zu historischen Themen verabreden.

Dass das HdEG seinen mit der Neukonzeption gestärkten Bildungsauftrag in besonderer Weise ernst nimmt, ist an der wachsenden Zahl der abgeschlossenen

---

25 Im Zeitraum von 2010 bis 2018 war das HdEG an neun Lehrerfortbildungen beteiligt.
26 Vgl. Bildungspartner NRW – Archiv und Schule. Agenda 2025, Anlage zur Gemeinsamen Erklärung. Düsseldorf 2017.
27 Ebd., S. 1

Abb. 120: Besuch von Schülerinnen und Schülern der Grundschule am Wasserturm am 19. Juni 2020

Bildungspartnerschaften erkennbar. Seit 2013 ist das HdEG fünf Bildungspartnerschaften eingegangen, die regelmäßig verlängert werden. Mit dem Burggymnasium (2013), dem Carl-Humann-Gymnasium (2015), der UNESCO-Schule und der Viktoriaschule (2016) sind inzwischen vier weiterführende Schulen Bildungspartner des HdEG. Im Sommer 2019 wurde mit der Grundschule am Wasserturm erstmals eine Bildungspartnerschaft mit einer Grundschule geschlossen. Künftig soll gerade der Arbeit mit jüngeren Schülerinnen und Schülern zur Förderung historischen Bewusstseins und kultureller Grundbildung größere Bedeutung zukommen. Vier weitere Schulen, zwei Gymnasien, eine Realschule und eine weitere Grundschule, haben darüber hinaus Interesse an einer Bildungspartnerschaft bekundet.

Um konkrete Inhalte und Ergebnisse einer Bildungspartnerschaft vorzustellen, sei auf das aktuelle, seit dem Schuljahr 2016/17 bestehende Projekt „Wenn nur noch Steine bleiben" verwiesen.

Unterrichtsmaterialien

Die in den Bildungspartnerprojekten erarbeiteten Ergebnisse werden nicht nur in Ausstellungen und anderen Veranstaltungen präsentiert, sondern sind zum Teil auch in die Schriftenreihe „Materialien für den Unterricht" eingeflossen. Damit wurden sie nachhaltig für den Schulunterricht nutzbar gemacht. Die 2001 ins Leben gerufene Reihe umfasst bislang fünf Bände. Waren die beiden ersten

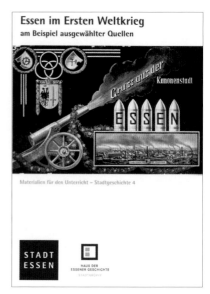

Abb. 121: Unterrichtsmaterialien,   *Abb. 122: Unterrichtsmaterialien,*
Bd. 3 (2012)   *Bd. 4 (2015)*

Bände „Luftkrieg in Essen" (2001) und „Kapp-Putsch und Rote-Ruhr-Armee in Essen" (2002) zunächst reine Quellenlesebücher, so orientierten sich die die folgenden drei Bände, die unter Mitarbeit des Geschichtslehrers Lukas Simon entstanden, an den gültigen Curricula des Landes Nordrhein-Westfalen für das Fach Geschichte Sek. I und Sek. II. Die Bände wurden mit einem thematischen Einführungstext und einem didaktischen Kommentar versehen und umfassen darüber hinaus auch ein Glossar und eine Bibliographie. Diese Änderungen erfolgten vor dem Hintergrund der damaligen Schulzeitverkürzung im Rahmen der Einführung von G 8, um den Lehrerinnen und Lehrern auch weiterhin die Möglichkeit zu bieten, historische Themen durch den Einsatz von lokalen Quellen zu vertiefen. Die Bände 3 („Schule im Nationalsozialismus am Beispiel des Carl-Humann-Gymnasiums", 2012), 4 („Essen im Ersten Weltkrieg am Beispiel ausgewählter Quellen", 2015) und 5 („Zwangsarbeit in Essen 1939–1945 am Beispiel ausgewählter Quellen", 2016) gingen aus Schulprojekten im Rahmen von Bildungspartnerschaften hervor. Die Bände werden, soweit sie nicht vergriffen sind, kostenlos an alle weiterführenden Schulen in Essen und an die Zentren für schulpraktische Lehrerfortbildung abgegeben.[28]

---

28   Darüber hinaus sind die Bände im HdEG käuflich zu erwerben. Die verwendeten Quellen können auf der Homepage des HdEG heruntergeladen werden.

Dauerausstellung

Die Dauerausstellung „Essen – Geschichte einer Großstadt im 20. Jahrhundert", die am 15. Juni 2011 eröffnet wurde und deren Katalog im Oktober 2018 erschien,[29] ist ein zentrales Instrument der Historischen Bildungsarbeit und spielt bei der Vermittlung der jüngeren Stadtgeschichte an ein breites, interessiertes Publikum eine wichtige Rolle. Die Ausstellung wurde im Erdgeschoss der ehemaligen Luisenschule eingerichtet und bietet einen Überblick über die Geschichte Essens von der Kaiserzeit bis zum Kulturhauptstadtjahr 2010. In insgesamt 16 Kapiteln vermittelt sie die jüngere Stadtgeschichte. Ihrem bildungspolitischen Auftrag zufolge bildet die NS-Zeit dabei den thematischen Schwerpunkt. Die Ausstellung lebt nicht zuletzt von der Präsentation von Originalexponaten, die zum Teil aus den eigenen Beständen des Stadtarchivs stammen, zum Teil aber auch von anderen Archiven und Kultureinrichtungen (Historisches Archiv Krupp, Ruhr Museum, Alte Synagoge, Friedrich-Ebert-Stiftung u. a.) sowie von Privatpersonen zur Verfügung gestellt wurden. Belebt wird die Ausstellung auch durch zahlreiche Medien-, Film- und Hörstationen sowie durch Blättertische zur thematischen Vertiefung des Dargestellten.

Obwohl die Dauerausstellung großes Interesse hervorrief und sich in der Essener Bevölkerung von Beginn an großer Wertschätzung erfreute, war es in den ersten Jahren zunächst nicht möglich, sie außerhalb von gebuchten Führungen zu besuchen, da das notwendige Aufsichtspersonal fehlte. Erst 2014 – drei Jahre nach Ausstellungseröffnung – konnten an jedem Mittwoch (16:00 Uhr) und jedem ersten Sonntag im Monat (15:00 Uhr) regelmäßig kostenlos öffentliche Führungen angeboten werden. Darüber hinaus war die Ausstellung jeweils am Donnerstagnachmittag (14:00–18:00 Uhr) kostenfrei zugänglich. Trotz ihrer beschränkten Zugänglichkeit wurde die Dauerausstellung in den vergangenen zehn Jahren von 15.783 Personen (Stand: Juni 2020) besucht.

Es bleibt zu hoffen, dass das rege Interesse künftig nicht nur anhält, sondern sich noch erhöht, da die Öffnungszeiten inzwischen deutlich erweitert wurden. Seit März 2020 ist die Ausstellung erstmals an drei Wochentagen zu den Öffnungszeiten des Lesesaals für den Publikumsverkehr zugänglich.[30]

---

29   Essen. Geschichte einer Großstadt im 20. Jahrhundert, hrsg. von Klaus Wisotzky und Monika Josten. Münster 2018.
30   Damit ist die Ausstellung aktuell Di, Mi 9:00–15:30 Uhr sowie Do 9:00–18:00 Uhr geöffnet. Allerdings musste das HdEG eine Woche nach Einführung der erweiterten Öffnungszeiten infolge der Corona-Pandemie für zwei Monate schließen. Erst Ende Mai konnte die Ausstellung unter den Auflagen des inzwischen erarbeiteten Hygienekonzepts wiedereröffnet werden.

Abb. 123: Aufbau der Dauerausstellung (2011)

Abb. 124: Kapitel 2 der Dauerausstellung (2011)

Abb. 125: Medienstation in der Dauerausstellung (2011)

Wechselausstellungen

Neben der Dauerausstellung präsentiert das HdEG in unregelmäßigen Abständen auch Wechselausstellungen, für die ein eigener Wechselausstellungsraum, das Foyer und in Ausnahmefällen auch die ehemaligen Bunkerräume der Luisenschule im Untergeschoss zur Verfügung stehen. Zwischen 2010 und 2020 wurden insgesamt 20 Wechselausstellungen gezeigt, die entweder vom HdEG selbst erarbeitet wurden oder in Kooperation mit verschiedenen Partnern entstanden sind. An dieser Stelle seien hier nur die jüngsten Wechselausstellungen erwähnt, die in den Jahren 2019/20 gezeigt wurden. Anlässlich des 40-jährigen Rathausjubiläums der Stadt Essen, das am 9. November 2019 mit einem Tag der offenen Tür im Rathaus gefeiert wurde, hat das HdEG unter dem Titel „Repräsentation und Funktion. Zur Geschichte der Essener Rathausbauten" eine Ausstellung zur wechselvollen Geschichte der Rathäuser in der Stadt Essen vom Mittelalter bis heute erarbeitet. Die sieben Kapitel und eine Chronik umfassende Roll-up-Ausstellung, zu der auch eine Katalogbroschüre erschien,[31] wurde beim Rathausfest am 9. November im Foyer des Rathauses gezeigt und anschließend am 15. November 2019 vom Oberbürgermeister Thomas Kufen feierlich im HdEG eröffnet. Hier wurde sie bis zum 31. Januar 2020 im Foyer präsentiert. Da die Ausstellung als Wanderausstellung konzipiert war, wurde sie anschließend in der Stadtbibliothek gezeigt.[32]

Unmittelbar im Anschluss daran war vom 3. Februar bis 6. März 2020 ebenfalls im Foyer des HdEG eine Ausstellung zur Geschichte der Arbeiterwohlfahrt (AWO) zu sehen. Diese war am 6. Juli 2019 beim großen AWO-Familienfest „Geburtstag mit Aussicht" im Südpark in Solingen anlässlich des 100-jährigen Jubiläums der Arbeiterwohlfahrt (AWO) erstmals gezeigt worden. Eröffnet wurde die Ausstellung, die aus 14 luftgefüllten Stelen mit jeweils einer begleitenden Erläuterungstafel bestand, am 3. Februar 2020 anlässlich der feierlichen Übergabe des Archivs des AWO-Bezirksverbands Niederrhein als Depositum an das HdEG.

Im Anschluss wurde dann die Ausstellung „Wenn nur noch Steine bleiben – ein Zwischenbericht" gezeigt. Die Ausstellung präsentierte erstmals Ergebnisse des gleichnamigen Kooperationsprojekts des Essener Historikers Thomas Hammacher mit mehreren Essener Schulen und weiteren Partnern. Das Projekt begann im Jahr 2016 und widmet sich der Erforschung der sog. „vergessenen" Opfergruppen

---

31 Repräsentation und Funktion. Zur Geschichte der Essener Rathausbauten. Eine Ausstellung des Hauses der Essener Geschichte/Stadtarchiv anlässlich des 40-jährigen Rathausjubiläums am 9. November 2019. Dortmund 2019. Die Broschüre ist auf Anfrage im HdEG kostenfrei erhältlich, solange der Vorrat reicht. Darüber hinaus steht der Katalog auch auf der Homepage zum Download bereit: https://media.essen.de/media/wwwessende/aemter/41/stadtarchiv/Katalog__Rathausausstellung.pdf

32 Weitere Stationen waren geplant, mussten aber aufgrund der Corona-Pandemie entfallen.

Abb. 126: Eröffnung der Ausstellung „Repräsentation und Funktion. Zur Geschichte der Essener Rathausbauten" am 15. November 2019 durch Oberbürgermeister Thomas Kufen

des Nationalsozialismus (z. B. sog. „Zigeuner", „Asoziale", „Berufsverbrecher" etc.), die erst im Februar 2020 vom Deutschen Bundestag als NS-Opfer anerkannt wurden.

Gegenstand des Projekts „Wenn nur noch Steine bleiben" sind drei Grabanlagen, jeweils eine auf dem Parkfriedhof, dem Südwestfriedhof und dem Terrassenfriedhof, mit insgesamt 82 Steinquadern, die an Essener Bürgerinnen und Bürger erinnern, die zwischen 1938 und 1945 in den Konzentrationslagern der Nationalsozialisten ermordet wurden.

Wissenschaftlich betreut von Thomas Hammacher arbeiteten in den letzten Jahren ca. 120 Schülerinnen und Schüler der UNESCO-Schule, des Viktoriagymnasiums und des Burggymnasiums diese Biographien auf. Bislang konnten so 49 Opferbiographien erstellt werden.

Außerdem ist das Berufskolleg Essen-Ost an dem Projekt beteiligt. Nachdem bereits 2019 die Klasse der künftigen Friedhofsgärtner ein neues gestalterisches Konzept für die zentrale Anlage auf dem Parkfriedhof entwickelt hatte, wurde die Ausstellung von der Abschlussklasse der Mediengestalter am Berufskolleg Essen-Ost gestaltet. Weitere Projektpartner sind der Volksbund deutsche Kriegsgräberfürsorge e. V. NRW und das HdEG, das auch zur Finanzierung der Ausstellung beigetragen hat.

Die feierliche Eröffnung sollte am 8. März 2020, dem 10. Tag der Archive, stattfinden. Allerdings musste der geplante Festakt in der Schulaula der Luisenschule mit ca. 200 geladenen Gästen aufgrund der sich verschärfenden Corona-Pandemie abgesagt werden. Ebenso wie die Dauerausstellung war auch die Ausstellung „Wenn nur noch Steine bleiben – ein Zwischenbericht" vom Corona-Lockdown betroffen und vom 16. März bis zum 26. Mai für den Publikumsverkehr geschlossen. Danach wurde sie unter Einschränkungen bis zum 22. August 2020 gezeigt.

Die Corona-Pandemie verhinderte auch das für den 21. Juni geplante Sommerfest zum zehnjährigen Jubiläum des HdEG. Die zu diesem Anlass geplante eigene Ausstellung musste leider abgesagt werden. In einer gemeinsamen Ge-

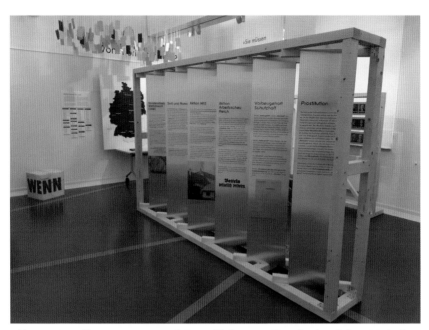

Abb. 127: Ausstellung „Wenn nur noch Steine bleiben – ein Zwischenbericht" im Wechselausstellungsraum des HdEG (2020)

burtstagsfeier mit dem Historischen Verein für Stadt und Stift Essen e. V., der am 27. Oktober 1880 gegründet wurde und sein 140-jähriges Bestehen feiert, konnte sie am 29. Oktober 2020 nachgeholt werden. Bei dem Festakt in kleinem Teilnehmerkreis wurden gleichzeitig zwei Ausstellungen eröffnet: Die erste, eine Roll-up-Ausstellung zur Geschichte des Historischen Vereins, wurde unter dem Titel „140 Jahre Netzwerker für die Kultur" im Foyer des HdEG gezeigt. Die zweite, die Jubiläumsausstellung „Stadtgeschichte(n) aus 9 Jahrhunderten", präsentierte im Wechselausstellungsraum ausgewählte Dokumente und Objekte aus dem reichhaltigen Überlieferungsspektrum des HdEG.

2.3 Fachbibliothek Stadt & Region
Die Fachbibliothek Stadt & Region, die Literatur zur Stadt Essen und zur Region Ruhrgebiet bereitstellt, ist seit 2010 die dritte Säule des HdEG.[33] Die Fachbibliothek, die aus der Abteilung Heimatkunde der Stadtbibliothek hervorgegangen ist, hält ein breites Spektrum an Literatur bereit und schafft damit ein vielfältiges Angebot, das die Nutzung der im Stadtarchiv überlieferten Quellen erleichtert.

---

[33]　Vgl. dazu aktuell Peter Schwiderowski, Die Fachbibliothek Stadt & Region, in: 10 Jahre Haus der Essener Geschichte/Stadtarchiv. Aufgaben, Bestände, Gebäude. Münster 2021, S. 66–81.

Darüber hinaus gibt sie die jährlich aktualisierte *Neue Essener Bibliographie* heraus, die einen einzigartigen systematischen Zugang zur Literatur über die Stadt Essen und die Region Ruhrgebiet ermöglicht.

Geschichte und Angebote der Fachbibliothek
Die Wurzeln der Fachbibliothek Stadt & Region gehen auf die 1902 gegründete Stadtbibliothek zurück, mit der sie bis heute eng verbunden ist. Bereits zwei Jahre nach Gründung der damaligen „Städtischen Bücherhalle" entschied die Stadtverordnetenversammlung, ihr eine wissenschaftliche Abteilung anzugliedern, die Bücher zur Essener Geschichte sammeln sollte.[34] Damit war der Rahmen für weitere Zuwächse geschaffen. Am 26. Juli 1906 überließ der Historische Verein für Stadt und Stift Essen e.V., der sich seit seiner Gründung im Jahr 1880 für die Einrichtung einer Stadtbibliothek eingesetzt hatte,[35] seine inzwischen 1.600 Bände umfassende Büchersammlung der Stadtbibliothek. Im Jahr 1918 erbte die Stadt nach dem Tod von Wilhelm Grevel, langjährigem Gründungs- und Vorstandsmitglied des Historischen Vereins, Heimatforscher und Sammler, dessen wertvolle Büchersammlung, die etwa 5.000 Bände zur rheinisch-westfälischen Geschichte enthielt, darunter auch ältere und seltene, bis ins 15. Jahrhundert reichende Literatur zur deutschen und europäischen Geschichte, aber auch zu Medizin, Naturwissenschaften, Bergbau, Technik und Industrie.[36] Als Beispiele seien hier etwa die Weltchronik von Hartmann von Schedel (1500), das Städtebuch von Georg Braun und Franz Hogenberg (1581) sowie die Topographien von Matthäus Merian (1647) genannt.

Diese Schenkungen bildeten den Kern der späteren Abteilung Heimatkunde der Stadtbibliothek. Da es sich bei der Stadtbibliothek um eine öffentliche Bibliothek handelt, die sich an den wandelnden Lesebedürfnissen ihrer Nutzerinnen und Nutzer orientiert und daher in gewissen Abständen diejenigen Medien, die

---

[34] Vgl. zu den Anfängen der Bibliothek: Christian Eiden, Die Heimat im Buch: hundert Jahre lokale und regionale Themen im Medienbestand der Stadtbibliothek Essen. Geschichte und Potenzial einer Sachgruppe, in: Pro Libris 12, 2007, Heft 2, S. 63–70; Andreas Koerner, Die Geschichte der Stadtbibliothek Essen von der Gründung bis zum Ersten Weltkrieg, in: Reinhard Brenner/Klaus Wisotzky (Hrsg.), Der Schlüssel zur Welt. 100 Jahre Stadtbibliothek Essen. Essen 2002, S. 10–35.

[35] Vgl. Klaus Wisotzky, 125 Jahre Historischer Verein für Stadt und Stift Essen e. V., in: EB 117, 2005, S. 1–271, hier S. 63–66.

[36] Leider wurde die wertvolle Sammlung, die im Zweiten Weltkrieg ausgelagert worden war und daher kaum kriegsbedingte Verluste aufwies, bei einem Wassereinbruch in der Abtei Werden am 13. September 1950 schwer geschädigt. Da das Bibliotheksgebäude in der Innenstadt im Krieg zerstört worden war, war die Grevelsche Bibliothek zunächst dort untergebracht worden. Der durch den Wasserschaden stark dezimierte übrig gebliebene Bestand wurde danach aufgelöst und auf die einzelnen systematischen Gruppen verteilt. Einzelne Bände sind heute noch in der Fachbibliothek erhalten. Vgl. Wilhelm Sellmann, Das Schicksal der Grevel-Sammlung, in: Heimatstadt Essen-Jahrbuch 1990, S. 53–57.

Abb. 128: Ansicht der Stadt Essen, aus: Georg Braun, Franz Hogenberg, Civitates orbis terrarum, Köln 1581, kolorierter Kupferstich

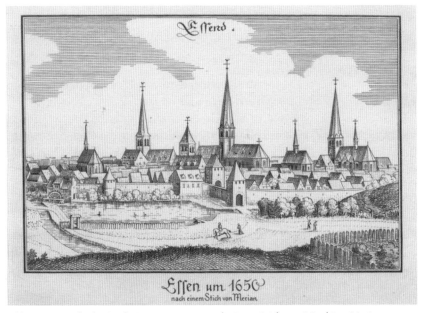

Abb. 129: Ansicht der Stadt Essen um 1650, nach einem Stich von Matthäus Merian

veraltet und unmodern geworden sind, ausscheidet, war die Abteilung Heimatkunde mit ihrem Anspruch, stadt- und regionalhistorische Literatur dauerhaft zu sammeln und die in ihrem Bestand befindlichen Medien nicht in bestimmten Zeitschnitten auszutauschen, von Anfang an eher am Konzept wissenschaftlicher Bibliotheken orientiert. Damit wird auch die Fachbibliothek ähnlich wie das Stadtarchiv, das nach den Vorgaben des Archivgesetzes NRW zum dauerhaften Erhalt des überlieferten Archivguts verpflichtet ist, zu einem Gedächtnisort, der in längerer historischer Perspektive vielfältige Möglichkeiten bietet, wechseln-

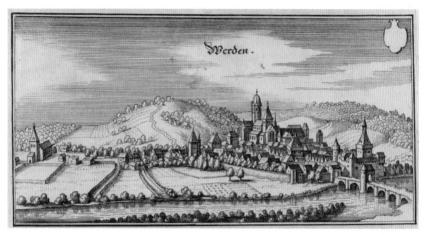

Abb. 130: Ansicht der Stadt Werden, aus: Matthäus Merian, Topographia Germaniae, Frankfurt am Main 1647

de Themen und Zugänge zur Stadtgeschichte sowie sich wandelnde Leit- und Selbstbilder der Stadt Essen zu ermitteln und vergleichend zu erforschen.

Vor diesem Hintergrund ist es nicht erstaunlich, dass die Abteilung Heimatkunde im Zuge der konzeptionellen Neuausrichtung des Stadtarchivs nun dem neuen Institut als integraler Bestandteil zugeordnet wurde und hier nach dem Umzug in die ehemalige Luisenschule als Fachbibliothek Stadt & Region eine neue Bleibe fand.[37]

Seitdem sind die Bestände der Fachbibliothek teilweise im Lesesaal des HdEG, zum Teil aber auch – dies betrifft nicht zuletzt die umfangreichen Zeitungsbestände – im Magazin untergebracht. Die Fachbibliothek ergänzt hier die Dienstbibliothek des Archivs, die als Präsenzbibliothek seit den 1930er-Jahren für den inneren Dienstbetrieb aufgebaut wurde und deren Bestände lediglich im Lesesaal eingesehen, aber nicht ausgeliehen werden können.

In der Praxis gehen im HdEG seit zehn Jahren Bibliotheksnutzung und Archivnutzung Hand in Hand. Die Bibliothek erschließt die historischen Kontexte zu den Archivquellen, die für deren Verständnis und Auswertung unerlässlich sind, und gibt bereits Hinweise auf einzelne Archivalien oder Archivbestände, die für ein bestimmtes Thema relevant sind.

Erschlossen und damit recherchierbar sind die Bestände der Fachbibliothek im Online-Katalog der Stadtbibliothek. Die Medien der Fachbibliothek werden in der Stadtbibliothek katalogisiert und für die Ausleihe technisch aufbereitet.

---

[37] Vgl. Betriebs- und Entwicklungskonzept für die Fachbibliothek Stadt & Region im Haus der Essener Geschichte – Entwurf (Stand: 30.10.2008).

Abb. 131: Blick in die Fachbibliothek Stadt & Region (2020)

Auch die Ausleihe selbst erfolgt über das elektronische Ausleihsystem der Stadtbibliothek. Jeder Nutzende, der einen Leseausweis der Stadtbibliothek besitzt, kann die Medien der Fachbibliothek nicht nur im HdEG ausleihen, sondern auch in die Zentralbibliothek oder in die Stadtteilbibliotheken bestellen. Dabei ist der größte Teil des Bestandes der Fachbibliothek ausleihbar. Von den derzeit ca. 18.500 Medieneinheiten (Stand: 2020) der Fachbibliothek können ca. 14.900 Titel ausgeliehen werden. Die übrigen Titel sind aufgrund ihres Alters, ihres besonderen Formats oder aufgrund ihres Erhaltungszustandes nicht ausleihbar.

Die Fachbibliothek sammelt populäre und wissenschaftliche Literatur mit inhaltlichem Bezug zur heutigen Stadt Essen und ihren Rechtsvorgängern, d. h. den historischen Städten Essen und Werden und den später eingemeindeten Gebieten, sowie auch mit weiterem regionalen Bezug Literatur v. a. zum Gebiet des heutigen Regionalverbandes Ruhr, zum Teil aber auch zu angrenzenden Räumen, z. B. dem Niederrhein, dem Bergischen Land oder den angrenzenden Teilen Westfalens. Die Fachbibliothek enthält überwiegend Bücher, Broschüren und Graue Literatur, also solche Schriften – oft geringeren Umfangs –, die nicht im Buchhandel vertrieben werden und mit keiner ISBN-Kennzeichnung versehen sind. Daneben gibt es einen großen historischen Zeitungsbestand, der in Teilen mikroverfilmt ist und zum Schutz der Originale in der Regel auf Mikrofilm im Lesesaal eingesehen werden kann.[38]

38　Ein Großteil der älteren Essener Zeitungen, soweit sie auf Mikrofilm vorliegen, wurde inzwischen im Rahmen des NRW-Projekts zur Digitalisierung mikroverfilmter historischer Zeitungen bis 1945 digitalisiert. Seit Dezember 2021 stehen die Digitalisate im Zeitungs-

Der Bestand der Fachbibliothek Stadt & Region zeichnet sich durch eine große thematische Breite und Vielfalt aus. Veröffentlichungen aus den Bereichen Belletristik, Geographie, Geschichte und Kulturgeschichte, Recht und Verwaltung, Sozialwissenschaft, Wirtschaft und Verkehr, Religion und kirchliches Leben, Pädagogik, Bildungs- und Erziehungswesen, Literatur und Sprache, Bildende Künste, Museen, Architektur, Musik und Theater, Flora, Fauna, Geologie, Gesundheitswesen, Freizeit und Sport sind hier ebenso vertreten wie Periodika und Reihen.

Um die thematische Bandbreite der Fachbibliothek Stadt & Region zu illustrieren, seien hier nur einige Beispiele genannt. Die Menschen im Ruhrgebiet und damit auch in der Stadt Essen sind durch eine enge Verbundenheit mit ihrer lokalen Lebenswelt geprägt. Die einzelnen Stadtteile, die im Zuge der Großstadtwerdung zwischen 1901 und 1975 eingemeindet wurden, haben traditionell eine große historisch-kulturelle Bedeutung. Dies spiegelt sich in Essen in der Existenz von 22 stadtteilbezogenen Geschichtsvereinen und -initiativen wider, die teilweise eigene historische Sammlungen anlegen und sich und ihre Arbeit auch beim alle zwei Jahre stattfindenden Tag der Archive im HdEG präsentieren. Damit hat knapp die Hälfte der 50 Essener Stadtteile einen eigenen Geschichtsverein. Die Publikationen der Essener Geschichtsvereine und -initiativen werden konzentriert in der Fachbibliothek gesammelt, die damit eine in ihrer Art wohl einzigartige Sammlung stadtgeschichtlicher Arbeiten vorhält.

Da die Schulzeit in der Erinnerung der Menschen große Bedeutung besitzt, enthält die Fachbibliothek auch eine große Anzahl an Veröffentlichungen über Essener Schulen. Vertreten sind nicht zuletzt die traditionsreichen Essener Gymnasien, etwa die B.M.V.-Schule, die Goetheschule, das Burggymnasium, das Gymnasium Borbeck, das Leibnizgymnasium in Altenessen sowie nicht zuletzt die ehemalige Luisenschule, deren Gebäude das HdEG heute nutzt. Darüber hinaus finden sich zahlreiche Schulgeschichten, Jubiläumsschriften, Artikel in Schulzeitungen der konfessionellen und städtischen Volksschulen bis hin zu Grundschulen, Haupt- und Realschulen. Auch andere Schulen in freier Trägerschaft, wie z. B. die Waldorfschulen,[39] sind in der Fachbibliothek dokumentiert. Mit Blick auf das Thema Schule erweist sich die Zusammenlegung von Archiv und Fachbibliothek als segensreich, da auch das Stadtarchiv in seinen Beständen viele Schularchive und die Archivbibliothek Schülerzeitungen, Schuljahresberichte etc. enthält.

Schließlich nimmt die Fachbibliothek in Teilen aber auch Aufgaben einer öffentlichen Bibliothek wahr. Das heißt, sie orientiert sich auch an den Lese- und

portal NRW (https://zeitpunkt.nrw/) allen Interessierten zur kostenfreien Recherche zur Verfügung.

39 Volker van der Locht, Waldorfschulen in Nordrhein-Westfalen, Aufbrüche, Verbote, Neugründungen 1922–1979. Berlin 2019.

Abb. 132: Essener Anzeiger vom 1. Oktober 1931

Abb. 133: *Westdeutsche Allgemeine Zeitung (WAZ) vom 13. Oktober 1970*

Informationsbedürfnissen der modernen Freizeitgesellschaft, indem sie praktische Ausflugs- und Kulturführer, Belletristik der Region und andere Fachliteratur des aktiven Freizeitbereichs (Sport) bereitstellt. Nachgefragt sind hier insbesondere Ausflugs- und Erlebnisführer zu Zielen in Essen und der Region, praktische Angebote für Fahrradtouren z. B. zu bestimmten Themen, Gaststättenführer zu bedeutenden Orten der Stadt- und Regionalgeschichte sowie naturkundliche Führer.

Zum Schluss soll hier noch einmal explizit auf die umfangreiche Zeitungsüberlieferung der Fachbibliothek hingewiesen werden. In ihrem Bestand befinden sich über 130 verschiedene Tages- und Wochenzeitungen bzw. Zeitungsperiodika, die bis in die mit der Familie Baedeker verbundenen Anfänge des Zeitungswesens in Essen zurückreichen. Die älteste in der Fachbibliothek überlieferte Zeitung ist die *Essendische Zeitung von Kriegs- und Staatssachen* aus dem Jahr 1782.

Die Neue Essener Bibliographie

Die kontinuierlich erweiterte *Neue Essener Bibliographie* (NEB) stellt ein besonderes Serviceangebot der Fachbibliothek dar, das andere Städte in der Region nicht anbieten können. Sie erfasst nicht nur die zum Sammlungsgebiet passende Literatur, sondern ordnet sie auch nach einer differenzierten thematischen Gliederung, so dass die Nutzerinnen und Nutzer bei der Literaturrecherche schnell einen Überblick über die zum gewünschten Thema erschienene Literatur erhalten und damit einen schnellen Einstieg finden.

Die Anfänge der NEB gehen in das Jahr 1956 zurück. Damals begann Wilhelm Sellmann, Bibliothekar der Stadtbibliothek, die systematische Erfassung des gesamten stadtgeschichtlichen Schrifttums, die sog. Essener Bibliographie oder Sellmann-Bibliographie.[40] Bis 1980 stellte er in einem ersten Hauptband 35.000 Einträge zusammen, welche die bis zum Jahr 1960 erschienene Literatur erfassten. 1986 folgte der zweite Band mit ca. 16.000 Einträgen zur zwischen 1961 und 1968 erschienenen Essen-Literatur. In einem dritten Band, der 1991 erschien, wurde Sellmans Werk mit einem Autoren- und Titelverzeichnis erschlossen. Nachdem Sellmann in den Ruhestand getreten war, führte der Bibliothekar Alfred Peter sein Werk fort. 1992 veröffentlichte er den vierten Band, der die Literatur von 1969 bis zum Erscheinungsjahr 1992 erfasste.

Sellmanns und Peters Arbeiten bilden die Basis für die heutige Neue Essener Bibliographie (NEB), die ab 2006 von Christian Eiden, der als Nachfolger von Peter für die Fachbibliothek verantwortlich war, ins Leben gerufen wurde. Anders als ihre Vorgängerin orientiert sich die NEB seitdem an der Systematik der Nordrhein-Westfälischen Bibliographie (NWBib). Dabei liegt die NEB nicht

---

40 Wilhelm Sellmann, Aus der Werkstatt eines Bibliographen. Zur Geschichte der „Essener Bibliographie", in: die Heimatstadt Essen – Jahrbuch 25, 1974, S. 120–124.

in gedruckter, sondern ausschließlich in digitaler Form im Internet vor und ist ubiquitär recherchierbar. Damit ist sie ein geeignetes Mittel, den persönlichen Besuch im HdEG und die Einsichtnahme bzw. Ausleihe von Literatur aus der Fachbibliothek thematisch vorzubereiten. Die NEB bietet ein umfassendes, differenziertes und systematisch gegliedertes Angebot an thematischen Zugängen und der thematisch zugeordneten Literatur. Bereits auf der obersten Gliederungsebene gibt es 37 Hauptgruppen, die von der Landeskunde und Kartographie über Archäologie, Geschichte, Staat, Politik und Verwaltung, Kirchen und Religionsgemeinschaften bis hin zu Literatur, Bildung, Kunst, Musik, Architektur und Publizistik reichen und die noch mehr als 1.000, teilweise ebenfalls weiter untergliederte Untergruppen aufweisen.

Die NEB ist eine auf die Geschichte von Stadt und Stift Essen ausgerichtete Spezialbibliographie, wie sie in dieser Form kein allgemeines, regionales oder überregionales Rechercheportal bieten kann, zumal sie in Teilen auch die sog. Graue Literatur erfasst, die in nicht lokalthematisch gebundenen Portalen in der Regel nicht nachgewiesen wird. Sie ist ein Generationenprojekt zur Pflege des kultur- und heimatgeschichtlichen Erbes, das in mehr als 60 Jahren aufgebaut und gepflegt wurde. Die NEB erschließt den umfangreichen Schatz lokalgeschichtlichen Wissens in der Stadt Essen und bringt damit den Willen lokaler Verbundenheit zum Ausdruck. Damit ist sie ein wichtiges Instrument im Rahmen des historisch-kulturellen Bildungsauftrags des HdEG und der hier seit über zehn Jahren integrierten Fachbibliothek Stadt & Region.

3. Fazit

Das 2010 im Gebäude der ehemaligen Luisenschule am Bismarckplatz neu eröffnete Haus der Essener Geschichte/Stadtarchiv (HdEG) ist mit seinen drei Säulen, dem Stadtarchiv, der historischen Dauerausstellung „Essen – Geschichte einer Großstadt im 20. Jahrhundert" und der Fachbibliothek Stadt & Region, seit mehr als zehn Jahren Kompetenzzentrum und zentrale Anlaufstelle für die Stadtgeschichte. Die unikalen Bestände sind in einem neuen, mehrfach ausgezeichneten Magazingebäude untergebracht, das auf dem ehemaligen Schulhof nach Entwürfen der Essener Architekten Frank Ahlbrecht und Hermann Scheidt gebaut wurde und mit seiner natürlichen Klimatisierung inzwischen als Modell für andere Archivbauten im Rheinland dient. Mit seiner markanten Cortenstahlfassade, die sich durch Korrosion stetig verändert und das Gedächtnis der Stadt wie einen Tresor schützt, verweist das Magazin gleichermaßen auf Essen als Stahlstadt sowie auf den Wandel der Zeit.

Das 1936 als städtische Dienststelle gegründete Stadtarchiv ist das Gedächtnis der Stadt Essen und damit das Herzstück des HdEG. Es bewahrt derzeit eine Überlieferung von ca. 10 km und stellt diese für die Nutzung im Lesesaal bereit. Neben Dortmund und Duisburg ist Essen eine der wenigen Städte im Ruhrgebiet,

die auf eine bis ins Mittelalter reichende städtische Tradition zurückblicken können. Dies spiegelt sich auch in der Überlieferung wider, die sich auf das Gebiet
der heutigen Stadt Essen bezieht und vom 13. bis ins 21. Jahrhundert reicht.

Die Fachbibliothek Stadt & Region, die 2010 im HdEG eingerichtet wurde,
ist aus der ehemaligen Abteilung „Heimatkunde" der Stadtbibliothek hervorgegangen. Sie umfasst derzeit einen Bestand von ca. 18.500 Medieneinheiten zur
Geschichte der Stadt Essen seit dem 16. Jahrhundert, von denen die meisten
mit einem Leseausweis der Stadtbibliothek ausgeliehen werden können. Als
besonderen Service bietet die Fachbibliothek Stadt & Region die kontinuierlich aktualisierte „Neue Essener Bibliographie" (NEB) an, die sämtliche zur
Geschichte der Stadt Essen erschienene Literatur nach thematischen Gesichtspunkten zusammenstellt und damit den Einstieg in die thematisch orientierte
Literaturrecherche erleichtert.

Die Dauerausstellung „Essen – Geschichte einer Großstadt im 20. Jahr-
hundert" wurde eigens für den neuen Standort in der Luisenschule konzipiert.
In 16 Kapiteln spannt sie einen weiten Bogen vom Kaiserreich bis heute und
bietet einen Überblick über die Essener Geschichte der letzten 125 Jahre. Einen
Schwerpunkt bildet die Zeit des Nationalsozialismus. In ihrer thematischen
Vielfalt eignet sich die Dauerausstellung auch für den Schulunterricht, um
Unterrichtseinheiten an einem außerschulischen Lernort zu ergänzen und zu
vertiefen. Die Dauerausstellung ist damit ein wichtiges Instrument der Histo-
rischen Bildungsarbeit, die im HdEG einen besonderen Schwerpunkt darstellt.
Daneben bietet das Institut schließlich noch in unregelmäßigen Abständen
Wechselausstellungen zu unterschiedlichen Themen der Stadtgeschichte an.

Mit seinem innovativen Konzept, das die Nutzung der unikalen stadtgeschichtlichen Quellen aus 9 Jahrhunderten mit der Bereitstellung der stadtgeschichtlichen Literatur verbindet und darüber hinaus Möglichkeiten zu einer
aktiven, auch musealen Vermittlung der Stadtgeschichte bietet, verfügt das Haus
der Essener Geschichte/Stadtarchiv über ein großes Potenzial, das bereits in
den ersten zehn Jahren unter eingeschränkten Rahmenbedingungen sichtbar
geworden ist und das sich künftig – unter deutlich verbesserten Voraussetzungen – weiter entfalten wird.

VORTRAGSTEXTE

Die im Haus der Essener Geschichte oder an anderen Orten in der Stadt stattfindenden Vorträge und Führungen des Historischen Vereins haben bislang in den Essener Beiträgen keine Berücksichtigung gefunden. Erstmals für diesen Band haben uns zwei der Vortragenden ihre Vortragstexte und ausgewählte Bilder für den Abdruck zur Verfügung gestellt. Es ist den Autoren dabei freigestellt, ihre Texte mit einem Literaturhinweis oder einem ausführlichen Quellennachweis zu versehen.

Die Essener Oberbürgermeister.
Vortrag im Haus der Essener Geschichte am 14. Januar 2021

HANS SCHIPPMANN

Anfang des 19. Jahrhunderts war Essen eine unbedeutende Kleinstadt mit etwa 4.150 Einwohnern (1812). In diesem Jahr wurde auch die Firma Krupp gegründet. Sie verfügte über zwei Mann Belegschaft.

1802 hatte der bekannte Politiker Justus Grüner im Auftrag der preußischen Regierung Essen besucht: Er beschrieb die Stadt als ausgesprochen schmutzig und ihre Wirte als unfreundlich und halsabschneidend.

In der zweiten Hälfte des 19. Jahrhunderts sah die Statistik der Bevölkerung ganz anders aus: 1880 hatte Essen ca. 80.000 Einwohner, die Kruppsche Firma verfügte über ca. 9.000 Kruppianer.

Zu diesem Zeitpunkt war der Ostpreuße Gustav Hache Bürgermeister der Stadt. Er wurde 1835 in Tuchhausen geboren. Seine Karriere im preußischen Staatsdienst führte ihn über die Bürgermeisterämter von Angermünde in der Uckermark (1863–65) und von Wolgast (1865–68) nach Essen, wo er 1868 eingeführt wurde. Essens Wachstum honorierte die preußische Regierung durch eine „königlich-preußische Kabinettorder" am 11. Juli 1873: Essen wurde ein eigener Stadtkreis und schied aus dem Landkreis Essen aus; Hache wurde zum Oberbürgermeister. Der damals 37-Jährige wurde somit erster Oberbürgermeister von Essen.

Es war die Zeit, in der sich Essen zur Industriestadt entwickelte. Die Bürgerinnen und Bürger engagierten sich in zahlreichen kulturellen und politischen Vereinen. Dazu gehörte auch die Gründung des Historischen Vereins für Stadt und Stift Essen 1880, der die Forschung über die Essener Geschichte vom Gründungsjahr an mit den „Essener Beiträgen" unterstützte.

Abb. 135: Gustav Hache

Abb. 136: Erich Zweigert

Abb. 134: Das Zindel-Rathaus am Essener Marktplatz

Allerdings blieb Essen noch für eine geraume Zeit eine düstere, aufstrebende Industriestadt. Der spätere Beigeordnete Paul Brandi hat nach seiner Ankunft in Essen 1899 die Stadt als trostlos und düster beschrieben. Oberbürgermeister Hache blieb nicht viel Zeit, weitere positive Entwicklungen anzustoßen: Am 11. Januar 1886 hatte er gerade einen neuen Beigeordneten in sein Amt eingeführt, als er in seinem Arbeitszimmer einem Hirnschlag erlag. Hache wurde nur 50 Jahre alt.

Sein Nachfolger wurde der Pommer Erich Zweigert, von dem viele Beobachter der Essener Geschichte sagen, er sei ein Glücksfall für die Stadt gewesen. Zweigert stammte aus Neustettin und wurde 1879 geboren. Nach seinem Jurastudium war er zunächst Richter, zuletzt Amtsrichter in Potsdam. 1881 avancierte er zum Bürgermeister von Guben.

In der Tat machte die Stadt Essen unter Zweigert mächtige Schritte auf eine moderne Großstadt hin. Beispielhaft seien genannt:

1. Das Grillo-Theater

1887 versprach der Industrielle Friedrich Grillo vor der Stadtverordnetenversammlung, für die Stadt ein Theater zu bauen. Als Grillo 1888 verstarb, schien
die Hoffnung auf ein Theater mit zu sterben. Zur Freude der Stadt erklärte sich
die Witwe bereit – von Friedrich Alfred Krupp lebhaft unterstützt –, einen Betrag
von 438.000 Mark für den Bau und 62.000 Mark für den Erwerb der Grund-
stücke zur Verfügung zu stellen. Insgesamt kostete das Vorhaben rd. 940.000
Mark. Als Architekt konnte der erfahrene Theaterbauer Heinrich Seeling aus
Berlin gewonnen werden.

Am 16. September 1892 wurde das Stadttheater feierlich eröffnet. Zu Beginn
hörten die Zuhörer Beethovens Ouvertüre „Die Weihe des Hauses", danach folgte
das Festspiel „Vater Rheins Wohlwollen" und schließlich Lessings Schauspiel „Min-
na von Barnhelm". Zweigert führte aus, dass das Theater „eine Pflanzstätte wahrer
Kunst" und „ein Erziehungsmittel für unsere Bevölkerung" sei. Seine Rede schloss:
„Wir wollen abhalten alles Frivole und Gemeine, alles Häßliche und Unschöne".[1]

Abb. 137: Grillo-Theater

2. Weitere Höhepunkte der Administration Zweigerts:

1893: Erste elektrische Straßenbahn.

1896: Essen wurde Großstadt. Am 28. Oktober Besuch Kaiser Wilhelm II.
bei Krupp, unerwarteter Besuch in der Stadtverordnetensitzung. Zweigert führte
aus: „Der Jubel, welcher infolge dieser noch keiner Stadtgemeinde erwiesenen

1   Helga Mohaupt, Das Grillo-Theater. Bonn 1990, S. 21.

Abb. 138: Schillerbrunnen im Essener Stadtwald

Ehrung die Herzen der Vertreter der Stadtgemeinde und der gesamten Bürgerschaft erfüllte, klingt noch heute nach. Und die Dankbarkeit gegen unseren allerhöchsten Herrn wird nicht erlöschen."[2]

1898: Gründung des städtischen Orchesters.

1901: Eingemeindung der Bürgermeisterei Altendorf im Rheinland und 1905: der Bürgermeisterei Rüttenscheid.

1902: Fertigstellung des Hauptbahnhofs.

1903: Neubauspatenstich für die erste Essener Höhere Töchterschule am Bismarckplatz (bisher mehr schlecht als recht an der Schützenbahn und der Alfredistraße untergebracht). Jetzt wurde eine Lehrerinnen-Bildungsanstalt eingeplant. Die Einweihung erfolgte am 12. Februar 1906.

1904: Der Saalbau wurde nach 3-jähriger Bauzeit fertiggestellt.

1904: Beschluss über den Ankauf des Stadtwaldes (damals Langenbrahmer Wald genannt und weitgehend im Besitz der Herren von Vittinghoff-Schell). Ankauf bis 1905 ca. 106 ha. 1907 Arrondierung. Ab 1908 Ausgestaltung, betrieben von Zweigert und dem Beigeordneten Niemayer. Zweigerts Argumentation: Erholungsgelände für die Arbeiterbevölkerung (auch erste Voraussetzung für die Eingemeindung Rellinghausens).

1905–09: Bau der Städtischen Krankenanstalten.

---

2   Klaus Wisotzky, Vom Kaiserbesuch zum Euro-Gipfel. 100 Jahre Essener Geschichte im Überblick, Essen 1996, S. 12.

1906: 42. Tonkunstfest. Gustav Mahler dirigierte die Uraufführung seiner 6. Symphonie. Am letzten Tag, am 27. Mai, starb Zweigert überraschend mit 57 Jahren.

Am 2. Juli 1906 wählte die Stadtverordnetenversammlung den Ministerialrat Wilhelm Holle aus Berlin, der vorher bei der Staatsregierung in Arnsberg tätig war. Nach außen sah das wie eine reibungslose Wahl durch den Staat aus. Aber: Es gab zahlreiche Kandidaten. Zweigert war Vorsitzender des Ruhrtalsperrenvereins und der Emschergenossenschaft gewesen und kannte Holle mit seiner Spezialkompetenz

Abb. 139: Wilhelm Holle

für wasserwirtschaftliche Aufgaben. Man geht wohl nicht fehl, dass Zweigert ihn schon frühzeitig bekannt gemacht hatte.

Holle wurde 1866 in Dortmund geboren. Er studierte Jura und entschied sich für eine Laufbahn als Verwaltungsjurist. Wie sein Vorgänger förderte er die Großstadtentwicklung:

1908: Gründung der Maschinenbauschule.

1909: Vollendung der Krankenanstalten.

1912: Bau der Viktoriaschule und des Handelshofes.

1913: Bau der Synagoge.

1914–16: Bau der Altkatholischen Kirche.

Seit 1910 bekamen die städtische Raumplanung und die Grünzonenplanung unter dem Beigeordneten Robert Schmidt eine große Bedeutung. Es war die Geburt der Regionalplanung, die zum Ruhrsiedlungsverband (später KVR) führte.

Weitere Eingemeindungen halfen, Essen zu vergrößern: 1908 Huttrop, 1910 Rellinghausen, 1915 Borbeck, Altenessen und Bredeney. Aber Essen war noch keine typische Großstadt:

1910: 47 % Häuser mit Garten, 12 % mit einem 3. Stock (Leipzig 32 %, Breslau 40 %)

Auch die Wasserstraßenpolitik entwickelte sich weiter: 1914 Anlage des Rhein-Herne-Kanals mit Verbindung zum Dortmund-Ems-Kanal.

Fast wirkte es wie der Abschluss einer altmodischen Epoche, als 1912 die Hundert-Jahr-Feier der Firma Krupp stattfand, übrigens mit Kaiser Wilhelm II.

1918 endete die Wahlzeit von Oberbürgermeister Holle nach zwölf Jahren überraschend: Er wurde nicht wiedergewählt. Stattdessen wählte die Stadtverordnetenversammlung Dr. Hans Luther. Essen

Abb. 140: Hans Luther

hatte offenbar den Vorkrieg und den Krieg abgewählt!

Holle war zu diesem Zeitpunkt erst 52 Jahre alt. Nach seiner Abwahl machte er als preußischer Beamter erneut Karriere: 1920 als Regierungskommissar in Gotha, von 1921 bis 1932 als Oberverwaltungsgerichtsrat in Berlin. Nach der Pensionierung lebte er in Bückeburg, wo er 1945 starb.

Dr. Hans Luther wurde 1879 in Berlin geboren. Bei der Wahl 1918 war er 39 Jahre alt. Er hatte ein Jurastudium mit Promotion absolviert. 1907 bis 1913 war er Stadtrat in Magdeburg, seit 1913 geschäftsführendes Vorstandsmitglied des Preußischen und Deutschen Städtetages. Am 4. Juli 1918 wurde er als Oberbürgermeister eingeführt, mit anschließendem Mittagessen bei Krupp. Dort sprach Luther mutig das Dreiklassenwahlrecht an.

Schon im November 1918 musste Luther sein Geschick beweisen: Am 8. November erreichte der Regierungsumbruch auch Essen. Am Tag danach, am 9. November, wurde der Arbeiter- und Soldatenrat gebildet, und zwar mit dem Vorsitzenden Fritz Baade, einem Sanitätsoffizier im Raum Essen. Er leitete gemeinsam mit Oberbürgermeister Luther die Geschicke der Stadt. Fritz Baade war 1930–33 und 1949–65 Mitglied des Reichstages bzw. des Bundestages für die SPD. Luther war wohl überzeugt, dass sich das revolutionäre Handeln nicht gegen die Stadt richtete, sondern gegen Kaiser und Reich.

Im März 1919 ergab die Kommunalwahl einen Sieg des Zentrums. Luther war parteilos, erst 1926 oder 1927 trat er der DVP bei. Der Oberbürgermeister bot sein Amt an. Doch die Stadtverordnetenversammlung votierte einstimmig für die Weiterbeschäftigung.

Es wurde nicht einfacher:

19. März 1920: Einmarsch kommunistischer Truppen im Zuge des Kapp-Putsches, Sturm auf das Rathaus. Luther trat ihnen auf der Treppe mit ausgebreiteten Armen entgegen und verhinderte Schlimmeres.

5. Mai 1920: Gründung des Ruhrsiedlungsverbandes (später Siedlungsverband Ruhrkohlenbezirk, SVR, heute Regionalverband Ruhr, RVR). So entstand in Essen Deutschlands erste Regionalplanungsbehörde auf Initiative und Vorarbeit von Dr. Robert Schmidt, dem Essener Beigeordneten.

Ein taktisches Meisterstück gelang Luther nach dem Tod des Hagener Kunstmäzens Karl Ernst Osthaus. Osthaus hatte – teilweise für wenig Geld – gesammelt, was man heute als Malerei der Klassischen Moderne bezeichnet. Eben: Impressionismus, Neo-Impressionismus, Pointillismus, Symbolismus, Expressionismus, Fauvismus. Dazu kam die Idee, ein Museum zu schaffen, das sich als ein Museum des Volkes darstellt, weniger elitär, eher für einfache Betrachter, für Familien. Aus der germanischen Sagenwelt hatte Osthaus den Namen Folkwang aufgegriffen: Palast der Göttin Freya. Man stellte ihn sich vor wie eine für alle geöffnete Halle. Die Halle der Göttin der Liebe, der Schönheit, des Frühlings, der Fruchtbarkeit.

Nachdem Hagen keine Bereitschaft zeigte, die Osthaus-Sammlung zu erwerben, änderte Osthaus sein Testament und bot die Sammlung für 15 Mio.

Abb. 141: Franz Bracht

Reichsmark an. Luther schmiedete ein Komplott der rheinischen Oberbürgermeister Köttgen in Düsseldorf und Jarres in Duisburg, dort bekamen die Kommunalakteure jedoch beide keine Mehrheit. Ergebnis: Essen kaufte die Sammlung Osthaus, das erste Museum mit moderner Prägung. Künstler, die noch umstritten waren, fanden ihre Ausstellung: Manet, Monet, Renoir, Cézanne, Gauguin, Matisse, van Gogh u. a. Am 29. Oktober 1922 erfolgte die Eröffnung. Die Goldschmidt-Brüder stellten ihre Zwillingsvillen an der Bismarckstraße zur Verfügung. Museumsdirektor Ernst Gosebruch kuratierte die Ausstellungen.

In der Folgezeit schien es so, dass Oberbürgermeister Luther überall gebraucht wurde. So übertrug man ihm Funktionen in der Reichsregierung: 1. Dezember 1922: Reichsminister für Ernährung und Landwirtschaft, Oktober 1923 bis Januar 1925: Reichsfinanzminister, 25. Januar 1925 bis 12. Mai 1926: Reichskanzler.

Insgesamt war Luther 19 Monate von seiner Oberbürgermeister-Tätigkeit beurlaubt. Als sein Vertreter fungierte jeweils Heinrich Schäfer, geboren 1879, seit 1920 Bürgermeister. Während der französischen Besatzung saß er über zehn Monate (14.2.–23.12.1923) in Haft und musste 10 Mio. Reichsmark Geldstrafe zahlen.

Am 10. November 1924 wurde Dr. Franz Bracht zum neuen Oberbürgermeister gewählt. Bracht wurde 1877 in Berlin geboren. Nach dem Jurastudium amtierte er seit 1909 als Staatsanwalt auch in Essen, später beim Oberlandesgericht in Hamm. Ab 1911 war er als Regierungsrat in Berlin in weiteren Ämtern tätig. Seit Ende 1923 – bis zur Wahl als Oberbürgermeister – war er Chef der Reichskanzlei unter Reichskanzler Wilhelm Marx. Luther empfahl ausdrücklich die Wahl Brachts wegen seiner ausgezeichneten Amtsführung in seiner Essener und in seiner Berliner Zeit.

Luther selbst hatte noch eine lange, allerdings auch umstrittene Karriere vor sich: Januar 1925 bis Mai 1926: Reichskanzler, 1926: Verwaltungsrat der Deutschen Reichsbank, 1930–38: Präsident der Reichsbank, 1933–37: Botschafter in den USA, 1952: Professor für Außenpolitik in München. Er starb 1962 in Düsseldorf.

Bracht, der dem rechten Flügel des Zentrums zugerechnet wurde, verzeichnete in seiner Amtszeit einige Glanzlichter, die allerdings nicht immer seiner Initiative entstammten:

- Bau des neuen Folkwang Museums (bis 1929, Architekt Edmund Körner)
- Die 1908 begründete Kunstgewerbeschule hatte ihren Ruf nicht zuletzt durch die jahrelange Tätigkeit berühmter Lehrer erworben: so waren der berühmte Architekt Alfred Fischer ihr Direktor und der bekannte Maler Thorn Prikker sein Stellvertreter. Nun, 1927, wurde sie „Folkwangschule für Gestaltung",

außerdem entstand die „Folkwangschule für Tanz, Musik und Sprache" (1946 fand sie ihre Heimat endgültig in der Werdener Abtei).

- Zum Leiter der „Folkwangschule für Tanz, Musik und Sprache" wurde im Oktober 1927 der Musikdirektor Rudolf Schulz-Dornburg (1891–1949) als Direktor berufen. Gleichzeitig übernahm er die Leitung der Essener Oper. Im Juni 1932 musste er wegen Differenzen mit der Stadt zurücktreten.
- Zur gleichen Zeit wurde der Tanzpädagoge Kurt Jooss an die Folkwang-schule berufen. Von 1930 bis 1933 arbeitete er auch als Ballettmeister am Opernhaus. 1933 emigrierte er, 1949 kehrte er zurück. Weltberühmt machte ihn das Ballett „Der grüne Tisch", das als Antikriegsballett nichts von seiner Aktualität verloren hat.
- 1931 ließ der Schriftsteller Erik Reger (Pseudonym für Hermann Dannenber-ger, 1893–1954) den Industrieroman „Union der festen Hand" erscheinen, für den ihm der Kleist-Preis verliehen wurde. Seit 1920 arbeitete der Autor als Referent für Öffentlichkeitsarbeit bei Krupp. Ein Jahr später, 1932, erschien der Roman „Das wachsame Hähnchen", dessen Titel einen deutlichen Bezug zu Essen hat. Beide Romane sind starke Vertreter der Kunst- und Literatur-periode der Neuen Sachlichkeit.

In die Amtszeit Brachts fiel die Errichtung wichtiger Gebäude:

- Ernst Bode, 1920–34 Baudezernent, entwarf das Glückaufhaus (1922–23), den Parkfriedhof (1924), die Lichtburg (1928), das Blum-Haus (Kettwiger Straße), den Südwestfriedhof (1927) und das Baedekerhaus (1928).
- Edmund Körner, der Architekt der Synagoge von 1913, gestaltete die Börse (heute Haus der Technik, 1922–27), die Schutzengelkirche in Frillendorf (1923–25) und das eigene Wohnhaus am Camillo-Sitte-Platz (1928).
- Von Wilhelm Hoeltz stammt der ursprüngliche Entwurf der Hauptpost (ab 1924).
- Jacob Koerfer realisierte 1929 das Deutschlandhaus.
- Von Otto Bartning stammen die Pläne der Auferstehungskirche (1929) und der Melanchthonkirche (1928/1930–31).
- Alfred Fischer entwarf das Gebäude für den Regionalverband Ruhr (1929) und das heutige Grashofgymnasium in Bredeney (1931).
- 1932 entstand durch Fritz Schupp und Martin Kremmer Schacht 12 der Zeche Zollverein.

Weitere Ereignisse untermauern die Boom-Zeit Essens:

1929: Gründung der Gruga
1931: Im Juli begann die Aushebung des Baldeneysees.

Abb. 142: Farbenterrassen der Gruga 1929

Neben der Architektur blühte auch die bildende Kunst, so durch Joseph Enseling (Plastiken, z. B. am Baedekerhaus und an der Moltkebrücke), Will Lammert (Südwestfriedhof, Börse) oder Jan Thorn Prikker (Altkatholische Kirche, Auferstehungskirche, Vktoriaschule).

Weitere Eingemeindungen verhalfen Essen zu der ungeahnten Größe von 650.000 Einwohnern: Steele, Werden, Karnap, Kray, Stoppenberg, Katernberg, Überruhr, Heisingen, Kupferdreh.

Wie seinen Vorgänger zog es Bracht nach Berlin: Als Reichskanzler Franz von Papen am 20. Juli 1932 die rechtmäßige preußische Regierung (SPD, Zentrum) absetzte und sich an die Stelle setzte (sog. Preußenschlag), berief er Bracht zu seinem ständigen Vertreter und zum Innenminister des Reiches (Reichskommissar). Damit war Bracht Inhaber der preußischen Exekutive. Seinen Vertrauten, den Essener Polizeipräsidenten Kurt Melcher, holte er nach Berlin. Seit Dezember 1932 bis Januar 1933 amtierte Bracht als Innenminister im Kabinett des Reichskanzlers Schleicher. Der Vorgang zeigt die antirepublikanische Haltung Brachts, die allerdings auch durch eine Ablehnung des Nationalsozialismus gekennzeichnet war.

Die Tätigkeit Brachts als Innenminister führte zum Rücktritt als Oberbürgermeister. Schon wenige Monate später starb Bracht am 26. September 1933 kaum 56-jährig in Berlin.

Von Bracht bleibt am stärksten in Erinnerung sein „Zwickel-Erlass" von 1932. Dieser schrieb in der Badepolizeiverordnung vor: Männliche Badehosen

Abb. 143: Heinrich Schäfer

haben angeschnittene Beine und einen Zwickel aufzuweisen. So pendelte Bracht zwischen politischer Brutalität und Lächerlichkeit.

Nun schlug – wieder einmal – die Stunde des Vertretungs-Oberbürgermeisters: Heinrich Schäfer. Er war Mitglied der Zentrumspartei, die ihn jetzt für das Oberbürgermeister-Amt vorschlug. In der Tat: Am 13. Dezember 1932 wurde Heinrich Schäfer zum Oberbürgermeister gewählt. Er wurde 1879 in Remscheid geboren. Nach dem Jurastudium arbeitete er als Richter. Am 15. Oktober 1920 wurde er zum Ersten Beigeordneten gewählt, der wie ein heutiger Bürgermeister die Vertretung des Oberbürgermeisters wahrzunehmen hatte.

Schäfer erlebte noch den Beginn der Baldeney-Aufstauung als Arbeitsplatzbeschaffung im März 1933. Am 6. April trat er zurück („aus Gründen der politischen Situation"[3]). Er wurde in den Ruhestand versetzt.

Der jetzt 54-Jährige machte zum zweiten Mal eine schlimme politische Situation durch: Schon 1923 bei der Franzosenbesetzung verbrachte er die Zeit von Februar bis 23. Dezember 1923 in Haft. Aber: Die Wertschätzung seiner Person zeigte sich in seiner Wahl zum Präsidenten des Rheinischen Sparkassen- und

Abb. 144: Der Burgplatz als Adolf-Hitler-Platz um 1935

3   Wisotzky, Vom Kaiserbesuch zum Euro-Gipfel (wie Anm. 2), S. 134.

Giroverbandes. Ab 1935 war er gleichzeitig Vorsitzender des Verwaltungsrats der Rheinischen Girozentrale. Am 1. September 1951 starb er 72-jährig in Düsseldorf.

Schäfers Rücktritt war nicht unbegründet. Seit dem 30. Januar 1933 war Adolf Hitler Reichskanzler. Überall im Deutschen Reich drängten die Nationalsozialisten an die Macht und damit die bisherigen staatstragenden Parteien in die Defensive. Es war vorauszusehen, dass die Parlamente zu reinen NS-Deklamationsorganen entwertet würden.

Sie, die Nazis, hatten in den letzten Wochen vor dem Rücktritt Schäfers für Unruhe und Fußscharren gesorgt: Der Posten des Oberbürgermeisters sollte ihnen gehören. Offenbar plante der Gauleiter Josef Terboven einen besonderen Coup: In der Ortsgruppe existierten durchaus mehrere Personen mit dem Drang nach oben.

Terboven hatte als relativ junger Funktionär seine Schwierigkeiten, sich führerhaft durchzusetzen: 1927, neunundzwanzigjährig, wurde er Leiter des Bezirks Essen, der 1930 in den Rang eines Gaus erhoben wurde. Dann war da noch Hermann Freytag, der Fraktionsvorsitzende der NSDAP-Ratsfraktion. Und nicht zuletzt: Dr. Theodor Reismann-Grone, Alleininhaber der Rheinisch-Westfälischen Zeitung, später auch des „Essener Anzeigers" und einer Großdruckerei an der Sachsenstraße. Reismann-Grone war ein glühender Anhänger Hitlers. Er bewunderte als Parteigenosse und Mitglied des Alldeutschen Verbandes Hitlers Rassen- und eroberungspolitische Vorstellungen, so wie er schon 1891 die völkische Kolonialpolitik lobend verfolgt hatte. In der Essener Partei, arm an Intellektuellen, hatte er sich als Besserwisser und einflussreicher Zeitungszar einen gewissen Ruf erarbeitet, der Terboven dazu brachte, ihn zum Oberbürgermeister wählen zu lassen. Reismann-Grone kommentierte den Vorgang so:

> *„Ich bin überrascht worden. Nach der vollzogenen Tatsache aber habe ich den Ruf als Befehl aufgefaßt und habe als einfacher Soldat in der großen Armee Hitlers den angetretenen Machtposten bezogen und gedenke dort meine Pflicht zu tun."*

Reismann-Grone, geboren 1863 in Meppen, war schon 69 Jahre alt. 1891 gehörte er zu den Mitbegründern des Alldeutschen Verbandes mit den Schwerpunkten: deutsches Bewusstsein wecken; Kolonialpolitik; Germany first; deutsche Hegemonie in Europa, als Fazit: Erster Weltkrieg; Sozialdarwinismus.

Sein Schwiegersohn, Otto Dietrich, war Pressechef der NSDAP, dann Reichspressechef und 1937 bis 1945 Staatssekretär im Ministerium Goebbels. In Nürnberg wurde er zu sieben Jahren Haft verurteilt, 1950 entlassen.

Abb. 145: Theodor Reismann-Grone

Seit 1932 gehörte Reismann-Grone zum Beraterkreis Hitlers, von Terboven als Konkurrenz betrachtet. Während einer Pause bei einer Opernaufführung befragte Terboven Reismann-Grone, ob er nicht Oberbürgermeister werden wollte (was als Versuch interpretiert wurde, die lästige Konkurrenz loszuwerden).

Es gab noch ein Handicap: Reismann-Grone war nun schon 69 Jahre alt, der 70. Geburtstag sollte am 30. September groß gefeiert werden. Preußische Beamte wurden aber mit 65 pensioniert. Hitler ging auf den Wunsch seines Gauleiters ein: Der neue Reichstag genehmigte die Lex Reismann-Grone und hob nur für ihn die Pensionsgrenze auf. Er war ja kaum mehr als ein Hitler-Beziehungsapparat. Für Freytag und Terboven wirkte er wie ein Relikt aus einer vergangenen Zeit.

Zwar zeigte der neue Oberbürgermeister durchaus eine gewisse Eigenständigkeit, aber letztlich war er der Parteisoldat: Das zeigte sich auch daran, dass er in NS-Parteiuniform und Stiefeln herumzulaufen pflegte.

Beim Historischen Verein ist Reismann-Grone später durchaus unterschiedlich gesehen worden:

1. Alt-Vorsitzender Karl Mews, der als Vorsitzender des Vereins von 1929 bis 1967 amtierte, sah ihn in einem Aufsatz zum 100-jährigen Geburtstag Reismann-Grones ausgesprochen positiv. Offenbar war Mews' Einschätzung von seiner Mitgliedschaft in der DNVP geprägt.[4]

2. Von Stefan Frech erschien dagegen ein Aufsatz in den Essener Beiträgen Nr. 114/2002, in dem Reismann-Grones enge Verbindung zur Partei, besonders zu Hitler, dargestellt wird. Aufgezeigt wird, dass der Großteil der von ihm zu verantwortenden Entscheidungen dem Willen der NSDAP entsprach.[5]

So war Reismann-Grone nachweislich beteiligt oder beratend tätig:

1. bei der schon im Alldeutschen Verband entwickelten arischen/ariosophischen Grundeinstellung (Wilhelm II., „Am deutschen Wesen soll die Welt genesen") favorisierte Reismann-Grone die Kulturrevolution gegen den Kulturbolschewismus. Insofern erwies er sich als Fahnenträger gegen die „entartete" Kunst, die er und seine Mitstreiter zuhauf im Museum Folkwang fanden. Dazu gehörte auch die Entlassung des langjährigen Leiters Ernst Gosebruch, der durch den überzeugten NS-Ideologen Klaus Graf von Baudissin ersetzt wurde. Baudissin hatte den konkreten Auftrag, das Museum von den Klees und den Kandinskys zu säubern.

2. Mit Nachdruck unterstützte Reismann-Grone die neue Gemeindeordnung, die den Führerstaat auf die Gemeinden übertrug: Der Oberbürgermeister verfügte nun über fast diktatorische Macht. Die Stadtverordnetenversammlung, heute Rat genannt, wurde zum Akklamationsorgan degradiert. Man sprach von beratender Funktion. Die Stadtverordneten wurden auf Vorschlag der Partei bestimmt.

---

4   Karl Mews, Dr. Theodor Reismann-Grone, in: Essener Beiträge (EB) 79, 1963, S. 5–36.
5   Stefan Frech, Theodor Reismann-Grone (1863–1949) – Ein radikaler Nationalist zwischen Kaiserreich und Entnazifizierung, in: EB 114, 2002, S. 35–57.

3. Adolf Hitler wurde schon im April 1933 Ehrenbürger und, obwohl noch nicht tot, Träger eines Straßennamens (Kettwiger Straße) und eines Platznamens (Burgplatz).

4. Der neue Oberbürgermeister vollzog die Neuordnung der Polizei (die Einsetzung von Schutzstaffeln, damit die Einsetzung der SS als Polizeikräfte).

5. Am 19. Mai und am 21. Juni 1933 gab es die ersten Bücherverbrennungen auf dem Hof der Helmholtzschule und auf dem Gerlingplatz. Es war nur konsequent, dass der langjährige Leiter der Stadtbibliothek, Eugen Sulz, abgelöst wurde. Er hatte sich nicht nur für die SPD engagiert, sondern auch in der Freien Volksbühne für die künstlerische Volksbildungsarbeit. An Stelle von Sulz setzte der Oberbürgermeister Richard Euringer ein. Erst 1946 kehrte Sulz an die Spitze der Bibliothek zurück. Euringer, ein NS-Vorzeigeliterat, brachte beste faschistische Voraussetzungen mit, als Führer des Nationalverbandes Deutscher Schriftsteller und als kulturpolitischer Mitarbeiter des „Völkischen Beobachters". Er säuberte die Bibliothek, rd. 11.000 Bände wurden ausgesondert und ersetzt, nach und nach, durch dem Regime genehme Bücher. Nach anderen Quellen waren es sogar 14.000 Bücher. Oberbürgermeister Reismann-Grone reagierte scharf: Euringer hatte seinen Ansprüchen nicht genügt. Es hatte lange gedauert, bis dem Oberbürgermeister klar wurde, dass er mit Euringer keinesfalls den Dichter der deutschen Zukunft verpflichtet hatte, der Essen zum Zentrum der neuen Literatur machen sollte. Reismann-Grone hatte von einem neuen Weimar an der Ruhr geträumt. Euringer scheiterte als Dramatiker und anschließend als Geschichtenerzähler. Als er 1935 den Roman „Die Fürsten fallen" publizierte, wurde das Werk als „dummes Buch" verrissen. Jetzt war Reismann-Grones Geduld am Ende. Er hatte die von Euringer aussortierten und zur Verbrennung freigegebenen Bücher in den Rathauskeller verbringen lassen, mit der Begründung, einer späteren Zeit die Möglichkeit zu geben, darüber zu verfügen, damit eine Chance der Beurteilung am Original entstehe. Euringer reichte nach einem für ihn unerfreulichen Gespräch mit Reismann-Grone die Kündigung ein und verließ im Oktober 1936 sein Amt. Für Reismann-Grone machte auch dieser Fall sein Lebensproblem offenkundig: Der meist unbegründeten Schwärmerei folgte die tiefe Enttäuschung über die tatsächliche Entwicklung.

6. Im Juli 1933 erfolgte die Schließung der Volkshochschule als „Trägerin des Undeutschen": Reismann-Grone hatte sich gleichzeitig als Kulturdezernent angestellt. So bezeichnete er Kurt Jooss als „mosaischen Tempeltänzer". Von diesen „Kulturbolschewisten" müsse man die Welt befreien.[6]

7. So blieben auch menschenrechtliche Verhaltensweisen und die Akzeptanz anderer Wert- und Kulturvorstellungen außer Kraft. Am 11. September

---

[6] Essen – Geschichte einer Großstadt, hrsg. von K. Wisotzky und Monika Joosten, Münster 2018, S. 133.

1933 trieben die Nationalsozialisten den verdienten Sozialpolitiker Heinrich Hirtsiefer mit einem Schild um den Hals „Ich bin der Hungerleider Hirtsiefer" durch die Straßen. Er wurde in das KZ Papenburg eingeliefert und mit der Auflage entlassen, seine Heimatstadt Essen nie wieder zu betreten. 1941 starb er in Berlin. Reismann-Grone veranlasste erhebliche „Personalsäuberungen" bei der Stadtverwaltung. Als Beispiel sei genannt die Entlassung der Beigeordneten Hugo Verspohl/SPD (1933 zwei Monate Haft, als „Schutzhaft" deklariert!), Martin Krolik/SPD (1. SPD-Beigeordneter 1919) und Albert Meurer/Zentrum (seit 1929 Beigeordneter).

Reismann-Grones Einfluss war nicht gering:

- durch: wichtige Kontakte zur Industrie (Krupp!)
- durch: die Rheinisch-Westfälische Zeitung, die er seit 1895 zu einem extrem rechtspatriotischen Blatt entwickelte. Selbst Wilhelm II. beschimpfte sie als „Saublatt".
- durch: 1903 den Kauf des Baedeker-Verlags.
- durch: 1915 Austritt aus Alldeutschem Verband, weil er den Kriegseintritt zugunsten Österreich-Ungarns ablehnte.
- Stattdessen förderte Reismann-Grone nun die völkische Literatur und Kulturpolitik und in besonderem Maße den Antisemitismus.

Im Frühjahr 1937 wurde Reismann-Grone durch die Gestapo in Berlin verhaftet, mit dem Vorwurf: Devisenschmuggel. Er soll Aktien ins Ausland transferiert haben. Der Reichsminister für Volksaufklärung und Propaganda, Joseph Goebbels, mischte sich ein. Er erreichte bei Hitler die Freilassung. Der Ruf des Oberbürgermeisters war hin.

Am 30. April 1937 trat er zurück wegen Steuerhinterziehung, ein Grund, der vor der Öffentlichkeit aber verschwiegen wurde. Reismann-Grone zog sich zurück auf den „Hackenberg", auf sein kleines Gut an der Meisenburgstraße. 1940 bot er Hitler an, er wolle Generalgouverneur von Belgien werden. Hitler lehnte ab. Am Kriegsende notierte Reismann-Grone in sein Tagebuch: „Noch nie ist die ganze Erde so über die Deutschen hergefallen – armes Germanien. Was hast du der Erde denn getan!"[7] Danach rechtfertigte er die NS-Verbrechen wegen der Verbrechen Stalins. Die Besatzungsmächte seien jüdisch unterwandert.

Das Entnazifizierungsverfahren 1948 erbrachte die Kategorie: stark belastet. Der Widerspruch wurde abgelehnt, das Verfahren aber wegen des Alters eingestellt. Am 29. März 1949 starb er auf dem Hackenberg. Die Beisetzung erfolgte im Garten des Guts an der Meisenburgstraße. 1997 wurde er auf den Meisenburg-Friedhof umgebettet.

---

7 Frech, Reismann-Grone (wie Anm. 5), S. 56.

Die Nachfolge wurde über Umwegen organisiert, offenbar um allen Kalamitäten in der NSDAP
Essen aus dem Wege zu gehen, z. B. der Aversion
zwischen Reismann-Grone und Terboven, zwischen
Reismann-Grone und Freytag und zwischen Freytag
und Fritz Schleßmann, Polizeipräsident.

Es kam zum großen Tausch: Der Oberbürger-
meister von Duisburg (Dillgardt) wechselte nach
Essen, neuer Oberbürgermeister von Duisburg
wurde Freytag, NSDAP-Fraktionsvorsitzender, SS-
Führer Schleßmann übernahm den Oberbefehl als
SS-Gruppenführer in den Regierungsbezirken Düs-

Abb. 146: Just Dillgardt

seldorf und Köln (und das als Polizeipräsident von Essen).

Oberbürgermeister Just Dillgardt wurde 1889 in der Nähe von Saarbrücken
geboren. Er trat 1928 der NSDAP bei. 1933 wurde er Staatskommissar beim Ruhrverband (er sollte dessen Auflösung betreiben, stattdessen ernannte er einen neuen
Beigeordneten Albert Lange). Seit Juli 1933 war er technischer Beigeordneter in
Essen (Hafen, Städtische Werke), seit dem 12. Dezember 1934 Oberbürgermeister
von Duisburg und jetzt, 30. April 1937, Oberbürgermeister von Essen.

Die Amtszeit Dillgardts darf nicht nur vom Ende her betrachtet oder bewertet
werden. Viele Essener sahen in der Weiterexistenz des Ruhrverbandes gegen den
Willen der Partei ein mutiges Zeichen. Es beurteilten auch viele Menschen sein
Verhalten beim Einmarsch der Alliierten nach der Kapitulation 1945. Während
Polizeipräsident Schleßmann und der Stadtkommandant Werner von Raesfeld
für den Kampf bis zum Letzten plädierten, übergab Dillgardt die Stadt kampflos
an General Ridgway und bewahrte sie dadurch vor einer Katastrophe.

Natürlich war Dillgardt auch den politischen Forderungen der NSDAP
verpflichtet. So hatte er in seiner Antrittsrede versichert: Seine Aufgabe sei
es, aus der Essener Bevölkerung die nicht Besserungsfähigen und die rassisch
Minderwertigen abzusondern bzw. auszumerzen.

Nach dem Krieg behauptete er, er habe eine distanzierte Haltung gegenüber
der Partei eingenommen. Andererseits gab es Ereignisse, die deutlich die Hand-
schrift der Nazis zeigten:

1. Die Beschlagnahme von 37 Gemälden der Folkwangsammlung, z. B.
Chagall, Nolde, Heckel, Kirchner (6. Juli 1937).

2. Arisierung der Kaufhäuser und Bankhäuser (z. B. Blum an Loosen, Hirschland an Burckhardt) (Oktober 1938).

3. Sogenannte „Reichskristallnacht", der Überfall auf die Synagoge (9. November 1938).

4. Der Beginn der Judendeportation aus Essen (Oktober 1940).

Auch sonst zeigte die Partei ihr Gesicht:

24. April 1940: Terboven wurde Reichskommissar von Norwegen (Vertreter: seit 1939 Fritz Schleßmann, vorher Polizeipräsident in Essen).

7. August 1940: Goldenes Ehrenabzeichen der NSDAP für Gustav Krupp von Bohlen und Halbach (Vorsitzender des Kuratoriums der Adolf-Hitler-Spende der Deutschen Wirtschaft, Wehrwirtschaftsführer sei 1937).

Abb. 147: Hugo Rosendahl

Der Zweite Weltkrieg bestimmte mehr und mehr den Alltag, mit drastischen Folgen: Großangriffe am 5. und 6. März 1943 mit 80.000 Obdachlosen, am 26. Juli 1943 mit 400 Toten und am 11. März 1945 mit 8.000 Sprengbomben und fast 1.000 Toten. Zerstört wurden weite Teile der Stadt, aber auch Hauptbahnhof, Opernhaus, Saalbau.

Am 11. April 1945 wurde Dillgardt abgesetzt und verhaftet. Kommissarischer Oberbürgermeister wurde Dr. Dieter Russell (* 1908, + 1955 bei einem Autounfall). Er war seit 1936 Stadtassessor, dann Stadtrechtsrat als Justitiar der Bauverwaltung, ab 1944 Stadtrat, Leiter des Finanzdezernats. Seine Amtszeit endete am 20. Mai 1945, danach war er als Justitiar beim RWE tätig.

Am 20. Mai 1945 setzte die Militärregierung Dr. Hugo Rosendahl als Oberbürgermeister ein. Er wurde 1884 in Sterkrade geboren. Das Jurastudium schloss er mit der Promotion ab. 1916 bis 1920 amtierte er als Bürgermeister von Andernach, 1920 bis 1930 als Oberbürgermeister von Hamborn und 1931 bis 1933 als Oberbürgermeister von Koblenz. Aus polizeilichen Gründen trat er 1933 in den Ruhestand. Seit 1934 lebte er als Rechtsanwalt in Essen.

Als die Militärregierung das britische Stadtregierungssystem (Oberbürgermeister und Oberstadtdirektor) einführte, wechselte Rosendahl auf eigenen Wunsch in das Amt des Hauptgemeindebeamten (= Oberstadtdirektor). Als Oberstadtdirektor trat er 1950 in den Ruhestand. Danach arbeitete er im Vorstand des RWE. Er starb 1964.

Wenn wir die Reihe der Oberbürgermeister überblicken, sehen wir eine Schar illustrer Politiker, die dem Zeitgeist verpflichtet waren, die z. T. sehr persönlichkeitszentriert agiert haben und die manchmal auch den Weg in die Demokratie erschwert oder sogar kontrakariert haben. Die letzten Worte gelten vor allem für die NS-Oberbürgermeister Reismann-Grone und Dillgardt, aber auch für Bracht, der sich nach tatkräftigen und zweckdienlichen Absichten in Essen als ein von dem Rechtsaußen Franz von Papen beeinflusster Steigbügelhalter der Nazis entlarvte.

Die Nachkriegszeit der „ersten Stunde" war vor allem dadurch gekennzeichnet, die materielle Not der Menschen zu bekämpfen. Die NSDAP war verboten, die demokratischen Parteien gründeten sich wieder (hier vor allem SPD, Zentrum und KPD) oder neu (wie die CDU oder die FDP).

Abb. 148: Heinz Renner

Am 25. November 1945 gründete sich die SPD neu und wählte Wilhelm Nieswandt zum Vorsitzenden. Er gehörte zu den Stadtverordneten, die am 26. Mai 1933 von den Nazis aus dem Rathaus geprügelt worden waren. Er verlor damals seine Arbeit und gründete eine eigene Firma. Am 27. Januar 1946 gründete sich die CDU neu. Ihre Vorreiter waren: Heinrich Strunk und Gustav Heinemann.

Die Militärregierung brachte das parlamentarische Leben wieder in Gang. Sie gründete am 29. Juni 1945 den Stadtbürgerausschuss mit 13 Mitgliedern. Am 6. Februar 1946 bildete sie einen Rat, dessen Mitglieder von der Militärregierung ernannt waren. Deshalb hieß er „Ernannter Rat". Ihm gehörten an: 23 CDU-Mitglieder, 17 KPD-Mitglieder, 17 FDP-Mitglieder, 17 SPD-Mitglieder, 2 Zentrum-Mitglieder. Zugleich führte man das britische Verwaltungssystem aus Oberbürgermeister und Oberstadtdirektor ein, mit der Doppelspitze als Kontrollsystem gegen das Führerprinzip.

Neuer Oberbürgermeister wurde Heinz Renner (KPD), der letzte von der Militärregierung ernannte Oberbürgermeister. Geboren wurde er 1892 an der Mosel; er starb 1964 in Berlin-Ost. Seit 1919 war er KPD-Mitglied. Im Ersten Weltkrieg wurde er verwundet und kam ins Lazarett nach Essen. Von Beruf war er Zahntechniker. 1920 wurde er KPD-Vorsitzender in Essen; 1933 gelang die Flucht ins Saarland (frz.) und 1935 die Emigration nach Paris. Dort wurde er verhaftet und an die Gestapo ausgeliefert. 1945 kam er nach Essen zurück. Nach seiner Oberbürgermeisterzeit war er Sozialminister und Verkehrsminister in NRW.

Renner war nicht nur dem Besatzungskommandanten positiv und aufbauend aufgefallen. Man sagte, seine Umgebung gleiche einem Wohltätigkeitsverein. Viele haben bis heute nicht vergessen, dass er zur Gründung eines Spendenvereins für das Essener Münster aufrief. Als Vertreter, also als Bürgermeister, fungierte der Vertreter der CDU, Dr. Gustav Heinemann.

Die erste freie Kommunalwahl am 13. Oktober 1946 brachte folgendes Ergebnis: CDU: 39 %, SPD: 34 %, KPD: 12 %, Zentrum: 12 %, FDP: 4 %.

Am 30. Oktober wurde Gustav Heinemann zum Oberbürgermeister gewählt. Die SPD, enttäuscht über das Wahlergebnis, verzichtete auf einen Bürgermeisterposten. Das Bürgermeisteramt übernahm Josef Aust (* 1899, + 1973) von der CDU.

Dr. Gustav Heinemann amtierte vom 30. Oktober 1946 bis 19. Oktober 1949. Er wurde 1899 in Schwelm geboren und starb 1976 in Essen. Im

Abb. 149: Gustav Heinemann

ersten Kabinett Adenauer war er vom 20. September 1949 bis 11. November 1950 Bundesminister des Inneren. Weil Adenauer einen Wehrbeitrag angeboten hatte, trat er zurück und 1952 aus der CDU aus. Er gründete die Gesamtdeutsche Volkspartei, die sich 1957 auflöste. Heinemann trat in die SPD ein. Von 1966 bis 1969 war er Justizminister, von 1969 bis 1974 Bundespräsident.

Die neue Stadtregierung fand eine kaum positiv veränderte Lage vor. Die Knappheiten blieben gleich: wenig Wohnungen, wenig Nahrungsmittel, wenig Versorgungsmittel im Alltag. Dafür blühte der Schwarzmarkt. Etwas Erleichterung brachte die Währungsreform am 20. Juni 1948: Das Warenangebot wurde größer. Aber: Es gab keine Regulierung für das öffentliche Wirtschaftsleben. Es blieben Zahlungsschwierigkeiten der Stadt, weil die Steuereinnahmen nur spärlich eingingen.

Von besonderer Bedeutung war allerdings die Situation bei Krupp:

1. Die Potsdamer Konferenz im Sommer 1945 hatte die totale Demontage der Rüstungsindustrie beschlossen.

2. Im Juni 1947 erging ein Befehl der Militärregierung, 23 Werkshallen zu zerstören, das entsprach etwa 40 % des Bestandes. Der Rat der Stadt wandte sich gegen die Zerstörung und verwies darauf, dass bereits 32 % der Hallen durch den Luftkrieg zerstört waren. Die Militärregierung achtete darauf, dass die Reparationsleistungen gezahlt und Kriegspotentiale vernichtet werden müssten. Das Problem konnte erst am 16. März 1950 halbwegs gelöst werden: An diesem Tag verhandelte eine Essener Delegation bei Bundeskanzler Adenauer: bestehend aus Oberbürgermeister Toussaint und Oberstadtdirektor Rosendahl mit den vier Fraktionsvorsitzenden. Ergebnis: 4 Millionen zahlte der Bund. Die Stadt konnte aufatmen.

Zurück zur Situation der Jahre von Oberbürgermeister Heinemann und ihrem Ende. Als Heinemann als Innenminister ins erste Kabinett Adenauer berufen wurde (20. September 1949), geschah die Amtsausübung durch Bürgermeister Aust. Bei der nächsten Kommunalwahl am 17. Oktober 1948 wurden folgende Mandate erreicht: SPD: 19 %, CDU: 17 %, KPD: 6 %, Zentrum: 8 %.

Beide Blöcke (SPD und KPD/CDU und Zentrum) erreichten die Zahl 25. Das bedeutete eine Pattsituation. Drei Wahlgänge wurden durchgeführt:

8. November 1948 und 2. März 1949: Heinemann – Nieswandt

19. Oktober 1949: Toussaint – Nieswandt

Jedes Mal jeder 25 Stimmen! Der Rat beschloss daraufhin eine Urwahl durch die Bevölkerung. Diese fand am 14. Dezember 1949 statt und hatte folgendes Ergebnis:

Abb. 150: Hans Toussaint

Beteiligung 40,7 %; Toussaint: 68 %; Nieswandt: 32 %.

Der neue Oberbürgermeister Dr. Hans Toussaint wurde 1902 in Essen geboren. Nach dem Abitur an der Humboldtschule studierte er Volkswirtschaft. Als Großhandelskaufmann war er Mitinhaber einer Großhandelsfirma. Er gehörte dem ursprünglichen Bürgerausschuss und dem ernannten Rat an. Insgesamt ohne Unterbrechung war er im Rat von 1945 bis 1975. Von 1957 bis 1969 war er Mitglied des Deutschen Bundestages.

Langsam nahm während seiner Amtszeit das öffentliche Leben in Essen wieder Gestalt an:

23. März 1950: Wiedereröffnung der Lichtburg.

1. August 1950: Wiedereröffnung des Museum Folkwang.

Ende August 1950: Evangelischer Kirchentag.

14. November 1950: Wiedereröffnung des Saalbaus mit Beethovens 9. Symphonie.

2. Dezember 1950: Erste Aufführung von Jooss' Tanztheater.

29. Dezember 1950: Neueröffnung des Opernhauses mit Wagners „Die Meistersinger von Nürnberg"

22. Februar 1952: Eröffnung des Amerikahauses durch Ministerpräsident Arnold als „Symbol der freien Welt".

9. Mai 1952: Auftaktveranstaltung zur 1.200-Jahr-Feier der Stadt. Der Archivar Robert Jahn veröffentlichte zum Stadtjubiläum sein Hauptwerk „Essener Geschichte".

Abb. 151: Der wiedererstandene Saalbau (Sammlung Robert Welzel)

8. September 1952: Wiedereröffnung des „Handelshofes" mit 163 Betten

28. September 1952: Weihe des wiederhergestellten Münsters durch Kardinal Frings von Köln. Festansprache durch Prof. Heinrich Lützeler (Bonn): „Die kunstgeschichtliche Bedeutung der Münsterkirche und ihrer Schätze".

30. Oktober 1952: Einweihung der wiederaufgebauten Marktkirche durch Oberkirchenrat Johannes Beckmann (ab 1958 Präses der Evangelischen Kirche im Rheinland).

10. Mai 1953: Erste Kunstausstellung in der Villa Hügel.

13. Mai 1953: Wiedereröffnung des Hauses der Technik.

16. Mai 1954: Neuerrichtung des Alfred Krupp-Denkmals vor der Marktkirche.

4. Juli 1954: Deutschland wurde Fußballweltmeister. Das Siegtor schoss Helmut Rahn aus Essen.

November 1954: Aufhebung des Friedhofs an der Freiheit (Kettwiger Tor). Umbettungen wurden vorgenommen, vor allem zum Ostfriedhof (Grillo, Huyssen, Knaudt, Baedeker, die Bürgermeister Varnhorst, Kopstadt, Hache und Zweigert). Zum Meisenburgfriedhof wurden die Familien Krupp und von Waldthausen umgebettet.

4. Dezember 1954: Neueröffnung des Ruhrlandmuseums

26. Juni 1955: Rot-Weiss Essen wurde Deutscher Fußballmeister gegen den 1. FC Kaiserslautern. Die Mannschaft wurde mit einem Triumphzug durch Essen geehrt.

3. November 1955: Filmaufführung Lichtburg: „Wenn der Vater mit dem Sohne". Der Hauptdarsteller Heinz Rühmann (* 1902, + 1994) war zum ersten Mal wieder in seiner Geburtsstadt.

7. Februar 1956: Eröffnung der neu errichteten Stadtbücherei an der Hindenburgstraße (250.000 Bände).

17. Mai 1956: Ausstellung „Werdendes Abendland an Rhein und Ruhr" wurde mit Bundesminister Schröder und Ministerpräsident Steinhoff in Gegenwart von Anwar el Sadat, dem ägyptischen Staatsminister, eröffnet.

2. Juni 1956: Essen erreichte die Zahl von 700.000 Einwohnerinnen und Einwohnern.

Am 28. Oktober 1956 fand die nächste Kommunalwahl statt. Ergebnis: SPD: 51 %, CDU: 38 %, FDP: 6 %. Am 8. November wählte der Rat einen neuen Oberbürgermeister: Wilhelm Nieswandt (SPD). Zu Bürgermeistern wurden Werner Lipa (SPD) und Paul Jaeger (FDP) gewählt. Nach langer Wartezeit und vielen Misserfolgen war Wilhelm Nieswandt nun am Ziel. Er stammte aus Kröligkeim im Kreis Gerdauen in Ostpreußen, wo er 1898 geboren wurde. Nach einer Lehre zum Schmied und Wagenbauer

Abb. 152: Wilhelm Nieswandt

kam er 1919 nach Essen zur Firma Krupp. 1923 wurde er Schmiedemeister. 1933 entließ ihn Krupp aus politischen Gründen (u. a. als Mitglied des Arbeiterrats). Nieswandt machte eine eigene Firma auf.

Seit 1914 war er SPD-Mitglied, seit 1933 Stadtverordneter in Essen. Er wurde in Schutzhaft genommen und legte das Mandat nieder, sozusagen freiwillig-gezwungen. 1945 wurde er Mitglied des Bürgerausschusses. Von 1946 bis 1969 gehörte er dem Rat an, bis 1956 war er Vorsitzender der SPD-Fraktion.

Am 19. Dezember 1956 fand in Düsseldorf die Unterzeichnung des Staatsver-trages zwischen dem Heiligen Stuhl und NRW statt (Nuntius Muench, Minister-präsident Steinhoff) über die Errichtung des Bistums Essen. Am 23. September 1956 wechselte Oberstadtdirektor Greinert zum RWE. Sein Nachfolger wurde Dr. Friedrich Wolff, vorher schon Stadtdirektor und Kämmerer. Wolff wurde 1912 in Essen geboren. Er blieb bis 1963 im Amt. Als er sich vom Amt zurückzog, hieß es „aus gesundheitlichen Gründen", vermutet wurden erhebliche Differenzen zwischen Wolff und dem Oberbürgermeister. Wolff starb 1976.

Außerdem verzeichnet die Chronik viel Erfreuliches:

1. Januar 1958: Inthronisierung des bisherigen Weihbischofs von Paderborn, Franz Hengsbach, als Bischof von Essen.

4. Juli 1958: Eröffnung des Hauptbades an der Steeler Straße.

31. August 1958: Einweihung der Katholischen Kirche Hl. Geist von Gottfried Böhm, ein wichtiges Beispiel für die moderne Kirchen-Architektur (Katernberg).

1. September 1958: Eröffnung des Grugabads.

3. September 1958 Eröffnung des zweiten Bauabschnittes des Museum Folk-wang. Ausstellung der Brücke-Künstler: Kirchner, Heckel, Schmidt-Rottluff, Pechstein, Mueller, Nolde.

24. April 1959 Fertigstellung des Kaufhauses Althoff.

13. bis 27. Juni 1959: 1.150-Jahr-Feier zur Gründung Werdens durch Liudger.

18. August 1959: Abschluss des Ideenwettbewerbs für ein Essener Opern-haus. Der Siegerentwurf stammt von Alvar Aalto, dem finnischen Architekten. Oberbürgermeister Nieswandt kommentierte: „In Essen wird kein Theater gebaut allein um des Theaterbaus, der Repräsentation willen. Dazu ist die Zeit zu ernst und der Bau zu teuer. Ein Theaterbau im Herzen des Ruhrgebiets muss von anderen Ideen getragen werden. Denn für den Menschen hier muss das Theater Aussage und nicht nur Spiel bedeuten."[8] Vielleicht schon ein Hinweis auf die Zeit der Verwirklichung?

30. April 1960: Willy Brandt in der Grugahalle (Vorabend des 1. Mai). Der Oberbürgermeister: „Dieses Revier steht weiterhin hinter Ihrer Stadt."[9]

16. Juli 1960: Eröffnung einer Henry-Moore-Ausstellung im Museum Folkwang.

---

8   Geschichte einer Großstadt (wie Anm. 6), S. 248–249.
9   Ebd., S. 253.

Abb. 153: Heilig-Geist-Kirche in Katernberg

3. Februar 1961: Beginn der Louis-Armstrong-Deutschland-Tournee in Essen. Bei der Kommunalwahl am 19. März 1963 verteilten sich die Prozente wie folgt: SPD: 49 %, CDU: 44 %, FDP: 7 %. Oberbürgermeister blieb Wilhelm Nieswandt, Bürgermeister wurden: Fritz Schere (CDU) und Dr. Anton Pauly (FDP).

Auch in den folgenden Jahren markieren wichtige Ereignisse Essens Gang:

16. April 1961: Bischof Hengsbach legt den Grundstein für das Karmeliterinnen-Kloster Stoppenberg.

1. Mai 1961: Die Maikundgebung auf dem Grugaplatz hat 15.000 Besucherinnen und Besucher.

9. Juni 1961: 50-jähriges Bestehen der Folkwangschule (1911 als Kunst- und Gewerbeschule gegründet).

17. November 1961: Der gerade geschaffene Ehrenring der Stadt (an Stelle des Ehrenbürgerrechts) wurde an Alfried Krupp von Bohlen und Halbach gegeben wegen seiner Verdienste beim Wiederaufbau des Unternehmens. Dies stand im Zusammenhang mit 150 Jahre Krupp. Bei der Jubiläumsfeier hielt Altpräsident Heuß am 20. November die Festrede.

19. bis 23. Juli 1962: Deutsches Sängerbundfest auf der Festwiese.

14. März 1963: Der Rat bestätigte Nieswandt und Scheve. Bürgermeister Pauly wurde abgewählt, neuer zweiter Bürgermeister Konrad Steiler (FDP). Pauly verließ die FDP, blieb aber Ratsherr.

2. Mai 1963: Die Protestanten feierten 400 Jahre protestantisches Abendmahl in Essen.

15. bis 21. Juli 1963: Deutsches Turnfest auf der Festwiese.

4. September 1963: Die Städtischen Krankenanstalten wurden zum 2. Klinikum der Universität Münster. Am 4. November fand ein Festakt mit Kultusminister Paul Mikat statt. Nieswandt: Es sei ein stolzer Tag für Essen.

17. Dezember 1963: Ratsbeschluss: Verkauf des Rathauses an die Firma Wertheim für 15 Mio. DM.

18. Dezember 1963: Erster Plan des Architekten Theodor Seifert für das neue Rathaus: Zwei Türme, dazu Haus der Entscheidungen (Ratstrakt) und Überbrückung des Porscheplatzes mit Platte. Der Rat lehnte den Entwurf als zu massiv ab.

16. Februar 1964: Aufführung von Hochhuths „Stellvertreter" im Essener Theater.

1. März 1964: Schließung der Werdener Feintuchwerke.

22. April 1964: Beginn des U-Bahn-Baus.

11. Juni 1964: Neuer Oberstadtdirektor wurde Dr. Karl-Heinz Rewoldt, SPD (* 1909, + 1999), amtierte bis 1974.

15. Juni 1964: Eröffnung des Grugabads nach einem Umbau (Kosten 15 Mio. DM).

Am 27. September 1964 fanden Kommunalwahlen statt, die folgendes Ergebnis hatten: SPD: 53 %, CDU: 43 %, FDP: 4,7 % (nicht im Rat). Oberbürgermeister Wilhelm Nieswandt wurde wiedergewählt. Aus Verärgerung über die CDU (Wahlkampf!) sprach sich die SPD für einen SPD-Bürgermeister aus. Dies wurde Horst Katzor, bisher Fraktionsvorsitzender.

Abb. 154: Das Amerikahaus auf dem Kennedyplatz

27. Oktober 1964: Räumung des Rathauses. Oberbürgermeister, Oberstadtdirektor und Stadtdirektor fanden im Amerikahaus am Kennedyplatz eine Bleibe.

29. April bis 17. Oktober 1965: Bundesgartenschau.

16. Juni 1965: Die Kettwiger Straße wurde Fußgängerzone.

11. Juli 1965: Weihe der restaurierten Luciuskirche (älteste Kirche Essens!).

19. Oktober 1965: Uraufführung: Peter Weiß, Die Ermittlung (Auschwitz).

28. März 1966: Stilllegung der Zeche Langenbrahm, Schacht II, der ältesten Zeche Essens (Schürfrechte 1776 Am langen Brahm auf Entscheidung der Essener Äbtissin).

13. Mai 1966: Eröffnung von Wertheim (an Stelle des abgerissenen Rathauses).

25. Juni 1966: Die Beatles in der Grugahalle.

8. Februar 1967: Abriss des Saalbaus Maas in Werden. In der Nachkriegszeit fanden hier Opern- und Kinoaufführungen statt.

1. April 1967: Krupp wurde Kapitalgesellschaft. Erbverzicht Arndts von Bohlen und Halbach.

5. Oktober 1967: Eröffnung der U-Bahn-Teilstrecke Saalbau – Hauptbahnhof. Der Kabarettist Hildebrandt witzelte: „Die schnellste U-Bahn der Welt. Kaum ist man drin, ist man auch schon wieder draußen."[10]

16. Oktober 1967: Richtfest für 16.000 Wohnungen im Bergmannsfeld

2. Januar 1968: Krupp vollzog die Veränderung zur Kapitalgesellschaft. Beitz wurde alleiniger Vorsitzender des Stiftungskuratoriums.

22. Mai 1968: Eröffnung der S-Bahn Essen–Düsseldorf.

18. Juni 1968: Eröffnung des ersten Autokinos im Ruhrgebiet, hier Borbeck. Erster Film: „Der Überfall" über den englischen Postraub.

4. bis 8. September 1968: 82. Deutscher Katholikentag „Mitten in der Welt". Außerparlamentarische Kirchenopposition: „Der Hl. Geist ist längst verraten von den Kirchenbürokraten".[11]

5. März 1969: Gustav Heinemann wurde Bundespräsident. Herzlicher Empfang vor seinem Haus in der Schinkelstraße.

2. Oktober 1969: Einweihung des Mädchengymnasiums Borbeck als 100. Schulbau nach dem Zweiten Weltkrieg.

Die Kommunalwahl am 9. November 1969 brachte folgendes Ergebnis: SPD: 53 %, CDU: 40 %, FDP unter 5 %. Auswirkungen: Es war das Ende der Nieswandt-Zeit. Im Rat waren nur zwei Parteien vorhanden. Neuer Oberbürgermeister wurde Horst Katzor. Als Bürgermeister sollten Fritz Scheve (CDU) und Berta Möller-Dostali (SPD) amtieren.

Der neue Oberbürgermeister Horst Katzor wurde 1918 in Lanz/Pommern geboren. Von Beruf war er Bauingenieur. 1945 kam er als Vertriebener mit

---

10 Ebd., S. 294.
11 Ebd., S. 299.

Abb. 155: Horst Katzor

seiner Frau und seiner Tochter nach Essen. Er bekam eine Stelle bei der Bahn. Seit 1961 war er Bezirksleiter der Bahn-Gewerkschaft. Von 1958 bis 1982 war er SPD-Vorsitzender in Essen. Dem Rat der Stadt gehörte er von 1952 bis 1964 an, von 1961 bis 1964 als Vorsitzender der SPD-Fraktion. In der Ratsperiode 1964 bis 1969 amtierte er als Bürgermeister. Anschließend war er Oberbürgermeister von 1969 bis 1984.

Er war ein Oberbürgermeister ohne Rathaus, denn den Platz hatte man an das Kaufhaus Wertheim verkauft. Die Sitzungen des Rates fanden im Kammermusiksaal des Saalbaus statt. Die Verwaltung war auf die Stadt verteilt.

Am 1. Januar 1970 wurde die Eingemeindung Altendorfs als Burgaltendorf vollzogen.

Gleich zweimal konnte Katzor den Ehrenring vergeben: Am 23. Januar 1970 an Alt-Oberbürgermeister Nieswandt. Katzor würdigte ihn: „Die Auszeichnung gilt einem Mann, der sich beispielgebend für die demokratisch-kommunale Selbstverwaltung eingesetzt hat." Der Oberbürgermeister sprach dafür drei wichtige Indizien an: Konsequente Haltung im NS-Staat, Einsatz für die Essener Bevölkerung und Beitrag zur Gestaltung des modernen Essen.[12] Der zweite Ehrenring wurde am 10. Juli 1970 überreicht, an Alt-Oberbürgermeister Toussaint.

Am 25. September 1970 weihte Katzor den letzten Teil des Ruhrschnellwegs ein, nämlich den Tunnel. Dabei sagte Katzor: „Dies ist ein Tag, über den sich alle Menschen im Ruhrgebiet freuen. Die lange Zeit der Belästigungen ist nun vorbei. Von nun an ist der Schleichweg tot, jetzt haben wir den Ruhrschnellweg."[13] Dieser hatte nun insgesamt eine Länge von 11,6 km. Darin steckten 14 Jahre Arbeit und die Kosten betrugen 299 Mio. DM.

29. Oktober 1970: Eröffnung des ersten Deutschen Plakatmuseums im Haus Industrieform (Synagoge).

9. April 1971: Skandal am Theater mit der Uraufführung „Die Versicherung" von Peter Weiß. Peter Weiß gehörte zu den bekanntesten Dramatikern Deutschlands: Marat (1964), Die Ermittlung (1965), Hölderlin (1971), Die Ästhetik des Widerstands (1975/81). Selbst „Die Zeit" schrieb verstörende Worte: Explosion der bürgerlichen Weltordnung – Zerstörungslust – entfesselte Triebe – Gewalttätigkeit – Gier. Zitat: „Es scheint, als könnte sich Weiß nicht satt sehen an der Fäulnis."[14] Es hagelte Proteste; das Stück wurde aus dem Abonnement genommen.

12   Ebd., S. 305.
13   Ebd., S. 306.
14   Ebd., S. 309.

25. April 1971: Einweihung der VHS an der Hollestraße.

29. November 1971: Entführung von Theo Albrecht. Er kam am 16. Dezember wieder frei nach Zahlung von sieben Millionen DM.

21. Juni 1972: Der Rat billigte die neuen Seifert-Pläne für das Rathaus, statt der zwei Türme wurde jetzt eine Y-Form mit nur einem Turm vorgesehen.

1. August 1972: Gründung der Gesamthochschule.

7. August 1972: Eröffnung zweier Schulen: der Gesamtschule Bockmühle (Gesamtschule in Altendorf) und der Waldorfschule (Neugründung). Bereits von 1922 bis 1936 existierte die Rudolf-Steiner-Schule, die von den Nazis aufgehoben wurde.

1. Januar 1973: Das Klinikum wurde jetzt Klinikum der Gesamthochschule Essen.

30. April 1973: Schließung der Zechen Pörtingsiepen und Carl Funke. Nach 400 Jahren endete der Bergbau im Essener Süden.

5. Juni 1973: Eröffnung des Springer-Druckhauses in Kettwig. Bürgermeister Fiedler sprach sich aus diesem Anlass gegen die Eingemeindung Kettwigs nach Essen aus: „Sie ist hirnverbrannt. Wir wollen lieber erwachsen werden, als Kinder von Horst Katzor zu sein.“[15]

27. Februar 1974: Neuer Oberstadtdirektor wurde Dr. Ernst Finkemeyer mit nur 38 Jahren. Im August 1981 verunglückte er tödlich bei einer Bergtour in den Ötztaler Alpen.

28. September bis 13. Oktober 1974: Altfrid-Festwochen zum 1.100. Todestag des Stiftsgründers.

1. Januar 1975: Vollzug der Eingemeindung Kettwigs. Eine Klage blieb ohne Erfolg.

Ab Februar 1975 Landtags- und Kommunalwahl. Zum Wahlkampfauftakt am 21. Februar kamen Gustav Heinemann und Dieter Posser in die Grugahalle. Katzor führte aus: „Unsere Leistungen können sich sehen lassen.“ Man dürfe die Stadt nicht einer Neinsager-Partei überlassen und die Führung einem kommunalpolitischen Neuling anvertrauen.[16] Gemeint war Dr. Heimes, Oberbürgermeister-Kandidat der CDU. Bei der Eröffnung des Wahlkampfes der CDU sprachen Heinrich Köppler und Wilfried Heimes am 7. März im Saalbau. Heimes

Abb. 156: Der Stadtteil Kettwig

15 Ebd., S. 316.
16 Ebd., S. 319–320.

forderte die Ablösung der „verbrauchten" SPD, die er als „Genossenschaft mit beschränkter Haftung" beschrieb.[17]

26. April 1975: Eröffnung des neuen Sparkassen-Gebäudes am III. Hagen.

Am 4. August 1975 fand die Kommunalwahl statt. Die Ergebnisse veränderten sich nur minimal gegenüber 1970: SPD: 55 %, CDU: 38 %, FDP: 5,7 %. Oberbürgermeister Katzor wurde wiedergewählt. Als Bürgermeisterin wurde Berta Möller-Dostali (SPD) bestätigt, als weiterer Bürgermeister Karl-Heinz Kuhs (FDP) gewählt. Die Wahl erbrachte auch zwei jüngste Ratsherren: 25 Jahre: Willi Nowack (SPD), 27 Jahre: Hans Schippmann (CDU).

Am 1. Juli 1975 erfolgte der erste Spatenstich für das neue Rathaus.

11. August 1975: Die restaurierte „Badende" (1914) von Georg Kolbe, bisher Kennedyplatz, wurde im Grugapark aufgestellt.

24. Mai 1976: Abriss der ehemaligen Hauptverwaltung Krupp (Turmhaus) an der Altendorfer Straße.

7. Juli 1976: Einer der bekanntesten Essener Politiker und Alt-Oberbürgermeister, vor allem aber Alt-Bundespräsident, Dr. Gustav Heinemann verstarb. Er bekam ein Ehrengrab auf dem Parkfriedhof.

28. Mai 1977: Eröffnung der U-Bahn Essen–Mülheim.

12. Juni 1977: Alt-Oberbürgermeister Hans Toussaint starb. Er erhielt ein Ehrengrab auf dem Friedhof an der Meisenburgstraße.

1. Juli 1977: Richtfest am Rathaus. Der Spruch des Poliers: „Und was jetzt kommt, das haben wir gern: ran an den Ochsen mit Stauder und Stern. Und Essen zum Wohle, zum Schluß trink ich drauf, mein Gruß für heute: Herzlich Glück auf."[18]

28. Februar 1978: Volksbegehren gegen die kooperative Schule.

Am 5. Juni 1978 starb Nieswandt. Der langjährige Oberbürgermeister bekam ein Ehrengrab auf dem Südwestfriedhof. Heinrich Strathmann, langjähriger Mitstreiter in der SPD: „Wilhelm Nieswandt war das, was man hier mit harter Schale und weichem Kern bezeichnet."[19]

20. Januar 1979: Freundschaftsvertrag mit Grenoble: „Förderung des sportlichen, sozioedukativen und soziokulturellen Bereichs."[20]

31. Januar 1979: Der erste Kulturpreis wurde an die Düsseldorfer Initiative „Werkstatt" für ihre Stadtteilkultur verliehen. Katzor: Würdigung der kulturellen und ästhetischen Leistung jenseits der traditionellen Kulturgewohnheiten.[21] WAZ: Kulturpreis gedacht als Aushängeschild für eine kulturell aufgeschlossene Gemeinde, Vorort-Kulturpreis für „ein Laienensemble mit provinziellem Beigeschmack."

---

17   Ebd., S. 320.
18   Ebd., S. 327.
19   Ebd., S. 329.
20   Ebd., S. 331.
21   Ebd., S. 332.

9. Juni 1979: Mohammed Ali in Essen mit Eintrag ins Stahlbuch.

30. September 1979: Die Kommunalwahl veränderte das prozentuale Ergebnis der letzten Kommunalwahlen nur minimal: SPD: 54 %, CDU: 38 %. Katzor wurde zum Oberbürgermeister, Friedrich Kinnigkeit und Helmut Karnath zu Bürgermeistern gewählt. Beide waren bisher stellvertretende Vorsitzende der SPD-Fraktion, also eine reine SPD-Lösung.

Am 7. November 1979 erfolgte die Einweihung des neuen Rathauses. Die erste Ratssitzung im neuen Rathaus fand statt. Oberbürgermeister Katzor wirkte niedergeschlagen wegen der Funktionsunfähigkeit des Leuchtsystems auf dem Dach. Bisher sah man

Abb. 157: Das 1979 eröffnete neue Rathaus

nur einen grünen Streifen am Essener Himmel. Der Rathausausschuss war eigens in Tokio und Soho; der Streifen sollte am Haus und an den Ecken auf und ab laufen! Das Rathaus selbst hat 23 Geschosse nach oben, vier Kellergeschosse und ist 106 Meter hoch.

3. Februar 1980: Gründungsversammlung des Kreisverbandes Essen der Grünen.

5. September 1980: Einweihung des neuen Krupp-Krankenhauses.

9. November 1980: Eröffnung der Mahn- und Gedenkstätte „Alte Synagoge" zugleich mit der Dauerausstellung „Widerstand und Verfolgung in Essen 1933–45".

April 1981: Beginn des Umbaus der Zeche Carl zum Bürgerzentrum.

1. Juni 1981: Offizielle Eröffnung des Sheraton-Hotels.

7. August 1981: Oberstadtdirektor Finkemeyer verunglückte tödlich. Nachfolger wurde am 25. November Kurt Busch, bisher Oberstadtdirektor von Göttingen.

17. Februar 1982: Nach langem Streit wurden die Ruhrbrücken benannt: Steele: Kurt Schumacher, Rellinghausen: Konrad Adenauer, B 227: Theodor Heuß, Werden: Gustav Heinemann.

18. Dezember 1982: Sondersitzung der SPD. Bei einem Stimmergebnis von 108 zu 72 sprach sich die SPD für den Bau des Aalto-Theaters aus. Die WAZ beurteilte dies als städtebaulichen Meilenstein, mutig und zukunftsorientiert. Das Theater wurde als Hort der Musen und Ort des freien Denkens bezeichnet.[22]

6. Oktober 1983: Ratsbeschluss zur Umwandlung des Theaters in eine GmbH.

---

22 Ebd., S. 344.

15. November 1983: Erster Spatenstich des Aalto-Theaters.

5. April 1984: Wiederaufnahme des Weiterbaus des City-Centers durch den Investor Friedrich Schröder; jetzt ohne Hotel, dafür mit Stadtbibliothek.

29. September 1984: Bei der Kommunalwahl verschoben sich die Prozentpunkte zugunsten der Grünen: SPD: 52 %, CDU: 36 %, Grüne: 9 %. Die Grünen erhielten acht Sitze im Rat.

Bei der OB-Wahl wurde für die SPD Peter Reuschenbach MdB gewählt. Als Bürgermeister amtierten Hans Sobek (CDU) und Friedrich Kinnigkeit (SPD).

Die beiden sozialdemokratischen Oberbürgermeister Nieswandt und Katzor erwiesen sich als handfeste und handlungsfähige Sozialdemokraten alter Schule. Sie kämpften um die Bürger ihrer Stadt mit viel Geschick und Verve, und sie erreichten Fortschritte auf Essens Weg zur achtenswerten Großstadt. Der frühere WAZ-Kulturredakteur Wintzenburg bezeichnete Nieswandt als „alten Recken des Reviers" und zitierte Nieswandt selbst: „Mir wird man keinen Personenkult oder Schaustellungen nachsagen können. Ich will kein aufgeputzter Affe sein. Da zeige ich schon lieber statt der Eitelkeiten einen Holzhammer vor."[23] Auch Witze machte man über ihn: „Kennt ihr den Unterschied zwischen Essen und Jerusalem? Jerusalem hat eine Klagemauer, Essen nur eine Nieswandt!"

Oberbürgermeister Katzor war gegenüber Nieswandt eher vom Typ des redegewandten und leutseligen Politikers, der auch als Vorsitzender der Städtetagsversammlung NRW angesehen war. Allerdings schätzte er Verhaltensweisen, die seine Autorität untergraben konnten, gar nicht. Als ein junger Ratsherr in einer Ratssitzung im Kammermusiksaal mit einem knallbunten Kurzarmhemd an das Rednerpult trat, klingelte er mit seiner Glocke und bemerkte spitz: „So wie Sie ist hier noch niemand ans Rednerpult getreten." Als der Jungratsherr Schippmann frech sagte: „Ich bin auch nicht als Dressman in den Rat gewählt worden!", verharrte Katzor unbeweglich und sichtlich verärgert und nannte beim Aufrufen diesen pöbelhaften Jungpolitiker konstant „junger Mann", während dieser „Sehr geehrter Herr Oberbürgermeister Katz-Ohr" zu ihm sagte. – Auch im Rat der Stadt kommt es zu humorvollen Szenen!

Peter Reuschenbach MdB wurde 1935 in Oberhausen geboren. Er wohnte seit 1946 in Essen. Von Beruf war er Industriekaufmann bei der Gelsenkirchener Bergbau AG. Von 1961 bis 1970 war er SPD-Geschäftsführer in Essen, von 1982 bis 1987 Vorsitzender der SPD Essen. 1969 bis 1972 war er

Abb. 158: Peter Reuschenbach

---

23   Ludwig Wintzenburg, Essener Namen in Amt und Würden – Die Bürgermeister, in: Die Stadt Essen, hrsg. vom Presse- und Informationsamt der Stadt Essen, Essen 1981, S. 203–236.

Ratsherr, 1970 bis 1972 Referent bei Willy Brandt, 1972 bis 1984 Mitglied des Bundestages. Von 1984 bis 1989 war er Essener Oberbürgermeister, danach Repräsentant der Ruhrkohle. Ab 2004 wurden auf Initiative von Reuschenbach erste Stolpersteine für Opfer des Nationalsozialismus verlegt. Die Aufgabe wurde später vom Historischen Verein übernommen. Reuschenbach starb 2007.

29. November 1984: Eröffnung des neuen Ruhrlandmuseums.

7. März 1985: Umbenennung des Wiener Platzes in Hirschlandplatz.

19. April 1985: Jürgen Lodemann stellte sein Buch „Essen – Viehofer Platz" vor.

14. Mai 1985: NRW-Finanzminister Dieter Posser legte den Grundstein für das Operative Zentrum des Klinikums.

22. Mai 1985: Modifiziertes Konzept für das Gildehofzentrum, jetzt mit Freizeitbad. Nach Auskunft der Verwaltung sollte das Bad bei 1.700 Besuchern pro Tag rentabel sein. Der Chef der Bäderverwaltung sah dies schon bei 2.300 Besuchern als erfüllt an. Mit allen Stimmen der SPD und sieben Nein-Stimmen der CDU wurde der Bau beschlossen. Die Grünen lehnten ihn als finanziellen Flop ab. Schon bei der Eröffnung am 10. November kamen statt der erwarteten 3.500 Badegäste nur 849.

16. September 1985: Eröffnung der Theaterpassage.

7. Juni 1986: Ministerpräsident Johannes Rau eröffnete die Ausstellung „Barock in Dresden" in der Villa Hügel.

31. Juli 1986: Schließung des Kaufhauses Wertheim. Am 23. Februar 1987 begann der Abriss.

23. Dezember 1986: Schließung von Zollverein.

2. Mai 1987: Besuch Papst Johannes Pauls II.: Landung mit dem Hubschrauber im Grugastadion.

9. September 1987: DDR-Chef Erich Honecker auf der Villa Hügel.

9. und 10. Dezember 1987: Wegen des Abbaus von Arbeitsplätzen bei Krupp in Rheinhausen stürmten Arbeiter die Villa Hügel, wo der Aufsichtsrat tagte.

21. Januar 1988: Konkurs von Loosen.

25. Januar 1988: Eröffnung der Zentralbibliothek im Gildehof.

23. Februar 1988: Menschenkette der IG Metall durch das Ruhrgebiet von Rheinhausen bis zur Westfalenhalle wegen der Krupp-Arbeitsplätze.

17. Mai 1988: Ministerpräsident Johannes Rau weihte die neue Folkwang-Aula in Werden ein.

9. Juni 1988: Auf der Villa Hügel eröffnete die Ausstellung „Prag um 1600", es wurde an die Sammlung von Werken großer Künstler unter den Kaisern Rudolf und Matthias erinnert (Definition „Manierismus").

28. Juni 1988: Kardinalat für Bischof Franz Hengsbach.

25. September 1988: Einweihung Aalto-Theater acht Jahre nach Aaltos Tod mit „Die Meistersinger von Nürnberg".

5. November 1988: Eröffnung der restaurierten Alten Synagoge.

1. September 1989: Enthüllung des Bergarbeiter-Denkmals „Steile Lagerung" von Max Kratz.

Am 1. Oktober 1989 fanden Kommunalwahlen statt mit dem Ergebnis: SPD: 50 %, CDU: 32 %, Grüne: 9,8 %, FDP: 5.2 %. SPD und CDU verloren Stimmen, die Grünen verpassten die angestrebten 10 % und die FDP erreichte knapp den Einzug in den Rat.

In der ersten Ratssitzung am 18. Oktober wurde für die Wahl der Bürgermeister nach Listen von der SPD nominiert: 1. Peter Reuschenbach, 2. Annette Jäger. Von der CDU: 1. Hans Sobek, 2. Rosemarie Heiming.

Die SPD hatte eigentlich 43 Stimmen, allerdings entfielen nur 35 Stimmen auf Reuschenbach/Jäger. Acht SPD-Ratsmitglieder hatten die SPD-Liste nicht gewählt. Reuschenbach zog danach eine zweite Rede aus seinem Jackett und verkündete, er nehme die Wahl nicht an, weil Teile seiner Partei ihm das Misstrauen ausgesprochen hätten. Die Liste der SPD hatte 35 Stimmen erhalten. In der Natur der Sache war Annette Jäger am Zug, sonst wäre Hans Sobek Oberbürgermeister geworden. Nach geraumer Zeit der Ungewissheit nahm Annette Jäger die Wahl an: Plötzlich war sie Oberbürgermeisterin von Essen.

Annette Jäger wurde 1937 in Essen-Schonnebeck geboren. Am Ende des Schulbesuchs in der Luisenschule erwarb sie 1954 die mittlere Reife. Sie arbeitete in der Stadtverwaltung bei den Stadtwerken bis 1997. 1966 trat sie der SPD bei. Seit 1976 war sie Ortsvereinsvorsitzende in Heisingen. 1984 wurde sie in den Rat der Stadt gewählt. 1989 bis 1999 amtierte sie als Oberbürgermeisterin von Essen. 2011 bekam sie den Ehrenring der Stadt.

9. Juni 1990: Eröffnung der Ausstellung „Petersburg um 1800" in der Villa Hügel.

24. Juni 1990: Tod von Kardinal Hengsbach.

2. August 1990: Eröffnung der Ausstellung „Vincent van Gogh" im Museum Folkwang.

15. September 1990: Eröffnung des von dem Architekten Werner Ruhnau umgebauten Grillo-Theaters mit Shakespeares „Sommernachtstraum".

26. September 1990: Eröffnung der Ausstellung „Vergessene Zeiten – Mittelalter im Ruhrgebiet" im Ruhrlandmuseum.

2. Juli 1991: Die Stern-Brauerei verlegte ihren Sitz nach Köln (Dom-Kölsch).

10. September 1991: Partnerschaftsvertrag mit Nischny Nowgorod in Russland.

11. Dezember 1991: Premiere des Cinemaxx als größtes Kino der Bundesrepublik (16 Säle, 5.200 Plätze).

2. Februar 1992: Einführung von Bischof Hubert Luthe.

Abb. 159: Annette Jäger

6. Juni 1992: Eröffnung der Ausstellung „Metropole London: Macht und Glanz einer Weltstadt 1800–1840" in der Villa Hügel.

28. Juni 1992: Eröffnung der Ausstellung „Edward Hopper – Die Wahrheit des Sichtbaren" im Museum Folkwang.

23. Dezember 1992: Schließung des Gildehofbades.

25. Juni 1993: Im Museum Folkwang wurde die Ausstellung „Von Monet bis Picasso" eröffnet, mit insgesamt 572.000 Besucherinnen und Besuchern die bis dahin publikumsintensivste Ausstellung in Deutschland. Gezeigt wurden Werke der ursprünglichen Sammlungen Morosow und Schtschukin, jetzt in den Moskauer und Petersburger Museen.

5. September 1993: Die Ludgeruskirche in Werden wurde mit dem päpstlichen Ehrentitel „Basilika" ausgezeichnet.

Am 11. Juni 1994 wurde die Ausstellung „Paris – Belle Epoque" eröffnet, die dritte Ausstellung in der Villa Hügel nach Petersburg und London.

Bei der Kommunalwahl am 16. Oktober 1994 erreichten die Grünen erstmals die 10 %-Marke: SPD 50,5 %, CDU: 33,6 %, Grüne: 10,9 %. Zur Oberbürgermeisterin wurde Annette Jäger wiedergewählt, zu Bürgermeistern wählte der Rat Rosemarie Heiming (CDU) und Thomas Fresen (SPD).

1995 wurde nach der Pensionierung von Oberstadtdirektor Kurt Busch Hermann Hartwich sein Nachfolger, der schon einige Ämter der Stadtverwaltung mit Erfolg durchlaufen hatte. Er führte das Amt bis 1999 aus. Dann wurden durch die Änderung des Wahlgesetzes die Stellen des Oberbürgermeisters und des Oberstadtdirektors zusammengefasst. Künftig gab es nur noch einen Oberbürgermeister bzw. eine Oberbürgermeisterin. Hier zeichnete sich bereits eine der größten kommunalpolitischen Veränderungen ab: Die bisher rein repräsentative Aufgabe des Oberbürgermeisters wurde als Chef der Verwaltung aufgewertet, entsprechend dem bereits in Süddeutschland üblichen amerikanischen System im Gegensatz zum britischen System. Der Aufwertung entsprach auch, dass seitdem die Wahl des Oberbürgermeisters durch die Bevölkerung, nicht mehr durch den Rat erfolgt.

Zum 60. Geburtstag von Annette Jäger erschienen am 5. Juli 1997 zwei Interviews in der WAZ (Wulf Mämpel) und in der NRZ (Ulrich Führmann). Annette Jäger zog darin eine positive Bilanz und verwies auf das großstädtische Flair (Aalto-Theater, Villa Hügel, Folkwang, Umbau Zollverein) sowie auf die Erfolge der Essener Wirtschaftsförderungsgesellschaft (EWG). Sie erwähnte aber auch das angedachte „Konzerthaus Lichtburg", verbunden mit der notwendigen Renovation des Saalbaus. Am Ende des WAZ-Interviews äußerte sie den Wunsch, 1999 solle sie Bürgermeisterin werden, um dem neuen Oberbürgermeister zur Seite zu stehen. In beiden Interviews machte Annette Jäger klar, dass sie sich immer in der Rolle der Moderatorin gesehen habe.[24]

---

24 Interviews mit Annette Jäger in der WAZ v. 5.7.1997 und in der NRZ v. 5.7.1997.

Annette Jägers Wunsch, Bürgermeisterin zu werden, erfüllte sich, aber nicht in dem Sinn, den sie gemeint hatte. In den letzten Jahren häuften sich Ereignisse, die nichts mit der Ausgestaltung der Stadt zu tun hatten: Eines der wichtigsten Essener Bauwerke, der Saalbau, schwächelte. Es zeigte sich eben, dass er nach dem Zweiten Weltkrieg im Schnellverfahren wiederaufgebaut worden war. Der Saalbau war und ist so etwas wie „Essens gute Stube". Die meisten Essener hatten Bekanntschaft, ja Freundschaft mit ihm geschlossen: Viele Tanzveranstaltungen der Tanzschulen, zahlreiche Versammlungen wie Karneval, Parteitage der Politiker, Aufführungen und lange Zeit auch Ratssitzungen, als Essen zwischen 1964 und 1979 ohne Rathaus war, fanden im Saalbau statt. Und nicht zuletzt die Konzerte unseres Philharmonischen Orchesters, das sich einen künstlerisch wertvollen Ruf erarbeitet hatte.

Die Diskussion, was geschehen müsste, erfasste nicht nur die Stadtpolitik, den Stadtrat, sondern auch die Bürgerinnen und Bürger mit ihren Vereinen und mit ihren Wünschen nach Freizeitmöglichkeiten. Schon vorher, auch in den Vorstellungen von Annette Jäger (WAZ, 5. Juli 1997), tauchte der Vorschlag auf, die Lichtburg zum Konzertsaal zu machen. In diesem Zusammenhang machte die Immobilienfirma Hopf den Vorschlag, am Sheraton-Hotel zwei Bürotürme, je 75 Meter hoch, nach Plänen des bekannten Kölner Architekten Unger zu errichten, nämlich auf dem Grundstück südlich des Hotels, an Stelle des bisherigen Garderobentrakts des Saalbaus. Die verbleibenden Räume wollte die Hopf-Gruppe zu einem Kongresszentrum umbauen. Für die Philharmonie hätte dann eine andere Spielstätte gefunden werden müssen. Während die SPD, vor allem ihr Fraktionsvorsitzender Willi Nowack, Gefallen an den Plänen fand, brachte die oppositionelle CDU einen Antrag ein, den Saalbau im Kuppelsaal zu einem Konzertsaal umzubauen und im Übrigen das Nutzungskonzept beizubehalten. Die SPD setzte sich mit ihrem Antrag am 28. November 1998 durch:

1. Konzerthaus am Berliner Platz
2. Saalbau als Kongresszentrum
3. Weiterführung der Verhandlungen mit der Hopf-Gruppe zwecks Errichtung der Bürotürme.

Dagegen strengten die Oppositionsparteien CDU, Grüne und FDP und zahlreiche Vereine und Bürgerinnen und Bürger in einem Bündnis ein Bürgerbegehren an. Das Bürgerbegehren setzte sich durch mit rund 80.000 Stimmen. Die Konsequenz hieß Aufhebung des Ratsbeschlusses. Damit war die Stimmung für die im September 1999 anberaumte Kommunalwahl vorbereitet. Am 12. September fand die Oberbürgermeisterwahl statt, die erste nach der Neufassung des Landesgesetzes. Kandidaten waren:

SPD: Detlev Samland, geboren 1953, gestorben 2009, von 1989 bis 1999 Europaabgeordneter, 2000 bis 2001 Europa-Minister von der Regierung Clement. Er erhielt 36,4 %.

CDU: Dr. Wolfang Reiniger, geboren 1944, bisher CDU-Fraktionsvorsitzender. Er erhielt 51,7 %.

Grüne: Dorothea Hermann mit 6,4 %.

FDP: Georgia Kaiser mit 1,7 %.

REP: Volkmar Barth mit 1,6 %.

o. P.: Karl Heinz Wolf mit 2,0 %.

Damit war Dr. Reiniger bereits im ersten Wahlgang gewählt. Das neue Gesetz sieht vor, dass eine Stichwahl zwischen den ersten beiden Kandidaten stattfinden muss, wenn keiner der beiden über 50 % erreicht hat.

Abb. 160: Wolfgang Reiniger

Die Wahl zum Rat erbrachte: CDU: 49,7 %, SPD: 35 %, Grüne: 8,1 %, FDP, PDS und REP je zwischen 2 und 3 %.

Als Bürgermeister wurden vom Rat gewählt: Norbert Kleine-Möllhoff (CDU), Annette Jäger (SPD) und Hans-Peter Leymann-Kurtz (Grüne).

Der neue Oberbürgermeister Wolfgang Reiniger wurde 1944 in Winterberg geboren, nach dem Abitur folgte ein Jurastudium mit Promotion 1971. 1974 bis 1999 arbeitete er als Rechtsanwalt. Dem Rat gehörte er 1975 bis 1999 an, seit 1994 als Fraktionsvorsitzender der CDU.

Zunächst galten die Aufmerksamkeit und die politische Arbeit dem Umbau des Saalbaus. Dazu kam im Jahr 2000 die Überlegung, dass sich Essen oder das Ruhrgebiet (KVR-Abstimmung für Essen) für die Europäische Kulturhauptstadt bewerben könnte und sollte. Beim Saalbau belief sich der Sanierungsrückstand auf ca. 55 Mio. DM. Die Planung des Kölner Architekturbüros Busmann (Absenkung des großen Saals und Ansteigen des Gestühls) fand bei Reiniger und seinen Mitarbeitenden Gefallen und wurde umgesetzt. Darüber hinaus opferte Busmann den Kammermusiksaal (wo zwischen 1964 und 1979 die Ratssitzungen stattfinden mussten) und baute stattdessen einen gläsernen Pavillon, den das RWE wesentlich förderte. Am 5. Juni 2004 erfolgte die glanzvolle Wiedereröffnung. Auch der Generalmusikdirektor Stefan Soltész war am Ende zufrieden.

Die Lichtburg war ebenfalls stark sanierungsbedürftig. Die UFA sprang als Mieter ab. Andere Nutzungsmöglichkeiten wurden diskutiert. Am Ende setzte sich Marianne Menze durch. Die Lichtburg wurde renoviert und blieb Kino: Am 16. März 2003 wurde Essens berühmtestes Kino wiedereröffnet.

Parallel dazu stand der Burgplatz insgesamt zur Disposition: Die Stadtplaner sahen gleichzeitig eine Erweiterung des Gebäudes vor und schafften damit eine Unterbringungsmöglichkeit für die Volkshochschule, die im September 2004 ihren Betrieb am Burgplatz aufnehmen konnte.

Abb. 161: Der Eingangsbereich der VHS am Burgplatz

Unter Reinigers Regie wurde das Projekt „Kreative Beplanung innenstadt-
naher Flächen" verfolgt. Das betraf vor allem jene Krupp'schen Flächen zwischen der Bottroper und der Frohnhauser Straße, bekannt unter dem Namen
„Krupp'scher Gürtel". Schon im Herbst 2001 fasste der Rat den Beschluss, einen
Rahmenplan zu erstellen.

Wie viele andere Großstädte setzte die Essener Stadtadministration auf at-
traktive Einkaufszentren, wie das 2003 verwirklichte Projekt „Einkaufszentrum
Limbecker Platz" zeigt.

Unter dem Namen „Universitätsviertel – Grüne Mitte Essen" kam – etwas
zähflüssig – seit 2000 eine Entwicklung in Gang, die dann ab 2008 zur Revita-
lisierung eines ca. 13 ha großen Geländes um die Friedrich-Ebert-Straße und
die Universität führte.

Ein großes und teures Unterfangen war und blieb, das Welterbe Zollverein zu entwickeln. So war schon in der alten Kohlenwäsche das ehemalige Ruhrlandmuseum als Museum für das ganze Ruhrgebiet eingezogen, jetzt als „Ruhr Museum". Die Besucherentwicklung hatte Mut gemacht, die Entwicklung des gesamten Geländes weiter zu forcieren.

Nach fünf Jahren stellte sich Oberbürgermeister Reiniger 2004 zur Wiederwahl. Bei der Oberbürgermeister- und Ratswahl am 26. September kandidierte neben Reiniger für die SPD deren Fraktionsvorsitzender Reinhard Paß. Insgesamt gab es sieben Kandidaten. Reiniger erreichte 49 %, Paß kam auf 36,4 %. Nach der Gemeindeordnung des Landes war eine Stichwahl erforderlich, die am 10. Oktober stattfand. Reiniger erhielt 55 % und Paß 45 %. Auch bei der Wahl zum Rat hatten sich die Stimmen auf eine größere Parteienvielfalt aufgeteilt.

Die zweite Amtszeit Reiniger war gekennzeichnet durch

1. die Bewerbung um die Kulturhauptstadt Europas für das Jahr 2010
2. den Neubau des Stadions
3. die Sanierung oder den Neubau des Museum Folkwang.

Die Kulturhauptstadt-Bewerbung wurde positiv für 2010 entschieden.

Nachdem Pläne gescheitert waren, dass RWE ein neues Stadion mit Hilfe von Investoren erbauen wollte, entschied die Stadt 2008, das Stadion selbst zu bauen. Eröffnung war im August 2012.

Bereits für die einfache Sanierung des Museum Folkwang waren mehr als zwei Mio. € erforderlich. Die Wogen schlugen hoch, bis die Krupp-Stiftung durch ihren Vorsitzenden Berthold Beitz am 24. August 2006 verkündete, dass die Stiftung 55 Mio. € für einen Neubau zur Verfügung stellte. Damit verband die Stiftung, dass der Bau zu Beginn des Kulturhauptstadtjahres fertig sein müsse. Den folgenden Architekturwettbewerb entschied der englische Architekt David Chipperfield für sich.

Hohe Wogen schlug auch die Problematik um den Philharmonie-Intendanten Michael Kaufmann, der seinen Etat überzogen hatte und weitere Überziehungen für nötig hielt. Als der Aufsichtsrat der TuP ihn ermahnte, sperrte er dessen Vorsitzenden kurzerhand aus. Der Aufsichtsrat beschloss, Kaufmann zu entlassen, eine Maßnahme, die in Essen und Teilen der Bundesrepublik einen Sturm der Entrüstung auslöste: Die Medien warfen z. T. die Grundsätze fairer und objektiver Berichterstattung über Bord. Kaufmann beschwerte sich bei Berthold Beitz, den er offenbar für den richtigen Oberbürgermeister hielt, und versuchte so, seinen Arbeitgeber Stadt unter Druck zu setzen. Immerhin schaffte er es, zahlreiche Fans zu Protesten und Hilfsmaßnahmen zu bringen. Das galt für den Vorsitzenden des Theaterförderkreises, Wulf Mämpel von der WAZ, wie umso mehr für den Vorstandsvorsitzenden der Ferrostaal AG, Matthias Mitscherlich, der ein eigenes Kuratorium gründete, um die Weiterbeschäftigung Kaufmanns zu beeinflussen. Mitscherlich wurde später – 2010 – von Ferrostaal entlassen, weil das Unternehmen jahrelang Auslandsgeschäfte „geschmiert" hatte.

Am Ende blieb es bei dem Rausschmiss des Intendanten. Mit Johannes Bultmann wählte der Aufsichtsrat einen hervorragenden neuen Intendanten. Auch der berühmte Dirigent Kurt Masur, der nie mehr nach Essen kommen wollte, kam wieder.

Am 30. August 2009 standen die nächsten Kommunalwahlen an. Reiniger kandidierte nicht mehr. Die SPD nominierte erneut Reinhard Paß, die CDU den Faktionsvorsitzenden Franz-Josef Britz. Die Spitzenkandidaten der Parteien erreich-

Abb. 162: Reinhard Paß

ten folgende Ergebnisse: Reinhard Paß (SPD): 46 %, Franz-Josef Britz (CDU): 35,5 %. Die anderen Bewerber blieben unter „fernerliefen". Die Ratswahlen erbrachten für die SPD 37,2 %, für die CDU 31,9 % und für die Grünen 1,4 %.

In der Zeit danach wurde viel diskutiert: Hatte der SPD die Sache mit Kaufmann geholfen? Oder war daran die Bäderpolitik schuld? Das Dellwiger Bad „Hesse" war das Musterbeispiel: „Hesse ist überall" wahlkämpfte die SPD.

Bürgermeister wurden: 1. Rudi Jelinek (SPD), 2. Franz-Josef Britz (CDU), 3. Rolf Fliß (Grüne).

Der neue Oberbürgermeister Reinhard Paß wurde 1955 in Lembeck geboren, seit 1963 lebte er in Essen. Nach einem Studium an der Gesamthochschule Essen machte er die Prüfung als Dipl.-Ingenieur-Chemiker mit Erfolg.

Die Regierung Paß stand insofern unter ungünstigen Bedingungen, als es dem Fraktionsvorsitzenden der CDU, Thomas Kufen, gelungen war, eine Viererkoalition zwischen CDU, Grünen, FDP und EBB zu schmieden. Paß' Versuche, eine Koalition aus SPD und Grünen zustande zu bringen, waren vorher gescheitert. So standen sich gegenüber:

Viererbündnis (26 CDU, 9 Grüne, 5 FDP, 3 EBB, insgesamt 43) und 31 SPD sowie 5 Linke, insgesamt 36. 3 Sitze entfielen auf Rep/NPD/AUF.

Die Auswirkungen dieser Konstellation zeigten sich u. a. an folgenden Sachverhalten:

1. Wahl des neuen Kulturdezernenten Andreas Bomheuer, der ein Vorschlag der Grünen war.

2. 2011 Wahl von Christian Kromberg (CDU) zum Personal- und Ordnungsdezernenten, hier ein Vorschlag von Paß selbst.

Aufgrund der unklaren Machtverhältnisse (Oberbürgermeister = SPD, Rat = Viererbündnis ohne SPD) blieb die Regierungszeit des Oberbürgermeisters Paß relativ ereignislos. Und das, obwohl sie ein Jahr länger dauerte, nämlich bis

2015. Paß hatte den Vorteil, dass ihm öffentlichkeitswirksame Projekte vor die Füße fielen. Dazu gehörten die Eröffnungsveranstaltung zur Kulturhauptstadt und die Eröffnung des Neubaus des Museum Folkwang. Gerade der Chipperfield-Bau erweckte die Neugier weit über die Grenzen der Stadt hinaus. Auch das Stadion, 2008 wurde der Bau beschlossen, wurde in der Amtszeit von Paß im August 2012 eröffnet.

Zu einer großen Aufmerksamkeit führten die Ereignisse um den Vorschlag, Straßennamen im Stadtteil Rüttenscheid zu verändern. Ausgegangen war alles von einem Antrag von SPD, Grünen und Linken in der Bezirksvertretung II, die Von-Seeckt-Straße und die Von-Einem-Straße in Irmgard- und Ortrudstraße umzubenennen, so wie die Namen im Mädchenviertel bis 1937 lauteten. Die Befürworter der Umbenennung wiesen darauf hin, dass beide Generäle im Kaiserreich und z. T. auch in der Weimarer Republik waren und damit „Steigbügelhalter" für die Nationalsozialisten. Die Gegner der Umbenennung verwiesen darauf, dass ca. 90 Umbenennungen von Straßen zur Diskussion stünden, weil sie aus heutiger Sicht problematisch beurteilt werden könnten. Am Ende langer Diskussionen stand der erste Bürgerentscheid auf Bezirksebene. Knapp 80 %, fast 11.000 Bürgerinnen und Bürger, waren für die Erhaltung der bisherigen Straßennamen.

Parallel zu dieser Situation entwickelte sich ein zweites Ereignis, das Auswirkung auf die Oberbürgermeisterwahl 2015 haben sollte. Oberbürgermeister Paß und seine Partei wollten den Dienstvertrag des Geschäftsführers der EBE, der Entsorgungsbetriebe Essen, Klaus Kunze, um zwei Jahre verlängern. Interfraktionell hatte man sich allerdings darauf geeinigt, den Vertrag zum 31. Dezember 2013 auslaufen zu lassen. Immerhin wäre Kunze dann 69 Jahre alt. Zwei weitere Jahre hätten dann den Ruhestandsbeginn auf das 71. Lebensjahr verschoben.

Bedenken wurden laut: CDU und Grüne lehnten ab; die mit 49 % an der EBE beteiligte Firma Remondis organisierte den Widerstand, nachdem der Oberbürgermeister die Verlängerung des Vertrags in Aussicht gestellt hatte. Eine Sonderprüfung, von Remondis gefordert, hielt wochenlang die Öffentlichkeit in Atem. Unter dem Namen „System Kunze" konnten die Essener zur Kenntnis nehmen: „Verdienstvolle Mitarbeiter" – in Gänsefüßchen – wurden durch Eintrittskarten für sportliche Veranstaltungen, für Konzerte und Tanzshows und durch überhöhte Tantiemen begünstigt. Darüber hinaus wurde ein SPD-Ratsherr mit einem dubiosen Beratervertrag ausgestattet, ohne dass klar wurde, wofür er letztlich bezahlt worden war.

Oberbürgermeister Paß ließ Kunze fallen und erklärte, beide Seiten verzichteten auf gegenseitige Ansprüche. Wieder musste die öffentliche Meinung korrigiert werden: Von eventuellen Schadenersatzansprüchen konnte Kunze natürlich nicht vorweg befreit werden.

Noch ein Bürgerentscheid stand ins Haus: Im Juli 2013 hatte der Rat die Modernisierung der Messe für rd. 123 Mio. € beschlossen. Die Entscheidung war äußerst knapp: 50,4 % für und 49,6 % gegen den Messeausbau. Der Rat fasste eine kluge Entscheidung: nämlich eine abgespeckte Modernisierungsvariante für rd. 88,5 Mio. €. Die breite Basis des Rates stimmte zu.

Die Kommunalwahl am 25. Mai 2014 brachte folgendes Ergebnis: SPD: 37,2 %, CDU: 31,9 %, Grüne: 11,4 %, FDP: 6,4 %, Linke: 5,6 %, andere: unter 5 %. Die Neuwahl des Oberbürgermeisters hatte noch ein Jahr Zeit. Die Bürgermeisterzahl wurde auf zwei begrenzt: Rudi Jelinek (SPD) und Franz-Josef Britz (CDU).

In der SPD mehrten sich öffentlich gewichtige Stimmen, die die Abkehr von Reinhard Paß forderten, so die Landtagsabgeordnete Britta Altenkamp, die offen von der „falschen Person" sprach.

Die CDU bereitete bereits im Oktober 2014 die Kandidatur ihres Fraktionsvorsitzenden Thomas Kufen vor, ein Vorschlag, der im März 2015 zur endgültigen Nominierung wurde.

Die SPD führte eine Mitgliederbefragung durch: Oberbürgermeister Paß hatte mit der Bürgermeisterin von Rheine, Angelika Kordfelder, eine Gegenkandidatin, die aus Essen stammte und jahrelang im Rat tätig war. Paß gewann mit 56 %.

Am 13. September 2015 war es dann soweit: Bei der Oberbürgermeisterwahl gab es das folgende Ergebnis: Thomas Kufen 42,5 %, Reinhard Paß 33,4 %, Gönül Eğlence (Grüne) 7,5 %, sieben weitere Kandidaten unter 5 %. Die Stichwahl 14 Tage später, am 27. September 2015 ergab: Kufen 62,6 %, Paß 37,4 %.

Welche Entwicklung die Geschichte der Essener Oberbürgermeister weiter nimmt, bleibt der Zukunft überlassen. An dieser Stelle sollte festgehalten werden:

Sowohl vor dem Zweiten Weltkrieg als auch danach gab es personelle Höhepunkte, aber auch manche Wahl bzw. Einsetzung von Oberbürgermeistern, die eher mit negativen Folgen verbunden waren. Als ausgesprochene Glücksfälle darf man vor allem Oberbürgermeister Zweigert und mit Abstrichen Oberbürgermeister Luther bezeichnen. Auch Oberbürgermeister Holle hat wertvolle Aufbauarbeit geleistet, die allerdings von den Kriegsereignissen und den Schwächen des kaiserlichen Systems überschattet wurden. Demgegenüber erwies sich Oberbürgermeister Bracht als Totengräber der Weimarer Republik, gleichsam als Steigbügelhalter der Nazis.

Die beiden Oberbürgermeister der Nazizeit, Reismann-Grone und Dillgardt, haben durch ihre von der NS-Ideologie bestimmte Sicht und Vorgehensweise die junge Demokratie endgültig zerstört: Menschenverachtung, Tötungsmaschinen, Meinungsunterdrückung und Vernichtungskriege haben Deutschland und die Welt in ein Chaos versinken lassen.

Der schnelle Aufbau nach dem totalen Chaos in den 1940er und 1950er Jahren ist von den Oberbürgermeistern Heinemann, Toussaint und Nieswandt mit geleistet worden. Sie waren überzeugende Männer der ersten Stunde, die die zerstörte Stadt wieder zu einer lebendigen Großstadt gemacht haben.

Abb. 163: Thomas Kufen

Oberbürgermeister Katzor und seine Nachfolger zeigten sich als Bewahrer des Erbes, setzten ihre Tupfer und förderten die Entwicklung der Stadt. Oberbürgermeister Reuschenbach fehlte die Zeit für weitere Entwicklungen, Oberbürgermeisterin Jäger beschränkte sich auf die Moderatoren-Tätigkeit und litt ein wenig unter der polternden und rücksichtslosen Art des Fraktionsvorsitzenden Nowack.

Zielgenauer und mit Mut zum Risiko entwickelte sich die Oberbürgermeisterzeit Reinigers mit schnellen Entscheidungen. Einige Highlights traten erst nach seiner Zeit in Kraft. Sein Nachfolger Reinhard Paß profitierte von den Vorarbeiten. Leider konnte er seine Möglichkeiten nur begrenzt entwickeln, weil sein Nachfolger mit Geschick und Taktik die anderen Parteien zu seinen Partnern machte.

Thomas Kufen ist seit 2015 Oberbürgermeister. Er wurde 1973 in Essen geboren. Nach der Fachoberschulreife machte er eine Lehre im Autohaus Kufen. 1993 bis 1997 war er Vorsitzender der Jungen Union Essen, 1996 bis 2002 Vorsitzender der Jungen Union Ruhrgebiet. Seine parlamentarische Arbeit begann von 1994 bis 1999 in der Bezirksvertretung IV – Groß Borbeck –, seit 1999 gehört er dem Rat an, 2000 bis 2005 und seit 2012 dem Landtag. 2005 bis 2010 war er Integrationsbeauftragter der Landesregierung, 1999 bis 2009 Vorsitzender des Jugendhilfe-Ausschusses. Seit 2009 ist er der Vorsitzende der CDU-Ratsfraktion in Essen.

Die Ratsperiode dauerte vier Jahre (also bis 2014), die Amtszeit von Oberbürgermeister Paß ein Jahr länger bis 2015. Während der Paß-Administration schmiedete Kufen mit der CDU, den Grünen, der FDP und dem EBB ein Bündnis. Das hohe Kommunikationstalent kam Kufen zugute: Er verstand sich gut mit den Führungspersönlichkeiten der kleineren Parteien. Er ging auf die Mitstreiter zu und vermied jeden Eindruck, Meinungen oktroyieren zu wollen. Im Wahlkampf hatte er immer wieder mit dem Versatzstück „Ich brenne für die Stadt!" gearbeitet. Viele, auch der Autor dieser Zeilen, hielten diesen Satz für eine pathosüberladene Propagandafloskel. Kufens Engagement für die Bürgerinnen und Bürger und auch für einzelne Mitglieder unserer Gesellschaft zeigen vielleicht ein bisschen diese Einstellung. Die NRZ kommentierte am 10. September 2015: „Thomas Kufen gilt selbst beim politischen Gegner als angenehmer Gegenüber – vielleicht weil ihm am Ende ein fairer Kompromiss immer lieber ist, als bis zum letzten Komma auf der eigenen Position zu beharren."[25]

---

25   NRZ, 10.9.2015.

In der ersten Ratssitzung nach der Wahl am 28. Oktober 2015 erklärte Kufen in seiner Antrittsrede: „Der Satz: ‚Erst die Stadt und dann die Partei!' ist mir sehr wichtig. Es gilt auch nach der Wahl. Ich sehe in den Mitgliedern des Rates meine Partner. Ich will eine neue Kultur des Umgangs mit dem Rat und den Bezirksvertretungen, aber auch in der Verwaltung und in den Beteiligungsunternehmen. Wir brauchen mehr Miteinander, müssen mehr Verantwortung übernehmen. Ich will hart arbeiten, mich anstrengen und diese Werte vorleben."[26]

Ein Bekenntnis vor allem für den Umgang miteinander, den demokratischen Ansatz, der eigentlich keine Parteien kennt, vor allem solche nicht, die sich für allein selig machend halten.

Vielleicht haben die Essener Wähler das goutiert, als sie nach fünf Jahren mitten in der Pandemie 2020 Kufen schon im ersten Wahlgang wiederwählten. Bei der Oberbürgermeister-Wahl gab es folgende Ergebnisse: Kufen (CDU): 54,27 %, Oliver Kern (SPD): 20,26 %, Mostafizadeh (Grüne): 12,9 %, Parussel (AFD): 5,97 %, Sonstige: 7,32 %.

Der Oberbürgermeister-Kandidat der SPD erhielt das schlechteste Wahlergebnis der SPD bei einer Oberbürgermeister-Wahl.

Für Kufen wie für den Rat bleibt viel zu tun, z. B. die völlig ungelöste Frage nach der Benachteiligung des Essener Nordens, vor allem in den Stadtbezirken V (Altenessen) und VI (Zollverein). Hier geht es um

- Krankenhäuser nach der Schließung in Altenessen und Stoppenberg,
- um Schulen (zahlreiche Schulen aus den 1960er Jahren stellen sich als „abbruchreif" dar, andere müssen erweitert oder neu gebaut werden). Für die beschlossene Gesamtschule Erbslöhstraße hat man statt 70 Mio. schon in der Planung 130 Mio. € ermittelt.

Weitere Fragestellungen sind:

- Was geschieht mit dem Flughafen?
- Was wird getan für den bezahlbaren Wohnungsbau?
- Wie geht es weiter mit den Sportstätten?
- Wie verhalten sich demnächst Auto- und Fahrradstraßen zueinander?
- Braucht die Innenstadt weitere Maßnahmen?
- Welchen Weg geht die Administration? Erleben wir mehr Verplanung oder wieder Bürgerwillen oder am Ende mehr Kakophonie oder „Klugscheißertum"?
- Wohin geht die Meinungsfreiheit oder -vielfalt? Welche Funke-Mediengruppe gebietet über eine andere Funke-Mediengruppe?

---

[26] Heinrich Wieneke/Christian Hülsmann, Union in Essen, 2. erweiterte Auflage, Essen 2016, S. 627.

- Wie entbürokratisiert man die Verwaltung, z. B. die Entsorgung (EBE) oder das Bauverfahren?

In der Koalitionsvereinbarung haben CDU und Grüne 2020 schon einige wichtige Planungen zum Programm erhoben: Dazu gehört als erste Absichtserklärung „Schule – Bildung – Wissenschaft". Vor allem hinsichtlich der Sanierung und in Bezug auf Umbauvorhaben von Schulgebäuden, aber auch mit Verweis auf eine bessere digitale Ausstattung. Auch der Wohnungsbau und die Stadtentwicklung sollen bis 2025 auf Vordermann gebracht werden.[27]

Im Augenblick bestimmt die Corona-Pandemie die politischen Aktivitäten. Hoffen wir also, dass diese Welle möglichst schnell beendet ist. Politik braucht Planung und Überlegung, Ruhe und Besonnenheit und vor allem den Austausch zwischen den Bürgerinnen und Bürgern und ihren politischen Vertreterinnen und Vertretern. Demokratie ist eine Aufgabe für alle und alle „Besserwisser" und „Klugscheißer" sind dabei überflüssig.

Gerade die Kommunalpolitik braucht Mitmacher. Leserbriefe allein verändern nichts und lösen keine Probleme. Verächtliche oder auch tätliche Angriffe auf Kommunalpolitiker dienen nur der Selbstbefriedigung. Hier gilt: Wer mit dem Finger auf andere zeigt, sollte wissen, dass gleichzeitig eine Mehrheit der Finger auf ihn selbst zeigt.

Literaturangaben

1. Essen – Geschichte einer Stadt, hrsg. von Ulrich Borsdorff u. a. Essen 2002
2. Wolf Schneider, Essen – Das Abenteuer einer Stadt. Essen 1963
3. Robert Jahn, Essener Geschichte. Essen 1952
4. Architektur in Essen, hrsg. von Berger Bergmann und Peter Brdenk. Essen 2017
5. Ludwig Wintzenburg, Essener Namen in Amt und Würden – Die Bürgermeister, in: Die Stadt Essen, hrsg. vom Presse- und Informationsamt der Stadt Essen. Essen 1981, S. 203–236
6. Klaus Wisotzky, Vom Kaiserbesuch zum Euro-Gipfel – 100 Jahre Essener Geschichte im Überblick. Essen 1996
7. Heinrich Wieneke/Christian Hülsmann, Union in Essen, 2. erweiterte Auflage. Essen 2016
8. Helga Mohaupt, Das Grillo-Theater. Bonn 1990
9. Essen im Lesebuch, hrsg. von O. Klein und H. Rosbach. Husum 1987
10. Essen – Geschichte einer Großstadt im 20. Jahrhundert, hrsg. von K. Wisotzky und M. Josten. Münster 2018
11. Essener Köpfe, hrsg. vom Historischen Verein für Stadt und Stift Essen. Essen 2015

---

[27] Siehe Koalitionsvereinbarung zwischen der CDU und den Grünen, Essen 2020.

12. Essener Beiträge, hrsg. vom Historischen Verein für Stadt und Stift Essen:
    Bd. 79 (1963): Karl Mews, Dr. Theodor Reismann-Grone, S. 5–36
    Bd. 112 (2000): Klaus Wisotzky, Richard Euringer, S. 128–151
    Bd. 114 (2002): Stefan Frech, Theodor Reismann-Grone, S. 35–57
13. Zeitungen:
    Ulrich Führmann, „Ich habe eigentlich immer Glück gehabt", in NRZ vom
       5.7.1997
    Wulf Mämpel, Annette Jäger liebt die Rolle als Moderatorin an „Runden
       Tischen", in: WAZ vom 5.7.1997
14. Koalitionsvereinbarung zwischen der CDU Essen und Bündnis 90/Die
    Grünen, Essen 2020/25
15. Gemeinsam für eine moderne Metropole – Zukunft sichern, Zusammenarbeit
    stärken, Essen 2020

Architekturgeschichten aus Essen und Polen –
Eine Spurensuche zwischen Elting- und Moltkeviertel.
Vortrag im Haus der Essener Geschichte am 15. Dezember 2022[1]

ROBERT WELZEL

Als sich im Mai 2022 Kasia Lorenc beim Historischen Verein für Stadt und Stift Essen e.V. meldete, auf der Suche nach historischen Spuren in Essen, die auf das heutige Polen verweisen, habe ich kaum vermutet, wie viele solche Spuren es gibt. Zu erwähnen sind z. B. die Menschen, die aus den früheren preußischen „Ostprovinzen" Schlesien, Posen, West- und Ostpreußen nach 1870 ins Ruhrgebiet kamen, gelockt von den höheren Löhnen, die auf den Ruhrzechen gezahlt wurden.[2] In der Evangelischen Kirchengemeinde (Essen-)Altendorf stammten im letzten Viertel des 19. Jahrhunderts durchschnittlich fast 30 % der Taufeltern aus diesen Gebieten, vor allem aus Ostpreußen. „Die lieben Ostpreußen werden mit großem Unrecht von törichten, ungebildeten Leuten Polacken gescholten", schrieb Pastor Peter Cürlis in seiner Gemeindechronik von 1903.[3] Tatsächlich kamen aber auch viele Menschen ins Ruhrgebiet, die sich durchaus als Polen verstanden, die ihre Sprache mitbrachten (Spuren sind im Ruhrdeutschen nachweisbar), sich in polnischen Vereinen organisierten[4] und hierzulande als „Ruhrpolen" bezeichnet wurden.

Die polnische Unabhängigkeit nach dem Ersten Weltkrieg veränderte das europäische Staatengefüge, sie sorgte aber auch für erhebliche Spannungen zwischen Deutschen und Polen.[5] Mit dem heimtückischen Überfall Hitlers auf Polen begann der Zweite Weltkrieg, der polnische Zwangsarbeiter nach Essen führte. Und dann, ab 1945, folgte eine erneute Grenzverschiebung, die Vertreibung und Umsiedlung der Bevölkerung aus den Ostprovinzen nach sich zog. Die

---

[1] Der Vortrag fand in Kooperation mit dem Historischen Verein für Stadt und Stift Essen e. V. im Rahmen von KULTURa – dialogische Begegnung für Jung und Alt, einem Projekt des Polnischen Kreises PIAST in Essen e.V. (Projektleitung: Kasia Lorenc) statt, gefördert aus Mitteln des kommunalen Integrationsbudgets der Stadt Essen.

[2] Arno Herzig, Geschichte Schlesiens – Vom Mittelalter bis zur Gegenwart, München 2015 (im Folgenden: Herzig, Geschichte Schlesiens), S. 76.

[3] Zwischen 1875 und 1902 stammten in der Ev. Kirchengemeinde Altendorf (Essen-West) durchschnittlich 27 % der Taufeltern aus den „östlichen Provinzen", aber nicht einmal 1 % aus dem Ausland. In: Peter Cürlis, Geschichte der evang. Gemeinde Essen-Altendorf als Festschrift zur Einweihung der Christuskirche am 26. Juli 1903, Neukirchen 1903, S. 98 und S. 16.

[4] Ulrich Borsdorf/Heinrich Theodor Grütter (Ruhr Museum) (Hrsg.), Ruhr Museum – Natur. Kultur. Geschichte., 2. Auflage, Essen 2020, S. 325.

[5] So waren „Ruhrpolen" während der französischen Besatzungszeit 1923 ff. verstärkt Anfeindungen ausgesetzt, viele verließen das Ruhrgebiet wieder, gingen nach Frankreich oder Polen; vgl. Darstellung in der Dauerausstellung des Oberschlesischen Landesmuseums in Ratingen.

Vertreibung der deutschen Bevölkerung ging mit einer Migration der polnischen Bevölkerung aus den nun sowjetischen polnischen Ostgebieten einher.[6] Viele „Aussiedler" gerade aus Oberschlesien kamen ins Ruhrgebiet, wo sie passende Arbeitsplätze im Bergbau oder in der Stahlindustrie fanden. Einiges von dem, was sie an Erinnerungsstücken mit sich führten, bildet den Grundstock für die „Hindenburger Heimatsammlung" in Essen und das Oberschlesische Landesmuseum in Ratingen.[7] Essen war Austragungsort der besucherintensiven Oberschlesientage und Hindenburger Heimattreffen. Hieraus erwuchs 1953 eine Städtepartnerschaft Essens mit dem heute polnischen Zabrze, dem früheren Hindenburg, die u. a. der „Aussöhnung und [..] Verständigung zwischen den Völkern" dienen soll, wie es auf der Internetseite der Stadt Essen heißt.[8]

Im Fokus der „Architekturgeschichten" dieses Vortrages steht vorrangig Schlesien, das 1740/41 von Friedrich dem Großen erobert und 1742 zwischen Preußen und Habsburg aufgeteilt wurde.[9] Das Gebiet Oberschlesien entwickelte sich seit 1845, nach dem Rhein-Ruhr-Gebiet, zum zweitgrößten Industriegebiet Deutschlands, getragen von wohlhabenden Adelsfamilien.[10] Breslau selbst, Provinzstädte wie Neiße oder Glatz, aber auch aufstrebende Industrieorte wie Beuthen, Gleiwitz oder Kattowitz wurden zu lukrativen Betätigungsfeldern für reichsweit tätige Künstler und Architekten, die gleichzeitig auch ihre Spuren im Ruhrgebiet hinterließen. Einige dieser Spuren können wir bei einem Spaziergang entdecken, der uns vom Eltingviertel bis ins Moltkeviertel führt.

Kriegerdenkmal im Eltingviertel, Essen – Wrocław (Breslau) und Kłodzko (Glatz)

Nördlich der Innenstadt, im Umfeld der Zeche Victoria Mathias, errichteten Bauunternehmer in der zweiten Hälfte des 19. Jahrhunderts zahlreiche Mietshäuser für Bergleute und ihre Familien. Viele der Häuser baute der Stadtverordnete und Bauunternehmer Hermann Elting, nach dem das Viertel heute benannt ist.[11] In der aufstrebenden Industriestadt gab es darüber hinaus ein wachsendes

---

6   Herzig, Geschichte Schlesiens (wie Anm. 2), S. 108–109.
7   Die Hindenburger Heimatsammlung ist heute im Haus der Essener Geschichte beheimatet. Das Oberschlesische Landesmuseum in Ratingen-Hösel, nahe der Essener Stadtgrenze, wird von der Stiftung Haus Oberschlesien getragen, die 1970 von der Landsmannschaft der Oberschlesier und dem Land NRW gegründet wurde.
8   https://www.essen.de/dasistessen/international/partnerstaedte/zabrze.de.html (Zugriff 13.12. 2022).
9   Herzig, Geschichte Schlesiens (wie Anm. 2), S. 54.
10   Ebd., S. 73.
11   U. a. baute der Bauunternehmer Hermann Elting die Häuser an der Elting-, Beising-, Peter- und Gertrudisstraße, vgl. Robert Welzel, Bauunternehmer als Wohnungsfabrikanten – Die Essener „Häuserkönige" und ihr Beitrag zur Stadtentwicklung 1850–1929, in: EB 124 (2011), S. 94.

Abb. 164: Die Figurengruppe des Essener Kriegerdenkmals im heutigen Zustand

Bedürfnis nach Kirchen, Industrie-, Verwaltungs- und Repräsentationsbauten. Der vor allem nach der Reichsgründung 1871 zunehmende Nationalstolz drückte sich in Denkmälern aus, die man auf den zentralen Stadtplätzen errichtete. Ein Beispiel für diese Entwicklung ist das Kriegerdenkmal der Stadt Essen, das seit 1958 im Eltingviertel, auf einem früheren Friedhofsgelände an der Peterstraße, steht.

Geschaffen hat es der Breslauer Bildhauer Ernst Seger (1865–1939). Seger, geboren in Neurode (Nowa Ruda), erhielt seine Ausbildung in der Bildhauerklasse der Kunstschule Breslau. Ab 1886 arbeitete er im Breslauer Bildhaueratelier von Christian Behrens, wo u. a. 1888 seine Eichendorff-Büste für die Stadt Neiße entstand, von der sich eine Replik im Oberschlesischen Landesmuseum in Ratingen befindet. 1893/94 begab sich Seger nach Paris, wo er im Atelier von August Rodin mitarbeiten konnte. Zurück in Deutschland, verlegte er seinen Arbeitsschwerpunkt nach Berlin, wo er 1908 zum Königlich Preußischen Professor ernannt wurde.[12]

Das Essener Kriegerdenkmal von 1891 gehört zu den wenigen erhaltenen Werken Segers aus seiner Breslauer Zeit. Für die Finanzierung hatte sich am 24. Oktober 1880 im Saal des Herrn Bovensiepen am Kopstadtplatz ein Kriegerverein gegründet. Am selben Ort gründete sich nur drei Tage später der Historische Verein für Stadt und Stift Essen. Die Gründungsaufrufe beider Vereine appellierten an den Patriotismus der Bevölkerung.[13] Für die Errichtung des Denkmals schrieb die Stadt Essen 1887 ein Preisausschreiben unter Archi-

---

12   Biografische Angaben zu Ernst Seger und zu seinen Kunstwerken (soweit hier nicht gesondert nachgewiesen): Jörg Kuhn, Ernst Seger – Zum diesjährigen 151. Geburtstag des Bildhauers, in: www.stiftung-historische-friedhoefe.de/ernst-seger (Zugriff 13.12.2022).
13   Essener Zeitung v. 19. und 21.10.1880.

tekten und Bildhauern aus, aus dem Seger als Sieger hervorging.[14] Das von ihm gefertigte Modell wurde von der Presse als von „hervorragend künstlerischer Bedeutung" gelobt.[15]

Laut Preisausschreiben sollte das Denkmal auf dem Burgplatz errichtet werden, aber nach der Vorstellung der Siegerentwürfe kam eine angeregte Diskussion über den Standort auf. Auch die Kosten fand man für das Werk eines erst angehenden Künstlers unverhältnismäßig hoch.[16] Schließlich fiel die Wahl auf den Kopstadtplatz, wo Seger am Sedantag 1891 nach einer „herzlichen Ansprache" und unter dem Läuten der Kirchenglocken das Denkmal der Stadt übergeben konnte.[17] Die Figurengruppe (Abb. 164) und die Adler waren bei der international tätigen Kunstgießerei von Prof. Christoph Albrecht Lenz in Nürnberg gegossen worden, wie noch heute am Denkmal nachzulesen ist.

In seiner Ansprache zur Einweihung betonte Oberbürgermeister Erich Zweigert, das Vaterland wäre „das höchste, was der Mensch auf dieser Erde besitzt".[18] Ungekünstelt und leicht verständlich sollte die überlebensgroße Figurengruppe ihre Botschaft vermitteln: „Jeder Beschauer muß darin die Worte lesen: ,Schön ist's, fürs Vaterland zu sterben.'"[19] Ein älterer Sergeant mit Pickelhaube übernimmt von seinem tödlich getroffenen Kameraden, einem jungen Ordonanzoffizier, die Fahne, indem er sich wie ein Engel über den „Gefallenen" beugt, der in Vertrauen auf den noch ausstehenden Sieg zu ihm aufblickt. Ein am Boden liegender Geschützrest verweist auf die erfolgreiche Belagerung von Straßburg. In Verharmlosung des tatsächlichen Kampfgeschehens wird hier der Deutsch-Französische Krieg verherrlicht, der die Reichsgründung ermöglichte, verbunden mit einer Würdigung vermeintlich „deutscher Volkstugenden".[20] Mit dem Schmerz der Hinterbliebenen, die um die Kriegsopfer trauern, hat dies wenig zu tun. Vielmehr galt die Würdigung der „Kriegshelden" als staatsbürgerliche Pflicht, die sich hier in aller Öffentlichkeit vollzog, mitten auf dem Wochenmarkt.

Seiner schlesischen Heimat blieb Seger auch von Berlin aus verpflichtet, so schuf er 1895 das Kaiser-Wilhelm-Denkmal in Glatz, das ebenfalls bei Lenz in Nürnberg gegossen wurde. Bis 1898 fertigte er einen Teil des Bauschmuckes für das Landeshaus der Provinz Schlesien in Breslau.[21] Um 1900 wandte sich Seger dem

14   Essener Volkszeitung v. 12.9.1887; Rhein.-Westf. Zeitung v. 11.1.1888. Lt. diesem Bericht fungierte Fritz Schaper als Preisrichter.
15   Rhein.-Westf. Zeitung v. 21.12.1887.
16   Rhein.-Westf. Zeitung v. 11.1.1888 und Essener Volkszeitung v. 12.1.1888.
17   Also am 2.9.1891. Essener Volkszeitung v. 3.9.1891.
18   Essener Volkszeitung v. 3.9.1891.
19   Rhein.-Westf. Zeitung v. 21.12.1887. Das Motto von Segers Wettbewerbsbeitrag lautete: „Süß und ehrenvoll ist der Tod für das Vaterland" (Horaz).
20   Helmut Scharf, Kleine Kunstgeschichte des deutschen Denkmals, Darmstadt 1984, S. 239.
21   Ernst Badstübner u. a. (Hrsg.), Dehio-Handbuch der Kunstdenkmäler in Polen – Schlesien, München/Berlin 2005 (im Folgenden: Dehio Schlesien), S. 1114.

Abb. 165: Der Bismarckbrunnen in Breslau

Jugendstil zu, was sich u. a. in seinen populären Kleinplastiken ausdrückte (z. B. in der Figur „Frühlingssturm"). In diese Werkphase gehört auch die bronzene Diana-Gruppe im Scheitniger Park in Breslau, die heute noch zu besichtigen ist. Außerdem nahm Seger als Sieger eines Wettbewerbs 1903 zusammen mit dem Berliner Architekten Sehring die Gestaltung des Breslauer Bismarckbrunnens vor, mit zwei seitlichen Sandsteingruppen,[22] die Herkules im Kampf mit einem Löwen („Kampf") und nach dem errungenen Sieg („Sieg") zeigen (Abb. 165).[23]

Das Oberschlesische Landesmuseum in Ratingen besitzt zwei 1925 bzw. 1936 gegossene Stahlarbeiter von Seger.[24] Auch während der NS-Zeit gehörte der Bildhauer noch immer zu den gefragtesten Künstlern in Deutschland.

Abb. 166: Die Speerwerferin von Ernst Seger im Grugapark

Segers Werke finden sich auch auf den Reichsgartenschauen in Dresden 1936 („Lebensbaum")[25] und Essen 1938. Die 1937 geschaffene Speerwerferin im

---

22 Vossische Zeitung v. 9.12.1902.
23 Arno Herzig, Das alte Schlesien, Hamburg 2013, S. 135.
24 Einmal mit Speicherrad, einmal mit Zahnrad.
25 Lt. einer Ansichtskarte wurde der „Lebensbaum" auch auf dem Ausstellungsgelände in Berlin Charlottenburg präsentiert.

Gruga-Park gehört heute zu den bekanntesten Essener Kunstwerken im öffentlichen Raum. Die Umstände ihrer Aufstellung 1938 sind leider nicht bekannt, laut Frau Dr. Ruether (Grün und Gruga) ist Othilie (Tilly) Fleischer dargestellt, eine Speerwerferin, die bei der Olympiade 1936 den Sieg errang (Abb. 166).

St. Gertrudis, Essen – Wrocław (Breslau)

Zwischen Viehofer Platz und Pferdemarkt treffen wir auf die nach dem Zweiten Weltkrieg wieder aufgebaute St. Gertrudiskirche. Das gewaltige Gotteshaus wurde bis 1875 für die frühere Marktkirchengemeinde St. Gertrud errichtet. Vor allem war es dem Engagement von Pfarrer Peter Beising zu verdanken, dass eine Trennung von der Gemeinde St. Johann und ein eigenes, stattliches Gotteshaus möglich wurden. Es entstand eine für die katholische Sakralarchitektur eher ungewöhnliche, gewestete Hallenkirche mit Emporen nach Plänen von August Rincklake, der Turm wurde erst im Oktober 1889 durch Aufsetzen von Kreuz und Hahn fertig gestellt. „Die Kirche ist in den schlanken Formen des edelsten gothischen Stiles erbaut und macht dem Architekten alle Ehre", schrieb die Essener Volkszeitung 1875 (Abb. 167).[26]

II. - ESSEN. - Gertrudis Kirche
Église Gertrudis

Der Kulturkampf überschattete die damaligen Feierlichkeiten, denn eine Konsekration durch den Kölner Erzbischof Paulus Melchers war nicht möglich. Ihm drohte die staatliche Absetzung und er musste sich, steckbrieflich gesucht, für zehn Jahre ins niederländische Exil begeben. St. Gertrud konnte daher 1875 nur eingesegnet bzw. eröffnet werden, wie es in der Essener Volkszeitung hieß.[27]

Eine offizielle Weihe erfolgte erst zwölf Jahre später, am 18. Juli 1887, durch den späteren Fürstbischof von Breslau, Georg Kopp. Im Dekanat Essen sollte Kopp, damals Bischof von Fulda, den überlasteten Kölner Erzbischof Philipp Krementz vertreten, um in Essen und Umgebung die hl. Firmung zu spenden. Erst kurz bevor er nach Essen aufbrach,

Abb. 167: St. Gertrud im ursprünglichen Zustand

---

[26] Essener Volkszeitung v. 14.12.1875.
[27] Ebd.

Abb. 168: Bischof Kopp, fotografiert am 31. Juli 1887 im Essener Fotoatelier von P. Schneider, Kettwiger Straße 38

Abb. 169: Kardinal Kopp als Fürstbischof von Breslau um 1901

wurde seine Ernennung zum Fürstbischof von Breslau bekannt. Am Bahnhof wurde er am 16. Juli von Oberbürgermeister Erich Zweigert und dem Landrat Joseph Anton Friedrich August Freiherr von Hövel (für den Kreis Essen) empfangen und durch die festlich geschmückte Stadt zum Pfarrhaus von Pastor Beising geleitet, wo er untergebracht war.

Am kommenden Tag feierte er in St. Gertrud ein Pontifikalamt und empfing im Anschluss Friedrich Alfred Krupp, dessen Vater, Alfred Krupp, wenige Tage zuvor verstorben war. Am Montag, also am Tag darauf, weihte er die Gertrudiskirche und begab sich anschließend zur Beerdigung von Alfred Krupp. Es folgten während seines insgesamt 14-tägigen Aufenthalts im Dekanat Essen noch weitere Festlichkeiten, u. a. ein Festessen im Saalbau. Außerdem weihte er die katholische Pfarrkirche in Heisingen.[28]

In Breslau erwartete Kopp (Abb. 168–169) ein stattlicher Dom in gotischen Formen. Der Amtssitz des Bischofs liegt ganz in der Nähe und ist auch über die

---

28 Essener Volkszeitung v. 24.10.1912. Man erinnerte sich hier an die Ereignisse von 1887, als in der Diözese Breslau im Oktober 1912 das „goldene Jubiläum" des Kardinals – seit 25 Jahren war er Fürstbischof von Breslau – gefeiert wurde.

Oder hinweg von der Altstädter Seite aus gut sichtbar. Kopp, der dem Preußischen Herrenhaus angehörte, wurde 1893 in das Kardinalskollegium berufen, später in den preußischen Adel aufgenommen und gehörte dem Preußischen Herrenhaus an. Er starb 1914. Als sein besonderes Verdienst gilt das erfolgreiche Bemühen um die Beilegung des Kirchenkampfes, beteiligt war er an der Milderungsgesetzgebung von 1886/87. Andererseits lehnte er eine „Wiederbelebung des Polonismus" ab, vertrat also im Streit um die polnisch sprechende Bevölkerung in Schlesien eine eher deutsch-nationale Einstellung.[29]

Kreuzeskirche, Essen – Nysa (Neiße)

Auf dem Weberplatz treffen wir auf einen weiteren Kirchenbau, der eine Verbindung zur heute polnischen Stadt Neiße herstellt. Der Weberplatz wurde erst 1895 als Maßnahme der Stadtsanierung angelegt, verbunden mit dem Bau der evangelischen Kreuzeskirche, die also nicht am, sondern mit dem Weberplatz entstand. Sie wurde 1896 eingeweiht, also im gleichen Jahr, in dem Essen mit der Geburt des 100.000. Bürgers Großstadt wurde.[30] Am höchsten Punkt ist sie schräg zur Straßenführung angeordnet und bestimmt den Platzeindruck (Abb. 170).

Der beauftragte Berliner Architekt August Orth bediente sich in freier Interpretation der Formen der Rheinischen Romanik und bevorzugte dabei die kühle Perfektion der Maschinenklinker. Aufwendige Details, wie die Toranlage mit den Kandelabern, charakterisieren die Kirche als Prestigeobjekt der Altstadtgemeinde. Große Ähnlichkeit besteht zu Orths Berliner Kirchen, vor allem zur 1893 fertig gestellten Emmauskirche und zur zeitgleich vollendeten Gethsemanekirche. Orth baute einige seiner Kirchen auch im neugotischen Stil, der als „germanisch" galt, so etwa die evangelische Kirche in Pyrmont und 1885 bis 1886 die sehr ähnliche Kirche in Neiße in Oberschlesien, nahe der

Abb. 170: Kreuzeskirche am Weberplatz

29   Herzig, Geschichte Schlesiens (wie Anm. 2), S. 83–84.
30   Heinz Dohmen/Eckhard Sons, Kirchen, Kapellen, Synagogen in Essen, Essen 1998 (im Folgenden: Dohmen, Kirchen), S 25.

Abb. 171: Die evangelische Garnisonkirche in Neiße

Glatzer Neiße gelegen (Abb. 171).[31] Von der Kirche in Neiße hat sich im Architekturmuseum der Technischen Universität Berlin eine Entwurfszeichnung von 1884 erhalten, auf der die in Schichten angeordneten Ziegel und auch die rautenförmige Musterung der Dachfläche gut zu sehen sind. Sie diente als ev. Garnisonkirche, denn Neiße, von Friedrich dem Großen zu einer der stärksten Festung Preußens ausgebaut, wurde noch bis Ende des 19. Jahrhunderts vom Militär bestimmt.

Bis 1890 führte Orth noch eine weitere Kirche in der Ortschaft Hundsfeld in der Nähe von Breslau aus, deren Entwurfszeichnung im Architekturmuseum der Technischen Universität Berlin vorliegt. Außerdem hat sich eine Entwurfszeichnung für die Umgestaltung von Schloss Pavelwitz bei Breslau (1891 ausgeführt) erhalten.[32] Orth steht exemplarisch für die idealisierende Verwendung historischer Baustile, in Verbindung mit zeitgemäßen Baumaterialien und Raumkonzepten. Für Essen schuf er einen modernen Predigtraum mit guter Sicht von allen Plätzen aus auf die Kanzel, die er frei im Raum anordnete.

Zwölfling und St. Johann, Essen – Warszawa (Warschau)

Am Zwölfling entdecken wir ein Schmuckgitter, das an ausgewählte Essener Äbtissinnen erinnert, u. a. an die in Warschau geborene letzte Essener Fürstäbtissin

---

31 Lt. erhaltener Architekturzeichnung im Architekturmuseum der Technischen Universität Berlin, Entwurf von 1884.

32 Die digitalisierten Entwürfe im Architekturmuseum der Technischen Universität Berlin. Dort auch sein vergeblich eingereichter Wettbewerbsentwurf für die Breslauer Börse von 1869.

WARSCHAU. Fragment vom Schlossplatz u. Krakauerstr.

Abb. 172: Der Schlossplatz in Warschau vor der Kriegszerstörung

Maria Kunigunde. Ihr ist die Darstellung eines Industriebaues zugeordnet. Maria Kunigunde, eine sächsisch-polnische Prinzessin, wurde am 10. November 1740 in Warschau geboren, vermutlich im Königlichen Schloss (Abb. 172). Vier Jahre zuvor war ihr Vater, der sächsische Kurfürst Friedrich August III., nach dem polnischen Thronfolgekrieg endlich als polnischer König anerkannt worden. Ihre Mutter war Maria Josepha, eine Tochter Kaiser Josephs I.

Kindheit und Jugend verbrachte Maria Kunigunde zusammen mit ihren älteren 14 Geschwistern in Dresden, wo sie streng katholisch erzogen wurde. Nachdem hochrangige Eheprojekte, zuletzt mit dem späteren Kaiser Joseph II., gescheitert waren, sorgte Maria Theresia als Ausgleich und unter Einsatz erheblicher Bestechungsgelder für eine Wahl Maria Kunigundes zur Koadjutorin der noch amtierenden Fürstäbtissin von Essen und Thorn an der Maas (Niederlande), Franziska Christine. Ihrer königlichen Herkunft war Essen durchaus angemessen, denn es galt als das vornehmste Frauenstift im Reich. Mit dem Tode Franziska Christines gingen Äbtissinnenwürde und reichsfürstliche Rechte 1776 an sie über.[33]

An ihre Herkunft erinnert bis heute das schon ab 1699 entstandene Chorgestühl der Kanoniker aus St. Johann, das jetzt auf den Dom und die Kapelle von Schloss Borbeck aufgeteilt ist. Das Chorgestühl ließ sie – wie die übrige Ausstattung der

---

33   Willy Ascherfeld, Maria Kunigunde von Sachsen, die letzte Fürstäbtissin des Stiftes Essen (1776–1802), in: EB 47 (1930), S. 14 ff. und 23 ff.

Abb. 173: Maria Kunigunde als Fürstäbtissin von Essen

Kirche – in den sächsischen Farben Weiß und Grün fassen.[34] Da der Wohnkomfort in der Essener Residenz und im Schloss Borbeck nicht mit Dresden konkurrieren konnte, hielt sie sich nur sporadisch in Essen auf. Einen großen Teil ihres Lebens, schon seit 1769, verbrachte sie an der Seite ihres Bruders, des Kurfürsten von Trier und Bischofs von Augsburg, Clemens Wenzeslaus, der in Ehrenbreitstein residierte und ab 1786 das neue Koblenzer Residenzschloss bezog. Hier bewohnte Maria Kunigunde ein eigenes Wohnappartement im Mezzanin.[35]

Trotz ihrer weitgehenden Abwesenheit betätigte sie sich in Essen als Reformerin und Förderin des Schulwesens und der Wirtschaft (Abb. 173). Sie investierte in den Ausbau der zwischen der Mark und Wesel geplanten Chaussee (heute Altendorfer Straße). Als im Norden ihres Fürstentums 1789 Raseneisenstein entdeckt wurde, initiierte sie zwei Jahre später die Gründung der Eisenhütte Neu-Essen, die sie 1794 aus privaten Mitteln aufkaufte, zusammen mit der St. Antony-Hütte bei Sterkrade (heute Oberhausen). Hier erinnert heute eine Außenstelle des LVR-Industriemuseums an ihr Engagement.[36] Maria Kunigunde starb 1826 in Dresden.

Markt, Essen – Toruń (Thorn) und Wrocław (Breslau)

Unser Spaziergang führt uns zum Markt. Seit dem Mittelalter bis 1964 standen hier die Essener Rathäuser. Von 1878 bis 1887 stammte das neugotische Rathaus des Architekten Peter Zindel (wohl zusammen mit Julius Flügge), ein mit Oeynhausener Tonsteinen und Zierelementen aus Trachyt und Sandstein verblendeter Backsteinbau, dessen Fassaden durch klare Fensterachsen und kraft-

---

34 Wilhelm Astrath, Der Dom zu Essen – Chorraum, Mülheim 1984, S. 37.

35 Lorenz Seelig, Die Ausstattung des Koblenzer Schlosses, in: Landesarchivverwaltung Rheinland-Pfalz (Hrsg.), 200 Jahre Residenz Koblenz, Koblenz 1986, S. 51.

36 Birthe Marfording, Maria Kunigunde von Sachsen – Eine Power-Frau mit Weitblick, in: Landschaftsverband Rheinland (Hrsg.), St. Antony – Die Wiege der Ruhrindustrie – Ein „Wirtschaftskrimi" um die erste Eisenhütte im Revier, Münster 2008, S. 22.

Abb. 174: Das Essener Zindel-Rathaus   *Abb. 175: Das Rathaus von Thorn als historisches Vorbild*

volle Werksteinstreifen gegliedert waren (Abb. 174). Die Front zum Marktplatz
wurde durch die Maßwerkfenster des Sitzungssaales und einen Austrittsbalkon
bestimmt. Die Ecksituation betonte Zindel durch einen Turm.

Zum Rathaus heißt es 1902 im Verwaltungsbericht der Stadt: „Die Wahl des
Stiles ist in erster Linie seiner historischen Bedeutung für die Entwicklung des
deutschen Städtewesens im Mittelalter und der sich daraus herleitenden Tradition zuzuschreiben [...]"[37] Tatsächlich war die Verbindung eines Rathauses
mit einem Stadtturm als Ausdruck des bürgerlichen Selbstbewusstseins zwar in
Italien oder Flandern, nicht aber im deutschen Mittelalter üblich. Es gab also
nur wenige Vorbilder, auf die sich Zindel berufen konnte, u. a. Köln, Danzig,
Breslau und Thorn in Westpreußen.[38] So verweist die Turmlösung des Essener
Rathauses mit dem reich gegliederten Uhrengeschoss und den Ecktürmen auf

[37] Eva Brües, Rathäuser, in: Eduard Trier und Willy Weyres (Hrsg.), Kunst des 19. Jahrhunderts im Rheinland, Bd. 2: Architektur II, Düsseldorf 1980, S. 40; Die Verwaltung der Stadt
Essen im XIX. Jahrhundert, mit bes. Berücksichtigung der letzten 15 Jahre, 1. Verwaltungsbericht der Stadt Essen, 1. Bd., Essen 1902, S. 237 ff.

[38] Petra Leser, Aspekte zum Kölner Ratsturm im Rahmen der europäischen Baugeschichte,
in: Hiltrud Kier u. a. (Hrsg.), Köln: Der Ratsturm – Seine Geschichte und sein Figurenpro-
gramm, Köln 1996, S. 113.

das Altstädter Rathaus von Thorn, dessen Turm in seiner heutigen Gestalt auf das 14. Jahrhundert zurückgeht und flandrische Einflüsse zeigt (Abb. 175). Zindel schuf so eine ideelle Verbindung zu einer der wichtigsten Hansestädte des Mittelalters, erinnerte aber auch an den schon vor Jahrhunderten in Europa üblichen Kunsttransfer, der den Handelsrouten folgte (man denke etwa an den Hellweg von Brügge über Köln, Essen und Thorn nach Novgorod).[39]

Das Essener Rathaus schritt 1887 seiner Vollendung entgegen, als ein dramatisches Ereignis die Stadt erschütterte: Am 14. Juli 1887 starb Alfred Krupp, der der Gussstahlfabrik aus sehr bescheidenen Anfängen zu Weltgeltung verholfen hatte. Er wurde auf dem Kruppschen Friedhof vor dem Kettwiger Tor beerdigt (Grab und Grabmal heute auf dem Bredeneyer Friedhof). Bereits unmittelbar nach der Beerdigung erhielt Oberbürgermeister Zweigert verschiedene Hinweise, dass es zur Pflicht der Stadtgemeinde gehören müsste, für Krupp ein Denkmal zu stiften. Die Stadtverordneten stellten daraufhin für „ein der Bedeutung des Verstorbenen und seinem bescheidenen Sinn angemessenes und den beschränkten Verhältnissen der Stadt entsprechendes Denkmal auf dem Marktplatz" 60.000 Mark bereit. Passend dazu ging am 5. August 1887 ein Schreiben Friedrich Alfred Krupps ein, dass er im Einverständnis mit seinem verstorbenen Vater der Stadt ein Kapital von 500.000 Mark für gemeinnützige und wohltätige Zwecke aussetzen werde.[40]

Die Wahl der Stadtverordneten fiel auf den renommierten Bildhauer Prof. Fritz Schaper, der den Auftrag auch annahm. Dies war durchaus keine Selbstverständlichkeit, denn Schaper galt als einer der bedeutendsten Vertreter der Berliner Bildhauerschule. Erste Triumphe feierte er 1880 mit seinem Goethe-Denkmal im Berliner Tiergarten. Nun gehörte er zu den bevorzugten Bildhauern Wilhelm II., der ihn als „Rückgrat seiner Künstlerschaft" bezeichnete,[41] zumal er in seinen Werken auf modische Neuerungen verzichtete und eine Harmonie im klassischen Sinne bevorzugte.[42] 1893/94 schuf er das Giebelrelief des Berliner Reichstages, das noch heute fast täglich in den Medien zu sehen ist.[43] Vor allem gehörte Schaper zu den produktivsten Schöpfern von Denkmälern, wie sie sich damals großer Beliebtheit erfreuten.[44]

39 Dehio-Handbuch der Kunstdenkmäler West- und Ostpreußens, München/Berlin 1993, S. 624.

40 Essener Volkszeitung v. 6.8.1887.

41 Christa Lichtenstern, Wie konservativ war Fritz Schaper? Beobachtungen zu seiner künstlerischen Tradition, in: Uwe Hinkfoth (Hrsg.), Fritz Schaper – Die Wiederentdeckung des Denkmals, Katalogbuch zur Ausstellung im Museum Goch, Goch 2000 (im Folgenden: Hinkfoth, Schaper), S. 15.

42 Christmut Präger, Alte Formen, neue Zeiten. Bemerkungen zu Fritz Schapers öffentlich-politischen Denkmälern, in: Hinkfoth, Schaper (wie Anm. 41) (im Folgenden: Präger, Alte Formen), S. 73.

43 Ebd., S. 80.

44 Hubertus Adam, Postmortaler Paternalismus. Die Industriellendenkmäler von Fritz Schaper, in: Hinkfoth, Schaper (wie Anm. 41), S. 85.

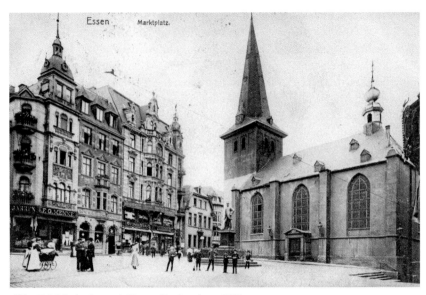

Abb. 176: Marktplatz mit Krupp-Denkmal um 1908

Das Essener Alfred-Krupp-Denkmal (Abb. 176), das heute wieder in etwa an seinem ursprünglichen Standort vor der Marktkirche steht, wurde bei der Bildgießerei Gladenbeck und Sohn AG in Berlin-Friedrichshagen gegossen, wie am Sockel der Bronze vermerkt ist. Eingeweiht wurde es am 14. Juli 1889, morgens um 7 Uhr! Man hatte die umliegenden Häuser mit Fahnen, Laubgewinden, Palmen, Blumen und einer Büste Alfred Krupps geschmückt. Auf dem Markt war eine Tribüne für die Ehrengäste „par distance" errichtet worden, in diesem Fall für Friedrich Alfred Krupp nebst Margarethe Krupp und der erst dreijährigen Bertha Krupp.[45] Der Aufstellungsort der Stadtverordneten, des Regierungspräsidenten, der Beamten, der Geistlichkeit, der Offiziere und Angehörigen des Krupp-Direktoriums war exakt festgelegt. Im Rücken des Denkmals durften die Schüler der höheren Lehranstalten sowie Vertreter der Kruppschen Belegschaft, hinter der Tribüne der Familie Krupp Vertreter der Bürgerschaft ihre Stehplätze einnehmen. Viele weitere Zuschauer beobachteten das Geschehen von den Fenstern und Dächern der umliegenden Häuser aus. In seiner Ansprache dankte Zweigert dem anwesenden Bildhauer besonders innig: „[…] unsere Stadt hat einen Schmuck erhalten aus der Hand eines ersten deutschen Künstlers, einen Schmuck, der ihr allezeit zur Zierde gereichen, einen Gegenstand der stolzen Freude ihrer Bürger, der Bewunderung ihrer Besucher, bilden wird […]"

---

45   Dies entsprach auch der inzwischen in Berlin gängigen Praxis, vgl. Knut Brehm, Das Goethe-Denkmal in Berlin, in: Hinkfoth, Schaper (wie Anm. 41), S. 44.

Abb. 177: Krupp-Denkmal in heutiger Aufstellung

Enthüllt wurde das Denkmal von Bertha Krupp beim Klang einer Fanfare. Es sollte dem bescheidenen Sinn des Dargestellten entsprechen und dabei möglichst lebensecht wirken. Schaper, der hier erstmals einen Industriellen porträtierte, bemühte sich um eine naturalistische und psychologisch sorgfältige Charakterisierung Alfred Krupps. Die Reitkleidung entsprach ganz seiner Gepflogenheit, von der Villa Hügel aus mit dem Pferd zur Fabrik zu reiten (Abb. 177). Das Denkmal zeige, wie es in der Essener Volkszeitung heißt, Alfred Krupp, „wie er im Leben unter uns wandelte. Der rechte Fuß hat eine vorwärtsschreitende Stellung, während die rechte Hand auf dem nach hinten halb mit einem Schurzfell bedeckten Ambos ruht. Die linke Hand ist in die Seite gestützt und hält die bekannte Mütze. Ein hoher, idealer Geisteszug schwebt über dem etwas nach links, zur Burgstraße hin gewandten Antlitz, auf dem sich kraftvolle Energie und milde Herzensgüte wiederspiegeln."[46] Letzteres war eine Anspielung auf das von Krupp ins Leben gerufene Sozialwerk und sein großzügiges Vermächtnis. Der Standort auf dem Marktplatz erhob Krupp fast in den Rang eines modernen Stadtpatrons, wie es Peter Bloch 1980 ausdrückte,[47] tatsächlich wurde Krupp in Anspielung auf seinen Vornamen von den Zeitgenossen als „zweiter Alfried" und damit als zweiter Stadtgründer interpretiert.[48]

Um Schapers Breslauer Denkmal auf die Spur zu kommen, müssen wir uns zunächst nach Berlin begeben. 1895 verfügte Wilhelm II. per Erlass die Anlage der „Siegesallee" im Berliner Tiergarten, zur Erinnerung an die „ruhmreiche Vergangenheit" des Vaterlandes. In 32 Banknischen vor geschnittenen Hecken sollten Marmorstandbilder an die Fürsten Brandenburg-Preußens erinnern. Nur wenige der entstandenen Arbeiten ließen die Kritiker ungeschoren, ausdrückliches Lob erntete Schaper, der den Großen Kurfürsten zusammen mit zwei Assistenzfiguren gestaltet hatte (Abb. 178). Die Herausforderung war

46   Rhein.-Westf. Zeitung v. 15.7.1889.
47   Peter Block, Heroen der Kunst, Wissenschaft und Wirtschaft. Zierbrunnen und „freie" Kunst, in: Eduard Trier und Willy Weyres, Kunst des 19. Jahrhunderts im Rheinland, Bd. 4: Plastik, Düsseldorf 1980, S. 290.
48   Gustav Koepper, Das Gussstahlwerk Fried. Krupp und seine Entstehung, Essen 1897, S. 79.

Abb. 178: Das Denkmal des Großen Kurfürsten an der Berliner Siegesallee

Abb. 179: Die Bielefelder Fassung des Denkmals

aber wohl doch groß, denn während der Ausführung erlitt der Künstler wegen Überarbeitung einen Zusammenbruch. So konnte er erst 1899 das Werk vollenden, dessen Fragmente sich heute in der Festung Spandau befinden.[49]

Zugleich schuf er eine Bronzefassung für die Sparrenburg bei Bielefeld, die Wilhelm II. in großer Begeisterung für das Werk im Jahr darauf der Stadt Bielefeld schenkte (zur Enthüllung am 6. August war er persönlich und zu Pferd anwesend). Wilhelm II. gab auch eine weitere Marmorfassung in Auftrag, die man bereits im Spätherbst 1899 auf dem Gelände der Kaserne des Leibkürassier-Regiments Großer Kurfürst in Breslau aufstellen ließ (Abb. 180). Er sah sich in der Tradition des Großen Kurfürsten, der 1701 zum ersten König in Preußen gekrönt worden war und den man (wohl

---

49   Präger, Alte Formen (wie Anm. 42), S. 78–80.

Abb. 180: Postkarte, die an die Aufstellung des Breslauer Denkmals erinnert

zu Unrecht) für den Gründer der preußischen Armee hielt. Schaper stellte den Kurfürsten trotzdem in ziviler Kleidung dar.

Viele Details können wir heute noch an der Bielefelder Fassung bewundern, die uns unabhängig vom Material einen guten Eindruck vom nicht mehr erhaltenen Breslauer Werk vermittelt (Abb. 179).[50] Während sich der Kurfürst, um die Standfestigkeit zu gewährleisten, an einen Eichenstamm lehnt (für militärischen Ruhm), wählte Schaper für das Essener Krupp-Denkmal einen Amboss als Stütze. Er deutet an, dass Alfred Krupp sein Handwerk von der Pike auf gelernt hat, dass er ein Mann aus dem Volke ist.

Limbecker Platz, Essen – Wrocław (Breslau)

Die großen Tage des Denkmals waren um 1900 bereits vorüber. Der fast schon inflationäre Umgang mit dem Denkmalkult unter Wilhelm II. forderte die Kritiker heraus, die von einer regelrechten „Denkmalseuche" oder „Bronzeseuche" sprachen. Für eine neue Generation der Künstlerschaft steht der Bildhauer Hugo Lederer, der – ähnlich wie Schaper – sowohl in Breslau als auch in Essen wirkte. Wo sich heute das Einkaufszentrum „Limbecker Platz" mit seiner Metallfassade erstreckt, wurde 1907 das von ihm geschaffene Denkmal für den 1902 überraschend verstorbenen Friedrich Alfred Krupp enthüllt (Abb. 181).

Hugo Lederer kam 1892 in das renommierte Breslauer Atelier von Christian Behrens, in dem schon Ernst Seger gearbeitet hatte. Bereits nach einem Vierteljahr ergriff er die Flucht, die bezwingende Stellung seines Meisters engte seinen schöpferischen Geist ein, wie es später sein Biograf Hans Krey darstellte.[51] Trotzdem entstand einige Zeit später sein bis dahin prominentestes Werk in Breslau, der 1904 aufgestellte Fechter-Brunnen auf dem Universitätsplatz (Abb. 182). Lederer

50   Auch diese wurde, wie das Essener Alfred-Krupp-Denkmal, bei der Bildgießerei Gladenbeck und Sohn AG in Berlin gegossen (Inschrift Denkmalsockel).
51   Hans Krey, Hugo Lederer – Ein Meister der Plastik, Berlin 1931, S. 40–41.

Abb. 181: Friedrich-Alfred-Krupp-Denkmal am Limbecker Platz

Abb. 182: Der Breslauer Fechter-Brunnen

Abb. 183: Hauptfigur des Friedrich-Alfred-Krupp-Denkmals

hatte beim Wettbewerb um das Werk den zweiten Preis erlangt, Behrens (sein früherer Meister) aber den ersten Preis. Trotzdem wurde Lederer beauftragt.

Hans Krey sah im Fechter einen Wendepunkt im Werkschaffen Lederers: „In der eigenen Seinskraft der Statue beruht die Berechtigung ihrer Existenz als Kunstwerk, sie ist erfüllt von Eigenleben. […] So großartig ist diese Schöpfung durchgeführt, daß man in der Betrachtung dieses zum Zweikampf bereiten Jünglings den Gedankeninhalt des Werkes vergißt, daß man für diesen Eindruck nur einen Begriff findet: Der Mensch." Für Krey war dies ein entscheidender Schritt für die Entwicklungsgeschichte der Plastik schlechthin.[52]

1902 gewann Lederer den Wettbewerb für den Skulpturenschmuck des bekannten Bismarck-Denkmals in Hamburg, eingeweiht wurde es 1906 und setzte Maßstäbe für eine monumentale Denkmalkunst. Aufsehen erregte auch sein Siegerentwurf für das Bismarck-Nationaldenkmal bei Bingen, das allerdings nie realisiert wurde. Zeitgleich zum Hamburger Bismarck arbeitete Lederer am Essener Projekt, für das er 1905 gleich drei Entwürfe vorlegte. Das vorrangig von Werksangehörigen finanzierte Denkmal wurde aber erst 1907, fünf Jahre nach dem plötzlichen Tode F. A. Krupps, eingeweiht.

In der letztlich gewählten Fassung stellte Lederer ein Bronze-Standbild des Industriellen in das Zentrum einer Halbrotunde, umgeben von allegorischen Figuren: Eine Familie mit Kind und zwei athletische Männer in Arbeitsmontur mit gesenkten Häuptern. Das Bronzeporträt, das heute isoliert an der Villa Hügel steht, zeigt Krupp aufrecht, die Hände hinter dem Rücken verschränkt, als lauschenden und gütigen Zuhörer. Die eigenwilligen Details, der nahtlose Rock und das makellose Gesicht, galten der Idee „Krupp", die das Leben in der Stadt dominierte (Abb. 183).[53]

Hugo Lederer fertigte noch weitere Werke für Essen an, u. a. als Sieger eines Wettbewerbs die künstlerische Ausgestaltung der „Ehrenhalle" in der Krupp-Hauptverwaltung, dem Turmhaus. Im Park der Villa Hügel ist die Hauptfigur heute aufgestellt, ein „Denkmal der Arbeit" als allegorische Frauengestalt mit Füllhörnern und dem „Stammhaus" zwischen den Füßen. Sie soll auf den Firmengründer Friedrich Krupp verweisen.[54]

52 Ebd., S. 64–65.
53 Ernst Gosebruch, Hugo Lederers Krupp-Denkmal in Essen, in: Deutsche Kunst und Dekoration, Heft 21, 1907, S. 307.
54 Brigitte Ingeborg Schlüter, Verwaltungsbauten der Rheinisch-Westfälischen Stahlindustrie 1900–1930, Inauguraldissertation zur Erlangung der Doktorwürde, Universität Bonn 1991, S. 96. In der „Ehrenhalle" waren beiderseits der Figur Medaillons von Alfred Krupp und Friedrich Alfred Krupp sowie genrehafte Darstellungen von Arbeitsprozessen angebracht, die wohl ebenfalls von Lederer entworfen wurden. Außerdem schuf Lederer 1909 das Grabdenkmal für Essens Oberbürgermeister Erich Zweigert und 1928 das Ehrenmal für die Karsamstagstoten von 1923 auf dem Südwestfriedhof (beide nicht erhalten).

Gänsemarkt, Essen – Warszawa (Warschau)

Am Gänsemarkt wird an ein düsteres Kapitel der deutschen Geschichte erinnert und ein Bezug zu Warschau hergestellt. Vor dem Haus Nr. 18 finden wir ein Denkmal besonderer Art, vier in das Gehwegpflaster eingelassene „Stolpersteine", die

uns spontan und mitten in unserem Alltag mit Opfern der nationalsozialistischen Diktatur in Verbindung bringen. Die Steine am Gänsemarkt erstrahlen noch in frischem, goldenem Glanz, denn sie wurden erst am 20. Oktober 2022 durch den Künstler Gunter Demnig verlegt (Abb. 184). Hier stand vor dem Zweiten Weltkrieg das Haus, in dem sich der letzte Essener Wohnort von David Zytnicki, seiner Frau Helene (Leni) Zytnicka und seiner Töchter Judith und Henny befand.

Abb. 184: Stolpersteine am Gänsemarkt

Die Erlebnisse der deutsch-polnischen Familie Zytnicki, die ich hier nur kurz skizzieren kann, wurden von Heidi Behrens und Norbert Reichling wissenschaftlich aufgearbeitet und 2018 veröffentlicht. David, geboren in Warschau und polnischer Staatsbürger, lernte hier in Deutschland Helene Mantwill bei der Arbeit kennen. Bei ihrer Hochzeit 1926 verlor Helene die deutsche Staatsangehörigkeit und wurde polnische Staatsbürgerin, sie trat zum Judentum über. Die Eheschließung fand in der Essener Synagoge am Steeler Tor statt, da der polnische Staat nur religiös geschlossene Ehen anerkannte. Helene fand Arbeit im Herrenkonfektionsgeschäft Jastrow & Ostrowski am Gänsemarkt 18, zeitweise arbeitete hier auch ihr Mann als Kassierer und Verkäufer. Zunächst wohnte die Familie noch in Altenessen, zog aber dann in das Haus ihres Arbeitgebers am Gänsemarkt. Hier, nahe der bis 1913 genutzten Essener Synagoge, wohnten viele jüdische Familien, oft s. g. „Ostjuden". Hier und in den umliegenden Straßen konnte man von einer „Art jüdischen Quartier" sprechen, wie es im Buch heißt.

Am 28. Oktober 1938 wurde die Familie verhaftet und nach Polen ausgewiesen, ab August 1939, wenige Wochen vor dem Überfall Hitlers auf Polen, hielten sich die Zytnickis in Warschau auf. Hier lebte David nun im Ghetto. Seine Frau und die Kinder kamen im „arischen" Teil der Stadt unter. In Warschau lebten lt. einer Volkszählung von 1939 über 350.000 Jüdinnen und Juden, die überwiegend polnisch sprachen, das waren etwa 29 Prozent der Bevölkerung. In der Nähe des „Sächsischen Gartens" fand David 1942, als es ihm gelang, aus dem Ghetto zu fliehen, Zuflucht, bevor er in den Wirren der Besetzung der Stadt durch die

Abb. 185: Die Familie Zytnicki auf der Kettwiger Straße

Rote Armee 1945 spurlos verschwand. Seine Frau und seine Kinder konnten später nach Essen zurückkehren.[55]

Burgplatz, Essen – Wrocław (Breslau)
Der Burgplatz mit dem Essener Münster wurde nach langer Diskussion in den 1920er Jahren neugestaltet, verbunden mit dem Bau der Lichtburg und der Umsetzung des Kaiser-Denkmals. Den Gesamtentwurf lieferte nach einem ergebnislosen Wettbewerb der Essener Beigeordnete Ernst Bode. Blum-Gebäude und Baedekerhaus mit ihren Muschelkalkfassaden bestimmen seitdem die obere Kopfseite des Platzes (Abb. 186).

Bode, seit 1920 in Essen, plante als Beigeordneter für das Hochbauwesen über 80 Projekte, von denen viele ausgeführt wurden. Selbstbewusst publizierte er 1927 und 1929 seine Gebäude und Planungen in zwei Bildbänden „Neue Bauten der Stadt Essen". Zunächst zeigte sich Bode in seiner Architekturauffassung eher gemäßigt, seine späten Bauten, etwa der Großmarkt oder die Turnhalle Serlostraße, zeigen ein radikal sachliches Formständnis. Weil er für die jüdische Gemeinde eine Trauerhalle entworfen hatte, aber auch weil seine Bauten das demokratische Gesellschaftssystem repräsentierten, war er ab 1933 massiven Anfeindungen ausgesetzt. Bode kündigte zum 31. August 1934 und nahm eine ordentliche Professur für Architektur- und Städtebau an der

---

55 Heidi Behrens/Norbert Reichling, „Ich war ein seltener Fall" – Die deutsch-jüdisch-polnische Geschichte der Leni Zytnicka, Essen 2018, S. 25 ff., 44, 58 ff, 101 ff.

Abb. 186: Lichtburg und Baedekerhaus (Foto: Rolf Kellner)

Abb. 187: Die Technische Hochschule in Breslau vor 1917

Hochschule in Breslau an, ohne dort als Architekt in Erscheinung zu treten.[56] Bei der Hochschule handelt es sich nicht um die altehrwürdige Universität Breslau, die Leopoldina, sondern um die 1902 gegründete Technische Hochschule der

---

[56] Thorsten Ebers, Ernst Bode – Baupolitik und Bauten in Essen 1920–1934, in EB 121 (2008), S. 75, 111 ff., 159 f., 180, 213 ff.

Abb. 188: Die Breslauer Markthalle

Stadt, deren Gebäude bis heute genutzt werden (Abb. 187).[57] Bode verstarb am 27. Mai 1944 mit nur 66 Jahren in Breslau.[58]

Warum man gerade in Breslau auf Bode aufmerksam wurde, dürfte in seinem weit über Essen hinaus begründeten Ruf auf dem Gebiet kommunaler Architekturaufgaben begründet liegen. Er setzte Maßstäbe für kommunale Bauaufgaben, etwa für Schlachthöfe, Schwimmbäder oder Friedhofsbauten. Aber auch für Bode dürfte Breslau ein attraktiver Standort gewesen sein, obgleich die Stadt aus dem Blickwinkel des Rheinlands „irgendwo dahinten", am Ostrand des Reiches lag. Breslau gehörte Anfang des 20. Jahrhunderts zu den bevölkerungsreichsten Städten in Deutschland und zählte schon 1904 über 400.000 Einwohner. Es bestand ein reges Kulturleben, auch in den Bereichen Kunst, Kunstgewerbe, Literatur und Musik. Die schrittweise Hinwendung zur architektonischen Moderne vollzog sich in Breslau seit der Jahrhundertwende durch wegweisende Bauprojekte, etwa die 1906 bis 1908 von Heinrich Küster, Leiter der Bauabteilung der Stadt, und Fr. Friese gebaute Markthalle mit ihrer parabelförmigen Eisenbetonkonstruktion (Abb. 188).[59]

---

57 Dehio Schlesien (wie Anm. 21), S. 1127.
58 Stadt Essen/Historischer Verein für Stadt und Stift Essen e.V. (Hrsg.), Essener Köpfe, Essen 2015, S. 51.
59 Dehio Schlesien (wie Anm. 21), S. 1092; Gustav Adolf Platz, Baukunst der neuesten Zeit, Berlin 1927 (im Folgenden: Platz, Baukunst), S. 214 und 562.

Abb. 189: Der Posener Oberschlesienturm

Abb. 190: Die Essener Auferstehungskirche

Im Jahr 1900 war der Berliner Architekt Hans Poelzig an die Königliche Kunst- und Gewerbeschule Breslau berufen worden, deren Direktor er 1903 wurde und bis 1916 blieb.[60] Die Schule gilt als wichtiger Vorläufer des Bauhauses, was vor allem Poelzig zu verdanken ist, der die Schule reformierte. Unter den zahlreichen wegweisenden Bauten, die Poelzig in Breslau und in Schlesien schuf, muss vor allem der Oberschlesienturm in Posen erwähnt werden, der 1910/11 für die „Ostdeutsche Ausstellung" errichtet wurde, auf der die Ostprovinzen gemeinsam ihre wirtschaftliche Leistungsfähigkeit präsentierten (Abb. 189). Als Ausstellungsgebäude mit Restaurant konzipiert, sollte der Turm nach Beendigung der Ausstellung als Wasserturm ausgebaut werden und im Erdgeschoss eine Markthalle für Posen aufnehmen. Finanziert wurde der Turm von der oberschlesischen Eisenindustrie.[61] In Konstruktionsweise und Formgebung beeinflusste der Eisenskelettbau mit seiner kristallinen Form zahlreiche

60 Petra Hölscher, Breslau um die Jahrhundertwende: Künstler, Galerien, Kunstsammler und Künstlerkreise, in: Jerzy Ilkosz/Beate Störtkuhl, Hans Poelzig in Breslau – Architektur und Kunst 1900–1916, Begleitband zur gleichnamigen Ausstellung des Architekturmuseums und des Nationalmuseums in Breslau sowie des Bundesinstituts für ostdeutsche Kultur und Geschichte in Oldenburg, Delmenhorst 2000 (im Folgenden: Ilkosz, Poelzig), S. 19.

61 Beate Störtkuhl: Reform und Innovation. Hans Poelzigs Ausstellungsbauten in Breslau (1904) und Posen (1911), in: Ilkosz, Poelzig (wie Anm. 60) (im Folgenden: Störtkuhl, Reform), S. 368–369, 372.

Abb. 191: Die Jahrhunderthalle Breslau

andere Bauwerke, er wird als unmittelbares Vorbild für Otto Bartnings Essener Auferstehungskirche angesehen (Abb. 190).[62]

In den Kontext der frühen „Gläsernen Architektur" gehört auch die zeitgleich geplante Breslauer „Jahrhunderthalle", eine eisenarmierte Betonkonstruktion

---

[62]   Joanna Jonas-Fürnwein, Monumente für die Industrie. Hans Poelzigs Industrie- und Inge-
        nieurbauten der Breslauer Zeit, in: Ilkosz, Poelzig (wie Anm. 60), S. 247.

Essen-Rüttenscheid — Ausstellungs-Gebäude Halle I u. V

Abb. 192: Die Essener Ausstellungshalle V

des Breslauer Stadtrates Max Berg (Abb. 191). Das 1913 als dauerhafte Ausstellungshalle erstmals genutzte Bauwerk zeigt eine weitgehende Auflösung der Kuppelringe und Apsiden in umlaufende Fensterbänder.[63] Die Binderkonstruktion beherrscht den Raumeindruck, dekorative Elemente fehlen ganz. Die Halle galt 1913 als bis dahin größte Betonkuppel überhaupt.

Von Max Berg 1918 zum „Dom der Demokratie"[64] hochstilisiert, wurde sie zum Vorbild auch für Bauten im Ruhrgebiet. Hier ist vor allem die hölzerne Dortmunder Westfalenhalle von 1925 zu nennen, die damals größte Sporthalle Deutschlands. Entworfen hat sie der Architekt Ludwig Moshamer, der in Breslau mit Max Berg zusammenarbeitete und auch an der Jahrhunderthalle mitwirkte.[65] Wie in Breslau, so war auch hier ein wesentliches Gestaltungselement der Außenarchitektur das Licht, das die Halle auch bei Dunkelheit eindrucksvoll zur Geltung brachte. In Essen legte man vergleichbaren Wert auf die Illumination der großen Ausstellungshalle V, die 1927 von Josef Rings gebaut wurde, Vorläufer unserer heutigen Gruga-Halle (Abb. 192). Rings integrierte in die Oberlichtdecken der Emporen elektrische Leuchtmittel, die die Außenfassade anstrahlten. Laut Einschätzung von Gustav Adolf Platz in seinem Standardwerk „Baukunst der neuesten Zeit" übernahm Rings von der Breslauer Jahrhunderthalle die Idee

63 Störtkuhl, Reform (wie Anm. 61), S. 378–379.
64 Herzig, Geschichte Schlesiens (wie Anm. 2), S. 86.
65 Hermann Ehlgötz, Ruhrland, Deutschlands Städtebau, Berlin 1925, S. 39.

Abb. 193: Länderkampf Deutschland Polen in der Ausstellungshalle V in Essen 1935, links die deutsche, rechts die polnische Mannschaft

der abgetreppten Oberlichtwände über Bogenbindern in Eisenbeton.[66] Wie die Breslauer Halle, so war auch die Halle V für Konzerte oder Sportveranstaltungen geeignet. 1935 fand hier der Länderkampf Deutschland-Polen im Amateurboxen statt (Abb. 193).[67]

Ein weiteres, einflussreiches Bauwerk von Poelzig ist das ab 1911 geplante und 1912–13 gebaute Geschäftshaus an der Breslauer Junkernstraße mit der durch Rundung um die Ecke geführten Fassade (Abb. 194). Im Planungsverlauf entschied sich Poelzig für durchgehende horizontale Sichtbetonbänder und ein relativ flaches Dach. Anders als an Warenhäusern bislang üblich, wurde die Horizontale betont. So wurde das Geschäftshaus an der Junkernstraße zum Prototyp des modernen Geschäfts- und Bürohauses der 1920er Jahre,[68] was nicht nur das Breslauer Wertheim-Kaufhaus von 1929 belegt (Abb. 195), sondern auch das zeitgleich in Essen gebaute Deutschlandhaus, das mit seinem Turm als eines der ersten Hochhäuser der Stadt galt (Abb. 196).

---

66   Platz, Baukunst (wie Anm. 59), S. 50.
67   Ein Foto von der Vorstellung der Mannschaften wurde 1936 im Sammelwerk „Olympia 1936", Bd. I, Bild Nr. 145, veröffentlicht; Essener Volkszeitung v. 2.9. und 21.11.1935. Im Olympia-Jahr 1936 sollten sogar alle Endkämpfe in Essen ausgetragen werden.
68   Ilkosz, Poelzig (wie Anm. 60), S. 537–540 und 12.

Abb. 194: Das Geschäftshaus Junkernstraße in Breslau

Abb. 195: Das frühere Wertheim-Kaufhaus in Breslau

Abb. 196: Das Deutschlandhaus in Essen

Auch in Breslau forderte das „Hochhausfieber" seinen Tribut. Von 1926 bis 1929 stammt das Postscheckamt (Arch. L. Neumann), das 10-geschossige Hochhaus der früheren Stadtsparkasse am Ring wurde 1930 bis 1931 durch den Architekten H. Rump in Eisenbeton-Skelettbauweise errichtet. Die Stadtsparkasse konkurrierte am Ring sowohl mit den barocken Giebelhäusern als auch mit dem historischen Rathaus. Für den Wohnungsbau setzte die Werkbundausstellung „WuWA" mit Mustersiedlung 1929 wichtige Akzente.[69] Als Bode 1934 nach Breslau kam, fand er also eine für die Entwicklung der Moderne wegweisende Bautradition vor, die sich mit dem innovationsreichen Ruhrgebiet durchaus messen konnte.

Handelshof, Essen – Katowice (Kattowitz) und Legnica (Liegnitz)

Am Willy-Brandt-Platz erreichen wir den Handelshof. 1912 wurde der Handelshof von Carl Moritz und Werner Stahl als privates Investmentprojekt realisiert. Die Eisenbetonkonstruktion erlaubte eine Fertigstellung des Hauptteils in nicht einmal vier Monaten. Das sechsstöckige Gebäude mit den beiden markanten Türmen nimmt einen ganzen Häuserblock ein. In erster Linie handelte es sich um ein Bürogebäude (was man an den kleinen Fenstern der oberen Etagen ablesen kann), es gab aber auch Ladenlokale, Ausstellungsräume, ein Hotel-Restaurant an

---

69 Dehio Schlesien (wie Anm. 21), S. 1139–1140, 1095 und 1132.

Abb. 197: Das Theater in Kattowitz

Abb. 198: Brand des Essener Handelshofes 1929

der Rückseite, ein Café und ein „Kinematographen-
theater" (Kino).[70] Schon in den 1930er Jahren warb
eine Leuchtreklame auf dem Dach für die AEG, seit
1950 leuchtet hier „Essen die Einkaufsstadt", jetzt
„Essen die Folkwangstadt".

Carl Moritz, der in Essen außerdem zwei Bankhäuser und zwei Kirchen realisierte,[71] gehörte zu den
bekanntesten Kölner Architekten am Übergang vom
Jugendstil zur Reformarchitektur. Berühmt wurde
er vor allem für seine Theaterbauten, angefangen
mit dem Kölner Stadttheater (1900 bis 1902). So
gestaltete Moritz auch in Kattowitz in Oberschlesien
1906 bis 1907 das bis heute genutzte Stadttheater
am Stadtmarkt mit rund 800 Sitzplätzen (Abb. 197).
Der Skulpturenschmuck konzentriert sich – ähnlich
wie am Handelshof – auf den Portikus mit dem
Haupteingang.[72]

Im Handelshof, der schon bald von der Stadt übernommen wurde, brach am
28. Juni 1929 ein Feuer aus (Abb. 198). Im Vordergrund der hier wiedergegebenen
historischen Aufnahme sind Werbetransparente zu sehen, von denen eines für
die Große Ruhrländische Gartenbau-Ausstellung (Gruga) wirbt, dabei die von
Jo Pieper entworfene Tulpe. Vorausgegangen war die Deutsche Gartenbau- und
Gewerbeausstellung in Liegnitz 1927, kurz „Gugali" genannt (Abb. 199). Sie gilt
zusammen mit der Dresdener Ausstellung von 1926 als Vorbild für die Gruga.
Übernommen wurde für Essen die Erstellung offizieller Farb-Postkarten sowie
der Warmwasserteich (Victoria Regia). Vermutlich wurde auch der Name „Gruga" an die „Gugali" angelehnt, denn eine Abkürzung war hier erstmals für eine
der großen Gartenschauen verwendet worden.

Erlöserkirche, Essen – Poznań (Posen)

Im Südviertel erreichen wir an der Friedrichstraße die 1904 bis 1909 gebaute
Erlöserkirche des in Köln geborenen Berliner Architekten Franz Schwechten. Sie
ist ein herausragendes Beispiel für den „spätwilhelminischen Monumentalstil"
(Abb. 200). Wie bei seinen Erlöserkirchen in Bad Homburg und Gerolstein kombinierte Schwechten Zitate von Kirchen der Stauferzeit zu einer monumentalen

70   Essener Volkszeitung v. 13.8.1912.
71   Das Bankhaus Hirschland an der Lindenallee, der Barmer Bankverein neben dem Handels-
      hof, die St. Nikolauskirche Stoppenberg und die St. Elisabethkirche in Frohnhausen.
72   Dehio Schlesien (wie Anm. 21), S. 431. Große Ähnlichkeit mit dem Kattowitzer Entwurf
      zeigt das 1913–15 von Moritz in Stralsund gebaute Stadttheater.

Abb. 200: Die Essener Erlöserkirche

Abb. 201: Das Posener Kaiserschloss

Komposition,[73] die u. a. auf den Wormser Dom Bezug nimmt. Dies entsprach den Architekturvorstellungen Wilhelm II. Die Vorhalle erinnert an Schwechtens bekanntesten Bau, die von Wilhelm II. mitinitiierte Kaiser-Wilhelm-Gedächtniskirche Berlin. Von Schwechten stammt auch der Entwurf des 1905 bis 1910 gebauten „Posener Kaiserschlosses",[74] bei dem die Monumentalisierung romanischer Formen auf die Spitze getrieben wurde (Abb. 201). Wilhelm II. hatte Posen 1910 zur Nebenresidenz erhoben, trotz oder gerade wegen des hohen polnischen Bevölkerungsanteils von 57 %.[75]

Engelbertkirche, Essen – Zabrze (Hindenburg)

Für unsere nächste Station, die von Dominikus Böhm entworfene Engelbertkirche an der Kronprinzenstraße Ecke Rellinghauser Straße, werfen wir einen Blick ins oberschlesische Industrierevier der 1920er Jahre. 1918 erlangte Polen nach einer langen Zeit der Fremdherrschaft seine staatliche Souveränität zurück, wobei sich die genaue Grenzziehung als Streitpunkt mit den Nachbarstaaten erwies. Ein Teil der preußischen Ostprovinzen wurde polnisch, so etwa ein Teil der Provinz Posen. So wurde der Posener Turm nun Bestandteil der Selbstdarstellung Polens aus Anlass der „Polnischen Ausstellung" von 1929 (Abb. 202).[76]

In den Gebieten, in denen die Bevölkerungsstruktur uneinheitlich war, so in Ost- und Westpreußen und auch im bevölkerungsreichen oberschlesischen Industriegebiet, sollte im Sinne des Versailler Friedensvertrages eine Volksabstimmung (Plebiszit) über den künftigen Grenzverlauf entscheiden. Mit einem gewaltigen Propagandafeldzug, der sich auch in den damaligen Essener Tageszeitungen gut nachvollziehen lässt, und mit finanzieller Unterstützung der Wirtschaft wurde für die Stimmabgabe zugunsten einer deutschen Lösung für Oberschlesien geworben. Stimmberechtigt waren auch gebürtige Oberschlesier, die im Ruhrgebiet lebten. So wurden im ganzen Land „Grenz-Spenden" gesammelt, damit sie zur Stimmabgabe in Sonderzügen in ihre Geburtsorte fahren konnten. Als Ergebnis der Abstimmung am 20. März 1921 sprachen sich zwar fast 60 % der Oberschlesier für Deutschland aus, doch fiel das Ergebnis in den einzelnen Gemeinden sehr unterschiedlich aus, vor allem in den östlichen Teilen überwog die Zustimmung für Polen.

---

73 Die Erlöserkirche in Essen-Ruhr, in: Neudeutsche Bauzeitung – Organ des Bundes Deutscher Architekten e. V., Heft 14/1918, S. 127.
74 Bernd Nicolai, Architektur und Städtebau, in: Gert Streidt/Peter Feierabend (Hrsg.), Preußen – Kunst und Architektur, Köln 1999, S. 438–439.
75 Störtkuhl, Reform (wie Anm. 61), S. 368–369.
76 Ebd., S. 381.

Abb. 202: Die „Polnische Ausstellung" von 1929 mit dem Oberschlesienturm

1922 wurde eine Teilung des Gebietes nach einem vom Völkerbund bestimmten Grenzverlauf vollzogen.[77] Dabei wurden weder ethnische noch sprachliche Gegebenheiten berücksichtigt, allerdings galt ein Minderheitenschutz, so durften deutschsprachige Kinder deutsche Schulen besuchen. Rund 30 % des Abstimmungsgebietes mit etwa 900.000 Einwohnern kam zu Polen. In wirtschaftlicher Hinsicht verlief die Grenze recht willkürlich mitten durch eines der wichtigsten Industriegebiete Europas, wobei der wirtschaftlich wertvollere Teil mit den meisten Industrieanlagen und Kohlenlagern an Polen fiel.[78]

Da der deutsche Teil nun in Randlage geriet, war eine Modernisierung der dortigen Industriestandorte erforderlich.[79] Um die entstandenen Probleme zu bewältigen, entwickelte man 1927 das Modell einer „Dreistädteeinheit" für die Städte Gleiwitz, Beuthen und Hindenburg. Diese Städte sollten in Stadtplanung und Raumordnung zusammen behandelt werden.[80] Auch wenn die Verschmel-

---

[77] Für den deutschen Teil wurde per Volksentscheid die Bildung einer eigenen Provinz Oberschlesien mit der Hauptstadt Oppeln bestätigt.

[78] Herzig, Geschichte Schlesiens (wie Anm. 2), S. 89 ff.; Darstellung im Oberschlesischen Landesmuseum, Dauerausstellung.

[79] Bernadette Völkel, Industriebauten in Oberschlesien, in: Nikolaus Gussone (Hrsg.), Die Architektur der Weimarer Republik in Oberschlesien – Ein Blick auf unbeachtete Bauwerke, Ratingen 1992 (im Folgenden: Gussone, Architektur Oberschlesien), S. 51.

[80] Vgl. Gesamtdarstellung in: Schabik u. a., Dreistädteeinheit, Beuthen – Gleiwitz – Hindenburg – Landkreis Beuthen, Berlin/Leipzig/Wien 1929 (im Folgenden: Schabik, Dreistädteeinheit). Mit einem einheitlichen Flächennutzungs- und Grünflächenplan.

Abb. 203: „Wolkenkratzer" nach amerikanischem Vorbild in Kattowitz

zung zu nur einer einzigen Stadt nicht realisiert werden konnte, wurden viele Modernisierungsziele erreicht. Die Zusammenarbeit der Städte erinnert dabei an die Gründung des Siedlungsverbandes Ruhrkohlenbezirk 1920. Parallelen zeigen sich z. B. im Luftverkehr: 1925 wurde in Essen die Luftverkehrsgesellschaft Ruhrgebiet, „Lurag", gegründet und in Gleiwitz die „Oberschlesische Luftverkehrs AG". Der nunmehrige „Flughafen Oberschlesien" erhielt Anschluss an das Liniennetz.[81]

Bei der Modernisierung der Städte spielten die städtischen Baubeamten eine entscheidende Rolle (vgl. Ernst Bode in Essen). Die Architektur wurde dabei als „Mittel nationaler Selbstdarstellung, als Ausdruck des Selbstbehauptungswillens" angesehen, wie Nikolaus Gussone 1992 feststellte.[82] Ähnlich sahen dies auch die Orte im polnischen Oberschlesien, die sich zeitgleich städtebaulich erneuerten. Dies belegt z. B. das 1931/32 bis 1934 in Kattowitz errichtete 14-geschossige Hochhaus von Tadeusz Kozłowski, ein „Wolkenkratzer" nach amerikanischem Vorbild (Abb. 203).[83] Im Gebiet der „Dreistädteeinheit" konnte vor allem die Stadt Hindenburg, die heutige Essener Partnerstadt Zabrze, ihre städtebaulichen Ambitionen in die Tat umsetzen. Hindenburg hatte erst 1915, nach dem Sieg bei Tannenberg, seinen patriotisch angehauchten Namen erhalten. Stadt wurde das angeblich „größte Dorf Deutschlands" mit rund 130.000 Einwohnern 1922.[84]

Schon kurz nach der Stadtgründung wurde 1924–27 der beeindruckende Admiralspalast mit sternförmigen Erkern errichtet. Ein Ideenwettbewerb für ein ganz neues Stadtzentrum unter schlesischen Architekten verlief 1927 er-

---

81 Roland Lesniak, Verkehrswesen und Bauten des Verkehrs in Oberschlesien, in: Gussone, Architektur Oberschlesien (wie Anm. 79), S. 37; Modell mit den Gebäuden von 1929 im Oberschlesischen Landesmuseum, Dauerausstellung.

82 Gussone, Architektur Oberschlesien (wie Anm. 79), S. 7.

83 Das sogenannte Amtsgebäude, 1931–32 von Tadeusz Kozłowski und S. Bryla (Konstruktion) gebaut, vgl. Dehio Schlesien, S. 430 und: Die geheime Hauptstadt der Ostmoderne – Kattowitz: architektonisches Experimentierfeld der Moderne, Deutsche Bauzeitung 07.2008.

84 Schabik, Dreistädteeinheit (wie Anm. 80), S. XXXI; Oberschlesisches Landesmuseum, Dauerausstellung.

Hindenburg O.-S. Platz der SA.

Abb. 204: Der Kamillianerplatz als „Platz der SA" in Hindenburg

gebnislos, weshalb der Dresdener Stadtbaurat Dr. Paul Wolf nach Hindenburg berufen wurde und einen Gesamtplan vorlegte, ergänzende Ideenskizzen lieferten Paul Bonatz aus Stuttgart, Max Berg und Hans Poelzig.[85] Es entstanden gewaltige Ziegelbauten, wie etwa 1930 das Polizeipräsidium oder die Bauten des „Montags-Marktes", der als Kamillianerplatz vom Kölner Architekten Dominikus Böhm, Stadtbaurat Wolf und Gartenarchitekt Allinger 1928 im Auftrag der Stadt neugestaltet wurde. Böhm entwarf hier die Berufsbildenden Schulen und das Kamilluskloster mit Altersheim und Kirche (die allerdings so nicht ausgeführt wurde). Der Platz selbst, während der NS-Zeit in „Platz der SA" umgetauft, bildete eine weitläufige, baumbestandene Fläche, an der auch diverse Wohnblocks und ein Krankenhaus errichtet wurden (Abb. 204).

Für uns von besonderem Interesse ist die in Hindenburg von Böhm 1930–31 realisierte Pfarrkirche St. Josef für 3.000 Personen.[86] Böhm galt damals als einer der maßgeblichen Vertreter des modernen katholischen Kirchenbaues im Rheinland und wirkte ab 1926 als Professor für sakrale Kunst an den Kölner Werkschulen. Noch im Juni 1933 präsentierte er zusammen mit Otto Bartning und Ernst Barlach seine Entwürfe auf der Weltausstellung in Chicago.[87] Da er sich 1934 einem Eintritt in die NSDAP verweigerte, wirkte er fortan nur noch als Privatarchitekt. Markenzeichen der bis heute erhaltenen St. Josefskirche in

85 Schabik, Dreistädteeinheit (wie Anm. 80), S. XVII, XXV und Bildseite 15.
86 Dehio Schlesien (wie Anm. 21), S. 1159.
87 Die Form: Zeitschrift für gestaltende Arbeit – 8.1933, S. 190–191.

Hindenburg ist die monumentale Geschlossenheit der Baumassen. Die Westfassade mit den seitlichen Kapellentrakten, Zielpunkt einer kilometerlangen
Allee, wird durch eine durchbrochene Wand mit aufgestapelten Rundbögen
bestimmt, dahinter liegt ein Vorhof als Übergang vom profanen zum sakralen
Bezirk (Abb. 205).

Erst vom Vorhof aus zeigt sich die Fensterrose und ein sonderbar unvermittelt
und ohne Sockel oder Fuß aus dem Boden aufsteigendes, schlichtes Kreuz. Es
überrascht den Gläubigen auf seinem Weg in den Andachtsraum und nötigt
ihn zum Innehalten: „Ganz betroffen von der ungeheuren Wirklichkeit des
Kreuzes, glaubt man zum erstenmal ein Kreuz zu sehen", wie es 1935 in der
Beschreibung der Kirche in der Zeitung „Moderne Bauformen" heißt. Innen
werden „die heutigen liturgischen Forderungen aufs schönste mit den Zielen der
bodenständigen Volksfrömmigkeit verbunden". Raumhohe Pfeiler gliedern den
Raum und teilen seitliche Kapellenräume für die Einzelandacht ab, rundbogige
Öffnungen in den Pfeilern bilden einen Prozessionsweg. Die Deckenkonstruktion
eint den Laien- und Priesterraum (Abb. 206). Die Arkadenwand mit Umgang
sorgt dafür, dass im Chorraum das Licht geheimnisvoll vom Altar, dem Ort der
Wandlung, auszugehen scheint. „So verwendet Böhm das Licht als köstlichen
Baustoff: Licht, das vom Altare ausgeht als religiöses Symbol", wie es 1935 heißt.[88]

Böhm projektierte weitere Kirchen in Hindenburg und Gleiwitz, die nicht
zur Ausführung gelangten.[89] Drei Jahre nach der Fertigstellung der Hindenburger Kirche begann nach Plänen von Böhm der Bau von St. Engelbert in Essen,
1936 fertig gestellt. Mit der Westfassade, den Seitenschiffen und Walmdächern
schuf Böhm eine extrem versachlichte Reminiszenz an romanische Westwerke.[90]
Uns bereits aus Hindenburg bekannte Stilmittel Böhms, etwa die in gestapelten
Reihen angeordneten Rundbogenöffnungen oder die Fensterrose, lassen sich
wiedererkennen. Durch die doppelt verglaste, raumhohe Chorapsis konzentrierte
Böhm in Essen das Tageslicht am Ort der Wandlung im Messopfer, Ausdruck
einer christozentrischen Raumidee, die sich damals durchsetzte und den zerglie-
derten Kapellen- und Prozessionsraum, wie wir ihn in Hindenburg noch finden,
verdrängte. Der riesige, hier stützenfreie „Einraum" mit den fast geschlossenen
Wandflächen eint die Gemeinde und zwingt förmlich zur Andacht.[91]

---

88   Die Zitate aus: St. Josef in Hindenburg, in: Moderne Bauformen – Monatshefte für Archi-
     tektur und Raumkunst, Jahrgang XXXIV, Heft 4, Stuttgart, April 1935, S. 169–171.
89   Hans Westermann, Kirchenbau in Oberschlesien, in: Gussone, Architektur Oberschlesien
     (wie Anm. 79), S. 106.
90   Barbara Kahle, Rheinische Kirchen des 20. Jahrhunderts – Ein Beitrag zum Kirchenbau-
     schaffen zwischen Tradition und Moderne, Landeskonservator Rheinland Arbeitsheft 39,
     Köln 1985, S. 52.
91   Dohmen, Kirchen (wie Anm. 30), S. 38.

Abb. 205: Die Pfarrkirche St. Josef in Hindenburg

Abb. 206: Innenraum von St. Josef in Hindenburg

Abb. 207: Die Essener Pfarrkirche St. Engelbert im heutigen Zustand

Das Äußere wird heute durch den reduzierten Wiederaufbau geprägt, von Böhm selbst geplant, für den er die Kirche verkleinerte und auf die Wiederherstellung der Türme, Walmdächer und Seitenschiffe verzichtete (Abb. 207). Auch wenn die liturgischen Ansätze in Hindenburg und Essen unterschiedliche Akzente setzen, entstanden hier zwei zukunftsweisende Bauten, die zur Reform der katholischen Sakralarchitektur beitrugen.[92]

Selbständige Ev.-Lutherische Kirche – Wrocław (Breslau) und Iłowa (Halbau)

Wir bleiben beim Kirchenbau der Moderne und erreichen am Moltkeplatz die Selbständige Ev.-Lutherische Kirche (SELK), ein frühes Beispiel kirchlicher Reformarchitektur von Otto Bartning. Kurz vor dem Ersten Weltkrieg entstanden sowohl in Essen als auch in Schlesien zukunftsweisende evangelische Kirchenbauten, so etwa die Frohnhauser Apostelkirche des Hagener Architekten Ewald Wachenfeld, der kurz darauf in Breslau die ähnliche Königin-Luise-

---

92 Gleiches gilt für die Heilig-Kreuz-Kirche Dülmen, für die Böhm das Konzept 1936–39 weiterentwickelte.

Gedächtniskirche ausführte.[93] Sie wurde 1945 gesprengt, als die NS-Führung die Stadt Breslau entvölkern und durch großflächige Abbrüche zur „Festung" mit Flugplatz ausbauen ließ, ohne damit die Besetzung der Stadt durch sowjetische Truppen verhindern zu können.[94]

Die kleine Kirche am Moltkeplatz gehört zu Bartnings Frühwerk, noch bevor er durch seine Programmschrift „Vom neuen Kirchenbau" von 1919 maßgebliche Impulse für den ev. Kirchenbau gab. Sie zeichnet sich durch stark vereinfachte Detailformen und durch ein Pfarr- und Gemeindehaus aus, das über den Turm (und das darin befindliche Treppenhaus) an die Kirche angebunden ist. Bartning entwarf damals ähnliche Kirchen und Gemeindezentren für diverse Diasporagemeinden in den „Ostprovinzen", so etwa ein Pfarr- und Gemeindehaus im bekannten Riesengebirgsort Schreiberhau (Szklarska Poręba), in dem sich damals viele Künstler und Dichter (u. a. Gerhart Hauptmann) ansiedelten.[95]

Kunstgeschichtlich größere Bedeutung erlangte Bartnings höchst ungewöhnlicher Wasserturm Zeipau in der Nähe von Halbau von 1922 (Abb. 208). Traditionell war die Architektur der Wassertürme wegen der massiven Stützmauern an Kirchen, Burgen oder Stadttore angelehnt,[96] wie dies z. B. der Breslauer Wasserturm von 1903/04 belegt.[97] Bartnings Zeipauer Turm wirkt hingegen wie ein schlanker Obelisk mit plastisch modellierten Außenwänden. Eine vergleichbare Formensprache prägt Bartnings Landhaus Wylerberg bei Cleve von 1923, nicht unähnlich der organischen Architektur des Anthroposophen Rudolf Steiner (Goetheanum in Dornach, Schweiz). Gustav Adolf Platz spricht vom „Kristallisch Vielfältigen",[98] wie es uns später in expressionistischen Meisterwerken wie dem Frillendorfer Wasserturm in Essen wiederbegegnet (Abb. 209).

Synagoge Ruhrallee, Essen – Gliwice (Gleiwitz)

An der Ruhrallee treffen wir auf die neue Synagoge der jüdischen Gemeinde. 1930–33 errichtete der berühmte Berliner Architekt Erich Mendelsohn, der in Allenstein in Ostpreußen (heute Polen) zur Welt kam, an dieser Stelle das jüdische Jugendheim, das in der Reichspogromnacht ausbrannte und später abgebrochen wurde.[99] Durch einen vorgelagerten Zirkelbau verlieh er dem Bauwerk einen kraftvollen Auftritt.

---

93 Alfred Wiesenhütter, Der Evangl. Kirchbau Schlesiens von der Reformation bis zur Gegenwart, Breslau 1926, S. 27 und Abb. 137–138.

94 Herzig, Geschichte Schlesiens (wie Anm. 2), S. 105.

95 Ebd., S. 77.

96 Joanna Jonas-Fürnwein, Monumente für die Industrie. Hans Poelzigs Industrie- und Ingenieurbauten der Breslauer Zeit, in: Ilkosz, Poelzig (wie Anm. 60), S. 248.

97 Dehio Schlesien (wie Anm. 21), S. 1119–1120.

98 Platz, Baukunst (wie Anm. 59), S. 381 und 58.

99 Volkswacht, 22.5.1931.

Abb. 208: Der Wasserturm in Zeipau von Otto Bartning *Abb. 209: Der Wasserturm in Essen-Frillendorf*

Eines seiner frühen bedeutenden Werke realisierte Mendelsohn schon 1922 in Gleiwitz, das Seidenhaus Weichmann, dessen auffällige Architektur als Werbung für das Unternehmen diente (Abb. 210). Die Stützenkonstruktion durchdringt vom Boden aufsteigend das Gebäude, bestimmt Ästhetik und Fenstereinteilung und bringt den Baukörper über der Schaufensterzone zum Schweben. In einer zeitgenössischen Publikation heißt es: „Es ist reine Zweckkonstruktion. Nur die aus dem Material durch die Eisenbetonkonstruktion gegebenen Linien sind formbildend und werden, in dem ganzen Bau organisch geführt, als beherrschende Wagerechte [sic!] das architektonische Leitmotiv."[100]

Das Seidenhaus Weichmann steht am Anfang einer Reihe von Warenhausbauten Mendelsohns, die wegen ihrer Asymmetrie und Dynamik Aufsehen erregten, etwa das Warenhaus Schocken in Stuttgart (1926–28)[101] oder das

---

[100] Dr. Hermann Schildberger, Das Seidenhaus Weichmann in Gleiwitz, in: Stein, Erwin (Hrsg.): Monographien deutscher Städte, Bd. 15, Beuthen O/S, Berlin 1925, S. 269.

[101] John Zukowsky, Stuttgart, München und der Süden, in: John Zukowsky (Hrsg.), Architektur in Deutschland 1919–1939 – Die Vielfalt der Moderne, München 1994 (im Folgenden: Zukowsky, Architektur), S. 167.

Abb. 210: Das Seidenhaus Weichmann in Gleiwitz

Warenhaus Petersdorff in Breslau (1927–28):[102] hier werden die Möglichkeiten des Stahlskelettbaues genutzt, um durchgehende Fenster- bzw. Lichtstreifen zu erzeugen (Abb. 211), unterstützt durch extra dafür vorgesehene Leuchtkörper. Die Fassadenfläche wurde so weitgehend entmaterialisiert,[103] das Gebäude konnte aus sich heraus strahlen. Für seine Umgestaltung des Freudenberghauses an der Limbecker Straße 1929–30 ließ sich der Essener Architekt Ernst Knoblauch von Mendelsohns Entwurf in Breslau inspirieren. Der charakteristische Runderker wurde erst unter dem Eindruck des Breslauer Gebäudes nachträglich in die Planung aufgenommen (Abb. 212).[104]

Noch zwei weitere Essener Architekten schlagen einen Bogen zwischen dem Moltkeviertel in Essen und Gleiwitz, nämlich Fritz Schupp und Martin Kremmer, die durch ihre Zollverein-Bauten in Essen berühmt wurden. Martin Kremmer

---

102 Wojciech Lesnikowski, Der Osten: Schlesien, Sachsen, Thüringen und Brandenburg, in: Zukowsky, Architektur (wie Anm. 101), S. 221.
103 Dietrich Neumann, Architektur der Nacht, München 2002, S. 134.
104 Paul Joseph Cremers, Ernst Knoblauch, Berlin 1929, S. VI–VII.

Abb. 211: Warenhaus Petersdorff in Breslau

Abb. 212: Das Essener Freudenberghaus zur Erbauungszeit

kam 1895 in Posen zur Welt, zog aber schon als Jugendlicher mit seiner Familie nach Berlin. 1921 nahm er seine Tätigkeit im Architekturbüro von Fritz Schupp in Essen auf, das zeitweise im Moltkeviertel (Schinkelstraße 39) verortet war.[105] Die Architektengemeinschaft profitierte von der nach der Teilung des oberschlesischen Industriegebietes erforderlichen Modernisierungswelle und nach 1933 von den Autarkiebestrebungen der Nationalsozialisten. In Gleiwitz, das 1939 durch den fingierten Überfall der Waffen-SS auf den dortigen Sender traurige Berühmtheit erlangte,[106] richteten Schupp & Kremmer, die bereits in Essen und Berlin ihre Büros hatten, in den frühen 1940er Jahren eine Zweigniederlassung ein. In Oberschlesien realisierten sie diverse Zechen- und Industrieanlagen für die teils adeligen Eigner, u. a. für Henckel von Donnersmarck.[107]

---

[105] Kristina Pegels-Hellwig, Bauten für die Industrie: Der zeichnerische Nachlass der Architekten Fritz Schupp und Martin Kremmer 1921–1971, Dissertation zur Erlangung des Akademischen Grades einer Doktorin der Ingenieurwissenschaften an der Rheinisch-Westfälischen Technischen Hochschule Aachen (im Folgenden: Pegels-Hellwig, Bauten Industrie), S. 412 und 414.

[106] Herzig, Geschichte Schlesiens (wie Anm. 2), S. 101 f.

[107] Pegels-Hellwig, Bauten Industrie (wie Anm. 105), S. 151 ff., 417, 420–421. Neben Henckel von Donnersmarck waren dies die Graf Larisch-Mönnichschen Werke im tschechischen Tarnowitz, die Gewerkschaft Castellengo-Abwehr und die Preußische Bergwerks- und Hütten AG. Vor allem waren sie für die Gräflich Schaffgot'schen Werke tätig, für die sie 1931 die Odertalkokerei in Deschowitz (1936 in Odertal umgetauft) und 1941 die Haupt-

Olbrichstraße, Essen – Kraków (Krakau)

Unsere nächste Station, auch sie liegt im Moltkeviertel, ist ein eher unscheinbares Wohnhaus in der Olbrichstraße. Hier wohnte zeitweilig Krzysztof Penderecki, Komponist und langjähriger Rektor der Musikakademie Krakau, die seit 2021 seinen Namen trägt. Als ein maßgeblicher Vertreter der polnischen Avantgarde prägte er einen neuen Kompositionsstil. Von 1966 bis 1968 unterrichtete er Kompositionstechnik an der Folkwang Hochschule, in seiner Wohnung in der Olbrichstraße 38 komponierte er u. a. seine erste Oper.[108] Als 2016 vor dem Haus eine Gedenktafel enthüllt wurde, war Penderecki persönlich anwesend; er starb 2020 in Krakau.

Nachschlag – Wambierzyce (Albendorf)

Meine Großeltern ließen eine Panoramaansicht vom heute polnischen Wallfahrtsort Albendorf in Niederschlesien nach 1945 von einem Maler nach einer Postkarte anfertigen (Abb. 213). Mein Opa, Paul Welzel, erblickte hier 1904 als Sohn des „Stellenbesitzers" (wir würden sagen „Kötters") Franz Welzel das Licht

Abb. 213: Panoramaansicht von Albendorf aus dem Besitz der Familie Welzel

verwaltung in Gleiwitz entwarfen, sowie 1942–44 die Gesamtplanung für die kriegsbedingt nicht mehr realisierte Doppelschachtanlage Godulla mit Kraftwerk und Siedlung nahe Gleiwitz übernahmen.
108 WAZ v. 14.11.2016.

der Welt. Schon in den 1920er Jahren kam er erstmals ins Rheinland, nach dem Zweiten Weltkrieg übernahm er 1959 die Filialleitung der Teka (Tecklenburger Kaufhaus) an der Frohnhauser Straße in Essen. Mein Onkel kann sich noch an den Albendorfer Kalvarienberg erinnern, den er in seiner Kindheit auf Besuch bei den Großeltern sah. Ein Daniel von Osterberg stiftete ihn um 1700 nach einer Pilgerreise ins Heilige Land. Albendorf, mit der Gnadenkirche von 1715–20, die wir hier im Zentrum des Bildes sehen, wird daher auch als das „Schlesische Jerusalem" bezeichnet.[109]

Mit dieser persönlichen Architekturgeschichte aus Essen und Polen möchte ich meine Ausführungen beenden, denn ohne meinen Opa, der sein berufliches Glück schließlich in Essen fand, wäre ich heute nicht hier. Der grenzüberschreitende Blick auf europäische Geschichte und Architekturgeschichte lässt unzählige Querbezüge erahnen, die oft eher zufälliger Natur sind. Sie stehen im Kontext dramatischer Ereignisse und Entwicklungen, die im 18. bis 20. Jahrhundert das Zusammenleben der Menschen in Mitteleuropa und ihre konkreten Lebensumstände bestimmten. Kunst und Kultur, im Speziellen die Architektur, erweisen sich dabei sowohl als trennendes als auch als verbindendes Element. Sie können heute Anreiz sein, das europäische Erbe gemeinsam zu entdecken und uns zu einem solidarischen, versöhnlichen und friedlichen Miteinander auf Augenhöhe anspornen.

---

[109] Dehio, Schlesien (wie Anm. 21), S. 992 ff.

Nachruf auf Andreas Koerner (1943–2022)

FRANZ JOSEF GRÜNDGES

Am 9. Mai 2022 ist der Borbecker Historiker, Hobbyfotograf und Aquarellist Andreas Koerner im Alter von 79 Jahren einem Krebsleiden erlegen. Andreas Koerner kam am 14. Februar 1943 in Hofleben, einem alten Rittergut in der Nähe von Thorn, zur Welt. Sein Vater Dr. Johann Jakob Friedrich Koerner war Jurist und Landwirt, verheiratet mit Annelise Koerner, geb. Koerner, die aus einem entfernten Berliner Familienzweig stammt. Sein Bruder Ernst Frideryk Konrad Koerner (* 1939, + 2022) war ein bekannter Sprachwissenschaftler, dem die Universität Thorn die Ehrendoktorwürde verlieh. Er lebte zuletzt in Berlin.

Für die Flucht aus Westpreußen 1944 vertraute die Mutter ihre beiden Söhne dem Kindermädchen an. Sie selbst verließ Thorn nach ihrer Ausweisung im Oktober 1945. Die Familie wurde in Krefeld ansässig. Dort machte Andreas Koerner das Abitur, studierte in Bonn Bibliothekswesen und fand 1969 eine Anstellung in der Stadtbibliothek Essen. 1984 übernahm er die Leitung der Borbecker Zweigstelle, die er bis zur Pensionierung 2008 innehatte.

Andreas Koerner war Kursleiter der VHS, Gründungsmitglied und langjähriger 2. Vorsitzender des Kultur-Historischen Vereins Borbeck e.V. (KHV) sowie Gründungsmitglied der Künstlergruppe „die kurve" (1991). Als Vertreter des Kultur-Historischen Vereins Borbeck gehörte er der Arbeitsgemeinschaft der Essener Geschichtsinitiativen an. Seit 1993 war er Vorstandsmitglied des Historischen Vereins für Stadt und Stift Essen e.V. und bekleidete von 1999 bis 2015 das Amt des Schriftführers. 2003/2004 übernahm er die Aufgabe eines Stolpersteinbeauftragten. In dieser Funktion hat er die erste Stolpersteinverlegung 2004 zur Erinnerung an ehemalige Essener jüdische Bürgerinnen und Bürger begleitet. Seit dem Jahre 2000 war er Herausgeber und Hauptautor der „Borbecker Beiträge" des KHV Borbeck, deren erste Ausgabe 1985 erschien. Gemeinsam mit dem Verleger Rainer Henselowsky gab er Jahr

Abb. 214: Andreas Koerner (1943–2022)

für Jahr den „Borbecker Heimatkalender" mit Zeichnungen und Aquarellen mit Borbecker Motiven heraus.

Zur Tätigkeit Andreas Koerners gehörten auch lokalgeschichtliche Vorträge und Führungen von Besuchergruppen durch seinen Heimatstadtteil Borbeck. Als Hüter des umfassenden Archivbestands ist ihm der Dachboden der Alten Cuesterey zur zweiten Heimat geworden. 1996 erhielt Andreas Koerner den Rheinlandtaler des Landschaftsverbands Rheinland für seine ehrenamtlichen kulturellen Leistungen.

Nach dem Fall der Mauer besuchte Andreas Koerner 1993 erstmals seine Heimat. Von den Besuchen brachte er Aquarelle mit Stadtansichten von Thorn mit. Er setzte sich einfach an den Straßenrand und hielt mit dem Zeichenstift fest, was ihm unter die Augen kam, seien es historische Straßenzüge, Häuser oder Kirchtürme. Er bevorzugte keine besonderen Motive. Das Unscheinbare war ihm ebenso wichtig wie das Auffallende, Altes und Neues standen für ihn dicht nebeneinander. Der Bezug zum Zeitgeschehen sollte ihn, wie er einmal sagte, davor bewahren, eine ideale Welt zu malen. Seine Vorliebe für die Malerei hat er wohl von den Vorfahren geerbt. Zu ihnen gehört neben dem Urgroßvater Theodor Eduard Koerner, von 1842 bis 1871 (Ober-) Bürgermeister von Thorn, der Landschaftsmaler und Berliner Orientalist Ernst Carl Eugen Koerner (1846–1927). Vier kleinformative Bilder dieses Vorfahren hat Andreas Koerner im Arbeitszimmer aufgehängt. Auch seine Großmutter Helene hat Aquarelle gemalt. Ihr Skizzenbuch ist über Umwege in den Besitz des Enkels gelangt.

Die Zeichnungen und Aquarelle von Andreas Koerner waren in zahlreichen Ausstellungen zu sehen, u. a. in der Ausstellung „Aquarelle vom Kanal" (2004) im Museum der Deutschen Binnenschifffahrt in Duisburg. Diese Aquarelle sind bei Malexkursionen mit dem Fahrrad entlang des Kanals entstanden. Weitere Ausstellungen gab es u. a. im Kloster Emmaus, in der Sparkasse Essen, in der VHS und in der Galerie von Schloss Borbeck. Für die Ausstellung „Bergbau in Borbeck" in der Alten Cuesterey (2019) entwickelte er das Ausstellungskonzept. Andreas Koerner hat nie Aufhebens um seine Person gemacht. Dabei hätte er dazu allen Grund gehabt. Nicht von ungefähr galt er wegen seines unermesslichen Faktenwissens und seiner Akribie und Leidenschaft beim Sammeln und Sichten heimatgeschichtlicher Daten als personifiziertes Borbecker Gedächtnis, so Alexander Kleinschroth nach seinem Besuch 2018 bei Andreas Koerner.

Andreas Koerner war ein liebenswürdiger, hilfsbereiter und kritischer Zeit- und Weggenosse, der seine Meinung stets unmissverständlich und geradeaus zum Ausdruck brachte. Er hat die Stadtteilgeschichtsforschung auf eine breite und solide Grundlage gestellt. Er war im wahren Wortsinn ein gefragter Mann. Seine Erfahrung und sein Wissen werden fehlen. Andreas Koerner hat für seine unermüdliche Tätigkeit einen Satz gefunden, der seinen Tod überdauern wird: „Ich arbeite gegen das Verschwinden." Nun ist der Mensch der leisen Töne still von uns gegangen. Auf seinen Wunsch hat er im Naturbegräbniswald Venlo seine letzte Ruhe gefunden.

In den Nachrufen werden die Verdienste von Andreas Koerner ausführlich gewürdigt. Der Historische Verein für Stadt und Stift Essen e.V. spricht davon, dass Andreas Koerner „wie kaum ein anderer mit der Aufarbeitung der Borbecker Geschichte verbunden" sei. Seine zahlreichen Veröffentlichungen seien „von nachhaltiger Bedeutung". Gerühmt wird seine Fähigkeit zum geduldigen Zuhören. Michael Heiße (NRZ) findet in seinem Nachruf persönliche Worte des Abschieds: „Lieber Andreas, Du warst mir immer ein geduldiger und versierter Ansprechpartner für alle Dinge, die Borbeck bewegen. Aber vor allem warst Du mir ein geschätzter Freund. Ich werde Dich vermissen." (NRZ vom 14. Mai 2022). Im Online-Portal borbeck.de hat Susanne Hölter eine eindrucksvolle Bilanz des Wirkens und Schaffens von Andreas Koerner gezogen: „Das Archiv in der Alten Cuesterey war in der Tat seine Welt. Es ist durch ihn zu einem Stück Heimatgeschichte geworden."

Veröffentlichungen (Auswahl)
Zwei Rundgänge aus der Feder von A. Koerner im Buch Michael Weier/Friedrich Schulte-Derne/Michael Franke (Hrsg.), Essen entdecken. 18 Rundgänge, Essen 1996.
Zwischen Schloss und Schloten. Die Geschichte Borbecks, Bottrop 1999.
Bildband über Essen-Borbeck in der Reihe Archivbilder, Erfurt 2002.
Aufsatz über den aus Thorn stammenden Schriftsteller Bogumil Goltz (1801–1878), „Der Westpreuße", Jahrbuch 2017, Heft 18.
Aufsatz über Theodor Eduard Koerner (1810–1891), „Der Westpreuße", Jahrbuch 2017, Heft 10.
Aufsatz über den Landschaftsmaler Ernst Koerner (1846–1927), „Der Westpreuße", Jahrbuch 2017, Heft 7.
Zahlreiche Artikel in den „Borbecker Beiträgen" des KHV.
Ideengeber und Mitarbeiter bei der Handy-Rallye-BIPARCOURS, eine Erlebnistour für Schulklassen durch Borbeck-Mitte.

Nachruf auf Gerdt Schraven (1937–2021)

ACHIM MIKUSCHEIT

Das Ruhr Museum trauert um seinen langjährigen ehrenamtlichen Mitarbeiter Dipl.-Ing. Gerdt Schraven, der völlig unerwartet nach kurzer schwerer Krankheit mit 84 Jahren am zweiten Weihnachtstag 2021 verstorben ist. 20 Jahre lang hat Gerdt Schraven sich um die technische Instandhaltung der Essener Wasserhämmer gekümmert. Für diese Tätigkeit war er geradezu ideal ausgebildet: Als Gelernter Modelltischler und studierter Maschinenbauingenieur und Physiker verband er auf spielerische Weise Handwerk und Technikwissenschaften. In dieser Mehrfachqualifikation war er zu aktiven Berufszeiten Leiter der Anwendungstechnik bei Krupp Widia.[1]

Abb. 215: *Gerdt Schraven bei einem öffentlichen Vortrag im Kokskohlenbunker der Zeche Zollverein, 3. Dezember 2019*

Am 25. November 1937 in Essen-Haarzopf als Gerhard Wolfgang Kaspar Schraven geboren vollzog sich sein beruflicher Werdegang über den zweiten Bildungsweg.[2] Nach dem Volksschulabschluss 1952 absolvierte er bis 1955 eine Lehre als Modelltischler im Schmiede- und Gießereibereich der Fa. Krupp. Der Erwerb der Fachhochschulreife vollzog sich durch Besuch des Abendkollegs der

---

[1]   Nachrufe auf Gerdt Schraven: Elli Schulz, Sein Einsatz galt dem Halbachhammer. Trauer um Gerd Schraven: Der Haarzopfer, der sich 20 Jahre ehrenamtlich für Technikdenkmäler engagierte, ist im Alter von 84 Jahren gestorben. Er belebte historische Verfahren und brachte sie Bürgern nahe, in WAZ, Aus den Stadtteilen, 6.1.2022; Elli Schulz/WAZ: https://www.waz.de/staedte/essen/der-chefrestaurator-des-essener-halbachhammers-ist-gestorben-id234240915.html; Ruhr Museum: https://www.facebook.com/ruhrmuseum/photos/a.482377472023/10157992959292024/; Jugendberufshilfe gGmbH: https://www.jh-essen.de/aktuelles/news/jbh-trauer-um-gerd-schraven; Bürgerverein Essen-Haarzopf/Fulerum e. V.: Nachruf auf Gerd Schraven, auf der Homepage des Bürgervereins (https://www.haarzopf-fulerum.de, nicht mehr aufrufbar).

[2]   Alle nachfolgenden Angaben beziehen sich auf einen Lebenslauf, der von Gerdt Schraven im Zusammenhang mit der Restaurierung des Deilbachhammers am 29.10.2018 verfasst und dem Ruhr Museum zur Verfügung gestellt wurde.

Industrieberufsschule Essen-West von 1955 bis 1958. Der nächste Bildungsabschnitt erfolgte von 1964 bis 1965 im Rahmen einer kaufmännischen Ausbildung bei Krupp Widia. Unmittelbar anschließend, von 1965 bis 1968, absolvierte Gerdt Schraven mit Hilfe eines konzerninternen Sonderbegabten-Stipendiums ein Studium der angewandten Physik im Essener Krupp Forschungsinstitut mit den Schwerpunkten Allgemeiner Maschinenbau, Werkzeugtechnik und Höchstdruckphysik. Der erfolgreiche Studienabschluss ging einher mit einer professoralen Lehrberechtigung.

Ab 1988, bis zu seinem altersbedingten Ausscheiden aus dem Konzern im Jahr 2002, hatte Gerdt Schraven dann die Leitung der „anwendungstechnischen Beratung Konstruktionsbauteile für Hartmetalle und Ingenieur-Keramik" bei Krupp-Widia inne. Das Beispiel von Gerdt Schraven zeigt, mit welcher Konsequenz das Unternehmen Krupp seine talentierten jungen Mitarbeiter innerbetrieblich bis in technologische Spitzenpositionen förderte. Von 2003 bis 2005, nach seinem Ausscheiden aus dem Krupp-Konzern, betrieb Gerdt Schraven ein freies Ingenieurbüro, u. a. für den US-Konzern Kennametal, der Krupp Widia aufgekauft hatte. Um in Erfahrung zu bringen, ob er mit 65 Jahren noch die mathematisch-theoretischen Grundlagen der Quantenphysik verstehen würde, absolvierte Gerdt Schraven von 2002 bis 2007 ein Studium der Theoretischen Physik und Astrophysik an der Universität Duisburg-Essen. Gerdt Schravens geradezu kunsthandwerkliches Arbeitsverständnis war geprägt von der Kruppschen Ausbildungsmaxime „Schönheit der Arbeit", was – gänzlich anders als in der nationalsozialistisch desavouierenden Interpretation – bedeutete, dass ein Werkstück nicht nur in technischer Hinsicht optimal zu funktionieren, sondern darüber hinaus auch hohen ästhetischen Fertigungsqualitäten zu genügen habe. Am persönlichen Beispiel von Gerdt Schraven konnte man eine Ahnung davon bekommen, warum das Unternehmen Krupp für lange Zeit ein Technologieunternehmen von Weltformat war.

Das Credo der Nerother Wandervogelbewegung „Geht in die Welt und kehrt mit einem Lied zurück", verbunden mit einer besonderen Verantwortung für Natur und Umwelt prägten den jungen Gerdt Schraven, der in den 1950er Jahren an dem Wiederaufbau der Burg Waldeck im Hunsrück beteiligt war. Als Mitglied des Bundes für Umwelt- und Naturschutz (BUND) und des Naturschutzbundes (Nabu) konnte er am „runden Tisch" in Essen hart, aber fair für Belange der Umwelt kämpfen. Seine Auffassung, dass bürgerschaftliches Engagement stets unentgeltlich zu betreiben sei, bildete sich aus diesem lebensgeschichtlichen Hintergrund aus.

Von dieser Philosophie wurde auch die Arbeit von Gerdt Schraven an den beiden Essener Wasserhämmern geleitet. 2001 besuchte er eine Veranstaltung des Ruhr Museums im Deilbachhammer am Tag des offenen Denkmals. Die seinerzeitige Veranstaltung fand unter dem provokanten Titel „Denkmal kaputt!?"

statt und wollte zeigen, in welch kurzer Zeit ein bedeutendes Technikdenkmal verfällt, wenn der Eigentümer, in diesem Fall die Stadt Essen, keinerlei Bauunterhaltung betreibt. In den Gesprächen mit den Veranstaltern stellte sich schnell heraus, dass Gerdt Schraven über ein umfängliches und gewerkeübergreifendes Fachwissen verfügte, das man heute allenthalben noch in den Restaurierungswerkstätten von Freilichtmuseen oder restauratorischen Ausbildungsakademien findet. An diesem Denkmaltag begann eine langjährige und einzigartige Zusammenarbeit. Ohne Gerdt Schraven würde der Halbachhammer heute nicht unter Wasser laufen, noch wäre die historische „Frischfeuertechnik" erfolgreich rekonstruiert worden.[3] Alle Arbeiten wurden von ihm im Sinne des „Essener Konsens" mit Hilfe eines unkonventionellen Netzwerks von Unterstützern u. a. mit den Ausbildungswerkstätten der Jugendberufshilfe Essen gGmbH auf höchstem handwerklichem Niveau umgesetzt. Gerdt Schraven hat es dabei auch verstanden, kritische Stimmen mit sachlichen Argumenten und dem „Prinzip der freundlichen Beharrlichkeit" zu überzeugen. In der Ausbildung von Jugendlichen war es ihm ein Anliegen, zu vermitteln, dass ausnahmslos jeder über Talente verfügt, die es zu entdecken, zu fördern und weiterzuentwickeln gilt. Gerdt Schraven war in zweiter Ehe mit der Lehrerin Birgit Schraven verheiratet und hatte drei Kinder. Gelegentlich gab er als „Gastlehrer", auf Wunsch seiner Frau, im BMV-Gymnasium Einführungskurse in Themenbereiche der Physik. Sein letztes unvollendetes Projekt war seit 2017 die Instandsetzung der historischen Technik des Deilbachhammers. Nahezu im Alleingang hat er wesentliche Teile dieser Arbeit bereits erledigt.

Eine vollständige Darstellung, was Gerdt Schraven in den letzten 20 Jahren für das Ruhr Museum und die Stadt Essen in Bezug auf die beiden Essener Wasserhämmer geleistet hat, würde den Rahmen eines Nachrufs sprengen. Er tat das nicht allein, sondern in einem Netzwerk mit weiteren Beteiligten, die unkonventionell, synergetisch und sehr erfolgreich zusammenarbeiteten.[4] Alle Beteiligten brachten dabei ihre ureigenen Kompetenzen ein, Gerdt Schraven war der zusammenhaltende und koordinierende Netzwerker. In Geldwert

---

3   Siehe hierzu: Achim Mikuscheit/Ruhr Museum, Wasservisionen. Halbachhammer, Tag des offenen Denkmals, 9.September 2007 (Infoblatt zur Wiederherstellung eines Wasserbetriebes, Denkmaltag 2007); Achim Mikuscheit/Ruhr Museum, Der Halbachhammer – Hammer und Hütte. Restaurierung des Frischfeuers und der Blasebalganlage, November 2012 (Infoblatt zur Rekonstruktion des historischen Frischfeuers im Halbachhammer, Abschlag 2012); Gerd Schraven (mit einer Einleitung von Achim Mikuscheit), Der Halbachhammer – Hammer und Hütte, in: EB 129, 2016, S. 153–174; Volker Alexi, Serie „Der Aufwerfhammer in der Hammerhütte" – 2. Teil, Schmieden und Stahlfrischen unter einem Dach, in: in Hephaistos, Internationales Magazin für Metallgestalter, Heft 4/2018, S. 56–57.

4   Ein langjähriger kongenialer Mitstreiter war Eitel Mantowski, ehemaliger Werksschmied auf der Zeche und Kokerei Zollverein; siehe hierzu: Ulrich Borsdorf/Achim Mikuscheit, Nachruf auf einen Geschichtsvermittler – Eitel Mantowski, in: EB 130, 2018, S. 215–216.

umgerechnet, ist diese über 20 Jahre währende ehrenamtliche Arbeit für die Stadt Essen in einem siebenstelligen Eurobereich anzusiedeln. Neben seiner handwerklichen Tätigkeit war Gerdt Schraven ein höchst talentierter Vermittler, der es bei öffentlichen Denkmalveranstaltungen verstand, historische Maschinenbautechnik für unterschiedlich vorgebildete Besuchergruppen anschaulich und nachvollziehbar zu vermitteln.

Gerdt Schraven war aber nicht nur als Restaurator und Maschinenbauer für die Essener Wasserhämmer tätig. In seinem Heimatstadtteil, in Essen-Haarzopf, war er von 2007 bis 2013 stellvertretender Vorsitzender des Bürgervereins. Der Haarzopf-Fulerumer Geschichtspfad, der mittels Informationstafeln die Stadtteilgeschichte präsentiert, ist seiner Mitinitiative zu verdanken. Als „Waldpate" pflegte er darüber hinaus das Umfeld des Haarzopfer Ehrenmals, das sich in unmittelbarer Nähe seines Wohnhauses im romantischen Steinbachtal befindet. Wenn Jugendliche dort nächtens gefeiert hatten, war er sich nicht zu schade, regelmäßig deren Hinterlassenschaften aufzuräumen. Er tat das in dem gelassenen Bewusstsein, dass auch er einmal jung und es ihm nicht unbekannt war „über die Strenge zu schlagen". Die Arbeit mit Jugendlichen war ihm überhaupt ein besonderes Anliegen. 20 Jahre lang arbeitete er mit den Ausbildungswerkstätten im Holz- und Metallbereich der Jugendberufshilfe zusammen. Der Geschäftsführer der Jugendberufshilfe, Thomas Wittke, hat diese Arbeit würdigend auf den Punkt gebracht: „Gerdt Schraven hat in den vergangenen Jahrzehnten nicht nur herausragendes für die Kulturlandschaft Essens und des Ruhrgebiets geleistet, sondern auch in der Arbeit mit Jugendlichen. Wir sind ihm dankbar, dass er sich die Zeit genommen hat, unseren Auszubildenden und Teilnehmenden die Begeisterung für Geschichte, Handwerk und Industriekultur weiterzugeben und sie an etwas Außergewöhnlichem wie der Instandsetzung von Deilbach- und Halbachhammer mitwirken zu lassen."[5]

Das erklärte Vorhaben, nach Abschluss der Restaurierung des Deilbachhammers das immense theoretische und praktische Wissen von Gerdt Schraven in einer Art von Mentorentätigkeit auf jüngere Schultern zu transferieren, ist durch seinen plötzlichen Tod nun leider nicht mehr möglich. Das Ruhr Museum wird das Multitalent Gerdt Schraven nicht ersetzen können, versteht es aber als Auftrag, die zukünftige Erhaltungsarbeit an den Essener Wasserhämmern mit Hilfe des von ihm mitbegründeten „Schmiedeteams" in seinem Sinne fortzuführen.

---

[5]   Zur langjährigen Zusammenarbeit mit der Jugendberufshilfe Essen gGmbH siehe: https://www.jh-essen.de/aktuelles/news/jbh-trauer-um-gerd-schraven.

BUCHBESPRECHUNGEN

Thorsten Scheer: Mies an der Ruhr

Münster: Aschendorff Verlag 2022, 35 S., Abb.

Rolf Sachsse: Leuchtende Farben. Frühe Lichtbildreihen zu Krupp
Münster: Aschendorff Verlag 2022, 35 S., Abb.

Ralf Stremmel: Humboldt und Krupp. Eine Spurensuche
Münster: Aschendorff Verlag 2022, 44 S., Abb.

Mit der im letzten Jahr erfolgreich gestarteten Schriftenreihe „Essay und Archiv", die vom Historischen Archiv Krupp herausgegeben wird,[1] ist die Absicht verbunden, einen Anstoß zu geben, sich mit den unzähligen dort aufbewahrten Dokumenten, Fotografien, Büchern und Artefakten zur Wirtschafts-, Politik- und Sozialgeschichte sowie zur Kultur- und Alltagsgeschichte zu befassen. Folgerichtig fällt das Themenspektrum der Essays recht unterschiedlich aus.

Thorsten Scheer, seit 2003 Professor für Kunstgeschichte, Baugeschichte und Architekturtheorie an der Peter Behrens School of Arts (HSD) in Düsseldorf und den Mitgliedern des Historischen Vereins durch seine Publikationen zu den Architekten von Zollverein – Schacht 12, Fritz Schupp und Martin Kremmer, bekannt, behandelt ein außergewöhnliches Bauvorhaben: die Errichtung eines neuen Hauptverwaltungsgebäudes für Krupp, für das der weltbekannte Architekt Ludwig Mies van der Rohe die Pläne entworfen hatte.[2] Der Konzern, im NS-Staat noch als „Waffenschmiede des Reiches" gefeiert, wollte sich nach einem erfolgreichen Neubeginn in den 1950er Jahren als ein modernes Unternehmen präsentieren, und das sichtbare Zeichen dieses gewandelten Selbstverständnisses sollte die neue Hauptverwaltung werden. Als Vorbild dienten amerikanische Bürogebäude in Stahlskelettkonstruktionen, „deren Klarheit einem am Ideal zurückhaltender Eleganz orientierten Zeitgeschmack entsprach". (S. 10) Firmenmitarbeiter bereisten auf der Suche nach dem geeigneten Architekten im Frühsommer 1960 die USA und besichtigten neun Objekte. Beauftragt wurde letztlich Mies van der Rohe, der in den 1920er Jahren als ein Erneuerer der modernen Architektur galt und der während der NS-Zeit emigriert war.

---

[1] Siehe EB 134 (2021), S. 324–328.
[2] Erstmals hat sich Astrid Dörnemann in den EB 112 (2000), S. 233–294 mit diesem Thema befasst.

Während andere Unternehmen ein Hochhaus in der Innenstadt errichtet hatten – zu nennen wäre das Dreischeibenhaus in Düsseldorf –, sollte die Kruppsche Hauptverwaltung im Essener Süden, in unmittelbarer Nähe der Villa Hügel, entstehen. Mies van der Rohe hatte einen längsrechteckigen Baukörper mit einer Größe von 140 × 64 Metern entworfen, der zwei quadratische Innenhöfe (38 × 38 Meter) besaß. Über dem Erdgeschoss mit einer hinter der äußeren Stützenreihe zurückgezogenen Fassade lagen zwei Geschosse mit den Büroräumen. Scheer beschreibt eingehend das Bauwerk, „das sich durch den Verzicht auf Hierarchisierungen auszeichnet und stattdessen mittels der Wiederholung feinsinnig gestalteter konstruktiver Elemente seine Wirkung erzeugt", (S. 16) und ordnet es ein in das Gesamtschaffen des Architekten. Wie bei anderen Gebäuden konnten die Räume nach den Bedürfnissen des Auftraggebers gestaltet werden, da die Wände durch die Stahlskelettkonstruktion keine tragende Funktion besaßen. Typisch war zudem die „Reduktion der gestalterischen Mittel auf das notwendige Minimum", wie es der Philosophie Mies' entsprach.

Obwohl Krupp im September 1961 den Antrag auf Baugenehmigung gestellt hatte, wurde der Plan nicht realisiert. Über die Gründe des Scheiterns kann man nur spekulieren. Zum einen geriet die Stahlbranche in eine Krise, die sich auf die Ertragslage auswirkte. Zum anderen konnte das Gebäude nur 400 der etwa 2.000 Verwaltungsmitarbeiter aufnehmen, was Anlass zu Kritik aus diesen Reihen gab. Letztendlich verbot ein 1962 erlassenes „Gesetz zur Einschränkung der Bautätigkeit" die Errichtung von Verwaltungsgebäuden. So blieb die Neue Nationalgalerie in Berlin das einzige Gebäude von Mies van der Rohe, das nach 1945 in Deutschland errichtet wurde.

Vortragsabende gehörten zu den beliebtesten Freizeitveranstaltungen im Kaiserreich. Sie dienten sowohl der Belehrung wie auch der Unterhaltung. Viele Redner setzten zur Veranschaulichung ihrer Ausführungen Diaserien ein, die in großer Zahl zu den unterschiedlichsten Themenfeldern (Kunstgeschichte, Erdkunde, Naturwissenschaften etc.) produziert wurden.

Die beiden Serien mit farbigen Diapositiven zu Krupp stellt der ausgewiesene Foto- und Medienhistoriker Rolf Sachsse vor. Von der ältesten, nach 1900 von der Firma Liesegang aus Düsseldorf hergestellt, sind 37 Bilder überliefert, während die in der Reihe der „Seestern-Lichtbilder" des Verlags E. A. Seemann (Leipzig) erschienene Serie 23 Bilder umfasste. Die kolorierten Dias zeigen Außenansichten der Werksanlagen, einzelne Arbeitsschritte bei der Produktion (Gießen, Walzen, Schmieden, Drehen), Maschinen wie den berühmten Hammer „Fritz" und Werkstücke (Radsätze, Kurbelwellen, Panzerplatten). Sie sollten „die Faszination der Arbeit bei Krupp deutlich machen" (S. 30) und dienten damit der positiven Außendarstellung. Aus diesem Grunde stellte das Unternehmen das Bildmaterial zur Verfügung. Ob es die Bildserien selbst in Auftrag geben hat, lässt sich nicht mehr klären.

Obwohl die Dias stark verbreitet waren und auch im (Schul-)Unterricht eingesetzt wurden, sind sie nur selten erhalten geblieben. Das Historische Archiv Krupp konnte erst 2004 die Liesegang-Serie erwerben, die ein Schweizer Lehrer besessen hatte, der von 1918 bis 1950 im Emmental (Kanon Bern) tätig war. Zwei Jahre später folgten die „Seestern-Lichtbilder", die in der Kreisbildstelle Stormann in Schleswig-Holstein der Entsorgung entgangen sind. Ihre Qualität und Schönheit wieder entdeckt zu haben, ist das Verdienst von Rolf Sachsse.

Mit einem kleinen Notizzettel, der sich im Schreibtisch von Alexander von Humboldt bei dessen Tode am 6. Mai 1859 befand und der 2019/20 in der Ausstellung im Deutschen Historischen Museum in einer Vitrine präsentiert wurde, fing alles an. Auf ihm war zu lesen: „Adolf Krupp Gußstahlfarik in Essen". Für Ralf Stremmel, Leiter des Historischen Archivs Krupp, war dies der Anlass, das Verhältnis des weltberühmten Wissenschaftlers zu dem Industriellen, der später gleichfalls Weltruhm erlangen sollte, näher zu erkunden. Es war eine mühevolle Quellenrecherche. Doch letztendlich ist mehr als erwartet entdeckt worden, was nun – teils erstmals – gedruckt vorgelegt wird.

Es beginnt mit einem Schreiben des Pariser Vertreters an Alfred Krupp aus dem Jahre 1845, als sich die Firma dort um einen Auftrag über die Lieferung von Münzwalzwerken bewarb. Es ist davon auszugehen, dass sich zu diesem Zeitpunkt Humboldt und Krupp bereits persönlich kannten. Zeugnis der gegenseitigen Wertschätzung ist u. a. der Einsatz des Gelehrten, der als Kammerherr des Königs zum engsten Zirkel am Hof gehörte, zugunsten der Kruppschen Kanonen aus Gussstahl. Aus Essen wurden Ansichten der Fabrik nach Berlin gesandt, während Humboldt als Dank eine Radierung mit seinem Porträt übermittelte, darunter die eigenhändige Widmung für Alfred Krupp:

> *„Seinem innigst geehrten Freunde […], der durch glänzende talentvolle Erfindungen dem metallischen Kunstfleisse sinnig neue Bahnen eröffnet und, edlen menschlichen Gefühlen hingegeben, aufopfernd mit Intelligenz gründend, Wohlthätigkeit übt*

> *als ein schwaches Zeichen dankbarer*
> *Erinnerung und Anhänglichkeit …"*

Wie sehr Krupp das Geschenk geschätzt hat, ist daraus zu ersehen, dass es an einem prominenten Platz über seinem Sekretär hing.

Die zusammengetragenen Zeugnisse zeigen, dass die Kontakte intensiver waren, als bisher von der Forschung angenommen wurde. Es war eine Verbindung, die Stremmel mit den Worten charakterisiert:

> *„Es war weder eine tiefe Freundschaft noch ein enges Vertrauensverhältnis und auch kein kontinuierlicher Gedankenaustausch von Gleich zu Gleich. Die Beziehung war*

geprägt von gegenseitigem Respekt, man mag sogar von Bewunderung sprechen, aber zumindest auf Krupps Seite auch getränkt von Nützlichkeitserwägungen." (S. 35)

Alle drei Bände zeichnen sich wiederum durch zahlreiche Abbildungen aus, die den Informationswert der Darstellungen erhöhen. Die Baupläne, die Fotos, die Diaserien, die Schriftstücke, die Autografen sind zudem Belege für den bereits erwähnten reichhaltigen Fundus des Krupp-Archivs, das genügend Stoff für weitere Essays enthält. Sie werden sicherlich dieselbe Qualität aufweisen wie die besprochenen, die nicht nur Wissen vermitteln, sondern zugleich ein Lesevergnügen sind.

KLAUS WISOTZKY

mit Angabe der im Text genannten Abbildungsnummer

Amt für Geoinformation, Vermessung und Kataster, Stadt Essen/Hopp, Detlef
1, 4, 5, 13, 15, 16, 19, 21
Archbau 8
Architekturmuseum Frankfurt 27, 36, 41
Archiv Ernst Schmidt 118–119
Domschatz Essen 173, Titel Rückseite (r.) (Jens Nober, Essen)
Essener Anzeiger 80 (Nr. 154 v. 5.6.1935, Bild: zeit.punkt NRW), 92 (Nr. 156
v. 7.6.1935, Bild: zeit.punkt NRW), 132 (v. 1.10.1931), 212 (v. 21.12.1930)
EVZ 81 (v. 30.6.1935, Bild: zeit.punkt NRW)
Georg Metzendorf, Kleinwohnungsbauten und Siedlungen, Darmstadt 1920
30, 37
Gerhard Pieper (Hrsg.), Führer durch die Ausstellung Mensch und Tier im
Deutschen Lebensraum, Essen 1935. 29. Juni – 18. August in den Ausstel-
lungshallen und auf dem Ausstellungsgelände, Essen 1935 79, 82–83, 90
Günter Streich, Die Börse der schwarzen Diamanten, Essen 1996 (Nobel-Verlag) 42
Gustav Adolf Platz, Baukunst der neuesten Zeit, Berlin 1927 188, 208, 210
Haus der Essener Geschichte/Stadtarchiv 103–105 (Hubert Krings), 108,
112–113, 115–116, 131 (Diana Ratke), 109, 123–126 (Monika Josten), 75,
101–102, 106–107, 110–111, 114, 117, 120–122, 127–130, Titel Rückseite
(m.), Titel Vorderseite (r.)
Hermann Muthesius, Kleinhaus und Kleinsiedlung, München 1918 40
Historisches Archiv Krupp 32–35
Historischer Verein für Stadt und Stift Essen e.V./Essener Köpfe 135–136,
139–141, 143, 145–150, 152
Historisches Portal Essen 16
Hopp, Detlef 2, 6, 7, 9–12, 14, 17, 18, 22–26, Titel Vorderseite (l.)
Kultur-Historischer Verein Borbeck 214
Marit Hoffmann, Die Siedlungen der Brüder Metzendorf. Darmstadt 1985 29
Martin Kieren, Hannes Meyer – Dokumente zur Frühzeit – Architektur- und
Gestaltungsversuche 1919–1927, Heiden 1990 31
Moderne Bauformen – Monatshefte für Architektur und Raumkunst, Jahrgang
XXXIV, Heft 4, Stuttgart, April 1935 205–206
Nachlass Helene Zytnicka 185
Richard Klapheck, Neue Baukunst, 1930 38
Rheinisch-Westfälisches Kohlensyndikat (Hrsg.), Rheinisch-Westfälisches
Kohlensyndikat, Girardet, Essen ca. 1905 51

Ruhr Museum 63 (Christoph Sebastian), 74, 215 (Rainer Rothenberg), 68
Ruhr Museum/Fotoarchiv 48 (Ludwig Windstosser), 49, 62, 66, 69 (Willy van
Heekern), 60 (Kurt Hege), 50 (Peter Prengel), 61, 67 (Anton Meinholz), 73
(Josef Stoffels), 76–77 (Anton Tripp), 78 (Peter Happel), 39, 57, 64–65, 70–72,
84–89, 91, 93–100, 155, 158–160, 162–163, Foto S. 6
Sammlung Holm Arno Leonhardt 47, 57–59
Sammlung Robert Welzel 134, 137–138, 142, 144, 151, 154, 165–172, 174–176,
178, 180–181, 186–187, 189, 192–193, 197–204, Titel Vorderseite (m.)
Song, Baoquan 20
Stadtarchäologie Essen 3
Stadtarchiv Hattersheim 28
Stadt Essen, Untere Denkmalbehörde, Hausakte Frau-Bertha-Krupp Str. 4
Ruhrkohlehaus (1985–1997) 43
WAZ 133 (v. 13.10.1970)
Welzel, Robert 44–46, 52, 153, 156–157, 161, 164, 177, 179, 182–184, 190–191,
194–196, 207, 209, 211, 213, Titel Rückseite (l.)
Wikimedia-gemeinfrei 53–56

AUTORINNEN UND AUTOREN DIESES BANDES

Franz Josef Gründges, Hanau

Dr. Axel Heimsoth, c/o Ruhr Museum,
Fritz-Schupp-Allee 15, 45141 Essen

Dr. Detlef Hopp, c/o Untere Denkmalbehörde/Stadtarchäologie Essen,
Rathenaustr. 2, 45212 Essen

Dr. Patrick Jung, c/o Ruhr Museum,
Fritz-Schupp-Allee 15, 45141 Essen

Dr. Claudia Kauertz, c/o Haus der Essener Geschichte/Stadtarchiv,
Ernst-Schmidt-Platz 1, 45128 Essen

Dr. Holm Arno Leonhardt, Harsum, vormals Universität Hildesheim

Dr.-Ing. Rainer Metzendorf, Mainz

Achim Mikuscheit, Essen

Daniel Pawlik, Eitorf

Hans Schippmann, c/o Historischer Verein für Stadt und Stift Essen e. V.,
Haus der Essener Geschichte, Ernst-Schmidt-Platz 1, 45128 Essen

Dr. Baoquan Song, Ruhr-Universität Bochum,
Universitätsstraße 150, 44801 Bochum

Robert Welzel, Essen

Dr. Klaus Wisotzky, Düsseldorf

Dr. Ingo Wuttke, c/o Ruhr Museum,
Fritz-Schupp-Allee 15, 45141 Essen